Ägypten und Altes Testament

Band 68

ÄGYPTEN UND ALTES TESTAMENT

Studien zu Geschichte, Kultur und Religion Ägyptens
und des Alten Testaments

Herausgegeben von
Manfred Görg

Band 68

2008

HARRASSOWITZ VERLAG · WIESBADEN
in Kommission

Faried Adrom, Katrin und Arnulf Schlüter (Hg.)

Altägyptische Weltsichten

Akten des Symposiums zur historischen Topographie und Toponymie Altägyptens vom 12. – 14. Mai 2006 in München

2008

HARRASSOWITZ VERLAG · WIESBADEN
in Kommission

Bibliografische Information der Deutschen Nationalbibliothek
Die Deutsche Nationalbibliothek verzeichnet diese Publikation in der Deutschen Nationalbibliografie; detaillierte bibliografische Daten sind im Internet über http://dnb.d-nb.de abrufbar.

Bibliographic information published by the Deutsche Nationalbibliothek
The Deutsche Nationalbibliothek lists this publication in the Deutsche Nationalbibliografie; detailed bibliographic data are available in the internet at http://dnb.d-nb.de.

Informationen zum Verlagsprogramm finden Sie unter
http://www.harrassowitz-verlag.de

Gedruckt auf alterungsbeständigem Papier.
Druck und Verarbeitung: Memminger MedienCentrum AG
Printed in Germany

ISBN 978-3-447-05860-5

Inhaltsverzeichnis

Vorwort

Standpunkte und Perspektiven

Der vorliegende Band präsentiert einen Teil der vom 12. bis 14. Mai 2006 in München im Rahmen des Symposiums „Altägyptische Weltsichten – Historische Topographie und Toponymie Altägyptens" gehaltenen Vorträge. Die Auswahl der Referenten folgte der konzeptionellen Gesamtausrichtung des Symposiums, nach der die Veranstaltung einen Querschnitt durch die aktuelle wissenschaftliche Auseinandersetzung mit dem sprachlichen und kulturellen Phänomen „Ortsname" repräsentieren sollte.

Aus wissenschaftstheoretischer Sicht dienen die Topographie und Toponymie zusammen mit der Chronologie der räumlichen und zeitlichen Bestimmung der eigenen Fachgrenzen und bilden damit einen der Eckpfeiler jeder historischen Kulturwissenschaft. Untersuchungsobjekt der Toponymie und Topographie sind geomorphologische und geopolitische Topoi bzw. so genannte Makro- und Mikrotoponyme. Hierbei interessiert nicht nur die Frage, wie weit der Gesichtskreis der Alten Ägypter in einer bestimmten Epoche reichte und von welchen Gebieten bzw. Völkern sie in welchem Maße wussten. Auch die Bedeutung und Funktion von Ortsnamen als religiöse, literarische bzw. fiktionale Elemente zur Beschreibung einer realen, ideologischen oder imaginären Geographie spielt für die altertumswissenschaftliche Quellenforschung eine zentrale Rolle. Zusätzlich erzählen Topo- und Ethnonyme nicht nur etwas über die altägyptische Identitätsbildung bzw. ihre Abgrenzungsmechanismen und Fremdheitsstereotypen sondern sie ermöglichen auch differenzierte Einblicke in die vielschichtigen, da kontextabhängigen Weltsichten der pharaonischen Gesellschaft und Kultur.

Diese Vielschichtigkeit der topographischen Forschung lässt sich angesichts des breiten Spektrums der damit verbundenen Inhalte und Konzepte am ehesten mit dem Begriff der „Landschaften" (landscapes) und des „(Kultur-) Raumes" fassen, wobei unter „Landschaften" nicht die rein geographischen Oberflächenstrukturen, sondern ein komplexer Rahmen von Wahrnehmungs- und Verständnismustern der menschlichen Umwelt verstanden werden. Diese Landschaften entstehen erst aus sozialer Interaktion und Kommunikation: der Gründung und Aufgabe von Siedlungen, dem Aufbau und Abriss von Gebäuden, der Organisation von Handelsrouten oder Siedlungsgebieten u.v.m. All diese Phänomene sind Zeugnisse für die Transformation des Raumes, den Gesellschaften erschaffen und bewohnen und der einem ständigen Wechselspiel von Gesellschafts - und Landschaftstransformation ausgesetzt ist.

Für den modernen Historiker sind zumeist die Namen (Personen-, Landschafts-, Volks- oder Siedlungsnamen) die einzigen Zeugnisse für die dahinter stehenden, komplexen, kulturellen und räumlichen Prozesse. Die besondere Herausforderung der damit befassten Disziplin, in unserem Fall der Toponomastik, liegt in der kritischen Einschätzung der Möglichkeiten der Toponymie und Topographie. Die Grenzen der topographischen Forschung liegen meist schon in den Quellen selbst, „welche die geographische Aussage nie im Mittelpunkt haben".[1] Es sind zudem ausschließlich Namen überliefert, die im Rahmen der damaligen Kulturlandschaft für den Menschen von Bedeutung waren, also Objekte, die es wert waren, benannt und damit differenzierbar zu werden. Insofern lässt sich aus den überlieferten Namen keine Karte mit sämtlichen topographischen Objekten und damit ein Abbild einer historischen Naturlandschaft nachzeichnen. Vielmehr treten mit den uns zufällig überlieferten Namen von

1 Kessler, K., Untersuchungen zur historischen Topographie Nordmesopotamiens nach keilschriftlichen Quellen des 1. Jahrtausends v. Chr., Wiesbaden 1980, 1.

Landschaftsmerkmalen und Siedlungen direkte oder indirekte Einflüsse des Menschen auf seine Umwelt zutage. Es kann daher nicht Ziel der historischen Topographie sein, unserer modernen Realgeographie nahe zu kommen und eine historische Karte „zu füllen"[2] oder die historische Topographie zum Selbstzweck zu rekonstruieren. In vielen Bereichen sind wir ohnehin noch in einem Stadium, in dem die rekonstruierten Karten eher Spiegel der wissenschaftlichen Forschung denn der historischen Siedlungsgeschichte eines Großraumes sind.[3] Stattdessen müssen Topographie und Toponymie als Werkzeug gesehen werden, mit dessen Hilfe sich die benannte oder benennbare und damit sozial, politisch, ökonomisch oder religiös relevante Topographie einer früheren Epoche begreifen und rekonstruieren[4] und eine „Landschaftstheorie" oder eine „Theorie des Kulturraumes" entwickeln lassen, die die komplexe und dynamische Beziehung zwischen den Größen „bebaute Umwelt" und „Soziale Organisation / Gesellschaft" umfasst. Hierfür ist die topographische und toponomastische Forschung in enger Verbindung und im ständigen Austausch mit der Rekonstruktion von archäologisch oder philologisch erschlossenen, geographischen und räumlichen Verteilungsmustern zu verstehen. In Verbindung mit diesen liefert sie Informationen über historische Prozesse.[5]

Die Zielsetzung der historischen Topographie und Toponymie basiert traditionell auf der Prämisse, dass sich das geographisch-landschaftliche Milieu und die natürlichen Gegebenheiten dominant auf die Geschichte früher menschlicher Gesellschaften auswirkten. Dadurch bestimmte sie die geographische Umwelt, den Verlauf der politischen, ökonomischen, sozialen und auch ideologischen Geschichte entscheidend. Es überrascht insofern wenig, dass eines der wichtigsten und Kultur übergreifenden Merkmale einer Gesellschaft ihre Eigenschaft ist, Namen zu besitzen und zu vergeben. Die Vergabe von Orts- oder Flurnamen ist eine Eigenschaft, die sich als zutiefst menschlich darstellt, ja geradezu für unsere Spezies von so dominanter Bedeutung ist, dass der israelische Geograph Naftali Kadmon - auch UN-Vertreter für die Standardisierung von Toponymen - vom homo toponominans, also „Ortsnamen vergebenden Menschen", gesprochen hat. Angesichts der historischen Dimension, die Namen innewohnt, stellen (Orts-)Namen nicht nur sprachliche (bzw. wortgeschichtliche) sondern auch historische und kulturelle Denkmäler dar und sind neben den sonst bekannten Quellensorten eine wichtige Informationsquelle für den Historiker. Aufgrund der Breite und Tiefe der namenkundlichen Informationen stellt die Namenforschung in weiten Teilen eine interdisziplinäre Angelegenheit dar, in der wechselnde Erkenntnisse und Methoden aus der Linguistik, Lexikographie, Philologie, Geschichte und Archäologie eine ständige Neubeurteilung früherer Ansätze notwendig machen.[6] Insofern bietet die Ortsnamenforschung mehr als nur die Benennung von Punkten auf Landkarten. Dies gilt gerade für die Ägyptologie, die durch ihre überreiche Onymie Entscheidendes zur geistes-, material- und siedlungsgeschichtlichen Forschung auch im Nahen Osten und für den Nordafrikanischen Raum beitragen kann.
Der soeben geschilderten Auswahl an Herausforderungen und Möglichkeiten der historischen Topogra-

2 Entsprechend problematisch ist auch die Aussage von Hawkins (Tarkasnawa King of Mira: ‚Tarkondemos', Bogazköy sealings and Karabel, in: Anatolian Studies 48 [1998], 30): "It has been noted that the Late Bronze Age map of Anatolia is now more or less filled (...)."

3 Optimistischer dagegen Thompson, T.L., The Settlement of Palestine in the Bronze Age. Wiesbaden 1979, 4.

4 In diesem Sinne auch schon O'Connor, D., Egypt, 1552-664 BC, in: Clarke, J.D. (Hg.), The Cambridge History of Africa, Cambridge 1982, 925: „The mapping of toponyms is inextricably related to the environmentally created patterns of population density and distribution, and of ways of subsistence, existing in the New Kingdom."

5 Qurike, S., The Egyptological Study of Placenames, with particular reference to Farouk Gomaà, Die Besiedlung Ägyptens während des Mittleren Reiches, Wiesbaden 1986, in: DE 21 (1991), 71.

6 Debus, F. und Seibicke, W. (Hg.), Reader zur Namenkunde III,1, Toponymie, Hildesheim – Zürich – New York, 1996, Vorwort.

phie und Toponymie lässt sich nur durch enge Zusammenarbeit aller Teildisziplinen eines altertumskundlichen Faches begegnen. Im Gegenzug ist die historische Toponymie und Topographie ein effektives Werkzeug, um den antiken Menschen und sein gesellschaftliches Rollen- und Verhaltensmuster zu studieren und zu verstehen. Die häufige Reduzierung der historischen Topographie und Toponymie auf eine Hilfswissenschaft zur Bereitstellung bunter Karten für Fachbeiträge und Publikationen wird den Möglichkeiten und der Bedeutung dieses Forschungsbereiches nicht gerecht.

Das Symposium „Altägyptische Weltsichten – Historische Topographie und Toponymie" hat daher das Ziel, durch Wissensaustausch und Diskussion die Topographie und Toponymie in ihrem Charakter als „Grundlagenforschung" innerhalb des Faches wieder mehr ins Bewusstsein zu rufen und letztlich eine kritischere Beurteilung der angewandten Methoden im Bereich der Ortsnamenforschung voranzutreiben.

Die Ägyptologie hat bei der Darlegung ihres methodologischen Repertoires in Bezug auf den Umgang mit altägyptischer Toponymie bislang nämlich nur geringe Anstrengungen unternommen.[7] Als Entschuldigung muss hier angemerkt werden, dass die historische Namenforschung (auch innerhalb der Ägyptologie) in vielen Bereichen gar nicht zu leisten im Stande ist, was die moderne, sprachwissenschaftliche Namenkunde an methodologischen Anforderungen vorgibt. So kann etwa auf eine der grundlegenden Quellen zur Deutung von Orts- und Flurnamen nicht zugegriffen werden: die jeweilige mundartliche Realisation des eigenen oder fremden Namens. Auch lässt die Belegsituation dem Ägyptologen häufig keine andere Wahl, als sich auf die – auch von frühen Wissenschaftspionieren bzw. Laien gern praktizierte – Methode der Isolierung zu verlassen, bei der ein Einzelfall herausgegriffen wird, ohne die Zusammenhänge rekonstruieren zu können,[8] denn in der Regel fehlen zu den reichlich bezeugten Toponymen jegliche archäologischen Entsprechungen.[9]

Insbesondere die Schwierigkeiten, einzelne Text- und Bildsorten zu isolieren, hat zur Folge, dass die Adaption namenkundlicher Techniken kaum explizit versucht wurde und die Herangehensweise an einzelne Text-

---

7 Selbst bei den Arbeiten, die im Rahmen des groß angelegten TAVO- bzw. RGTC-Projektes entstanden, wird jeweils auf eine einleitende Klarstellung der angewandten Methode verzichtet. Im Ergebnis zeichnen sich die einzelnen Bände durch ihren stark heterogenen Charakter im Umgang mit dem onomastischen Material aus. Gleichzeitig vermischen sich darin vielfach – vermutlich aus Unkenntnis der Bearbeiter – Ansätze der historischen Topographie und der Toponomastik. In diese Richtung geht auch die Kritik von S. Quirke (The Egyptological Study of Placenames, with particular reference to Farouk Gomaà, Die Besiedlung Ägyptens während des Mittleren Reiches, Wiesbaden 1986, in: DE 21 [1991], 59-71), die jedoch ohne Konsequenzen blieb. Einen umfassenden methodischen Ansatz in Bezug auf das wichtige Quellenkorpus der Fremdvölkerlisten legt M. Görg vor, der allerdings in jüngeren Arbeiten kaum aufgegriffen wurde. M. Görg steht der „Konzentration auf den Beleg und seinen Kontext" kritisch gegenüber. Beides trage dazu bei, „einer Argumentation (zu) entgehen... Es bestätigt sich die Skepsis gegenüber der Legitimation eines deduktiv angelegten Identifikationsversuchs ebenso wie der einer kühnen lautlichen Vergleichung. Eine bestimmte Listenkonzeption ist als Vorverständnis für die geographische Identifikation ein nicht zu unterschätzendes Hindernis, weil das zu Beweisende vorausgesetzt wird. Die Identifikation eines Fremdnamens ist überdies auf der „Inhaltsebene" mehr als eine im engeren Sinne geographische Identifikation. Sie ist ein Mosaikstein in der Zuordnung einer Namenskonstellation; sie hat Signalcharakter für das Verständnis einer Namenfolge, deren Bezugssystem vorläufig auf der „Ausdrucksebene" beschrieben worden ist." (Görg, M., Identifikation von Fremdnamen. Das methodische Problem am Beispiel einer Palimpsestschreibung aus dem Totentempel Amenophis III., in: Görg, M. und Pusch, E. (Hg.), Festschrift Elmar Edel (12. März 1979), ÄAT 1, Bamberg 1979, 172)

8 Vgl. hierzu Schützeichel, R., Probleme der Identifizierung urkundlicher Ortsnamen, in: Debus, F. und Seibicke, W. (Hg.), Reader zur Namenkunde III,1, ToponymieHildesheim - Zürich - New York 1996, 71-80.

9 Vgl. hierzu Noth, Hat die Bibel doch recht?, in: Wolff, J.D. (Hg.), Aufsätze zur biblischen Landes- und Altertumskunde, Bd. 1, Neukirchen-Vluyn 1971, 9: „Daß die zahlreichen palästinischen Ortschaften, die in der alttestamentlichen Überlieferung vorkommen, einmal existiert haben und bewohnt gewesen sind, bezweifelt niemand; aber die Frage ihrer genauen Lokalisierung kann nur auf Grund archäologischer Befunde sicher beantwortet werden."

quellen häufig wenig spezifisch und angepasst erscheint.

Im Sinne der sprachwissenschaftlich erprobten Namenkunde ist bei der Auseinandersetzung mit (Orts-) Namen ein gewisser Minimalkatalog methodischer Verfahren zu berücksichtigen.[10] Dieser umfasst den formalen Bau sowie die Klassifikation der Namen (nach Referentenorientierung, formaler Strukturiertheit, Chronologie, Herkunft usw.), die textologische, etymologische und statistische Analyse sowie die stratigraphische Analyse. Insbesondere bei der Ortsnamenkunde spielt die Bestimmung der onymischen Areale und onymische Kartographie (=Namengeographie/Arealonomastik) eine weitere, bedeutende Rolle. Letztlich liefert die Ermittlung onymischer Universalien (Name – Sprache – Kultur) Einblicke in die Position von Namen innerhalb eines gesellschaftlichen und kulturellen Systems.

Jeder der am Symposium beteiligten Referenten hat eigene Motive, der Topographie und Toponymie in seiner Arbeit ein besonderes Maß an Aufmerksamkeit zu schenken, und nutzt dazu eine angemessene Auswahl der oben genannten Methoden, um sich dem Phänomen Ortsname zu nähern. Das chronologische Spektrum der Vortragsinhalte bietet zudem einen Eindruck des breiten diachronen wie synchronen Aspekts topographischer und toponomastischer Forschung[11] und der quellenspezifischen Methoden, die jeweils zum Einsatz kommen.

Einblick in die Bearbeitung topographischer Daten im Rahmen von topographischen Listen liefern die Beiträge von F. Adrom (München; „Mappa Mundi: Neue Facetten einer spätbronzezeitlichen Weltkarte"), Y. Duhoux (Louvain-la-Neuve; "Les relations égypto-égéennes au Nouvel Empire: que nous apprend la toponymie?"), M. Görg (München; „Nachträge zu den neu gefundenen Fremdvölkerlisten von Kom el-Hettan"), N. Grimal (Paris; „La preuve par neuf"), P.W. Haider (Innsbruck; „Zur geographischen Kenntnis vom ägäischen Raum am Pharaonenhof des Neuen Reiches")[12] und D. Stockfisch (Mainz; „Original und Kopie - ein Aspekt in den Untersuchungen zu den Fremdvölkerlisten"), die sich speziell mit der Quellengruppe der so genannten Fremdvölkerlisten auseinandersetzen. Bei der Auswertung der scheinbar eindimensionalen Daten dieser Listen stellen sich dem Bearbeiter diverse Verständnishürden in den Weg: Nicht nur der archäologische Kontext ist weitgehend zerstört, sie bieten zudem nur einen minimalen inhaltlichen bzw. szenischen Kontext. Die Lesung, Identifizierung und Verortung der genannten Namen auf der historischen Landkarte muss daher ständig eine Vielzahl alternativer Lösungswege im Blickfeld halten und versuchen, die Aussagequalität durch sekundäre Informationen zu erhöhen. Im Falle der so genannten Fremdvölkerlisten sind dies in erster Linie die Suche nach orthographischen Parallelen/Varianzen im altägyptischen Namenrepertoire sowie die besondere Berücksichtigung der Listenstruktur. Von Interesse ist im Falle der hier abgedruckten Diskussionsbeiträge der unterschiedliche methodische Ansatz gegenüber der Gewichtung der Listenstruktur bei der Identifizierung der nicht-ägyptischen Toponyme.[13]

---

10 Blanár, V., Pragmalinguistische Methoden der Namenforschung, in: Brendler, A. und Brendler, S. (Hg.), Namenarten und ihre Erforschung, Hamburg 2004,159.

11 Vgl. hierzu Qurike, S., The Egyptological Study of Placenames, with particular reference to Farouk Gomaà, Die Besiedlung Ägyptens während des Mittleren, Wiesbaden 1986, in: DE 21 (1991), 60.

12 P.W. Haider hat sein Vortragsmanuskript nicht zur Publikation eingereicht. Stattdessen findet sich eine überarbeitete Version („Neue Toponyme vom Totentempel Amenophis' III.") in: GM 217 (2008), 27-47.

13 So lehnt etwa M. Görg seit längerem eine zunächst hypothetische Annahme einer bestimmten Listenkonzeptionierung grundsätzlich ab (so bereits in: Identifikation von Fremdnamen. Das methodische Problem am Beispiel einer Palimpsestschreibung

Die weitgehend unklare funktionale Einbettung der auf Statuensockeln oder Pylonfassaden angebrachten Listen in den täglichen Tempelkult erschwert zusätzlich die Identifizierung inhaltlicher und formaler Muster, die bei der Interpretation der Listeneinträge helfen könnten. So wird den Listen zwar eine königsideologische und dogmatische Begründung zuerkannt, gleichzeitig steht hinter der Suche nach Orten auf der historischen Landkarte der Gedanke, dass dem „differenzierten Aufgebot der Namen auf den Statuensockeln eine zeitgeschichtliche Bedeutung" zukommt, „die auch nicht a priori für den Fall ausgeschlossen werden darf, dass ältere, bereits in früheren Listen zitierte Namensbestände integriert sind".[14]

Schwierigkeiten in der Identifizierung und Verortung von Ortsnamen bereiten nicht nur Toponyme fremder Länder und Siedlungen, sondern auch Namen aus dem pharaonischen Kernland selbst. Ein anschauliches Beispiel hierfür lieferte der Vortrag von M. Bietak (Wien), in dem anhand der Diskussion des bekannten, altägyptischen Ortsnamens *Prw-nfr* deutlich gemacht wurde, wie der archäologische und quellenkundliche Erkenntnisgewinn der Ägyptologie von Zeit zu Zeit eine kritische Revision früherer Lehrmeinungen notwendig macht. Für die Argumentation des Referenten kann hier auf die bereits an anderer Stelle publizierte Diskussion zum selben Thema verwiesen werden.[15]

Eine innerhalb der Ägyptologie neuartige Methode der toponomastischen Forschung stellt Å. Engsheden (Uppsala; „Ancient Toponyms in the governorate of Kafr el-Sheikh") mit seiner arealonomastischen Untersuchung der Toponymie des ägyptischen Delta vor. Im Gegensatz zur historischen Topographie steht bei dieser rein toponomastischen Studie die Etymologisierung und sprachwissenschaftliche Seite der Ortsnamen sowie ihre Zugehörigkeit zu bestimmten Sprach- und Dialektschichten im Blickfeld.[16] Entsprechend der methodischen Ausrichtung der Namengeographie interessiert bei den untersuchten onymischen Phänomenen speziell ihre räumliche (diatopische) Verbreitung, die auf der Folie historischer und geographischer Gegebenheiten interpretiert wird.[17] Im Ergebnis liefern die onomasiologischen Karten und Ergebnisse von Å. Engsheden wertvolle Hinweise zur Besiedlungsgeschichte und sozialen bzw. kulturellen Verteilung der Bevölkerung eines klar begrenzten Raumes. Gleichzeitig erweitern sie unsere Kenntnis um altägyptische Siedlungshorizonte für Bereiche, in denen archäologische Denkmäler aufgrund rezenter Überbauung weitgehend fehlen, und für die unsere historische Karte folglich ohne diese sprachlichen Denkmäler weiß bliebe.

Einen Beitrag zur literarischen und religiösen Onomastik und eine notwendige Erweiterung der primär mit den traditionellen Etymologisierungs-, Identifizierungs- und Lokalisierungsfragen befassten ägyptologischen Ortsnamenkunde stellt J.F. Quacks Beitrag zur „Geographie als Struktur in Literatur und Religion" dar. Die Frage, welche gattungsspezifische und strukturale Funktion den Ortsnamen und geo-/topographi-

---

aus dem Totentempel Amenophis III., in: Görg, M. und Pusch, E. (Hg.), Festschrift Elmar Edel (12. März 1979), Bamberg 1979, 153). Sie kann seiner Meinung nach nicht „Ausgangspunkt einer Identifikationskette" sein, noch zum „von vornherein entscheidenden Kriterium einer Namensordnung" werden! Im Gegenzug dazu basieren die Identifizierungsvorschläge und Überlegungen von F. Adrom und N. Grimal auf eben der Annahme, dass die Toponyme in den Fremdvölkerlisten nach geographischen bzw. topographischen oder anderen hierarchischen Prinzipien geordnet sind. Am weitesten führt N. Grimal diesen Ansatz.

14 Görg, M., Identifikation von Fremdnamen. Das methodische Problem am Beispiel einer Palimpsestschreibung aus dem Totentempel Amenophis III., in: Görg, M. und Pusch, E. (Hg.), Festschrift Elmar Edel (12. März 1979), Bamberg 1979, 152.

15 Vgl. Bietak, M. The Thutmoside stronghold of Perunefer, in. Egyptian Archaeology 26 (2005), S. 13-17 sowie Jeffreys, D.G., Perunefer: at Memphis or Avaris?, in: Egyptian Archaeology 28 (2006), 36-37.

16 Vgl. Wild, S., Libanesische Ortsnamen. Typologie und Deutung, Wiesbaden 1973, 10.

17 Seibicke, W., Areallinguistische Methoden der Namenforschung, in: Brendler, A. und Brendler, S. (Hg.), Namenarten und ihre Erforschung, Hamburg 2004, 185.

schen Angaben in altägyptischen Quellen zukommt, resultiert in der Überlegung, ob und inwieweit sich aus solchen Angaben differenziertere Modelle einer altägyptischen geographischen Wissenschaft gewinnen lassen. Da geo-/topographische Inhalte in zahlreichen altägyptischen Texten (auf einer hintergründigen Ebene) eine strukturierende und inhaltliche Rolle spielen,[18] sorgt der Beitrag von J.F. Quack hier für die notwendige Sensibilisierung gegenüber derartigen Fragestellungen.

Die von M. MÜLLER (Basel; „An der Peripherie zweier Reiche? Topographische Informationen aus dem el-Hibeh-Archiv") aufgeworfene Frage nach der Lokalisierung des im so genannten el-Hibeh-Archiv erwähnten Ortes *Tꜣ-dhn.t* setzt sich, wie auch der Beitrag von M. SCHENTULEIT (Göttingen), der die „Toponyme und Lagebeschreibungen von Immobilien in demotischen Texten aus Soknopaiu Nesos" behandelt, primär mit Topographik auseinander und ergänzt damit das toponomastische Themenspektrum der übrigen Beiträge. Die primär administrativen und wirtschaftlichen Texte erlauben detaillierte Einblicke in die Sozialstruktur der behandelten Räume und die damit verbundene Wirtschaftsgeographie.

Mit seinem Beitrag über „Ortsnamen in mesopotamischen Quellen des 3. Jtsd. v. Chr." lieferte I. SCHRAKAMP (Marburg) eine aufschlussreiche Zusammenstellung zur Bedeutung von altbabylonischen lexikalischen Listen für die Rekonstruktion von politischen und kulturellen „landscapes" Mesopotamiens. Aufgrund der deutlich abweichenden politischen und geographischen Situation Altägyptens bietet die hierbei vorgestellte Methodik und Fragestellung bei der Quellenauswertung dem ägyptologischen Fachpublikum neue Perspektiven. Die Studie konnte vom Verfasser bis zum Zeitpunkt der Drucklegung noch nicht abgeschlossen werden, weshalb die Ergebnisse in naher Zukunft an anderer Stelle publiziert werden.

Die Beiträge von C. VANDERSLEYEN (Louvain-la-Neuve, „Der Weg von Pelusium bis Gaza: nördlich oder südlich vom Sirbonis-See?") und A. NIBBI (Oxford; Egypts Ancient Frontiers) konzentrieren sich auf die Topographie des östlichen Nildeltas. Die Überlegungen VANDERSLEYENS revidieren unter der besonderen Berücksichtigung der geographischen Gegebenheiten bisherige Thesen zur Lage von Wegen respektive Marschrouten entlang des Sirbonis-Sees.

Anhand von S. WIMMERS (München) Beitrag über eine am Tell eš-Šihâb (nordöstl. Kanaan an der heutigen syrisch-jordanischen Grenze) gefundene Stele Sethos' I. lässt sich u.a. die zentrale Rolle der Epigraphik für die Rekonstruktion von Namenschreibungen verdeutlichen. Die Forschung muss auch heute noch in vielen Fällen auf veraltete, zweifelhafte bzw. ungeprüfte Quellenbearbeitungen zurückgreifen.[19] Die Neueditierung der entsprechenden Belege hat daher für das Fach – auch angesichts der zunehmenden Zerstörung historischer Denkmäler – höchste Priorität. Zugleich zeigt sich, wie problematisch die Kontextualisierung und Etymologisierung von Ortsnamen ist, deren Position innerhalb eines kulturell stark stratifizierten Umfeldes unklar ist und in deren textlinguistischer und quellenkritischer Beobachtung zu viele Fragezeichen auftreten. Im Fall der Stele Sethos I. herrscht etwa bei fast allen Textexterna (also bei den Kriterien Verfasser, Adressat, Entstehungszeit/-ort, Kommunikationsanlass) Unklarheit.[20] So stellt sich in dem hier vorgestellten Fall, in dem ein Ortsname (?) im Rahmen eines offiziellen, königlichen Dokuments an einem Standort der

18 Vgl. hierzu etwa die Überlegungen von HELCK, W., Ritualszenen in Karnak, in: MDAIK 23 (1968), 117-37 sowie die Überlegungen bei QUIRKE, S., The Egyptological Study of Placenames, with particular reference to Farouk Gomaà, Die Besiedlung Ägyptens während des Mittleren Reiches, Wiesbaden 1986, in: DE 21 (1991), 59-71.

19 Vgl. etwa die entsprechende Kritik bei PRIESE, K.-H., Studien zur Topographie des „äthiopischen" Niltales im Altertum und zur meroitischen Sprache (unpubl. Diss.), Berlin 2004, 1-4.

20 KRÜGER, D., Textlinguistische Methoden der Namenforschung, in: BRENDLER, A. und BRENDLER, S. (Hg.), Namenarten und ihre Erforschung, Hamburg 2004, 123-52, insbes. 134.

pharaonischen Peripherie und innerhalb eines Götter-Epithetons gebraucht wurde, die Frage, ob wir es hier mit einem Bezug auf die reale oder aber die „ideologische" Geographie der Ägypter zu tun haben. Für die Beurteilung des jeweiligen Namens haben derartige Überlegungen weitreichende Konsequenzen. Die Arbeit des Wissenschaftlers wird in solchen Fällen auf eine harte Probe gestellt.

Aufgrund der gewählten Thematik wurde in den vorliegenden Kongressband die Untersuchung zur pharaonischen *pr*-Verwaltung von D. KESSLER (München) aufgenommen. Er ergänzt das hier repräsentierte Spektrum thematischer und methodischer Facetten der historischen Toponymie und Topographie durch seine Überlegungen zur Klassifizierung und Abgrenzung von Toponymen und Institutionsnamen (= Institutionyme). Letztere bilden eine eigenständige Kategorie innerhalb der Onymie. Sie bezeichnen individuelle Körperschaften und benennen „Einrichtungen ganz unterschiedlicher Art (Verwaltungs-, Bildungs-, Kultur-, Produktions-, Kult-, Erholungseinrichtungen sowie Vereine und Verbände)"[21]. Die kritische und differenzierte Abgrenzung dieser Institutionsnamen von den homonymen Namen derjenigen Territorien, die durch die Institution verwaltet werden, wie auch der Gebäude, in denen sich die Institutionen befinden, löst zahlreiche Schwächen in bisherigen Erklärungsmodellen zur altägyptischen Tempelwirtschaft und –verwaltung und zeigt, dass eine sorgfältige Klassifikation zu den notwendigen Arbeitsbereichen der Onomastik gehört.

Unabhängig von der wissenschaftlich begründeten Motivation, die allen genannten Beiträgen zugrunde liegt, ist ein übergreifender Grund für die Auseinandersetzung mit historischen und modernen Personen-, Orts- oder Volksnamen sicherlich auch die Faszination, die vom Namen als sprachliches und kulturelles Gut ausgeht. In seiner Laudatio auf den bekannten bayrischen Namenforscher R. Bauer hat S. Sonderegger es einmal so ausgedrückt: „Der Halbbruder des Wortschatzes ist der Namenbereich, der zu den tiefen Schächten uralten Ursprungs wie zu den aktuellen Notwendigkeiten human-kommunikativer Orientierung in Raum und Gesellschaft führt."[22] Dieses Wiedererkennen der eigenen Umwelt in historischen Quellen stellt als Bindeglied zwischen Geschichte und Gegenwart den besonderen Reiz des Namens dar.

In diesem Sinne möchten wir uns bei der Leitung des Institutes für Ägyptologie in München, Herrn Prof. G. Burkard und Herrn Prof. D. Kessler bedanken, die das Symposium maßgeblich unterstützt haben. Dank gebührt auch den zahlreichen Helfern, die uns bei der Organisation und der Durchführung der Veranstaltung zur Seite standen, besonders erwähnt seien hier Stefanie Adrom und PD. Dr. habil M. Ullmann.

Die Veranstaltung wurde finanziell durch die Fritz-Thyssen-Stiftung gefördert, der wir für die Bereitstellung der notwendigen Mittel danken. Wertvolle Unterstützung leistete uns auch das Collegium Aegyptium.

---

21 VASIL'EVA, N.V., Institutionsnamen, in: BRENDLER, A. und BRENDLER, S. (Hg.), Namenarten und ihre Erforschung, Hamburg 2004, 123-52, insbes. 606.

22 SONDEREGGER, S., Laudatio auf Reinhard Bauer zur Preisverleihung der Henning-Kaufmann-Stiftung am 27. Februar 1992 in München, in: DEBUS, F., (Hg.), Frühmittelalterliche Grenzbeschreibungen und Namenforschung, Heidelberg 1992, 25-34.

Herr Prof. M. Görg erklärte sich großzügiger Weise bereit, die Publikation der Beiträge in die Reihe Ägypten und Altes Testament aufzunehmen. Auf Grund ihrer thematischen Ausrichtung ließe sich für die hier vorgestellten Artikel wohl kein besserer Rahmen finden. Dem Harrassowitz Verlag sei für die Geduld gedankt, die er gezeigt hat.

Während der Drucklegung des vorliegenden Bandes erreichte uns die traurige Nachricht vom Tod unserer geschätzten Kollegin A. Nibbi (Oxford). A. Nibbi hatte sich - ungeachtet ihrer angeschlagenen Gesundheit – unmittelbar nach unserer ersten Anfrage bereit erklärt, dem Münchner Symposium beizuwohnen. Ihre umfangreichen, teils kontroversen Thesen zur altägyptischen Toponymie und Topographie haben nicht nur die allgemeine ägyptologische Diskussion sondern auch das Münchner Symposium bereichert. Ihre herzliche und liebenswürdige Art wird uns in Erinnerung bleiben.

München, im April 2008

die Herausgeber

Abkürzungen von Monographien, Reihen und Zeitschriften folgen – soweit in den einzelnen Bibliographien nicht aufgeführt – dem Verzeichnis im Lexikon der Ägyptologie (Helck, W., Otto, E. und Westendorf, W. (Hg.), Band VII, Wiesbaden 1992).

Mappa mundi

Neue Facetten einer spätbronzezeitlichen Weltkarte

Faried Adrom

1. Einleitung

Folgender Beitrag wurde angeregt durch den Aufsehen erregenden Fund einer fragmentarischen Fremdvölkerliste Amenophis' III. in dessen Millionenjahrhaus von Kom el-Hettân. Das Team der *Mission Memnon* arbeitet hier unter Leitung von H. Sourouzian an einer vollständigen Freilegung dieses monumentalen ägyptischen Millionenjahrhauses.[1]

Bereits aus früheren Grabungen in diesem Areal waren der Forschung die Basen von fünf kolossalen Königsstatuen aus Quarzit bekannt, die in der Nordwesthälfte des Peristyls aufgestellt waren und dort ein zusammenhängendes Ensemble bildeten.[2] Ein Charakteristikum dieser Statuen ist ein dekorativer Fries aus Gefangenenfiguren, unter deren Torso jeweils in einem Namensring der Name eines Landes bzw. eines Ortes eingeschrieben ist (Fremdvölkerlisten).[3]

Im Verlauf der Erstedition dieser Listen, speziell der „ägäischen" Liste E_N, durch M.C. Astour, E. Edel und K.A. Kitchen hat sich herausgestellt, dass diese Listen formal besonders strukturiert sind. Die Toponyme einer Statuenbasis bilden jeweils eine Gruppe, die die Namen einer speziellen Weltgegend oder eines politisch-geographischen Machtblockes umfasst. In ihrer Gesamtheit spiegeln die Fremdvölkerlisten aller Statuenbasen die ägyptische Sichtweise auf ihre Umwelt sowie die geographische Ordnung der ägyptischen *terra cognita* wieder. Ähnlich der Struktur der Fremdvölkerlisten von Soleb erweisen sich die Makro- und Mikrostrukturen der Kom el-Hettân Listen als komplex und keineswegs zufällig.[4]

Liste A_N führt die großen politischen Gebilde und Territorien des Nahen Ostens auf, die dann jeweils in anderen Listen, sozusagen „Detail-Listen", auf anderen Statuenbasen spezifiziert werden.[5] Görg prägte für Liste A_N den Begriff der topographischen „*Themennamen*" bzw. „*Leittoponyme*". Die übrigen Listen richten ihren Blick auf kleinere Staatengebilde bzw. Machtblöcke: So etwa die Liste B_N mit kleineren Stadtstaaten im syrisch-palästinischen Gebiet, Liste C_N mit der Nennung von Küstenstädten an der phönizischen Küste[6], Liste D_N, mit größeren Stadtstaaten in Mesopotamien[7] sowie die berühmte Liste E_N, mit kretisch-ägäischen Namen. Von einer weite-

1 Vgl. Sourouzian – Stadelmann, Third Report und Sourouzian – Stadelmann, Three seasons.

2 Die Literatur zu den Listen Amenophis' III. ist zu umfangreich, um sie insgesamt zu zitieren. Es seien hier daher nur die wichtigsten Bearbeitungen genannt: Astour, Aegean Place-Names; Cline, Amenhotep III and the Aegean; Edel, Ortsnamenlisten; Edel (†) – Görg, Ortsnamenlisten; Haider, Griechenland – Nordafrika; Haider, Die Peloponnes; Kitchen, Theban Topographical Lists; Kitchen, Aegean Place Names; Vandersleyen, Keftiou = Crète; u.a.

3 Edel (†) – Görg, Ortsnamenlisten, Fototaf. 1-12 sowie Falttafeln 1-14.

4 Haider, Die Peloponnes, 149. Zu den Soleb-Listen vgl. auch Grimal, Géographie.

5 Edel, Ortsnamenlisten, 8-9; Edel (†) – Görg, Ortsnamenlisten, 45.

6 Edel (†) – Görg, Ortsnamenlisten, 109.

7 Vgl. Kommentar von Astour in: Edel (†) – Görg, Ortsnamenlisten, 120, 144-146.

ren Liste F_N sind nur kleinere Fragmente ohne Namenskartuschen erhalten.

2. Eine neue Liste

In der Zeitschrift „Antike Welt" erschien in Heft 6/2005 ein Beitrag von H. SOUROUZIAN unter dem Titel „Die ältesten Erwähnungen von Ioniern und Danaern".[8] Darin wurde der Öffentlichkeit ein neues Quarzitfragment einer bislang unbekannten Statuenbasis mit gänzlich unerwarteten Fremdvölkernamen vorgestellt. Der neu entdeckte Quarzitblock zeigt im oberen Bereich ein beschädigtes, horizontales Inschriftenband. Unterhalb einer Begrenzungslinie sind die Spuren von vier teilweise unfertig eingemeißelten Gefangenenfiguren einer Fremdvölkerliste zu erkennen.

Für die drei noch lesbaren Namensringe auf dem neu entdeckten Fragment wurden bislang zwei verschiedene Lesungen vorgeschlagen. Während die Ausgräber in den erschienenen Vorberichten zu den Funden von einer möglichen Sequenz

„(...) (x+2) „*Luwien (?)*" - (x+3) „*Groß-Ionien*" - (x+4) „*Mitanni (?)*" (...)"[9]

ausgehen, schlug M. GÖRG eine alternative Lesung

„(...) (x+2) „*Arawana (?)*" - (x+3) „*Groß-Ionien*" - (x+4) „*Maša (?)*" (...)" vor.[10]

3. Orthographische Vorüberlegungen

Das neue Fragment bereitet aufgrund seines fragmentarischen Zustandes beträchtliche Lesungs- und Identifizierungsschwierigkeiten. Dem Studium der überlieferten Namen stellt sich in erster Linie die Einmaligkeit der Schreibungen und damit der Mangel an Vergleichsmöglichkeiten entgegen. Aufgrund der möglichen Identifizierung der zweiten Namenskartusche mit „Ionien"[11] möchte ich mit den bisherigen Bearbeitern des neuen Fragmentes von einer Verortung der ersten beiden Toponyme in Westkleinasien ausgehen. Näher soll hier allein die dritte Namenskartusche betrachtet werden.

Die von GÖRG für die dritte Namenskartusche zuletzt vorgenommene Identifizierung mit dem kleinasiatischen Staat „*Maša*" scheint mir problematisch. Ebenso die in den archäologischen Vorberichten unter Vorbehalt ausgesprochene Lesung der noch lesbaren Spuren *m-d-n* () als „*Mitanni*". Für den Namen „*Maša*" geben ägyptische Quellen bereits die deutlich abweichende hieroglyphische Notation  vor.[12] Für den Name „*Mitanni*" ist dagegen bislang keine Schreibung mit Handhieroglyphe und Wachtelküken, wie sie das neue Fragment von Kom el-Hettân nach der einleitenden Gruppe *m*ᶜ  aufweist (s.o.), bezeugt.[13]

Da der Zeichenbestand, der auf der bislang veröffentlichten Fotografie erkennbar ist, nur schwer mit einem sonst aus hieroglyphischen Quellen bekannten Toponym *Asia Minors* zu verbinden ist, möchte ich über einen kleinen Umweg einen neuen, zunächst wohl wenig nahe liegenden Namen als weiteren „Kandidaten" ins Spiel bringen.

8 SOUROUZIAN – STADELMANN, Ionier und Danaer. Der Fund wurde auch im Rundbrief September 2005 des DAIK vorgestellt (www.dainst.org/abteilung.php?id=265; S. 12, Abb. 18).

9 SOUROUZIAN – STADELMANN, Ionier und Danaer.

10 GÖRG, Ionien und Kleinasien, 5-6.

11 Zur Frage, ob hier wirklich „Groß-Ionien" oder nicht eher „Ionien" zu lesen ist, vgl. ADROM, Beiträge.

12 Vgl. KRI II, 4 §4; 111 §44.

13 „Mitanni" begegnet in ägyptischen Texten in den beiden Varianten **(1)** *M-ṯ-n* (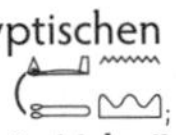;  u.ä.; Urk. IV, 589, 9; Urk. IV, 616.8; Urk. IV, 931.1; Urk. IV, 1227-1243,8; Urk. IV, 1337, 1; Urk. IV, 1337,4; SIMONS, Handbook, Liste IV.2, 8; Liste XX.4; XXI.27; XXII.g4; XXVII.28; XXVIII.38;) und **(2)** *M-t-n* (;  u.ä.; Urk. IV, 1347,13). Zum  der Soleb-Listen auch GÖRG, Ionien und Kleinasien, 6 m. Anm. 13; GÖRG, Mitanni sowie GÖRG, Überlieferung, 27-28 m. Abb. 1. Die Variante mit der Auslautsilbe *–nꜣ* (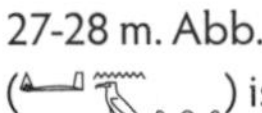) ist in den topographischen Listen erst ab Ramses II. belegt.

4. Ein neuer Identifizierungsvorschlag

Wie bereits in der Einleitung vorgestellt, bildet die formale Gliederung der Listen in eine Großraum-Liste (A_N) und hierarchisch darunter positionierte, räumlich eng begrenzte Detaillisten das wohl dominante Strukturschema der Listen von Kom el-Hettân. Da nun eine weitere Großraumliste neben der Liste A_N für die Nordvölker meines Erachtens nicht wahrscheinlich ist, ist wohl davon auszugehen, dass wir in dem neuen Fragment ein Bruchstück einer neuen „Detailliste" vor uns haben. Dies zwingt uns dazu, im näheren Umkreis des vorläufig als wahrscheinlich geltenden *(Groß-)Ionien* und damit im westlichen Bereich Kleinasiens nach Orten mit der Wurzel *M-d-n* zu suchen.

Diese Suche führt prompt in ein Dilemma; denn wir bewegen uns in einem geographischen Großraum, der sich durch seine extreme ethnische wie auch sprachliche Komplexität auszeichnet: Die frühen westanatolischen Sprachzweige des Frühurindogermanischen basieren vermutlich sämtlich mehr oder weniger auf einer uranatolischen Grundsprache, die sich frühzeitig von einer Frühurindogermanischen Einheitssprache abtrennte und sich selbst wiederum in verschiedene Einzelsprachen bzw. Dialekte ausdifferenzierte.[14] Diese uranatolische Grundsprache gilt heute allgemein als Quelle des *Hethitischen, Palaischen, Luwischen* (Keilschrift- und Hieroglyphenl.), *Lykischen und Lydischen.* Die Ausdifferenzierung dieser anatolischen Einzelsprachen und Sprachzweige erfolgte vermutlich bereits ab 1900-1600 v.Chr. Die genannten bronzezeitlichen Sprachzweige des Uranatolischen begegnen dem Historiker überwiegend in hethitischen Textsorten. Die Suche innerhalb der hethitischen Onymie nach analogen Bildungsmustern zu unserem hieroglyphischen *m-d-n* erweist sich als zwar kurz, aber erfolgreich: Im gesamten Namensschatz der hethitischen Archivtexte begegnen nur drei in Frage kommende Namen mit dem Anlaut *ma(d) du°/matu°*:[15]

a) ^{URU}*Maddu(n)na(š)ša*	(Toponym)
b) ^{m}*Ma(d)dunāni*	(Personenname)
c) ^{m}*Madduwatta*	(Personenname)

Versucht man die erhaltenen hethitisch/luwischen Namensformen mit dem Anlaut *ma(d) du°/matu°* einem der eben angesprochenen, kleinasiatischen Sprachzweige zuzuordnen, präsentiert sich das Ergebnis erfreulich eindeutig:

Die Stadt *Maddu(n)na(š)ša* wird im Kontext einer Grenzfestlegung zwischen *Hatti* und dem Land *Mira* erwähnt.[16] Dieses Land *Mira* bildet zusammen mit dem so genannten *Seḫa*-Flussland das Kerngebiet des kleinasiatischen Staatenbundes von *Arzawa-Mira.*[17] Wie heute allgemein angenommen wird, liegt *Maddunaša* im nordöstlichen Grenzbereich dieses Gebietes,[18] das in etwa deckungsgleich mit dem späteren *Lydien* ist.

VAN DEN HOUT schlug jüngst für den also vermutlich proto-lydischen Stadtnamen *Maddu(n) na(š)ša* eine Segmentierung in *Madd-u-n(a)–ašša* vor.[19] *Madd-u-n(a)-* wäre dabei am ehesten als Stamm *Ma(d)du-* zu verstehen, der auf das lydische Nominalsuffix *–u-* endet. Das sich anschließende *–n(a)*-Suffix in *Madd-u-n(a)–* tritt als spezifisch lydisches Lokalsuffix in einer Reihe lydischer Ortsnamen auf (vgl. *Muri-na, Lagi-na, Tume-na*)[20]. Als Erweiterung tritt zu-

14 Vgl. STARKE, Troia und MELCHERT, The Luwians.

15 VAN DEN HOUT, Maeonien und Maddunnašša, 303-304.

16 zu den Belegen vgl. VAN DEN HOUT, Maeonien und Maddunnašša, 301 Anm. 21.

17 HAWKINS, Tarkasnawa.

18 HAWKINS, Tarkasnawa, 24 sowie ROOSEVELT, Settlement, 102.

19 VAN DEN HOUT, Maeonien und Maddunnašša, 305.

20 CARRUBA, *Λυδική ἀρχαιολογία.* La Lidia fra II e I millennio, in: Convegno Internazionale Licia e Lidia prima dell'ellenizzazione, Roma 12 oktober 1999, Rom 1999, 148.

sätzlich das bei hethitisch bezeugten Orts- und Personennamen häufige belegte luwische Suffix des genitivischen Adjektivs *–(a)šša-* auf.[21] Dieses Bildungselement wurde wohl angefügt, als die Hethiter den Ortsnamen über das Luwische als traditionell dominante Transfersprache in ihr eigenes onomastisches Repertoire übernommen haben. Der Stadtname wäre damit als „die zu *Maddun/ Maionien* gehörige (Stadt)" zu übersetzen.[22]

Die Person namens *Ma(d)dunāni* wird in einem hethitischen Ritualtext „*Mann von Arzawa*" genannt.[23] Auch hier ist also der sprachliche Raum auf Westkleinasien und das geographische Umfeld von *Mira* bzw. das *Seḫa*-Flussland beschränkt – also ebenfalls dem proto-lydischen Sprachraum.

Der dritte Beleg mit *ma(d)du°*–Anlaut, *Madduwatta*, gleicht mit seinem Auslaut *–(w)atta* dem charakteristischen Bildungsmuster späterer lydischer Personennamen (*Aly-attes, Sady-attes*).[24] Von *Madduwatta* wissen wir aus hethitischen Quellen, dass er aus dem Küstengebiet des *Seḫa*-Flusslandes zwischen 1400 und 1360 v.Chr. vertrieben wurde.[25] Er erhielt danach ein hethitisches „Lehen" am *Šiyanta*-Fluss, das im Osten des Grenzgebietes von *Seḫa*-Flussland und *Mira* zu suchen ist. Der geographische Rahmen der Biographie *Madduwattas* bietet insgesamt den späteren südostlydischen Raum als Bühne der Handlung an. Zeitlich ist dieser Beleg auch deshalb von besonderem Interesse, als er genau in die Epoche Amenophis' III. datiert und somit aus sprachhistorischer wie geopolitischer Perspektive bestes Vergleichsmaterial bietet.

Alle drei Belege sind also dem westkleinasiatischen *Arzawa*-Gebiet, bzw. dem späteren lydischen Raum zuzuordnen. Dies kann kaum als Zufall abgetan werden. Vielmehr ist ein lydischer Grundstamm *ma(d)du°* wahrscheinlich, der diesen Formen zugrunde liegt.[26]

Eine Identifizierung des ägyptischen Belegs *m-d-n* mit einem „lydischen" Toponym auf Basis des Anlautes *ma(d)du°* sowie eine Lokalisierung im arzawisch-westanatolischen Raum ist daher m.E. wahrscheinlich. Damit gilt es die Frage zu beantworten, mit welchem historisch oder archäologisch greifbaren Volk Kleinasiens das proto-lydische *ma(d) dun* gleichzusetzen ist.

5. Idenzifizierung: *M-d-n* = Mæonia?

Eine Brücke zur Lösung dieses Problems bietet ein spezielles Phänomen der historischen Phonologie Anatoliens, das auch schon VAN DEN HOUT zur Identifizierung des Stammes *ma(d)dun* als proto-lydisch heranzog: Das Lydische weist einen signifikanten Lautwandel gegenüber dem Protoanatolischen/Luwischen auf, über den der Name *ma(d)dun* in die bekannte politische und historische Topographie Kleinasiens, wie wir sie von den klassischen Autoren und Historiographen kennen, eingehängt werden kann:[27]

Wie C. MELCHERT feststellte, lässt sich für das Lydische ein Lautwandel des uranatolischen/ luwischen Halbkonsonanten *$\underset{\frown}{i}$ zu d in intervokalischer Position nachweisen.[28] Sucht man in

21 VAN DEN HOUT, Maeonien und Maddunnašša, 306 sowie MELCHERT, The Luwians, 188.

22 VAN DEN HOUT, Maeonien und Maddunnašša, 305.

23 Quellenübersicht bei VAN DEN HOUT, Maeonien und Maddunnašša, 301 Anm. 22.

24 Vgl. GOETZE, Kleinasien, München 1957, 207: „*Schon die Königsnamen Alyattes und Sadyattes bilden eine gewisse Brücke zurück zu älteren Zeiten; denn wir erkennen in ihnen den Typus wieder, der auch in Madduwattas begegnet, dem Namen jenes westkleinasiatischen Dynasten, der gegen die letzten Hethiterkönige konspirierte.*"

25 Dagegen SCHACHERMEYR, Mykene, 145-146, der Lukka (Lykien) als Herkunftsort Madduwattas vermutet.

26 VAN DEN HOUT, Maeonien und Maddunnašša, 304.

27 Zum Verhältnis des Lydischen zu den übrigen anatolischen Sprachzweigen des Uranatolischen vgl. MELCHERT, Dialectal Position, 105-141 sowie STARKE, Troia, 457 und MELCHERT, The Luwians, 22.

28 MELCHERT, AHP, 364; MELCHERT, PIE *y > Lydian d'; MELCHERT, Mólybdos. Zur Lautwertrekonstruktion

der historischen Onymie Westkleinasiens unter Berücksichtigung dieses Lautwandels nicht nur nach einem (proto-)lydischen *maddun-*, sondern berücksichtigt auch die von VAN DEN HOUT auf Basis dieses Lautwandels rekonstruierte proto-anatolische/luwische Ausgangsform (Vollform: **māi-u̯e/on*; Schwundstufe: **māi̯-un*) so läßt sich unser *ma(d)dun* problemlos mit dem griechisch bezeugten Μηον-/Μαιον- verknüpfen.

Schon Homer erwähnt im Westkleinasiatischen Raum einen Volksnamen Μήων (fem. Μηονίς), eine Landesbezeichnung Μηονίη, sowie den Flußnamen Μαίανδρος (Il. XY), wobei der Stamm Μηον-/Μαιον- wohl auf das oben behandelte protoanatolische **māi-u̯e/on* bzw. **māi̯-un* zurückzuführen ist. Wie Herodot (Hist. I.7, 7.74) angibt, war Μαιονία der ältere Name *Lydiens*. Dies entspricht auch dem Bild, das die antiken Historiographen zeichnen, wenn sie generell Lydien mit *Mæonien* gleichsetzen oder Mæonien als östlichen Bereich des lydischen Territoriums beschreiben, das im Grenzgebiet zwischen *Mysien, Lydien* und *Phrygien* zu lokalisieren ist.[29]

6. Kontaktwege und Sprachtransfer

Zu fragen bleibt zuletzt noch, über welche Wege der Name *Ma(d)dun* in die Archive des ägyptischen Pharaos gelangte. Wie aus der Amarnakorrespondenz bekannt ist, standen Ägypten und das Königreich von *Arzawa* in direktem diplomatischem Kontakt.[30] Da der protolydische Sprach- und Siedlungsraum im Gebiet des *Arzawa*-Staatenbundes bzw. des nordöstlichen Bereichs des *Seḫa*-Flusslandes zu suchen ist (s. die drei Belege für *maddu°*-Anlaut oben), ist es nahe liegend, dass auch Vertreter dieser frühen *Mæonier* im Austausch mit ägyptischen Boten oder Händlern standen. Aus sprachlicher Sicht scheint für einen direkten Austausch die Tatsache zu sprechen, dass den Ägyptern nicht die protoanatolische/luwische Form *Mai̯ o/un*, sondern die originär lydische Lautung *Ma(d)dun* geläufig war - während die Griechen die spätere Form Μαιονία vermutlich über protoanatolischen/luwischen Transfer bezogen[31] (Taf. 1).

	Protoanatolisch	**„Lydisch"**	**Griechisch**
Vollstufe	**mai-u̯e / -on*	Ø	Μηον-/Μαιον-
Schwund-/Nullstufe	**mai̯-un-*	*Maddun-*	

Taf. 1 Ablautvarianten von **maiu̯e/on*

(nach: VAN DEN HOUT, Maeonien und Maddu, 307)

von lydischem d vgl. VAN DEN HOUT, Maeonien und Maddunnašša, 307; in Bezug zum Semitischen s. etwa GÖRG, Kassiten, 76-77.

29 Weitere Identifizierungskriterien bei VAN DEN HOUT, Maeonien und Maddunnašša, 301-302.

30 Der Fund zweier Skarabäen mit Titulatur Amenophis' III. aus Panaztepe an der Bucht von Izmir fügt sich gut in dieses Bild ein (vgl. HAIDER, Vom Nil zum Mäander, 211 Anm. 38); zum Personen- und Kulturtransfer zwischen Ägypten und der ägäischen Welt s. HAIDER, Menschenhandel.

31 Zum Luwischen als dominante Transfersprache vgl. STARKE, Troia, 447-488 (*„wo immer (...) mykenische (bzw. achaiische) Griechen kleinasiatischen Boden betraten, (bildete) das Luwische die Kontaktsprache (...)"*).

Als Identifizierungsmöglichkeit für das hieroglyphische *M-d-n* bietet sich also die Etymologie (äg.) *m-d-n*: (PA) *Maddun(a)*: (gr.) Μαιονία an.

Wie einleitend bereits angesprochen gibt die Liste A_N sehr wahrscheinlich die „Leittoponyme" bzw. die politischen Großräume des ägyptischen Weltbildes vor. In dieser Liste finden wir nun auch die „Überschrift" *Arzawa* (A_N.12). Bislang lagen keine Namen vor, die sich unter dieses Leittoponym einordnen ließen. Nach der hier vorgeschlagenen Lesung für die dritte Namenskartusche und mit Blick auf die Lesung der anderen beiden Namenkartuschen (*Luwien* und *[Groß-] Ionien*)[32] hätten wir somit vielleicht einen Auszug aus einer „Detailliste" zu dem Leittoponym *Arzawa* vor uns.[33]

Erhärten ließe sich diese Überlegung nur durch den Fund weiterer Fragmente der betreffenden Statuenbasis, die nicht nur für die ägyptologische Kenntnis des geographischen Gesichtskreises unter Amenophis III., sondern auch für die allgemeine Forschung zur historischen Topographie Kleinasiens weitere Sensationen bereit halten dürfte.

Wir können also gespannt sein, welche weiteren Überraschungen die Grabungen im Totentempel Amenophis' III. für die Zukunft bereithalten!

32 Die ethnische bzw. kulturelle Identität, die sich hinter dieser frühen Bezeugung von Ionien in der Liste Amenophis' III. verbirgt, muss fraglich bleiben. Insofern ist es durchaus möglich, dass die Ägypter ein als Ionien bekanntes Gebiet mangels kultureller Feindifferenzierung oder aufgrund anderer uns unbekannter Kriterien zu Arzawa zählten, obwohl es vielleicht gar nicht zu diesem Staatenbund zählte.

33 Da wir aber nicht sicher wissen, ob Luwien zur Zeit Amenophis' III. tatsächlich Teil des Arzawa-Staatenbundes gewesen ist, wäre alternativ auch an eine „allgemeinere" Detailliste Westkleinasiens zu denken.

Bibliographie

ADROM, Beiträge
Adrom, F., Altägyptische Beiträge zur kleinasiatischen Topographie (im Druck).

ASTOUR, Aegean Place-Names
Astour, M.C., Aegean Place-Names in an Egyptian Inscription, in: AJA 70 (1966), 313-317.

CARRUBA, Λυδική ἀρχαιολογία
Carruba, O., Λυδική ἀρχαιολογία. La Lidia fra II e I millennio, in: M. Giorgieri, M. Salvini, M.-C. Trémouille, et al. (Hg.), Licia e Lidia prima dell'ellenizzazione. Atti del Convegno internazionale Roma 11.12 ottobre 1999, Rom 2003, 145-170.

CLINE, Amenhotep III and the Aegean
Cline, E., Amenhotep III and the Aegean: A Reassessment of Egypto-Aegean Relations in the 14th Century B.C., in: Or 56 (1987), 1-36.

EDEL (†) – GÖRG, Ortsnamenlisten
Edel, E. (†), Görg, M., Die Ortsnamenlisten im nördlichen Säulenhof des Totentempels Amenophis' III., ÄAT 50, Wiesbaden 2005.

EDEL, Ortsnamenlisten
Edel, E., Die Ortsnamenlisten aus dem Totentempel Amenophis' III., Bonner Biblische Beiträge 25, 1966.

GOETZE, Kleinasien
Goetze, A., Kleinasien, München 1957.

GÖRG, Ionien und Kleinasien
Görg, M., Ionien und Kleinasien in früher außerbiblischer Bezeugung, in: BN NF 126 (2006), 5-10.

GÖRG, Überlieferung
Görg, M., Zur Überlieferung Thutmosidischer Namensgruppen, in: Görg, M. (Hg.), Beiträge zur Zeitgeschichte der Anfänge Israels, ÄAT 2, Wiesbaden 1989, 27-34.

GÖRG, Kassiten
Görg, M., Amenophis III. und das Zentrum der Kassiten, in: Görg, M. (Hg.), Beiträge zur Zeitgeschichte der Anfänge Israels, ÄAT 2, Wiesbaden 1989, 74-87.

GÖRG, Mitanni
Görg, M., Mitanni in Gruppenschreibung, in: GM 32 (1979), 17-19.

GRIMAL, Géographie
Grimal, N., Les Égyptiens et la géographie du monde, Civilisation pharaonique: archéologie, philologie, histoire, Paris 2003.

HAIDER, Die Peloponnes
Haider, P.W., Die Peloponnes in ägyptischen Quellen des 15. und 14. Jhs. v. Chr., in: Borchardt, J., Krinzinger, F. (Hg.), Wiener Forschungen zur Archäologie 3, Wien 2000, 149-158.

HAIDER, Griechenland – Nordafrika
Haider, P.W., Griechenland – Nordafrika: Ihre Beziehungen zwischen 1500 und 600 v. Chr., Darmstadt 1988.

HAIDER, Menschenhandel
Haider, P.W., Menschenhandel zwischen dem ägyptischen Hof und der minoisch-mykenischen Welt?, in: Ägypten und Levante 6 (1996), 138-156.

HAIDER, Vom Nil zum Mäander
Haider, P.W., Vom Nil zum Mäander. Die Beziehungen zwischen dem Pharaonenhof und dem Königreich Arzawa in Westkleinasien, in: Scherrer, P., Taeuber, H., Thür, H. (Hg.), Steine und Wege; Fs Dieter Knibbe, Wien 1999, 205-219.

HAWKINS, Tarkasnawa
Hawkins, J.D., Tarkasnawa King of Mira: ‚Tarkondemos', Boazköy sealings and Karabel', in: Anatolian Studies 1948 (1998), 1-31.

KITCHEN, Aegean Place Names
Kitchen, K.A., Aegean Place Names in a List of Amenophis III, in: BASOR 181 (1966), 23-24.

KITCHEN, Theban Topographical Lists
Kitchen, K.A., Theban Topographical Lists, Old and New, in: Or 34 (1965), 1-9.

KRI
Kitchen, K.A., Ramesside Inscriptions. Historical and Biographical, 7 Bde., Oxford 1975-1989.

MELCHERT, AHP
Melchert, H.C., Anatolian Historical Phonology, Leiden Studies in Indo-European, Amsterdam - Atlanta 1994.

MELCHERT, Dialectal Position
Melchert, H.C., The Dialectal Position of Lydian and Lycian within Anatolian, in: van den Hout, Th.P.J., de Roos, J. (Hg.), Studio Historiae Ardens. Fs Ph.H.J. Houwink ten Cate, Leiden 1995, 105-141.

MELCHERT, Mólybdos
Melchert, H.C., Greek mólybdos as a Loanword from Lydian, in: Collins, B.J. (Hg.), Hittits, Greeks and Their Neighbors in Ancient Anatolia, An International Conference on Cross-Cultural Interaction, September 17-19, 2004, Emory 2005.

MELCHERT, PIE *y > Lydian d'
Melchert, H.C., PIE *y > Lydian d', in: Vavroušek, P. (Hg.), Iranian and Indo-European Studies. Memorial Volume of Otakar Klíma, Praha 1994, 181-187.

MELCHERT, The Luwians
Melchert, H.C., The Luwians, Handbook of Oriental Studies, Part One: The Ancient Near East and Middle East, Leiden - Boston 2003.

ROOSEVELT, Settlement
Roosevelt, C.H., Lydian and Persion Period Settlement in Lydia I, Cornell University 2003 (unpubl. Diss.).

SCHACHERMEYR, Mykene
Schachermeyr, F., Mykene und das Hethiterreich, Wien 1986.

SIMONS, Handbook
Simons, J., Handbook for the Study of Egyptian Topographical Lists relating to Western Asia, Leiden 1937.

SOUROUZIAN - STADELMANN, Ionier und Danaer
Sourouzian, H., Stadelmann, R., Die ältesten Erwähnungen von Ioniern und Danaern, in: Antike Welt 36 (2005), 79–83.

SOUROUZIAN - STADELMANN, Third Report
Sourouzian, H., Stadelmann, R. et al., The Temple of Amenhotep III at Thebes. Excavation and Conservation at Kom el-Hettân: Third Report on the Fifth Season in 2002/2003, in: MDAIK 60 (2004), 171-236.

SOUROUZIAN - STADELMANN, Three seasons
Sourouzian, H., Stadelmann, R. et al., Three seasons of work at the temple of Amenhotep III at Kom el-Hettân Part III: Works in the dewatered area of the peristyle court and the hypostyle hall, in: ASAE 80 (2006), 367-487.

STARKE, Troia
Starke, F., Troia im Kontext des historisch-politischen Umfeldes Kleinasiens im 2. Jahrtausend, in: Studia Troica 7 (1997), 447-488.

VAN DEN HOUT, Maeonien und Maddunnašša
van den Hout, Th.P.J., Maeonien und Maddunnašša: zur Frühgeschichte des Lydischen, in: Giorgieri, M., Salvini, M., Trémouille, M.-C. et al. (Hg.), Licia e Lidia prima dell'ellenizzazione. Atti del Convegno internazionale Roma 11.12 ottobre 1999, Rom 2003, 301-310.

VANDERSLEYEN, Keftiou = Crète
Vandersleyen, Cl., Keftiou = Crète? Objections préliminaires, in: GM 188 (2002), 109-112.

Les relations égypto-égéennes au Nouvel Empire: que nous apprend la toponymie ?

Yves Duhoux

1. Les toponymes égyptiens en Égée

À l'époque du Nouvel Empire, il faut soigneusement distinguer en Égée deux populations très différentes: les Minoens (§ 1.1) et les Grecs (§ 1.2) — ces derniers sont conventionnellement appelés Mycéniens[1].

1.1. Les ***Minoens*** sont archéologiquement antérieurs aux Mycéniens et constituent donc une (ou un ensemble de) population(s) préhellénique(s). Le cœur de la civilisation minoenne était la Crète, mais les Minoens ne se sont pas cantonnés dans cette grande île : il est incontestable qu'ils se sont établis et ont donc résidé non seulement dans les îles avoisinantes, mais aussi en Asie Mineure. Les Minoens ont utilisé plusieurs écritures différentes, parmi lesquelles le "linéaire A" est le moins mal documenté. Toutefois, la lecture phonétique du syllabaire linéaire A est partielle (environ 70 signes sur une centaine) et expérimentale[2]; les textes sont relativement peu nombreux[3] et malaisément interprétables; enfin la langue en cause n'a pas encore été identifiée à ce jour, malgré de nombreux essais en sens divers[4]. Tout ceci explique peut-être qu'il ne semble exister à ce jour aucun terme linéaire A qui évoque un quelconque toponyme égyptien.

1.2. Les ***Mycéniens*** sont une population grecque dont la civilisation va s'affirmer à partir du XVIIe s. avant J.-C. dans toute la Grèce continentale — leur centre le plus brillant à nos yeux est Mycènes, dans le nord-est du Péloponnèse. Ils vont ensuite conquérir la Crète et les autres territoires de l'Égée et de l'Asie Mineure dominés auparavant par les Minoens. La date de cette conquête est encore discutée, mais il est certain qu'elle ne peut pas être postérieure au début du XIVe siècle, étant donné que l'on a trouvé des textes grecs sûrement datés de cette époque dans des palais crétois. Les documents mycéniens sont écrits en "linéaire B", écriture syllabique de 88 signes dérivée du linéaire A — le linéaire B a été déchiffré en 1952 par M. Ventris. Les textes conservés sont à peu près tous comptables — il n'y en a aucun qui soit littéraire, scientifique, mythique, historique ou diplomatique. La majorité des mots que l'on y lit sont des noms propres — anthroponymes et toponymes[5]. Ce sont précisément les anthroponymes qui nous livrent, indirectement, les deux seules mentions

1 Comme la Crète a d'abord été minoenne, puis mycénienne, il conviendrait d'éviter chaque fois que possible d'utiliser "Crète" ou "crétois" sans préciser à laquelle de ces deux civilisations de l'âge du Bronze on se réfère, faute de quoi il y a un réel risque de regrettable confusion.

2 Les syllabogrammes linéaire A sont conventionnellement et provisoirement lus d'après les valeurs de leurs correspondants linéaire B, étant donné que le linéaire B a été déchiffré et est une adaptation du linéaire A (§ 1.2).

3 Tout le corpus linéaire A tiendrait en une dizaine de pages A4.

4 Sur le linéaire A, voir par exemple Duhoux, Pre-Hellenic Language(s), 7-10; 19-21.

5 Sur le linéaire B, voir par exemple Duhoux – Morpurgo Davies, Linear B. Pour les références de tous les mots linéaire B cités ci-dessous, voir Aura Jorro, Diccionario.

toponymiques mycéniennes connues susceptibles de se référer à l'Égypte :

a) Un anthroponyme crétois a la forme a_3*-ku-pi-ti-jo*, *Aiguptijos* (hapax). Cette lecture ne fait pas le moindre doute : le syllabogramme a_3 note spécifiquement la diphtongue /ai/ et la suite de l'interprétation est parfaitement conforme aux règles orthographiques du linéaire B; de plus, a_3*-ku-pi-ti-jo* a une longueur, respectable, de cinq syllabogrammes, ce qui diminue considérablement les risques d'homographie; enfin, *Aiguptijos* répond à un anthroponyme alphabétique identique, Αἰγύπτιος, attesté depuis Homère (*Odyssée* 2.15). *Aiguptijos*/Αἰγύπτιος est étymologiquement un ethnique, "l'Égyptien" (ce dernier emploi est connu pour Αἰγύπτιος dès l'époque homérique). L'utilisation d'un ethnique comme anthroponyme est banal en grec, aussi bien mycénien qu'alphabétique. Nous ignorons presque tout du Mycénien dont *Aiguptijos* était le nom : c'était un berger de la localité de *su-ri-mo*, sans doute située dans la région de Cnossos (dans le nord de la Crète centrale), et il était responsable de 80 moutons. Nous ne savons toutefois pas pourquoi on l'avait nommé "l'Égyptien". Les usages grecs ultérieurs suggèrent qu'il ne devait pas nécessairement s'agir d'un Égyptien authentique, mais qu'il pouvait être une personne ayant un lien particulier (lequel ??) avec l'Égypte. L'intérêt de ce nom propre est qu'il atteste que l'Égypte portait déjà le nom d'*Aiguptos* en grec du XIVe s. (il en va de même pour Αἴγυπτος dès Homère). Ceci n'éclaircit toutefois pas l'étymologie d'Αἴγυπτος — on est tenté d'y voir un emprunt du grec à l'égyptien[6], mais une étymologie indo-européenne a aussi été défendue[7].

b) Un autre anthroponyme crétois a la forme *mi-sa-ra-jo* (hapax). Ce personnage est localisé à Phaestos (dans le sud de la Crète centrale) et est associé à des quantités de figues et d'autres fruits. On interprète d'ordinaire *mi-sa-ra-jo* comme *Misraios*— il s'agirait étymologiquement d'un ethnique tiré du nom *misr-* de l'"Égypte" dans des langues orientales (ainsi, hébreu *Miṣrayim*; hittite KUR^{URU}*MI-IṢ-RI*; *Misr* est le nom actuel de l'"Égypte" en arabe). Cette interprétation n'est certainement pas impossible, mais elle ne me paraît pas assurée. *mi-sa-ra-jo* est en effet une forme moins longue qu'a_3*-ku-pi-ti-jo* (quatre syllabogrammes), ce qui augmente les risques d'homographie. De fait, les imprécisions du syllabaire linéaire B et de son orthographe font que l'on pourrait lire *mi-sa-ra-jo* tout autrement que *Misraios*. Par exemple, on pourrait imaginer un anthroponyme composé dont le premier membre serait *Mis-*, issu du radical de μισέω, "haïr" (comparer des composés comme μισάνθρωπος, etc.). On pourrait alors songer à des formes comme *Misairaios*, avec *-aira-*, issu du nom l'"ivraie", αἶρα, et le suffixe anthroponymique -ιος — *Misairaios* aurait signifié étymologiquement "celui qui déteste l'ivraie"; autre possibilité éventuelle : *Mishalaios*, avec *-hal-*, issu du nom du "sel" ou de la "mer", ἅλς, et le suffixe anthroponymique -αῖος — *Mishalaios* aurait signifié étymologiquement "celui qui déteste le sel/la mer"; etc. Il faut objecter à ce type de lectures que des anthroponymes à premier membre formé sur μισέω semblent complètement inconnus en grec alphabétique — mais tel est aussi le cas de *Misraios*... Finalement, on ne peut pas exclure que *mi-sa-ra-jo* soit d'origine minoenne, comme tant d'anthroponymes mycéniens de Crète, ce qui empêcherait tout rattachement tant à *miṣr-* qu'à μισέω. Au total, l'idée que *mi-sa-ra-jo* ait un rapport avec *miṣr-* n'est ni démontrable, ni réfutable.

6 Le détail n'est toutefois pas clair : la forme égyptienne empruntée pourrait être par exemple *tt*, "le temple de Ptah", une des désignations de Memphis (?).

7 Voir JANDA, Il nome miceneo *Aiguptos.

1.3. La toponymie égyptienne attestée en mycénien donne des relations égéo-égyptiennes une image limitée. En effet, elle consiste seulement en *une ou deux mentions toponymiques indirectes* relatives à l'Égypte... Peut-être ceci tient-il à la nature de notre documentation linéaire B : si nous avions conservé d'autres textes que de simples tablettes comptables, il est possible qu'ils nous livreraient bien davantage de toponymes égyptiens. Toutefois, les objets d'origine égyptienne trouvés dans les territoires mycéniens[8] tout comme les objets mycéniens trouvés en Égypte[9] nous montrent que les rapports (économiques, culturels et peut-être diplomatiques) qu'entretenaient les deux régions étaient assez limités : une vingtaine d'objets égyptiens ont été trouvés sur le continent mycénien et une demi-douzaine dans la Crète mycénienne[10]. Observer que la majorité des objets égyptiens importés en Grèce mycénienne a été trouvée sur le *continent grec*, alors que c'est la *Crète* qui a livré *Aiguptijos* et *mi-sa-ra-jo*.

2. Les toponymes égéens en Égypte

Au Nouvel Empire, la documentation toponymique égyptienne relative à l'Égée est incomparablement plus fournie que son correspondant grec.

Je répartirai le matériel en quatre parties: Keftiou (§ 2.1); les "îles au milieu du Grand Vert" (§ 2.2); la liste E_N d'une des statues colossales du temple funéraire d'Aménophis III à Kom el-Hettân (Thèbes) (§ 2.3); une nouvelle liste toponymique de ce même temple funéraire (§ 2.4).

2.1 Keftiou[11]

Les textes et les représentations les plus intéressants relatifs à Keftiou (égyptien hiér. *Kftyw*, *Kftiw*, etc.) se trouvent dans la tombe TT 100 de Rekhmiré (égyptien hiér. *Rḫ-mj-Rᶜ*), l'un des vizirs de Touthmosis III. La tombe peut être située entre 1451/1448 - 1446/1443 et 1425. Ce monument comporte de magnifiques peintures montrant entre autres Rekhmiré recevant l'*inou* (égyptien hiér. *ỉnw*), "l'hommage" de plusieurs populations. Parmi elles, se trouvent des habitants "de Keftiou" ou "du pays Keftiou (et) des îles qui sont au milieu du Grand Vert". Je reviendrai à l'instant plus en détail sur "les îles qui sont au milieu du Grand Vert" (§ 2.2) et commencerai ici par Keftiou.

Les peintures de Rekhmiré nous donnent la chance de voir comment étaient les Keftiotes et les habitants "des îles qui sont au milieu du Grand Vert", puisqu'il n'y en a pas moins de 16 qui sont représentés avec un grand luxe de détails et un souci exceptionnel de précision[12]. Or, il n'y a pas la moindre hésitation à avoir : ce sont des *Minoens*. Tout, chez eux, est typique de cette civilisation préhellénique[13] : leur coiffure, leurs vêtements[14], leurs chaussures, une large partie

8 Voir Cline, Contact and Trade et Cline, Imports — les données numériques de ces deux publications ne sont certainement plus à jour, mais j'ai l'impression qu'elles livrent un ordre de grandeur toujours valable.

9 Voir par exemple Duhoux, Des Minoens en Égypte, 256-257.

10 Les données de Cline, Contact and Trade, 21-22 sont les suivantes : 20 objets égyptiens trouvés sur le continent grec mycénien, contre 5 dans la Crète mycénienne.

11 Pour les principales références sur cette question, voir Duhoux, Des Minoens en Égypte, 29-39.

12 Vercoutter, L'Egypte et le monde égéen préhellénique est toujours la référence majeure pour ces figurations. Pour la bibliographie ultérieure, voir Duhoux, Des Minoens en Égypte.

13 Les envoyés "de Keftiou" ou "du pays Keftiou (et) des îles qui sont au milieu du Grand Vert" ont été représentés deux fois : la première version a été complètement effacée (apparence physique, vêtements, chaussures, cadeaux, etc.) et remplacée par une deuxième. On peut toutefois distinguer bon nombre d'éléments de la première version sous la seconde. Contrairement à ce que l'on croit trop souvent, cette deuxième version ne montre pas des Mycéniens, mais des Minoens, tout comme la version initiale (voir aussi note suivante).

14 E. Barber, qui avait longtemps défendu l'idée que la deuxième version n'aurait montré que des Mycéniens, vient de modifier ses vues à la suite d'une réanalyse des *tissus* utilisés pour les pagnes des Keftiotes. Elle con-

de leurs cadeaux. Cet élément, essentiel, joint à d'autres fait que l'on admet très généralement que Keftiou est le nom donné par les Égyptiens au cœur de la civilisation minoenne, la Crète — et l'on comprend de même le correspondant sémitique de Keftiou, *Kaptara* ou *Kaphtor*.

Cette interprétation ne fait toutefois pas l'unanimité : on a tenté de localiser Keftiou ailleurs qu'en Crète : à Chypre ou en Asie. Ces localisations alternatives n'ont pas convaincu le monde savant. Je fais personnellement partie de ceux qui ne les ont pas admises. Voici quelques arguments spécialement frappants avancés (ou qui pourraient l'être) en faveur d'une localisation de Keftiou ailleurs qu'en Crète — ils seront suivis par certaines objections que l'on peut leur opposer.

a) Keftiou est explicitement localisé en Syrie (dans le *Ta-neter* septentrional) par un texte funéraire royal de Ramsès VI (1153 - 1136). C'est vrai. Mais ce passage comporte au moins un élément toponymique suspect : il mentionne un soi-disant "pays dont *Peb* est le nom", avec *Peb* qui est probablement une graphie erronée. De plus, Keftiou y est présenté comme une "ville" et le document donne globalement l'impression d'être un mélange peu rigoureux d'éléments dont plusieurs étaient mal maîtrisés par son rédacteur.

b) Le Décret de Canope établit une correspondance entre Keftiou (hiéroglyphique) = "le pays de Kharou" (démotique) = la Phénicie (grec). Comme la "Phénicie" peut renvoyer à la côte syrienne et que "le pays de Kharou" est lui aussi localisable dans ces environs, Keftiou est forcément une région située dans le couloir syro-palestinien. Il faut admettre que c'est bien ce que dit ce texte. Mais le Décret de Canope date de 238 avant notre ère. Or, sous Ptolémée III et la reine Bérénice, le nom de Keftiou semble avoir été oublié depuis près d'un millénaire. De plus, l'hiéroglyphique n'était plus vraiment bien maîtrisé — ainsi, précisément dans le Décret de Canope, le rédacteur hiéroglyphique a commis une erreur manifeste à propos de l'île de Chypre, qualifiée de façon aberrante d'"île de Sbynay" (égyptien hiér. *ỉw sbynꜣy*). Dans ce même texte, l'expression hiéroglyphique servant à décrire la Syrie, *Rtnw ỉꜣbt*, "Retenou oriental", est sans parallèle hiéroglyphique connu ailleurs, ce qui incite à la méfiance.

c) Si l'on excepte les représentations de la tombe de Rekhmiré, qui sont d'une qualité hors du commun, la majorité des personnages présentés comme Keftiotes dans l'art égyptien du Nouvel Empire ont une apparence orientale ou exotique — ils sont décrits, d'après les auteurs, comme Syriens, Syro-palestiniens, Hittites, Sémites, Noirs... Ces représentations ne tranchent-elles pas la question et ne *montrent-elles* pas que les Keftiotes ne peuvent pas être des Minoens ? La réponse est "non", parce que nous avons la preuve que ces représentations pouvaient être extrêmement fantaisistes. Par exemple, "dans la tombe de Menkheperreseneb, un Syrien caractéristique est appelé «Roi des Hittites» *(sic)*; dans celle d'Amenemheb *les mêmes* personnages qualifiés de «Keftiou» au IIIe registre sont appelés «Rois du Retenou supérieur et inférieur» au premier et au deuxième registres; dans la tombe de Kenamon, le Libyen est représenté sous les traits d'un Sémite, et le Soudanais sous ceux d'un Egyptien. Dans la tombe d'Inéni, l'Asiatique (le Mentiou d'Asie) est figuré par un nègre; enfin, au temple d'Abydos, le Libyen est représenté, comme l'habitant du Pays Keftiou, sous les traits d'un

clut que "the *cloth* suggests an embassy from a cultural melting pot that *included* Minoans, though not from an isolated enclave thereof" (Barber, Compte rendu, 295-297; 297; italiques de l'auteur). Ceci me semble être un pas dans la bonne direction — mais ne prend pas en compte les autres caractéristiques (coiffure, etc.) des Keftiotes.

Sémite"[15]. Et s'il restait un doute sur le côté fantaisiste de bien des représentations, il serait levé, je pense, par la tombe d'Amenemheb mentionnée à l'instant. Le texte y décrit une chasse à *l'éléphant*. Or, pour illustrer le combat d'Amenemheb avec l'éléphant, l'artiste a dessiné une *hyène* géante... La moralité est que si l'on ne veut pas prendre une hyène pour un éléphant, il ne faut pas prendre les Keftiotes pour des Asiatiques.

d) Il y aurait beaucoup à dire sur l'essai de Strange 1980 d'identifier Keftiou avec l'île de Chypre. Je me contenterai d'apporter ici un élément tout nouveau et décisif, mettant en jeu la localisation d'Alasia. Ce toponyme est très généralement compris comme la désignation égyptienne la plus courante de Chypre — toutefois, d'autres localisations ont été proposées : Cilicie ou Syrie. Il se fait que les tablettes de Tell Amarna comportent des lettres envoyées depuis Alasia vers l'Égypte. Or, de nouvelles analyses (entre autres pétrographiques, micromorphologiques et chimiques) de la plupart des tablettes de Tell Amarna ont été effectuées entre 1997 et 2002 et publiées par Goren - Finkelstein – Na'aman 2004. Leurs résultats établissent que l'argile des tablettes envoyées *depuis Alasia vers l'Égypte* ne peut provenir ni de Cilicie ni de Syrie, mais *est d'origine chypriote*. En fait, elle provient très précisément du sud de la région de Troodos, et l'on peut hésiter entre Alassa et Kalavassos[16]. Cette recherche exemplaire clôt désormais la discussion : Alasia correspond bien à Chypre. Mais il en résulte alors que Chypre ne peut pas être identifiée avec Keftiou.

e) La description de la tombe de Rekhmiré parle "du pays Keftiou (et) des îles qui sont au milieu du Grand Vert". Si Keftiou est la Crète et si, comme on le croit généralement, "les îles qui sont au milieu du Grand Vert" renvoient à l'Égée, cette formule constitue une redondance, puisque la Crète fait évidemment partie des îles de l'Égée. Ne vaudrait-il alors pas mieux localiser Keftiou en dehors de l'Égée ? Cette objection n'est pas recevable, d'abord parce que d'autres légendes des scènes de l'*inou* de la tombe de Rekhmiré comportent des redondances géographiques indiscutables[17]; ensuite, parce que "les îles qui sont au milieu du Grand Vert" pourraient ne pas se référer à l'Égée (§ 2.2).

2.2 Les "îles au milieu du Grand Vert"[18]

La tombe de Rekhmiré, vizir de Touthmosis III, comporte, on l'a vu (§ 2.1), de magnifiques peintures montrant des Minoens. Or, ses légendes précisent qu'ils viennent "du pays Keftiou (et) des îles qui sont au milieu du Grand Vert". Dans la tombe TT 131 (vraisemblablement construite entre 1475 - 1470) d'Ouseramon, oncle de Rekhmiré et lui aussi vizir de Touthmosis III, les Minoens sont présentés comme venant seulement "des îles qui sont au milieu du Grand Vert" — égyptien hiér. *ỉw.w ḥrj.w-ỉb n.w W3ḏ-wr*.

Où se trouvent ces "îles qui sont au milieu du Grand Vert"? La réponse dépend bien sûr de la localisation du "Grand Vert" (égyptien hiér. *W3ḏ-wr*). Ce dernier est classiquement identifié avec la mer (Méditerranée ou Rouge) et certaines zones aquatiques de la vallée du Nil[19]. Du coup, il est tout naturel de penser que, lorsqu'il est associé à des Minoens, le "Grand Vert" désignerait la Méditerranée et que "les îles qui sont au milieu du Grand Vert" seraient les îles de l'Égée. Telle est l'opinion la plus répandue.

15 Vercoutter, L'Egypte et le monde égéen préhellénique, 390-391 (italiques de l'auteur).

16 Voir Goren – Finkelstein - Na'aman, Inscribed in Clay, 48-75.

17 Voir Duhoux, Des Minoens en Égypte, 175-76 ("pays du sud") ; 176-177 ("Retenou").

18 Pour les principales références sur cette question, voir Duhoux, Des Minoens en Égypte, 41-144.

19 Voir par exemple Wb I, 269.

Depuis une trentaine d'années, cette interprétation a été contestée. On a vu dans le "Grand Vert" des réalités très diverses : seulement le Delta du Nil — le Nil et, tardivement, la mer — la vallée du Nil et son Delta — le Nil en crue.

En fait, je pense que pour examiner cette question, il y a intérêt à sérier les problèmes. Il faut d'abord distinguer les attestations du "Grand Vert" d'après que leur contexte *impose*, ou non, une localisation précise : il est inutile de s'appuyer sur des textes neutres ou ambigus. Prenons par exemple un document qui évoque l'eau du "Grand Vert" en la présentant comme non douce, c'est-à-dire salée[20]. Ceci implique évidemment qu'il doit s'agir d'eau de mer. On ne peut toutefois pas en tirer de localisation précise : il pourrait s'agir aussi bien de la Méditerranée que de la mer Rouge. Une deuxième précaution à prendre est de ne pas mettre tous les documents sur le même pied, mais de tenir compte de leur date et de la qualité de leur rédaction: étant donné les conditions très particulières dans lesquelles on pratiquait les hiéroglyphes à l'époque ptolémaïque (§ 2.1), on ne peut les traiter de la même manière que des textes rédigés un millénaire plus tôt ou davantage.

Si l'on applique le premier de ces principes, il ne me semble exister qu'un seul texte qui *contraigne* à localiser sans la moindre ambiguïté le "Grand Vert" en Méditerranée : le Décret de Memphis (196 avant J.-C.)[21]. Or (deuxième principe), c'est un document très tardif, rédigé à une époque où l'hiéroglyphique n'était plus vivant: il reflète donc sans doute l'état des connaissances de son époque, mais est de peu d'utilité pour des textes antérieurs de plus d'un millénaire. Dans tous les autres documents où une localisation *s'impose*, le "Grand Vert" désigne soit la vallée du Nil et/ou son Delta, soit la mer Rouge (dont la couleur caractéristique est le bleu-*vert* ou le *vert*, selon les océanographes[22]). Ces textes apparaissent à partir de la Ve Dynastie et sont largement documentés pendant le Nouvel Empire, qui est la période qui nous intéresse ici. La conclusion coule de source : sous Touthmosis III, les Minoens du "Grand Vert" ne peuvent se trouver ni en Méditerranée, ni, bien entendu, en mer Rouge. Par élimination, ils doivent alors être localisés dans la vallée du Nil ou son Delta. Or, le Delta

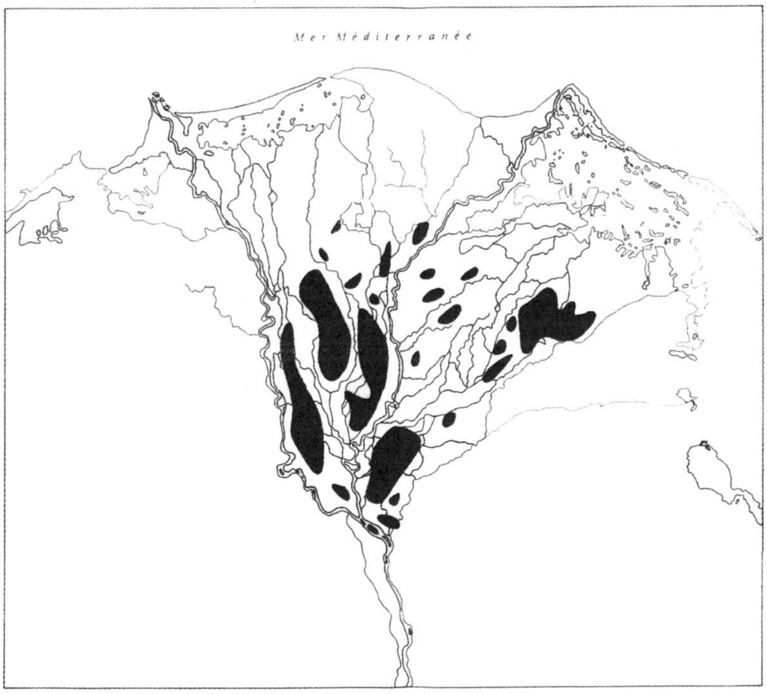

Abb. 1: Les îles (en sombre) du Delta du Nil sous la XIIe Dynastie (1994 - 1797) d'après MANLEY, Atlas historique, 47.

20 Il s'agit de Urk. VI, 125.21-127.2 (= texte n° 215 de VANDERSLEYEN, Ouadj our). Ce document, d'époque ptolémaïque, a été discuté par QUACK, Zur Frage des Meeres, col. 455.

21 Il est très tentant de comprendre de la même façon le "Grand Vert" dans le Décret de Canope (238 avant J.-C.), mais ce texte pose plusieurs problèmes (voir par exemple § 2.1) qui font qu'une certitude véritable me paraît actuellement hors de portée.

22 Voir DUHOUX, Des Minoens en Égypte, 124-125.

du Nil comportait des îles (voir carte 1), et singulièrement celles que les Égyptiens du Nouvel Empire appelaient "les îles du milieu" — l'expression égyptienne hiér. est *ỉw.w ḥrj.w-ỉb* : elle est rigoureusement identique à celle qui s'emploie à propos de la localisation des Minoens (*ỉw.w ḥrj[.w]-ỉb n.w W3ḏ-wr*). Je suis dès lors tenté de penser que les Minoens des "îles qui sont au milieu du Grand Vert" venaient, en réalité, de certaines îles du Delta du Nil.

Une telle localisation est-elle soutenable ?

Il est bien vrai que l'on n'a pas (encore ?) trouvé de traces d'habitat minoen dans le Delta, ni lors de fouilles, ni lors de simples prospections. Mais l'intégralité du Delta n'a pas encore été ni fouillée, ni prospectée: l'argument du silence doit donc être utilisé avec une particulière prudence. D'autant plus qu'il existe une preuve incontestée d'influence minoenne en bordure du Delta lors des débuts de la XVIIIe Dynastie : les fouilles de Manfred Bietak ont révélé l'existence à Avaris (Tell el Dab'a) d'un impressionnant palais décoré notamment de peintures typiquement minoennes, tant par leur technique (la fresque, inconnue en Égypte à l'époque) que par leurs motifs. La dernière datation du fouilleur situe ce palais entre 1539 et 1479 — c'est-à-dire juste avant que la tombe d'Ouseramon (vraisemblablement entre 1475 – 1470) localise pour la première fois les Keftiotes dans les "îles qui sont au milieu du Grand Vert". Ces fresques se comprennent peut-être mieux si les Minoens que connaissaient les Égyptiens de cette époque vivaient non seulement dans la lointaine Égée, mais aussi dans le Delta tout proche.

Une autre objection que l'on pourrait faire à la localisation au cœur du Delta des "îles qui sont au milieu du Grand Vert" se fonde sur le sens du mot *w3ḏ*, que l'on traduit toujours par "vert" lorsqu'il désigne une couleur[23]. Si l'on comprenait *w3ḏ* autrement — par exemple par "bleu ou vert" —, la Méditerranée n'aurait-elle pas davantage de chances d'être en cause dans le *W3ḏ-wr* du Nouvel Empire (tout le monde parle aujourd'hui de la Méditerranée comme de la "Grande Bleue") ? La question est d'autant plus pertinente que les Égyptiens n'avaient initialement qu'un seul nom de couleur pour désigner indistinctement le vert et le bleu. Qu'en résulte-t-il pour *W3ḏ-wr* ? Pas grand chose, en fait. D'abord, il ne faut pas limiter l'examen de *w3ḏ* aux seules *origines* du lexique égyptien des couleurs : il faut le poursuivre jusqu'à la période qui nous concerne ici, le *Nouvel Empire*. Or, à cette époque, la situation initiale a complètement changé : depuis, déjà, la Ve Dynastie (textes des Pyramides), l'égyptien hiér. s'est doté d'un terme spécifique signifiant proprement le "bleu" : *ḫsbḏ*, qui désignait initialement le "lapis-lazuli"[24]. De plus, bien que *w3ḏ* se prête à désigner un grand nombre de réalités, il ne renvoie jamais à une réalité franchement bleue — par contre, il désigne par exemple le papyrus, qui est à nos yeux le type d'objet d'un vert franc[25], ou la turquoise[26], pierre précieuse bleue *tirant sur le vert*. Surtout, le fait capital est que le sens, originel ou ultérieur, de *w3ḏ* ne change rien à un élément essentiel : c'est uniquement à l'époque ptolémaïque qu'*un texte* (un seul...) *force* à admettre que *W3ḏ-wr* renvoie à la Méditerranée. Antérieurement, *tous* les emplois contraignants renvoient seulement au Nil, à son Delta ou à la mer Rouge.

---

23 Voir par exemple Wb I, 263-268.

24 Voir par exemple Wb III, 334-335; Robins, Color symbolism, 291-292.

25 Et les emplois figurés vont évidemment dans le même sens, puisque *w3ḏ* se réfère par exemple à ce qui est "frais" ou "jeune". Quirke, Colour vocabularies, 187 attire l'attention sur l'importance que pourraient avoir eu l'éclat et la texture des objets dans le choix des noms de couleurs qui leur ont été appliqués par les Égyptiens.

26 Voir Quirke, Colour vocabularies, 188-189.

Il va sans dire que si ma localisation au cœur du Delta des "îles qui sont au milieu du Grand Vert" devait un jour être avérée, il faudrait éliminer cette expression de celles qui se réfèrent à l'Égée.

2.3 La liste E_N de Kom el-Hettân[27]

Avec la liste toponymique E_N de Kom el-Hettân, nous quittons les Minoens de la tombe de Rekhmiré pour entrer dans le monde des Grecs, les Mycéniens.

Les colosses de la grande cour du temple funéraire d'Aménophis III (1382 - 1344) à Kom el-Hettân (Thèbes) et leurs listes toponymiques avaient pour fonction d'illustrer le règne universel que le pharaon était censé exercer sur tous les pays. L'une de ces listes se trouve sur une base (E_N) qui est capitale pour la toponymie égéenne. Cette base comporte une série de représentations de captifs étrangers avec leur région ou cité d'origine inscrite dans des médaillons. Sa face latérale droite est anépigraphe, la face arrière est perdue et l'inscription court sur les faces avant (partiellement anépigraphe) et latérale gauche. Cette base est datable de la fin du règne d'Aménophis III et en tout cas de sa seconde moitié — je la situe conventionnellement entre 1363 et 1344. La liste E_N n'a été que progressivement découverte et publiée. En 1963, K. Kitchen découvrait toute sa face latérale gauche (prisonniers de gauche n° 4-12) et en donnait l'édition *princeps* deux ans plus tard (Kitchen 1965). L'année suivante, E. Edel en a publié l'intégralité (Edel 1966). En 2005 E. Edel (†) et M. Görg l'ont republiée avec de nouveaux commentaires et d'admirables photos.

Cette liste toponymique a été intensivement étudiée et nous en savons bien plus que lorsque Kitchen en a publié neuf toponymes. Mais il faut saluer sa remarquable intuition initiale qui lui avait fait comprendre les toponymes des prisonniers de gauche n° 10-12 comme, respectivement, Cnossos, Amnisos et Lyktos, ajoutant ceci, que la découverte de la face avant a rendu partiellement prémonitoire : "Could this list just conceivably be partly Syrian and partly 'Keftiu' (Cretan)?"[28].

Voici la liste de ces toponymes et leur interprétation par Edel (†) - Görg 2005 — lorsque les données grecques me paraissaient l'imposer, j'ai complété et/ou modifié certaines de leurs graphies ou identifications (voir carte 2 pour la localisation des toponymes):

***Face avant*:**

Prisonnier de droite n° 1 : *k-f-tj-w* (avec le déterminatif du *pays étranger*) = *kft* = Keftiou[29] = la "Crète" (île située entre l'île de Cythère, au sud du Péloponnèse, et l'Égypte).

Prisonnier de droite n° 2 : *tj-nꜣ-jj-w* = *tnj* = Tinayou, que Edel (†) - Görg 2005, 196-199 lisent *Danaia*[30] et qui désignerait "le pays danaen". Ce terme est très généralement rapproché du nom des "Danaens" (grec alphabétique Δαναοί). Cette interprétation est défendable, mais on observera cependant qu'il n'existe pas le moindre toponyme grec correspondant au nom des "Danaens". De plus, l'étymologie de Δαναοί n'est pas

27 Pour les principales références sur cette question, voir Duhoux, Des Minoens en Égypte, 234-251; Edel (†) – Görg, Ortsnamenlisten, 161-213, planche 12 et dépliants 13-14; Görg, Kleinasiatische Toponyme. Grimal, Les listes de peuples montre bien la valeur géographique et même géopolitique des listes toponymiques, spécialement lorsqu'elles figurent sur des socles de statue.

28 Kitchen, Theban Topographical Lists, 6. Rappelons que Kitchen ignorait la présence de Keftiou sur la face avant du socle.

29 Selon Edel, dans Edel (†) – Görg, Ortsnamenlisten, 166-167, la forme égyptienne hiératique ancienne aurait été **Kaftar*, avec une évolution ultérieure en *Kaftaj* > *Kafta*.

30 Edel, dans Edel (†) – Görg, Ortsnamenlisten, 197 préfère "*danahia* oder *danajia*".

assurée[31] et la localisation de Tinayou est évidemment inconnue[32]. Toutes ces incertitudes font qu'il n'est sans doute pas superflu de chercher dans d'autres directions. Peut-être certaines suggestions déjà avancées[33] devraient-elles être réexaminées, en plus de nouvelles que l'on pourrait proposer et dont voici un exemple. Il existe un toponyme mycénien *ti-no* (sans correspondant alphabétique connu). *ti-no* se trouve dans le Péloponnèse (Messénie) et pourrait avoir donné un nom de région **ti-ni-ja* peut-être attesté dans l'anthroponyme *ti-ni-ja-ta* (que l'on croit issu d'un ethnique). Je me demande si ce **ti-ni-ja* ne pourrait pas répondre à *tj-nꜣ-jj-w*. Quoi qu'il en soit, je considérerai dans la suite que Tinayou n'est pas localisé avec certitude. Il ne me semble pas non plus assuré que *tj-nꜣ-jj-w* désigne une région plutôt qu'une localité.

Prisonnier de gauche n° 1 :

(a) texte final : *[j]ʾ-m-n-i-šꜣ* = *ʾmnš* = „Amnisos" (toponyme crétois [nord de la Crète centrale]; cf. linéaire B *a-mi-ni-so*, *Amnīsos* et grec alphabétique Ἀμνῖσός).

(b) texte primitif : ⟦*ʾa-m-k-l*⟧[34] ou ⟦*ʾa-m-k-r*⟧ = „Amyclées" (toponyme péloponnésien [Laconie] ou du sud de la Crète[35]; cf. grec alphabétique Ἀμύκλαι).

Prisonnier de gauche n° 2 :

(a) texte final : *bꜣ-y-šꜣ-tj* = *byšt* = "Phaestos"[36] (toponyme crétois [sud de la Crète centrale]; cf. linéaire B *pa-i-to*, *Phaistos* et grec alphabétique Πίσα/Πῖσα/Πισαία).

(b) texte primitif : ⟦*bꜣ[-i]- sꜣ-y*› ou ⟦*ʾbꜣ[-i]-sꜣ-tj*› = "Pisa" ou "la région de Pisa"[37] (toponyme péloponnésien [Élide]; cf. grec alphabétique Πίσα/Πῖσα/Πισαία).

Prisonnier de gauche n° 3 :

(a) texte final : *kꜣ-tw-nꜣ-jj* = *ktny* = "Cydonia" (toponyme crétois [nord-ouest de la Crète] — le site mycénien de Cydonia a livré quelques textes linéaire B; cf. linéaire B *ku-d^{c}-ni-ja*, *Kudōnijā* et grec alphabétique Κυδωνία).

(b) texte primitif : pourrait peut-être correspondre à "Amyclées" (voir le texte primitif du prisonnier de gauche n° 1), mais cette restitution est assez hypothétique.

Face latérale gauche:

Prisonnier de gauche n° 4 : *mw-k-jʾ-nw* = *mkn* = "Mycènes" (toponyme péloponnésien [Argolide][38] — le palais de Mycènes a livré un petit ensemble de textes linéaire B; cf. grec alphabétique Μυκᾶναι/Μυκῆναι/Μυκήνη).

Prisonnier de gauche n° 5 : *di-qꜣj-jꜣ-s* = *dqʾs*. Deux interprétations différentes me semblent possibles :

(a) "Thèbes" (?; toponyme béotien; cf. linéaire B *te-qa-i*, *Thēgʷaihi* [datif-locatif pluriel] et grec alphabétique Θῆβαι/Θήβη; le palais

31 Il n'est pas impossible que le mot repose sur **Danawo-*. Il existe toutefois un anthroponyme mycénien *da-na-jo*, attesté à Cnossos, que l'on a *hypothétiquement* rapproché de l'anthroponyme Δαναός, porté par le héros mythique dont les Danaens prétendaient descendre.

32 Sur les deux autres attestations de Tinayou, qui pourraient être des homonymes du Tinayou de Kom el-Hettân, voir DUHOUX, Des Minoens en Égypte, 232-234.

33 Voir DUHOUX, Des Minoens en Égypte, 245-246.

34 ⟦ ⟧ signale conventionnellement des séquences délibérément effacées par le graveur.

35 Cf. Inscriptiones Creticae IV.172, Rome, 1950 — je dois cette référence à John Bennet.

36 EDEL (†) – GÖRG, Ortsnamenlisten, 174 lit Φαιστος et Φαιστα (*sic*).

37 EDEL (†) – GÖRG, Ortsnamenlisten, 169-175; 191 lit Pisaia.

38 La Mycènes crétoise, si elle a vraiment existé, n'est pas localisable et n'est mentionnée que tardivement : elle ne peut donc sérieusement concurrencer la Mycènes argienne.

mycénien de Thèbes a livré un important ensemble de textes linéaire B). Cette identification est séduisante entre autres parce que Thèbes était un centre mycénien majeur à l'époque. Mais elle met en jeu un site non péloponnésien, alors que tous les toponymes continentaux de la liste sont localisés dans le Péloponnèse.

(b) "Tégée" (??; toponyme péloponnésien [Arcadie][39]; cf. grec alphabétique Τεγέα/Τεγέη).

Prisonnier de gauche n° 6 : *m-i-ḏꜣ-n-j*[40] (avec le déterminatif du *pays étranger*). Deux formes toponymiques renvoyant à la même région semblent théoriquement possibles :

(a) "Messène" (toponyme péloponnésien [Messénie]; cf. linéaire B *me-za-na, Metˢānā* ou *Metʸānā* — z- note ici une occlusive sourde affriquée /tˢ/ ou palatalisée /tʸ/ et n'est donc pas la sifflante /s/ ordinaire — et grec alphabétique Μεσσᾱνᾱ/Μεσ[σ]ήνη). "Messénie" (cf. grec alphabétique Μεσσηνία). Le palais mycénien de Pylos (Messénie) a livré un très important ensemble de textes linéaire B.

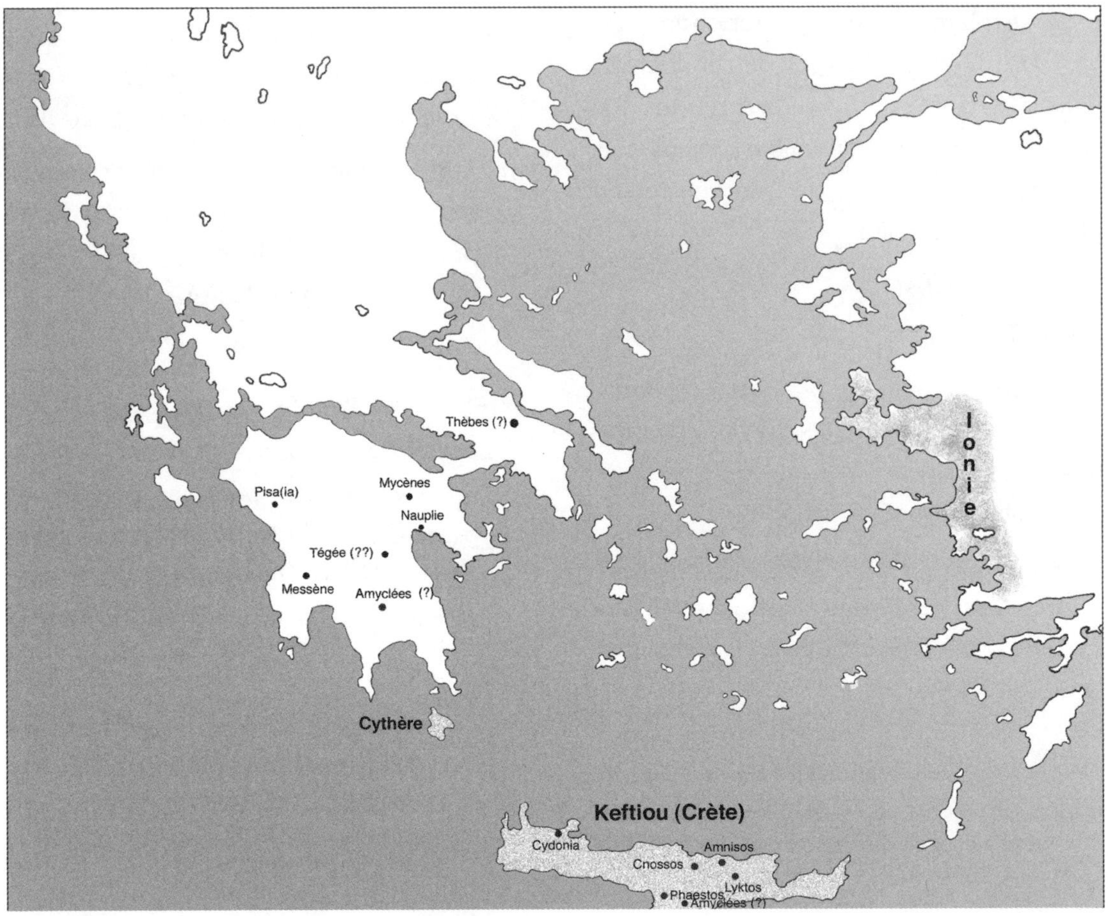

Abb. 2: Les toponymes égéens de la liste En et de la nouvelle liste (§ 2.4) de Kom el-Hettân. Les toponymes suivants, dont la localisation précise n'est pas connue, n'y sont pas repris: Tinayou (prisonnier de droite n° 2) et wi-ja-we-ra2 (en Messénie : prisonnier de gauche n° 9).

39 La remarque faite à l'instant à propos de la Mycènes crétoise vaut pour la Tégée *crétoise*.

40 Edel, dans EDEL (†) – GÖRG, Ortsnamenlisten, 180-181 propose de corriger le texte en *m-i-ḏꜣ-nꜣ-y* ou *m-i-ḏꜣ-nꜣ*.

Prisonnier de gauche n° 7 : *nw-pi-rʾ-i-y* (avec le déterminatif du *pays étranger)* = "Nauplie" (toponyme péloponnésien [Argolide]; cf. grec alphabétique Ναυπλία[41]).

Prisonnier de gauche n° 8 : *kȝ-tj-i-rʾ* (avec le déterminatif du *pays étranger)* = *ktr* = "Cythère", qui peut être soit l'île située entre le Péloponnèse et la Crète, soit sa capitale (cf. linéaire B *ku-te-ra₃, Kuthērai* [nominatif féminin pluriel de l'ethnique] et grec alphabétique Κύθηρα [neutre pluriel]).

Prisonnier de gauche n° 9 : *wȝ-jw-r-jj-i*. Aucune des identifications rappelées ou proposées par Edel (†) - Görg 2005, 184-187 et 208-209 ne me paraît pleinement satisfaisante. La forme *wȝ-jw-r-jj-i* impose que le toponyme grec ait commencé par un *wau*; par ailleurs, il n'est pas raisonnable de situer *wȝ-jw-r-jj-i* en dehors de la Crète, des îles proches ou du continent grec. Ceci exclut géographiquement le nom d'"Ilion", en Troade — bien que Ἴλιος < *ϝίλιος soit acceptable pour la forme. On ne peut non plus admettre "Hélos", attesté dans diverses régions grecques, dont la Messénie (tant à l'époque mycénienne [linéaire B *e-re-e, Helehei,* datif singulier, etc.] qu'alphabétique [Ἕλος]), parce que l'étymologie l'exclut — Ἕλος repose sur **selos* et non pas ***(s)welos*. La même objection vaut pour le toponyme crétois Ἕλεια, dans le nord-est de la Crète — de plus, il s'agit d'un simple *lieu-dit* dans le territoire d'Itanos, et non pas d'une ville ou région. Il existe cependant un toponyme mycénien avéré qui pourrait parfaitement correspondre à *wȝ-jw-r-jj-i*: *wi-ja-we-ra₂*[42], qui était situé en Messénie. On n'en connaît ni le correspondant alphabétique ni la localisation précise. Il a été interprété comme un composé dont le second terme reposerait sur le nom de la "tempête", ἄελλα < *ἄϝελγα. C'est cette identification, non encore proposée à ma connaissance, que j'adopterai conventionnellement ici.

Prisonnier de gauche n° 10 : *kȝ-jn.jw-šȝ* = *knš* = "Cnossos" (toponyme crétois [nord de la Crète centrale] — le palais de Cnossos a livré le plus grand ensemble connu de textes linéaire B; cf. linéaire B *ko-no-so, Knōs[s]os* et grec alphabétique Κνωσ[σ]ός).

Prisonnier de gauche n° 11 : *[j]ʾ-m-n-i-šȝ* = *ʾmnš* = "Amnisos" (cf. prisonnier de gauche n° 1).

Prisonnier de gauche n° 12 : *ri-kȝ-tj* = *rkt* = "Lyktos" (toponyme crétois du centre de la Crète; cf. grec alphabétique Λύκτος/Λύττος[43]). On identifie très couramment Lyktos et le toponyme linéaire B *ru-ki-to,* mais les règles orthographiques linéaire B rendent cette équivalence difficile (Lyktos devrait normalement s'y écrire **ru-ko-to*). Une lecture plus naturelle de *ru-ki-to* serait *Lukistos* (cf., pour la formation, le toponyme crétois Λύκαστος, au sud de Cnossos — on a

41 Edel (dans Edel (†) – Görg, Ortsnamenlisten, 208) mentionne une forme linéaire B *na-u-pi-ri-jo (sic)* qu'il lit "Nauplios". Il s'agit d'une double erreur. La véritable forme lue actuellement (KN Fh 5432 : tablette d'attribution d'huile) est [.]*-u-pi-ri-*[.]*-i̧*, qui pourrait *peut-être* représenter ***ṇạ-u-pi-ri-jọ-i̧***. Observer que le mot est un hapax et que sa lecture est *très* incertaine. Si l'on admet malgré tout un hypothétique ***ṇạ-u-pi-ri-jọ-i̧***, on pourrait lire ***Ṇạuplijọi̧ḥi̧***, datif pluriel d'un ethnique répondant au toponyme "Nauplie". Cette interprétation ne causerait aucun problème morphologique ni phonétique, mais bien une grave difficulté contextuelle : on voit mal pourquoi et de quelle manière un palais *crétois* donnerait 9,6 litres d'huile aux habitants de *Nauplie (Péloponnèse).*

42 Le syllabogramme *ra₂* peut valoir /lya/ ou /rya/, mais aussi /lla/ ou /rra/ (issus de /lya/ ou /rya/) en certains contextes.

43 Λύττος est la forme la plus récente.

proposé de considérer *ru-ki-to* et Λύκαστος comme des variantes se référant à la même localité, mais ceci est indémontrable). Si l'on interprète *ru-ki-to* comme *Lukistos*, son identification avec *ri-kꜣ-tj* devient difficile, puisque la forme égyptienne hiératique ne note pas le /s/ de *Lukistos*, contrairement à ce qui s'observe dans le cas de Phaestos (*bꜣ-y-šꜣ-tj* = *Phaistos*).

Prisonnier de gauche n° 13 : vestiges de *j* et *tꜣ* (?).

Prisonniers de gauche n° 14-15 : perdus.

Cette liste demanderait à elle seule de très longs commentaires — j'espère pouvoir y revenir ultérieurement. Je me limite ici à quelques points essentiels.

a) L'abondance de toponymes égéens (dont la moitié est attestée dans les textes mycéniens) est telle qu'il serait déraisonnable de ne pas admettre la plupart des identifications — même si la graphie "syllabique" égyptienne n'est pas aussi lumineuse ou rigoureuse que nous le voudrions.

b) L'association directe de Keftiou avec au moins treize toponymes crétois et grecs continentaux rend désormais encore plus lumineux encore le rapport étroit que Keftiou entretient avec l'Égée — et ceci confirme qu'il faut bien y voir le nom que les Égyptiens donnaient à la Crète.

c) Du point de vue historique, il existe des concordances frappantes entre la liste toponymique E_N et les trouvailles archéologiques strictement contemporaines en Égée : on a découvert des objets portant le cartouche d'Aménophis III ou de la reine Tiyi dans cinq des quinze[44] sites lisibles de E_N: Mycènes, Keftiou (la Crète), Cnossos, Cydonia et Phaestos.

2.4. Une nouvelle liste de Kom el-Hettân[45]

À la liste En il faut maintenant ajouter une nouvelle liste toponymique de Kom el-Hettân dont l'existence a été révélée en 2005 et qui est, elle aussi, gravée sur un socle de colosse[46]. Elle se réfère à des régions du nord, ainsi que l'indique sa pierre, le quartzite. Ce nouveau socle ne peut pas être un fragment de la liste E_n : ses restes constituent des parties de deux faces opposées[47], que je désignerai conventionnellement ici par α) et β) : cette particularité est matériellement incompatible avec E_n; d'ailleurs, sous la ligne horizontale inférieure de la face α) se trouve une surface de pierre bien plus haute qu'en E_n[48]. Les médaillons de captifs étrangers conservés de la face α) comportent trois noms, dont deux sont complets. Le plus clair d'entre eux est le nom de l'"Ionie" ou, moins vraisemblablement, de la "Grande Ionie", *yw-ny-ꜥꜣ*: cette forme égyptienne hiér. répond au linéaire B *i-ja-wo-*

44 Treize toponymes de la version finale, plus deux toponymes effacés mais encore lisibles. Il y en avait encore trois autres, qui sont totalement ou presque totalement perdus, plus la version originale très abîmée du prisonnier de gauche n° 3.

45 La publication *princeps* est celle de H Sourouzian – Stadelmann, Ionier und Danaer. Voir ensuite Görg, Ionien und Kleinasien; Adrom, Mappa Mundi et Adrom, Kleinasiatische Topographie — je remercie Faried Adrom qui m'a très aimablement communiqué les manuscrits de ses deux articles.

46 D'autres fragments de listes toponymiques ont été découverts à Kom el-Hettân en même temps que le nôtre, mais leurs régions géographiques ne concernent pas la présente recherche.

47 Les photos de Sourouzian – Stadelmann, Ionier und Danaer, fig. 6-7 ne permettent pas de deviner que les deux blocs de quartzite en cause font partie d'un seul et même socle. Toutefois, après avoir évoqué les trois noms du premier (= fig. 6 [= ma face α)]), Sourouzian – Stadelmann, Ionier und Danaer, 82-83, signalent, à propos du second (fig. 7 [= ma face β)]), que "Auf der Gegenseite des Sockels sind die Länder Tina und vielleicht Naharina gefesselt dargestellt", ce qui implique évidemment qu'il s'agit de deux faces opposées du même socle.

48 Sur la hauteur de cette section en E_N, voir Duhoux, Des Minoens en Égypte, 246-247.

ne[, *Ijāwōnes*[et *Ijāwōnei*[(nominatif plur. de l'ethnique des "Ioniens" et datif sing. d'un anthroponyme cnossien formé sur ce même ethnique; cf. l'ethnique grec alphabétique Ἰᾱονες/Ἴωνες) et au grec alphabétique Ἰωνία. Les deux autres noms de la face α) sont d'interprétation discutée et difficile: *r3-i-w3-n3* a été rapporté au pays "louvite" ou à "Arawana", tandis que *mᶜ-dw-n*[ ] a été problématiquement comparé au nom du "Mitanni", de "Maša" ou de la "Méonie" (Lydie). La face β) est plus abîmée et ne comprend que des parties de deux médaillons dont les toponymes, *très* mutilés, sont de lecture hypothétique : on a cru voir "Tina" (qui serait la désignation d'une région habitée par les Danaens) ou Adana (Cilicie) dans le premier, et peut-être "Naharina" ou "Tarša" (Cilicie) dans le second. On peut sans aucun doute s'attendre à de nouvelles études sur les identifications des toponymes difficiles de cette nouvelle liste[49].

2.5. Les relations égypto-égéennes d'après les toponymes égéens en Égypte

2.5.1. À l'époque ***minoenne***, contemporaine des tombes d'Ouseramon et de Rekhmiré, il n'existe dans la documentation égyptienne qu'une ou deux désignations relatives à l'Égée — et ces désignations concernent exclusivement des *îles/régions* et non pas des localités. La première est Keftiou, nom égyptien de la Crète. La seconde met en jeu "les îles qui sont au milieu du Grand Vert", qui sont très généralement comprises comme les îles de l'Égée, mais qui, je pense, pourraient désigner une région proprement égyptienne : "les îles du milieu" situées dans le Delta.

Le contexte pictural dans lequel apparaissent ces deux dénominations implique des relations suivies entre les Minoens et l'Égypte. Ces relations se traduisent archéologiquement par une série d'objets minoens ou égyptiens trouvés respectivement en Égypte ou en Égée[50]. Conformément à ce que font attendre les mentions égyptiennes, la majorité des trouvailles égéennes sont concentrées *en Crète* et non pas sur le continent grec[51].

2.5.2. Durant l'époque ***mycénienne***, à laquelle se réfèrent les deux listes de Kom el-Hettân discutées ici, la documentation égyptienne se présente comme suit pour les 16 toponymes qui nous intéressent:

- *Îles/régions*: deux toponymes — *k-f-tj-w*, "la Crète"; *yw-ny-ᶜ3*, "l'Ionie".
- *Localités*: dix toponymes.

  Localités crétoises : cinq toponymes — *[j]ʾ-m-n-ī-š3*, "Amnisos" (deux attestations, dont la première constitue une correction d'un toponyme continental ou crétois, Amyclées); *b3-y-š3-tj*, "Phaestos" (correction d'un toponyme continental, Pisa/la région de Pisa); *k3-tw-n3-jj*, "Cydonia" (correction d'un toponyme antérieur non lisible avec certitude); *k3-jn. jw-š3*, "Cnossos"; *ri-k3-tj*, "Lyktos". C'est donc surtout la Crète *centrale* (Amnisos, Cnossos, Lyktos, Phaestos) qui est impliquée — la Crète occidentale est représentée par une ville (Cydonia), alors que la Crète orientale est absente de la liste. Deux de ces cinq sites crétois ont livré des documents linéaire B (Cnossos et

49 Le registre supérieur de la face a) contient une nouvelle occurrence de *[i]ww ḥryw-ib*, "les îles du centre" (sans *W3ḏ-wr*, "le Grand Vert"), expression qui renvoie incontestablement aux régions centrales du Delta (Duhoux, Des Minoens en Égypte, 141-142). Noter cependant que dans ce type de listes, les énumérations des registres supérieurs n'ont pas de rapport nécessaire avec les toponymes des registres inférieurs. En effet, leur seul objectif est idéologique : affirmer le caractère universel du règne pharaonique (Duhoux, Des Minoens en Égypte, 241).

50 Duhoux, Des Minoens en Égypte, 212-215 ; 224-226.

51 Les proportions de la Crète minoenne et du continent grec de l'époque sont de 36 contre 6 (cf. Cline, Contact and Trade, 21-22 — le site le plus important pour ces objets égyptiens trouvés en Crète est Kommos).

Cydonia).

Localités de Grèce continentale: quatre toponymes —*mw-k-jʾ-nw*, "Mycènes"; *di-qꜣj-jꜣ-s*, "Thèbes" de Béotie (?) ou "Tégée" d'Arcadie (??); *nw-pi-rʾ-i-y*, "Nauplie"; *wꜣ-jw-r-jj-i*, *wi-ja-we-ra*$_2$, localité de Messénie. Trois de ces quatre localités sont situées dans le *Péloponnèse* — elles pourraient toutes s'y trouver si *di-qꜣj-jꜣ-s* représentait "Tégée" (??) plutôt que "Thèbes" (?). Deux de ces quatre sites continentaux ont livré des documents linéaire B (Mycènes et Thèbes).

Localité de Grèce continentale ou de Crète: un toponyme — ⟦*ʾa-m-k-l*⟧ ou ⟦*ʾa-m-k-r*⟧, "Amyclées".

- *Régions ou localités*: quatre toponymes.

Régions ou localités de Grèce continentale : deux toponymes — ⟦*bꜣ*[*-i*]*-šꜣ-y*⟧ ou ⟦*ʾbꜣʾ*[*-i*]*-šꜣ-tj*⟧, "Pisa" ou "la région de Pisa"; *m-i-ḏꜣ-n-j*, "Messène" ou la "Messénie" — la Messénie a livré des documents linéaire B (Pylos).

Région ou localité des îles: un toponyme — *kꜣ-tj-i-rʾ*, "Cythère" (l'île ou sa capitale).

Région ou localité non localisée avec certitude — *tj-nꜣ-jj-w*, Tinayou.

Les régions péloponnésiennes impliquées sont l'Arcadie (??), l'Argolide (deux toponymes), l'Élide, la Laconie et la Messénie (deux toponymes) : c'est donc presque tout le Péloponnèse (à l'exception de l'Achaïe et peut-être de l'Arcadie) qui pourrait être concerné. Observer que l'Argolide et la Messénie, qui ont chacune deux toponymes, sont les seules régions péloponnésiennes qui ont livré des archives linéaire B.

2.5.3. Il existe d'intéressantes différences dans les documentations toponymiques égyptiennes concernant l'Égée minoenne ou mycénienne.

La géographie mycénienne est présentée de façon incomparablement plus détaillée que la minoenne: pour l'époque minoenne, on a seulement *un ou deux* toponymes différents et ils désignent *uniquement des îles/régions*; pour l'époque mycénienne, on a *seize* toponymes conservés, dont dix concernent des *localités*, deux des *îles/régions* et quatre des *régions* ou des *localités*. Les connaissances géographiques égyptiennes relatives à l'Égée mycénienne étaient donc remarquablement précises et détaillées. Il est possible que celles qui concernaient l'Égée minoenne aient été plus limitées, mais il faut tenir compte de ce que les textes conservés sont de nature très différente des listes de Kom el-Hettân et ne se prêtaient pas à de longues énumérations[52].

Il n'y a qu'un seul élément commun dans ces deux répertoires toponymiques : Keftiou. Les "îles qui sont au milieu du Grand Vert" sont mentionnées pour l'Égée minoenne, mais manquent dans les listes mycéniennes de Kom el-Hettân, bien qu'elles soient particulièrement riches. Cette absence est étonnante et il faut tenter d'en rendre compte. Si l'on admet que les "îles qui sont au milieu du Grand Vert" étaient situées au centre du Delta, leur absence des listes mycéniennes est toute naturelle, puisque ces "îles" ne se trouvaient *pas* en Égée. Cette absence est plus difficile à comprendre si ces "îles" étaient au coeur de la Méditerranée[53].

Le contexte des toponymes égéens de Kom el-Hettân présente l'Égée mycénienne comme soumise à l'Égypte. Il s'agit, bien entendu, d'une fiction diplomatique. Mais cette fiction reflète des relations qui se traduisent archéologiquement par un ensemble d'objets mycéniens ou

52 Observer aussi que les relevés de Cline, Contact and Trade, 20 montrent que les objets égyptiens trouvés en Égée étaient plus nombreux en Crète minoenne qu'en Grèce continentale mycénienne (36 contre 20).

53 Mais on pourrait supposer, par exemple, que la liste E_N ne reprenait aucune désignation toponymique collective comme le sont les "îles...".

égyptiens trouvés respectivement en Égypte ou en Égée. Il faut cependant observer que, désormais, l'importance de la Crète est devenue minime : c'est *sur le continent grec* que se trouvent la plupart des objets égyptiens exportés en Égée à l'époque mycénienne (§ 1.3). Cette prépondérance archéologique continentale ne se reflète pas dans l'état final de la liste E_N de Kom el-Hettân, puisque les toponymes assurés crétois sont aussi nombreux que leurs correspondants continentaux (5 : 5) — dans la version initiale de E_N la Crète était un peu moins bien représentée que le continent (4 : 6). Rappelons qu'il n'a pas été tenu compte d'Amyclées, qui pourrait être aussi bien crétoise que continentale.

Bibliographie

ADROM, Mappa Mundi
Adrom, F., Mappa Mundi: Neue Facetten einer spätbronzezeitlichen Weltkarte, in: F. Adrom, K. und A. Schlüter (Hg.), Altägyptische Weltsichten, Akten des Symposiums zur historischen Topographie und Toponymie Altägyptens vom 12. bis 14. Mai in München, ÄAT 68, Wiesbaden 2008.

ADROM, Kleinasiatische Topographie
Adrom, F., Ägyptische Beiträge zur kleinasiatischen Topographie (im Druck).

AURA JORRO, Diccionario
Aura Jorro, Fr., Diccionario Micénico, Madrid 1985-1993.

BARBER, Compte rendu
Barber, E.J.W., Compte rendu de Duhoux 2003, in: AJA 109 (2005), 295-297.

CLINE, Contact and Trade
Cline, E.H., Contact and Trade or Colonization? Egypt and the Aegean in the 14th - 13th Centuries B.C., in: Minos 25-26 (1990-1991), 7-36.

CLINE, Imports
Cline, E.H., Egyptian and Near Eastern Imports at Late Bronze Age Mycenae, in: Davies, W.V., Schofield, L. (Hg.), Egypt, the Aegean and the Levant. Interconnections in the Second Millennium BC, London 1995, 91-115.

DUHOUX, Pre-Hellenic Language(s)
Duhoux, Y., Pre-Hellenic Language(s) of Crete, in: The Journal of Indo-European Studies 26 (1998), 1-39.

DUHOUX, Des Minoens en Égypte
Duhoux, Y., Des Minoens en Égypte? "Keftiou" et "Les îles au milieu du Grand Vert", Louvain-la-Neuve 2003.

DUHOUX - MORPURGO DAVIES, Linear B
Duhoux, Y., Morpurgo Davies, A. (Hg.), A Companion to Linear B. Mycenaean Greek Texts and their World, I, Louvain-la-Neuve 2007.

EDEL, Ortsnamenlisten
Edel, E., Die Ortsnamenlisten aus dem Totentempel Amenophis' III., Bonner Biblische Beiträge 25, 1966.

EDEL (†) – GÖRG, Ortsnamenlisten
Edel, E. (†), Görg, M., Die Ortsnamenlisten im

nördlichen Säulenhof des Totentempels Amenophis' III., ÄAT 50, Wiesbaden 2005.

GOREN - FINKELSTEIN - NA'AMAN, Inscribed in Clay
Goren, Y., Finkelstein, I., Na'aman, N., Inscribed in Clay. Provenance Study of the Amarna Tablets and Other Ancient Near Eastern Texts, Tel Aviv 2004.

GÖRG, Ionien und Kleinasien
Görg, M., Ionien und Kleinasien in früher außerbiblischer Bezeugung, in: BN 127 (2005), 5-10.

GÖRG, Kleinasiatische Toponyme
Görg, M., Zu einigen kleinasiatischen Toponymen in hieroglyphischer Bezeugung, in: Adrom, F., Schlüter, K., Schlüter, A. (Hg.), Altägyptische Weltsichten, Akten des Symposiums zur historischen Topographie und Toponymie Altägyptens vom 12. bis 14. Mai in München, ÄAT 68, Wiesbaden 2008, 50-55.

GRIMAL, Les listes de peuples
Grimal, N., Les listes de peuples dans l'Égypte du deuxième millénaire av. J.-C. et la géopolitique du Proche-Orient, in: Czerny, E., Hein, I., Hunger, H. et al. (Hg.), Timelines: Studies in Honour of Manfred Bietak, Bd. I, Louvain – Paris – Dudley 2006, 107-119.

JANDA, Il nome miceneo *Aiguptos
Janda, M., Il nome miceneo *Aiguptos: linguística e ricostruzione culturale, in: Actes du Colloque mycénologique de Rome, 20.-25. febbraio 2006, Rom (im Druck).

KITCHEN, Theban Topographical Lists
Kitchen, K.A., Theban Topographical Lists, Old and New, in: Or 34 (1965), 1-9.

MANLEY, Atlas historique
Manley, B., Atlas historique de l'Égypte ancienne, Paris 1998.

QUACK, Zur Frage des Meeres
Quack, J.F., Zur Frage des Meeres in ägyptischen Texten, in: OLZ 97 (2002), 453-463.

QUIRKE, Colour vocabularies
Quirke, S., Colour vocabularies in Ancient Egyptian, in: Davies, W.V. (Hg.), Colour and painting in Ancient Egypt, London 2001, 186-192.

ROBINS, Color symbolism
Robins, G., Color symbolism, in: Redford, D.B. (Hg.), The Oxford Encyclopedia of Ancient Egypt, Bd. I, Oxford 2001, 291-294.

SOUROUZIAN - STADELMANN, Ionier und Danaer
Sourouzian, H., R. Stadelmann, Die ältesten Erwähnungen von Ioniern und Danaern, in: Antike Welt 36 (2005), 79–83.

STRANGE, Caphtor/Keftiu
Strange, J., Caphtor/Keftiu: A New Investigation, Leyde 1980.

VANDERSLEYEN, Ouadj our
Vandersleyen, Cl., Ouadj our *wꜣḏ wr*. Un autre aspect de la vallée du Nil, Bruxelles 1999.

VERCOUTTER, L'Égypte et le monde égéen préhellénique
Vercoutter, J., L'Égypte et le monde égéen préhellénique. Étude critique des sources égyptiennes (Du début de la XVIIIe à la fin de la XIXe Dynastie), Kairo 1956.

A View on the Toponyms in the Governorate of Kafr el-Sheikh*

Åke Engsheden

A View on the Toponyms in the Governorate of Kafr el-Sheikh*

When looking at a modern map of ancient Egypt, one can easily get the impression that, with the exception for a few notable centres such as nome capitals, large parts of the Delta were void of settlements. This image is certainly inaccurate and is dependent on the fact that a site will be included only if it is known through written documentation or archaeological finds and it can be located with some probability on the ground. If an ancient site does not meet these criteria it will not figure on the map. This probably concerns a large number of settlements that did not have any ideological significance and do not chance to figure in preserved documents. However, even a cursory look at actual Egyptian toponymy allows one to observe that a high proportion of place names in actual use are of ancient origin. According to one estimate in which account has been taken of the municipalities in only five governorates the degree of preservation of ancient names varies between 21–38 %.[1] New settlements with Arabic names will outnumber the ancient toponyms in any count of names in actual use owing to the steady increase in population and the establishment of new settlements.

Toponymic Research

The study of Egyptian toponymy is hampered by it still being dependent on Gauthier's Dictionnaire.[2] However, irrespective of its natural defaults, which have come with old age, it also has limitations which were intended. As the title says, it is a philological tool recording toponyms known from hieroglyphic or hieratic texts, i.e. it is primarily designed for the study of texts and not of toponyms as such. For the study of toponymy it must be judged insufficient, since the sites unrecorded in hieroglyphic sources fall away. The awkwardness of the situation may be compared as to how it would be if we limited the study of British toponymy, for instance, to archival records only, in particular to those in Old English, disregarding from the current situation.

In toponymical research concerning localities outside pharaonic Egypt place-names are frequently presented in two different ways. The choice is between either a geographically based study, in which the place-names of an area, be it a whole region, a county or a town, are treated, or else a study in which an element of word formation is concentrated upon. In Egyptology there has not, to the best of my knowledge, been any study made of the first kind and only a few remarks concerning the second type.[3] The present author is convinced that both ways have,

* My research has been sponsored by The Bank of Sweden Tercentenary Foundation. My thanks go to Brita Alroth and Ute Pietruschka who kindly provided me with photocopies of important bibliographical items, as well as to Joanne Rowland who corrected my English.

1 Björnesjö, Réflexions, 24–25.

2 Gauthier, Dictionnaire.

3 Basic overviews are: Yoyotte, Toponymie ; Quaegebeur – Vandorpe, Onomastics ; Kuentz, Toponymie.

next to the pure linguistic interest of toponyms, much to offer for adding to our understanding of the development of society in Egypt. However, there are limitations inherent in this matter, which need to be carefully recognised and accounted for in the final analysis. Toponyms are preserved at random. There does not seem to be any answer as to why some toponyms survive in areas of continuous habitation, and yet others disappear. It is also important to bear in mind that an etymology, be it ever so correct phonologically, always needs a geographical and/or historical underpinning in order to make it plausible.[4] It seems advisable not to overdo the quantity of unconfirmed proposals.

The Area under Study

In the belief of the utility of regionally based studies I have set out to study the toponyms of the governorate of Kafr el-Sheikh. This governorate was formed only in 1949 when it was severed from the governorate of al-Gharbiya in the south.[5] The name is identical to that of its administrative centre and capital.

The borders of the governorate align only in part with natural phenomena. In the west it borders the Rosetta branch of the Nile and in the north a narrow tongue of land, stretches between the Mediterranean and Lake Burullus. In the past the area to the south of the lake was covered with marshland which has been dyked so that the area has been transformed into agricultural land as well as into fish farms.[6] The map drawn by the French expedition, published only in 1828, informs us that the limit of agricultural land went along a line extending roughly from Fuwa across Kafr el-Sheikh to Nabarôh (Daqahliya, *markaz* Ṭalkhā).[7]

A Brief Historical Outline

In the past, like as today, the area under study seems to have been somewhat off-road. Except for the route along the Nile, the insignificance of the area, however, not an absolute one, when seen in a historical perspective. The mere existence of Buto informs us that right at the beginning of the historical era, there was at least one place that was important enough to be elevated into state ideology.[8] Buto may even have played a role in the formation of the hieroglyphic script.[9] According to Ludwig Morenz, there is even reason to rename the so-called "towns palette" to the "Buto-Palette", in so far as the crenellated enclosures are being interpreted as various foundations within the sacred precinct of Buto.[10] At the dawn of dynastic Egypt the landscape around Buto appears in part to have been an archipelago of at times barely accessible sites. The landscape which one encounters later on in the Butic funerary ritual is taken as a faithful depiction of physical reality. However, considering the small number of excavations in the region and the ensuing lack of data, one has to be aware of the high proportion of guesswork when reconstructing the early dynastic Delta. It seems to have been more inhabitable than sometimes presumed.[11] The area even witnessed a certain expansion during the apogee of the Old Kingdom as can be inferred from the inscriptions of Metjen (4th Dynasty).[12] This high official took much trouble in making 12 foundations (*grg.t*)[13] in the west Delta, including the

4 This is the major flaw of a work such as Czapkiewicz, Toponymy; cf. for methodology Greule, Siedlungsnamen, 388.

5 al-Nuwaišī, *Kafr al-šaykh*, 7.

6 Cf. Lozach, Delta, 228.

7 Carte topographique de l'Égypte et de plusieurs parties des pays limitrophes [= Description de l'Égypte, 2nd ed., vol. 37] (Paris, 1826), pl. 35–36.

8 An overview of early Buto in Wilkinson, Early Dynastic Egypt, 317-320.

9 Morenz, Bild-Buchstaben, 138-156.

10 Morenz, Bild-Buchstaben, 144-150. Cf. Redford, Egypt, Canaan and Israel, 26.

11 von der Way, Tell el-Fara'in-Buto I, 31-32.

12 Urk. I, 1–5; Translation in Roccati, Littérature historique , 83-88.

13 Moreno-García, Administration territoriale , 119.

Xoite nome. He also held various offices related to Buto of which I only quote 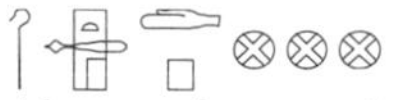 *ḥḳꜣ ḥw.t-ꜥꜣ.t dp* "the chief of (the settlements\ town of?) the estate of Dep". The determinative suggests the existence of several related settlements in the vicinity of Buto governed by him.[14] Also Ankhmeryremerptah who was a King's architect (*mḏḥ nsw*) in the 6th Dynasty devoted his attention to the region.[15] On the contrary, the Middle and the New Kingdoms are barely attested and it may be that the area lost in importance.[16] With regard to the New Kingdom it is natural to remember Manetho's claim that Xois, situated just south of the modern town of Kafr el-Sheikh, was the capital of the 14th Dynasty. Modern research, however, has shown itself reluctant to recognise a separate dynasty alleged to be of 76 kings in Xois during this period.[17] It is very likely to be nothing else but an incorrect interpretation of *ḥḳꜣ ḫꜣs.wt* as "rulers of Xois". Neither in Buto nor in Sakha, have there been any significant finds, except for the Ramesside and Late Period blocks and a magnificent stela of Tuthmosis III.[18] The idea of foreigners being sedentary in the Delta, among these perhaps Minoans,[19] is worth considering, given the propensity of seafarers to settle along the coastlines in foreign territory. However, at present, the lack of data makes it impossible to either approve or to refute this. In the Papyrus Harris (I 77, 2) it is reported that "the settlements (*nꜣ dmi.w*) of the Xoite nome" had been ravaged during several years by the Meshwesh-Libyans until Ramesses III defeated them in his 5th regnal year.[20] Unfortunately the names of these settlements are not detailed. It seems a fair guess that the Libyans remained in the area during the 3rd Intermediate Period as elsewhere, but again there is not much conclusive data specifically from the region under study.[21]

Most telling evidence of the erstwhile prosperity of the area is seen in the many mounds of archaeological ruins covering in particular the northern part; several of these are still quite conspicuous. According to the surface finds all of them hide ruins of Roman and Late Antique date.[22] In spite of the late date of the surface finds there are two kinds of material which may be mentioned to support an older date for at least a part of the settlements: 1. Textual evidence 2. Onomastic evidence.

1. Textual evidence: Thanks to the events retold on the Satrap stele[23] from about 311 BC in which the satrap, the future Ptolemy I, confirms a previous donation made by pharaoh Khababash,[24] it seems likely that the expansion of the area predates the Graeco-Roman period. The donated territory is described as follows (l. 14–15):

14 Urk. I, 5, 9; Jones, Index, 678.

15 Urk. I, 219–221 = Boston 13.1.547); Dunham, Nekhebu.

16 Gomaà, Besiedlung Ägyptens, 99-114.

17 Redford, Egypt, Canaan and Israel, 106-107. Von Beckerath, Zweite Zwischenzeit, 85, considers the possibility that Xois is mentioned "stellvertretend".

18 Bedier, Stiftungsdekret, 35-50. For Sakha, see el-Khashab, *ΤΑ ΣΑΡΑΠΕΙΑ* and the list of late monuments in Guermeur – Thiers, Un éloge xoïte, 198-201.

19 Duhoux, Minoens . Cf. Hogarth, JHS 24 (1904), 1.

20 Grandet, pHarris, vol I, 337; vol. II, 249-251.

21 Seton-Williams, Tell El-Farâ'în 1964-1965, 12, 15; Seton-Williams, Tell El-Farâ'în 1968, 7.

22 Hogarth, JHS 24 (1904), 1-19; Spencer, Roman Sites. The continuous work of the EES should be consulted on www.ees.ac.uk/fieldwork/deltasurvey.htm.

23 Urk. II, 11–22; Kamal, Stèles , 168-171, pl. 56. A recent translation by R. K. Ritner is found in Simpson, Literature , 392-97. See also Lodomez, De Satrapenstèle , 434-47 with references.

24 Kienitz, Politische Geschichte, 185-189; Devauchelle, Réflexions, 40-42.

rsy=f pꜣ tꜣš n pr-wꜣḏ.t	Its south: the land of Per-Wadjet (i.e. Buto)
ḥnꜥ wnw mḥw r nꜣ ꜥꜣ.w n ḥꜥp	and Northern Hermopolis until "The gates of Hapi"
mḥ.t pꜣ sꜣṯw[25] *ḥr sp.t wꜣḏ-wr*	North: the land tongue at the edge of the sea
ỉmnt.t nꜣ ꜥꜣ.w n pꜣ ẖsr ...	West: "The gates of the pool of the oar... "
nṯr.w r pꜣ sꜣṯw	(and?) ... of the gods" until the land tongue
ỉꜣbt.t pꜣ tꜣš n ṯb-nṯr.t	East: The land of Sebennytos

Even though a few expressions remain obscure and not all places can be localised with certainty, it seems evident that the donation concerns an area covering approximately the northwestern part of the present-day governorate of Kafr el-Sheikh.[26] It is important in this respect to understand that the given geographical expressions refer to what is found just outside the demarcation lines, i.e. the surrounding the territory, and not to the donated land itself.[27] This is evident when comparing the text with Demotic contracts displaying a similar geographic repartition to define a territory.[28] Consequently, Buto itself, located within *pr-wꜣḏ.t*, does not make up a part of the donated land. Instead the donation must be sought for to the north of Buto. That *wnw mḥw* "Northern Hermopolis"[29] is mentioned in addition to the district of Buto makes it likely that this town was not considered part of it and is to be looked for right outside the district, presumably to the east in the borderland with the Sebennytic nome (LE 12).[30]

25 AEO II, 193*-99*.

26 Cf. DARESSY, Recherches, 258-259.

27 GOEDICKE, Comments, 48.

28 Some early examples of this order (west before east) are: HUGHES, Land Leases, 28-29 (Amasis, year 17); PESTMAN – VLEEMING, Tsenhor, 37 (Amasis, year 15); REICH, Papyri, 13 (Amasis, year 17).

29 YOYOTTE, Religion. HELCK, Altägyptische Gaue, 165, and VANDERSLEYEN, Ouadj our, 339, still locate this site close to Damanhur.

30 The Xoite nome did not exist at the time, see HELCK, Altägyptische Gaue, 164. Thus, *wnw mḥw* was presumably located somewhere between Buto and Xois.

Now, according to Strabo (XVII.19) there was a Hermopolis situated on an island close to Buto. The term "island" does not need to signify that it was permanently surrounded by water, since Strabo uses the same word for Xois. Thus it does not necessarily follow that it is to be searched for in Lake Burullus.[31] Given as a demarcation of the southern border this also seems to be too far up north. The description on the Satrap stela of the western border also raises several questions which must be left unanswered,[32] at least for the moment. We might have expected the Nile to be mentioned in this context, since the Nile runs west of the area. However, according to the determinative, it would be better to interpret it as referring to a (perhaps two) marshy district(s) or overflow basins (similar to the now vanished Birkat al-Khaḍrā'?) between the river and the inland. The marginal character of the whole area is stressed in the text itself as it is mentioned in the prelude (l. 7) as *pḥww* "hinterland".

The nature of the donation is detailed in the following (l. 13–14):

"Ptolemy the satrap: As for the land of Wadjet, I have given it to Harendotes, the lord of Pe, and Wadjet, the mistress of Pe and Dep, from now on until eternity with all its towns, all its villages, all its inhabitants, all its fields and all its water-

31 Cf. J. Yoyotte in STRABON, voyage , 110.

32 See discussion in GOEDICKE, Comments, 48-49.

ways, all its cattle, all its poultry and all its herds and everything that stems from it."

The text clearly shows the importance of land for agricultural exploitation and cattle raising. This is clear also from the following lines: "Its short-horned cattle shall be destined for the great sacred falcons, its long-horned cattle for the dromos of the Lady of the Two Lands, its oxen for the living falcons".[33] The beneficiaries are thus the sacred animals of Buto, a site for which other evidence for animal cults is lacking.[34]

In view of the Satrap stela one may comfortably assume that the expansion of the area goes back at least to Khababash, who has been presumed as having his political base precisely in Lower Egypt.[35] This expansion has certainly continued and, perhaps, become more intense during the following periods.[36] Still one may speculate what means this ruler, whose reign must have been marked by continuous measures to ward off the Persians (cf. Satrap stela, l. 8), may have had for initiating any agricultural expansion. It is probable that Khababash too did nothing but renew an older donation. Sais is not far away and it seems conceivable to imagine that the town of Buto was not the only site that was resettled or expanded at the time of the 26th Dynasty.[37] There are no known vestiges of the rulers of the 30th Dynasty, and they too may have been the initiators of the increased activity which, as I believe, led to more settlements.

2. Onomastic evidence: Except for the main centres, Buto and Xois, there are only a few place-names attested in ancient times that can be physically located within the area under study. As stated above, however, there are several place-names in actual use which have an etymology which is definitely non-Arabic. These are concentrated to the western and southern parts of the governorate. Nevertheless, despite their non-Arabic etymology the date of their first use or relative chronology cannot be traced easily. Many of these names could of course be Coptic and have been formed only in the Late Antiquity. The area is known to have been a stronghold in the Bashmuric revolts in the 8th and 9th centuries AD,[38] so that one cannot even exclude the possibility of Coptic names having come into existence during the early Islamic period. Nevertheless, in view of the high rate of preservation of names attested in hieroglyphic sources and the obvious expansion in the Graeco-Roman period one may safely assume that many of the non-Arabic names are rather old. In Graeco-Roman Egypt, places being newly founded through official initiative would receive a Greek name. Other kinds of settlements with names originally denoting a function would of course receive a Greek or Egyptian/Coptic name according to the ethnic composition. Thus, it is likely that to some extent the non-Arabic names were coined even before the advent of Alexander.

33 Translation of Ritner in: SIMPSON, Literature , 396.

34 KESSLER, Heilige Tiere, 41 note 23, cf. KEMP, Ancient Egypt, 376. For the find of a hoard of bronze falcons, see ENGELBACH, ASAE 24 (1924), 119-123.

35 BURSTEIN, Prelude; SPALINGER, King Chabbash, 143. If so, it is odd that Khababash shows himself ignorant of recent events in the area through his asking the priests (Satrap stela, l. 8).

36 Cf. the results of the DAI drillings of several mounds in the vicinity of Buto showing their being settled only in Ptolemaic times, if not later, VON DER WAY, Tell el-Fara´in-Buto I, 44.

37 HARTUNG, Tell el-Fara'in/Buto, 19; SETON-WILLIAMS, Tell El-Farâ'în 1964-1965, 14; BEDIER, Statue Nr. 586. In general for Saite finds from Buto, see BEDIER, Zwei Türblöcke, 125.

38 MEGALLY, Bashmuric Revolts; GABRA, Revolt.

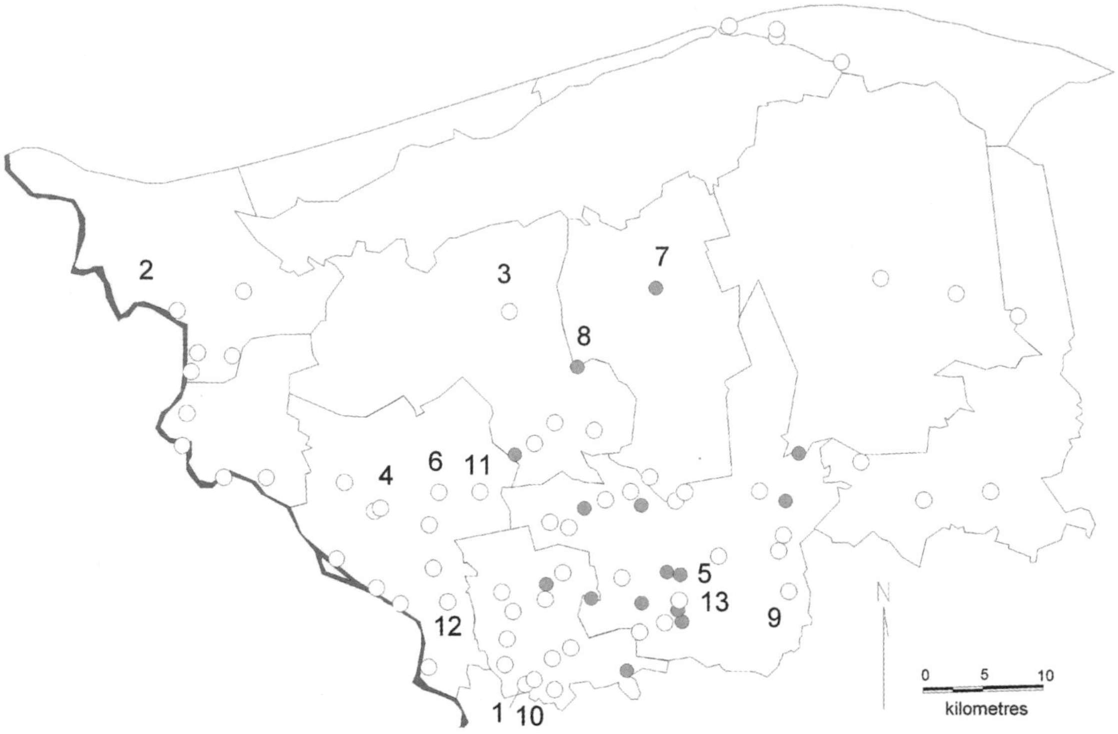

Fig. 1. Non-Arabic toponyms in Kafr el-Sheikh.
1. Balankuma 2. Birimbal 3. Damru 4. Damru Salman 5. *Duminaqun (=Kafr el-Sheikh) 6. Ibtu 7. Kom al-Khanziri 8. Kom al-Khawalid 9. Matbul 10. Quna 11. Šaba 12. Šabas (al-šuhada') 13. Sakha

Onomastic Vestiges

In Figure 1 I have retained all settlement names that in my opinion are non-Arabic in origin, while names of waterways have been left aside. At the present stage of this research, however, it is not always possible to say more precisely if the name is Greek, Egyptian or Coptic in origin. The selection is made from the name database of the GeoNet Names Server compiled by the US Board on Geographic Names. This is available on www.nga.mil/gns/html/cntry-files.html and replaces the traditional gazetteer. For the whole of Egypt it contains more than 40.000 entries. This is admittedly a most welcome tool, but it is nonetheless marred by inaccuracies of various kinds such as the doubling of sites because of the counting of variant spellings in Latin as one entry each (!). The database is checked against and supplemented by the existing name registers (1881, 1899, 1932), and the close observation of various map sets (1909, 1925, 1996-1997).[39] Several historical non-Arabic toponyms have been added from mediaeval sources.[40] These are marked on the map with a grey point symbol. The task of sorting out non-Arabic place-names in Egypt is comparatively easy, since Arabic names are built of meaningful elements that are easy to recognise as words. However, a comment is required to explain what should be considered to be an ancient toponym. Derivations from older names, such as from nisbas of personal names like al-Ballāṣī, derived from al-Ballāṣ in Upper Egypt[41] ᶜr al-Šabāsiya which is likely to depend on Šabās, need to be excluded. There is likewise

39 For an overview of existing series, see Arnaud, Cartographie, 36-43.

40 According to Ramzī, al-Qāmūs al-ǧuġrāfī.

41 Timm, Christlich-koptisches Ägypten I, 306-307.

no place in a study on ancient toponymy for names such as **al-Šuwan**, lit. "the granaries", or **Gazirat al-Bašarūš** "the island of the flamingo", notwithstanding their Coptic etymology. In fact, the first shows a regular Arabic plural pattern of šūna "granary" and in the latter the name of the flamingo has entered the literary language as well.[42]

The map shows a concentration of ancient names having been replaced around present-day Kafr el-Sheikh (formerly Duminaqūn). It is not difficult to presume that the resulting picture depends on an influx of immigrants from other areas. On the other hand, in the West, along the Nile, the non-Arabic names have been largely preserved, probably as the result of an unbroken continuity of settlements.

Place names are important indicators of the socio-cultural past of any area, since names are not given at random. To know the etymology of a name is to have a clue to the conceptualisation of the site or its surrounding landscape at the time at which the name was given. Nevertheless, the meaning of a name is irrelevant when it comes to the matter of whether the name will be preserved through the ages, especially where languages have switched. Thus, one needs to be aware that the landscape unravelled through onomastic studies is a very uneven one, made up from a medley of names of various dates and languages. Once prosperous sites may have changed their name, leaving us unable to trace any record of their original designation. On the other hand, a formerly insignificant site - originally perhaps even a name on the micro-level referring to an individual house (or a temple) - may have been raised to the designation of what is nowadays a large and important settlement. That the first of these must be absent from a map of ancient toponyms, whereas the second will be visualised through an appropriate symbol, is of course a visual misrepresentation of historical realities. Thus, a map such as that in Figure 1 should never be projected back into the past and thought of as showing every ancient site that ever existed at any particular time. The picture is a partial one, but I believe that the study of toponymy is an essential part in forming a more complete picture.

The role of languages

The non-Arabic names have been formed at different times and an ancient Egyptian origin can only be ascertained for a handful of names. The prime example is **Sakhā** which derives from Egyptian *ḫ3sww* through Coptic **cϩooϫ** (cf. Greek Xoïs). The name of the nome capital coincides with that of the 6th Lower Egyptian nome itself. It should by now be clear that the traditional reading *ḫ3sww* as "mountain bull"[43] is incorrect, and that there is every reason to follow Vernus' "breeding pool (of birds)".[44] Unlike the traditional translation, his reading conforms to the geography of a marshy landscape in which there are hardly any heights to mention, except for the tells.

Second best is Buto, the most conspicuous archaeological site in the whole area. The name, which ultimately derives from *pr-w3ḏ.t* "House of Wadjet" (from the New Kingdom onwards), survives in the name of the village **Ibṭū** next to the ancient mound.[45] Also, it is more dubious whether also the third best known site from antiquity, Chemmis (<*3ḫ-bi.t*),[46] survives in the name of Šāba, situated 3.5 km east of Buto.[47] This identification was made mainly because of the description in Herodotus (II.156) that Chemmis "lies in a deep and wide lake near to

42 Roquet, L'animal, 117-119; Vittmann, Sprachgut, 206.

43 Helck, Gaue, 396; Helck, Altägyptische Gaue, 163; Hannig, Handwörterbuch, 1372.

44 Vernus, Xoïs I.

45 Petrie, Naucratis I, 93; Schenkel, Verschlußlaute, 17.

46 Gardiner, Horus, 52-58.

47 Edgar, Notes, 88-90.

the temple at Buto" and the similarity in sound. Another name known from pharaonic sources,  *ḫ3bs*,[48] is strikingly similar to šābas in *markaz* Disūq, but this does not prove that they are the same. Actually, the name Šabās appears three times in the Western part of the governorate.[49] In the Roman period there is a district *Καβασα*,[50] mentioned among others by Pliny (Hist. Nat. IV, 5, 49), which in spite of the late date of the source presumably represents a Greek borrowing before *ḫ* < *š*.[51] Indirectly this can be seen as evidence for a Greek population in the area in pre-Roman times.[52] The modern Arabic form must be borrowed directly from Coptic, as witnessed by ϫ > š.[53]

In my opinion Matbūl as well may derive ultimately from an attested hieroglyphic toponym, namely *t3-bnr*, through a hypothetically intermediary *(d)mi t3-bnr* "the village of To-bener". Its original meaning would be "the pleasant land" (cf. modern Pleasantville), being composed with a present participle.[54] During my visit to Matbūl I was unable to find any trace of any person named Sīdī Matbūl after whom, it has been claimed, the village was called.[55]

This means that there are at the best five, perhaps only two, ancient Egyptian toponyms, familiar from hieroglyphic texts, which have been preserved until today. Below I will discuss a selection of non-Arabic names, unattested in hieroglyphic texts, that illustrate some of the problematic issues.

A case in point that does not allow for a more precise dating is Damrū, which occurs twice in the area.[56] There is a more familiar Damrū in the province of al-Gharbiya, which was the location of the siege of the patriarch in the 11th century before the move to Cairo, from which the two in our governorate must be kept apart.[57] For this name Schenkel refers to the meaning "river bank",[58] but in view of the location of all three examples in the northern part of the Delta, there seems reason enough to retain the traditional association with Coptic ⲧⲉⲙⲣϥ "the harbour" < *t3 mry.t* "dito".[59] It denotes a simple function of the place and has developed into a proper toponym only later, at some time after the (colloquial) rise of the definite article at around 2000 BC.

One does observe a number of sites which are evidently not Greek in origin, however, thus far known only in their Greek form, e.g. Pechnamounis (Kom al-Khanzīrī) and Phragonis (Kom al-Khawālid?).[60] If need be, the variant 'Phreuunes'[61] of the latter indicates that the name is Egyptian, the variation in consonants revealing a /w/ in Egyptian.[62] It is

48 K Zibelius, Ägyptische Siedlungen, 179. See also AEO II, 188*.

49 On Carte topographique, pl. 36, there is even a Kôm Chabbâs (Kom al-ʿAmya or Kom Maṭyūr?).

50 Timm, Christlich-koptisches Ägypten V, 2218-22. The equivalation of Greek kappa to Coptic ϫ is unusual. The Coptic form ϫⲁⲡⲁⲥⲉⲛ could be explained by adding a definite article **t3 ḫ3bs*, since *t* + *ḫ* > š = ϫ, cf. *ḫ3ʿ* > ⲕⲱ.

51 Peust, Egyptian Phonology, 117-119.

52 A personal example of interest in the region on the part of a Greek is found in the Egyptian-style statue of Aristonikos from Tell Matbūl, see Guermeur, Le syngenes Aristonikos.

53 Schenkel, Verschlußlaute, 29.

54 The plural strokes in pCG 58089 are no more significant than they are in *p3-ṯwf* (A. Gardiner, Ancient Egyptian Onomastica, plates (London, 1947), pl. XIa, l. 12.

55 Guermeur, Le syngenes Aristonikos, 69 n. 4. Deriving the name of a village from a sheikh is a common explanation, although frequently the reverse is true. Many derive incorrectly Disuq from Ibrahim el-Disuqi.

56 Damru in markaz Sidi Salim and Damru Salmān in markaz Disuq, for the latter see Timm, Christlich-koptisches Ägypten VI, 2660.

57 Meinardus, Damrū.

58 Schenkel, Verschlußlaute, 20.

59 Osing, Nominalbildung, 265; Vycihl, Dictionnaire, 119.

60 According to the identification of Hogarth, JHS 24 (1904), 4-5. For Phragonis, cf. Timm, Christlich-koptisches Ägypten II, 940-944. For the sound correspondence, see Clarysse, Eponymous priests, 150.

61 Unlike Kees, Phragonis , I do not consider it a "Verschreibung".

62 The variant Φλαβωνίτης (Milne, Theban Ostraca, No.

curious to see how the same site is recorded under several other variants in Greek as well as Arabic. If the identification of this site with Arab al-'Afragūn is correct,[63] the use of 'f' in the Arabic form could hint at a direct loan from Greek into Arabic, since Coptic ⲫ /p^h/, would normally (at least before a consonant), and Coptic ⲡ always, give Arabic 'b'.[64] To this should be added that Coptic ⲅ, ⲕ or ⲭ /k(^{h})/ before a stressed vowel would give Arabic 'q'.[65] The Arabic letter ǧīm in this position could not possibly derive from any of these.

Strangely enough in the Coptic scalae there is a site called in Arabic al-Faragīn that corresponds in the Coptic parallel to ⲡⲉⲣⲟⲩⲟⲓⲛⲓ.[66] Its consistent association in the scalae with ⲑⲟⲓϯ/ Ar. Tīda makes it very plausible to assume that it was located close to this town.[67] It is usually considered to be yet another name for Phragonis/al-Afragūn. One cannot exclude the possibility that this Coptic form was imported from an older Coptic list,[68] and that the name was no longer in living use at the time when the manuscript was written. All the same, its consonantism must represent an older stage than those preserved in Greek and Arabic. As for al-Faragīn, it could have arisen as the result of a re-analysis in the sense that Afragūn/Faragūn was thought to contain the morpheme of the sound plural –ūn, which was changed to Middle Arabic plural –īn, even though the stem is no recognisable Arabic word.[69] One could also be tempted to find a link to 'firgawn' "curry-comb" of which al-Faragīn would suit well as an otherwise unattested plural. This, however, amounts to speculation and one cannot but repeat: *allāhu taᶜāla aᶜlamu* "God the Highest knows best".[70]

One needs also to consider the possibility of languages other than Egyptian and Coptic. During the agricultural expansion in Graeco-Roman times many "new" settlements arose, presumably with a Greek-speaking population and with Greek names. Among the original Greek names within the area under study, most notable is the present name of the lake: Burullus, derived from *πάραλος* "by or near the sea", which was originally the name of a settlement.[71] One may also suspect that Birimbāl is derived from Greek *παρεμβολή* "encampment", "barracks".[72] The strategic position of this site at the mouth of the Nile is to be noted (Fig. 1). Names such as Duminaqūn (i.e. Kafr el-Sheikh), Qūna, and Balankūma let the Greek *κώμη* "village" come to mind.[73] Undeniably the last two resemble *Παριάνη κώμη* and *Κύμη*, mentioned in the Notitiae Episcopatuum (4th century AD) between Burullus and Xois.[74]

Other languages may also have left traces. A Semitic substrate is frequently induced for

132, p. 151) also points in this direction.

63 It is frequent in Arabic papyri (GROHMANN, Papyruskunde, 67; GROHMANN, Protokolle, index).

64 The similarity of the names recognised by TIMM, Christlich-koptisches Ägypten I, 75, who nevertheless, identifies it with a mysterious ⲁⲗϥⲟⲕⲣⲁⲛⲫⲛ. Cf. for the phonological development, WORRELL, Coptic Sounds, 137, and examples in GALTIER, Coptic Ostraca, 93; SOBHY, Prononciation, 52-53.

65 SCHENKEL, Verschlußlaute, 32-33. The pronunciation of g as a velar stop seems to be original in the Delta, see BEHNSTEDT, Dialektgeographie, 157-158.

66 MUNIER, Géographie, 211, 218. An overview of Coptic scalae in BOSSON, Langue Copte.

67 It is usually identified to Kôm al-Ḍabᶜ, 4 km straight south to Kom al-Khawālid. There is a modern Tīda a further 2 km south-west to the mound. To further complicate the matter, the French expedition (Carte topographique, pl. 36) marked a Koûm Tidah at the location of Kom Sīdī Sālim slightly to the west of Kom al-Khawālid, cf. DARESSY, Recherches, 252.

68 Cf. SIDARUS, Coptic Lexicography, 134.

69 Plurals designing a single place, e.g. WILD, Ortsnamen, 71-96.

70 IBN MANẒŪR, Lisān al-ᶜarab, 322.

71 TIMM, Christlich-koptisches Ägypten I, 450-455.

72 Cf. BJÖRNESJÖ, Réflexions , 22; KOSACK, Kartenwerk, 49. Cf. WORP, Military Camps, 294. There are also a Birimbāl al-gadīda and a Birimbāl al-qadīma in Daqahliya.

73 There is also in Hierocles, 740, a *Κώμη Παριανή* mentioned before Xois (HONIGMANN, Synekdèmos, 59).

74 PARTHEY, Hieroclis Synecdemus, 81–82.

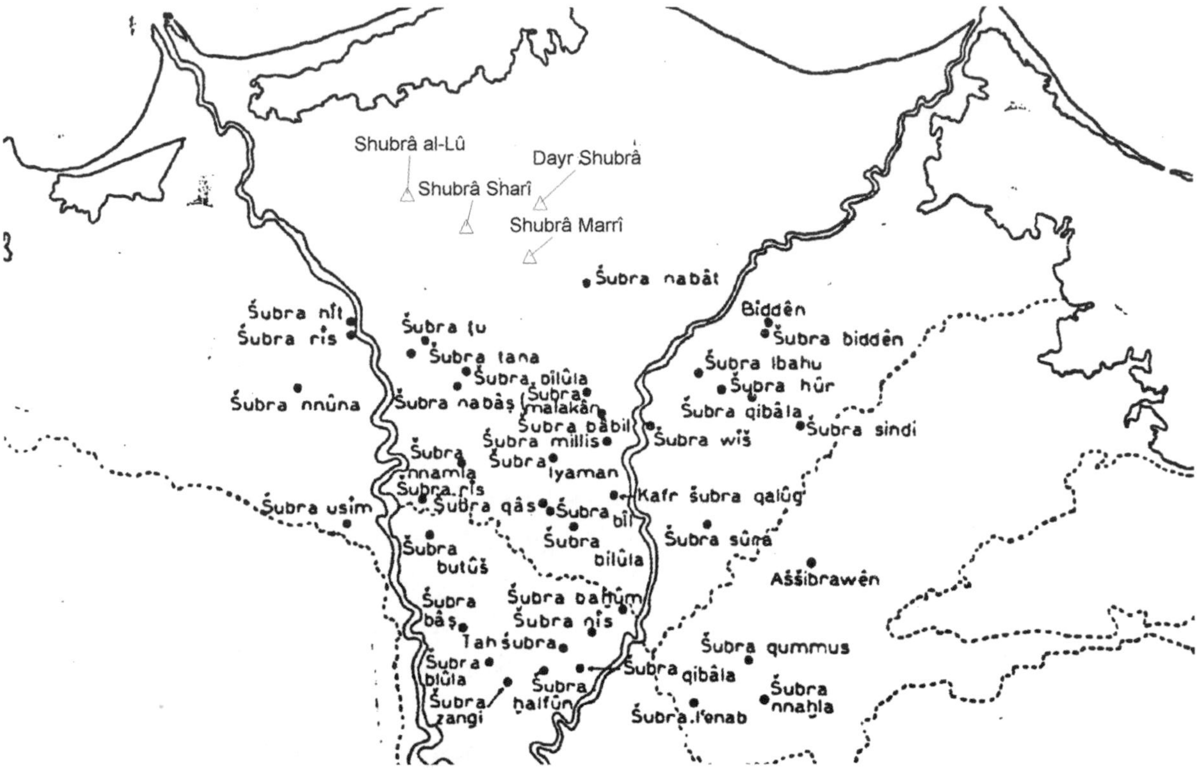

Fig. 2. šubra in the toponymy of the Delta

toponyms in the Delta.[75] In principle, though, it seems as if there has not been a continuity of pre-historic Semitic names judging from the replacement of the presumed foreign $\underline{d}b^{c}(.t)$ with Egyptian p and dp,[76] the historic names of Buto which ultimately succumbed to $pr\text{-}w3\underline{d}.t$, as well as ^{c}np with $\underline{d}d.t$ "Mendes" and possibly $\d{k}dm$ (< east) with $\underline{h}3sww$.[77]

When contrasting the assortment of actual toponyms of ancient origin with the position of SCA registered sites,[78] which are concentrated in the north, it is obvious how ancient mounds and modern settlements with ancient names neatly complement each other. The settlement pattern appears more regular than what can be gathered merely from the registration of archaeological sites.

Conclusion

In this article I have argued that there is reason to believe that the area north of Buto was subject to an increasing agricultural exploitation already before Khababash. This development continued in Roman and Byzantine times. Many of the new settlements can probably be found among the ruin mounds in the governorate of Kafr el-Sheikh. A regionally based study of place names provides ample opportunity for sorting out the onomastic layers left by the various cultures and languages which have succeeded each other over the millennia.

75 Redford, Observations, 201–210; Morenz, Bild-Buchstaben, 228–234.

76 Morenz, Bild-Buchstaben, 139.

77 Vernus, Xoïs II, 1302.

78 According to 'Atlas al-mawāqi^c al-'athārīyah bi muhāfazat Kafr al-šaykh (Cairo, 2001).

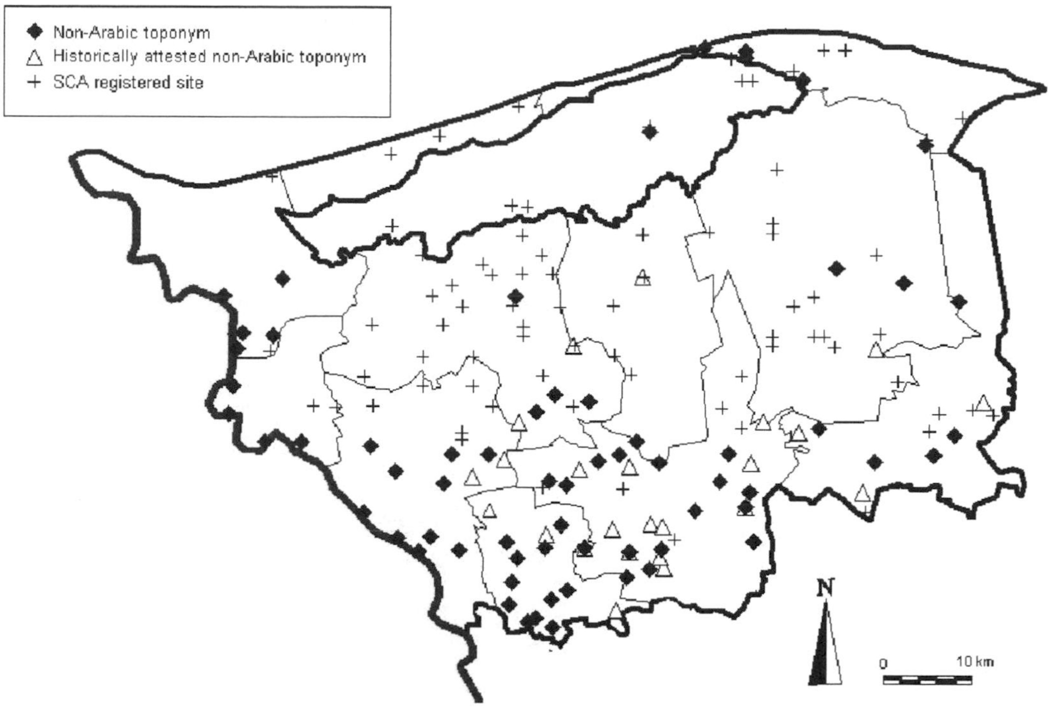

Fig. 3. Non-Arabic toponyms and SCA registered sites.

Bibliographie

ALLEN, Vox Graeca
Allen, W.S., Vox Graeca: A Guide To The Pronunciation Of Classical Greek, Cambridge 1968.

AL-NUWAIŠĪ, Kafr al-šaykh
al-Nuwaišī, cA., Muḥāfaẓat Kafr al-šaykh, Kairo 2004.

ARNAUD, Cartographie
Arnaud, J.-L., Cartographie de l'Égypte. Supplément à la Lettre no 16, Kairo 1989.

BEDIER, Statue Nr. 586
Bedier, S., Die Statue Nr. 586 aus Buto, in: DE 44 (1999), 19–35.

BEDIER, Stiftungsdekret
Bedier, S., Ein Stiftungsdekret Thutmosis III. aus Buto, in: Minas, M., Zeidler, J. (Hg.), Aspekte spätägyptischer Kultur: Festschrift für Erich Winter zum 65. Geburtstag, Aegyptiaca Treverensia 7, Mainz 1994, 35–50.

BEDIER, Zwei Türblöcke
Bedier, S., Zwei Türblöcke des Königs Psammetich II. aus Buto, in: Eyre, C.J. (Hg.), Proceedings of the Seventh International Congress of Egyptologists, OLA 82, Leuven 1998, 119-127.

BEHNSTEDT, Dialektgeographie
Behnstedt, P., Arabische Dialektgeographie. Eine Einführung, Leiden 2005.

BJÖRNESJÖ, Réflexions
Björnesjö, S., Quelques réflexions sur l'apport de l'arabe dans la toponymie égyptienne, in: Annales islamologiques 30 (1996), 21-40.

BOSSON, Langue Copte
Bosson, N., Langue Copte - une réalite à visages multiples, in: Bosson, N., Aufrère, S. (Hg.), Égyptes... L'Égyptien et le copte, Lattes 1999, 109-119.

BURSTEIN, Prelude
Burstein, S.M., Prelude to Alexander: The Reign of. Khababash, in: AHB 14 (2000), 149-154.

CLARYSSE, Eponymous priests
Clarysse, W., The eponymous priests of Ptolemaic Egypt, P. L. Bat. 24, Leiden 1983.

CZAPKIEWICZ, Toponymy
Czapkiewicz, A., Ancient Egyptian and Coptic Elements in the Toponymy of Contemporary Egypt, Zeszytu Naukowe Uniwersytetu Jagiellonskiego CCXXV, Prace jezykoznawcze, zeszyt 28, Cracow 1978.

DARESSY, Recherches
Daressy, G., Recherches Géographiques, in: ASAE 26 (1926), 246-272.

DEVAUCHELLE, Réflexions
Devauchelle, D., Réflexions sur les documents égyptiens datés de la Deuxième Domination perse, in: Transeuphratène 10 (1995), 35-43.

DUHOUX, Minoens
Duhoux, Y., Des Minoens en Égypte?, Publications de l'Institut Orientaliste de Louvain 52, Louvain-la-Neuve 2003.

DUNHAM, Nekhebu
Dunham, D., The biographical inscriptions of Nekhebu in Boston and Cairo, in: JEA 24 (1938), 1-8.

EDGAR, Notes
Edgar, C.C., Notes from the Delta, in: ASAE 11 (1911), 87-96.

EL-KHASHAB, *ΤΑ ΣΑΡΑΠΕΙΑ*
el-Khashab, Abd el-Mohsen, ΤΑ ΣΑΡΑΠΕΙΑ à Sakha et à Fayoum ou les bains thérapeutiques, Suppléments aux ASAE 25, Kairo 1978.

GABRA, Revolt
Gabra, G., The Revolt of the Bashmuric Copts in the Eighth and Ninth Centuries, in: Hallesche Beiträge zur Orientwissenschaft 36 (2003), 111-119.

GALTIER, Coptic Ostraca
Galtier, É., Coptic Ostraca, in: BIFAO 5 (1906), 87-164;

GARDINER, Horus
Gardiner, A.H., Horus the Behdetite, in: JEA 30 (1944), 23-60.

GAUTHIER, Dictionnaire
Gauthier, H., Dictionnaire des noms géographiques contenus dans les textes hiéroglyphiques, 7 vol., Kairo.

GOEDICKE, Comments
Goedicke, H., Comments on the Satrap Stela, in: BES 6 (1984), 33-54.

GOMAÀ, Besiedlung Ägyptens
Gomaà, F., Die Besiedlung Ägyptens während des Mittleren Reiches, TAVO 66/2, Wiesbaden 1987.

GRANDET, pHarris
Grandet, P., Le papyrus Harris (BM 9999), 2 Vol., BdÉ 109 1/2, Kairo 1994.

GREULE, Siedlungsnamen
Greule, A., Siedlungsnamen, in: Brendler, A., Brendler, S. (Hg.), Namenarten und ihre Erforschung. Ein Lehrbuch für das Studium der Onomastik, Hamburg 2004, 381-414.

GROHMANN, Papyruskunde
Grohmann, A., Einführung und Chrestomathie in die arabische Papyruskunde, Prague 1955.

GROHMANN, Protokolle
Grohmann, A., Protokolle, Corpus Papyrum Rainieri III 1, 2, Vienna 1924.

GUERMEUR – THIERS, Un éloge xoïte
Guermeur, I., Thiers, C., Un éloge xoïte de Ptolémée Philadelphe : La stèle BM EA 616, in: BIFAO 101 (2001), 197-219.

GUERMEUR, Le syngenes Aristonikos
Guermeur, I., Le syngenes Aristonikos et la ville de To-bener (Statue Caire JE 85743), in: RdE 51 (2000), 69-81.

GUEST, The Delta
Guest, A.R., The Delta in the Middle Ages, JRAS 1912.

HANNIG, Handwörterbuch
Hannig, R., Großes Handwörterbuch Ägyptisch-Deutsch, Mainz 1995.

HARTUNG, Tell el-Fara'in/Buto
Hartung, U., Tell el-Fara'in/Buto, in Rundbrief des DAI (September 2005), 18-22. (http://www.dainst.org/medien/de/daik_rundbrief_2005.pdf).

HELCK, Altägyptische Gaue
Helck, W., Die altägyptischen Gaue, Wiesbaden 1974.

HELCK, Gaue
Helck, W., Gaue, in: Helck, W., Otto, E. (Hg.), Lexikon der Ägyptologie, Bd. II, Wiesbaden 1977, 385-408.

HONIGMANN, Synekdèmos
Honigmann, E., Le synekdèmos d'Hiéroklès, Bruxelles 1939.

HUGHES, Land Leases
Hughes, G., Saitic Demotic Land Leases, Chicago 1952.

IBN MANẒŪR, Lisān al-ᶜarab
Ibn Manẓūr, Lisān al-ᶜarab, vol. 13, Beirut 1956.

JONES, Index
Jones, D., An Index of ancient Egyptian Titles, Epithets and Phrases of the Old Kingdom, vol. 2, BAR International Series 866 (II), Oxford 2000.

KAMAL, Stèles
Kamal, A., Stèles ptolémaïques et romaines, Tombes 1-2, Kairo 1904/5.

KEES, Phragonis
Kees, H., Phragonis, in : Paulys Realencyclopädie der classischen Altertumswissenschaft, Bd. 39, Stuttgart 1941, Sp. 740.

KEMP, Ancient Egypt
Kemp, B., Ancient Egypt. Anatomy of a Civilization, London – New York 2006.

KESSLER, Heilige Tiere
Kessler, D., Die heiligen Tiere und der König. Teil I, ÄAT 16, Wiesbaden 1989.

KIENITZ, Politische Geschichte
Kienitz, F.K., Die politische Geschichte Ägyptens vom 7. bis zum 4. Jahrhundert vor der Zeitwende, Berlin 1953.

KOSACK, Kartenwerk
Kosack, W., Historisches Kartenwerk Ägyptens, Bonn 1971.

KUENTZ, Stratification
Kuentz, Ch., Stratification de l'onomastique égyptienne actuelle, in: Draye, H., Jodogne, O. (Hg.), Troisième Troisième Congrès international de toponymie & d'anthroponymie, Bruxelles, 15-19 juillet 1949. Volume II: Actes et Mémoires, 292-300.

KUENTZ, Toponymie
Kuentz, Ch., Toponymie égyptienne, in: BIÉ 19 (1937), 215-221.

LODOMEZ, De Satrapenstèle
Lodomez, G., De Satrapenstèle, in: Demarée R.J., Veenhof, K.R. (Hg.), Zij schreven geschiedenis. Historische documenten uit het oude Nabije Oosten. Mededelingen en Verhandelingen van het Vooraziatisch-egyptisch Genootschap „Ex Oriente Lux" 33, 434–447.

LOZACH, Delta
Lozach, J., Le Delta du Nil, Kairo 1935.

MEEKS, Donations
Meeks, D., Les donations aux temples dans l'Ègypte du Ier millénaire avant J.C., in: Lipínski, E. (Hg.), State and Temple Economy in the Ancient Near East II, OLA 6, Leuven 1979, 605-687.

MEGALLY, Bashmuric Revolts
Megally, M., Bashmuric Revolts, in: Coptic Encyclopedia 2, New York 1991, 349-351.

MEINARDUS, Damrū
Meinardus, O., Damrū, in: Atiya, S.A. (Hg.), Coptic Encyclopedia III, New York - Toronto 1991, 689-690.

MILNE, Theban Ostraca
Milne, J.G., in: Theban Ostraca, University of Toronto Studies, London 1913.

MORENO-GARCÍA, Administration territoriale
Moreno-García, J.C., Administration territoriale et organisation de l'espace en Égypte au troisième millénaire avant J.-C.: *grgt* et le titre *ᶜ(n) ḏ-mr grgt*, in: ZÄS 123 (1996), 117-138.

MORENZ, Bild-Buchstaben
Morenz, L.D., Bild-Buchstaben und symbolische Zeichen. Die Herausbildung der Schrift in der hohen Kultur Altägyptens, OBO 205, Freiburg – Göttingen 2004.

MUNIER, Géographie
Munier, H., La géographie de l'Égypte d'après les listes coptes arabes, in: BSAC 5 (1939), 201-243.

OSING, Nominalbildung
Osing, J., Die Nominalbildung des Ägyptischen, Mainz 1976.

PARTHEY, Hieroclis Synecdemus
Parthey, G., Hieroclis Synecdemus et notitiae graecae episcopatuum, Berlin 1866.

PESTMAN – VLEEMING, Tsenhor
Pestman, P.W., Vleeming, S.P., Les papyrus démotiques de Tsenhor, Louvain 1994.

PETRIE, Naucratis I
Petrie, W.M.F., Naucratis I, EEF 3, London 1886.

PEUST, Egyptian Phonology
Peust, C., Egyptian Phonology. An Introduction to the Phonology of a Dead Language, Göttingen 1999.

QUAEGEBEUR – VANDORPE, Onomastics
Quaegebeur, J., Vandorpe, K., Ancient Egyptian Onomastics, in: Eichler, E. et al. (Hg.), Namenforschung. Proper Name Studies. Les Noms Propres, Handbücher zur Sprach- und Kommunikationswissenschaft 11.1. Namenforschung, Berlin – New York 1995, 841-851.

RAMZĪ, al-Qāmūs al-ǧuġrāfī
Ramzī, M., al-Qāmūs al-ǧuġrāfī li l-bilād al-miṣrīyah min ʿahd qudamā' al-miṣriyīn ilā sanat 1945, vol. 2:2, Kairo 1958.

REDFORD, Egypt, Canaan and Israel
Redford, D.B., Egypt, Canaan and Israel in Ancient Times, Princeton 1992.

REDFORD, Observations
Redford, D.B., Some Observations on the Northern and North-Eastern Delta in the Late Predynastic Period, in: Bryan, B.M., Lorton, D. (Hg.), Essays in Honor of Hans Goedicke, San Antonio 1994, 201-210.

REICH, Papyri
Reich, N., Papyri juristischen Inhalts in hieratischer und demotischer Schrift, Vienna 1914.

ROCCATI, Littérature historique
Roccati, A., La littérature historique sous l'ancien empire égyptien, Paris, 1982.

ROQUET, L'animal
Roquet, G., in: L'animal, l'homme, le dieu dans le Proche-Orient ancien, Cahiers du CEPOA 2, Geneva 1984, 117-119.

SCHENKEL, Verschlußlaute
Schenkel, W., Glottalisierte Verschlußlaute, glottaler Verschlußlaut und ein pharyngaler Reibelaut im Koptischen: Rückschlüsse aus den ägyptisch-koptischen Lehnwörtern und Ortsnamen im Ägyptisch-Arabischen, in: LingAeg 10 (2002), 1-57.

SCHMITT, Lexikalische Untersuchungen
Schmitt, E., Lexikalische Untersuchungen zur arabischen Übersetzung von Artemidors Traumbuch, Wiesbaden 1970.

SETON-WILLIAMS, Tell El-Farâ'în 1964-1965
Seton-Williams, M.V., The Tell El-Farâ'în Expedition, 1964-1965, in: JEA 51 (1965), 9-15.

SETON-WILLIAMS, Tell El-Farâ'în 1968
Seton-Williams, M.V., The Tell El-Farâ'în Expedition, 1968, in: JEA 55 (1969), 5-22.

SIDARUS, Coptic Lexicography
Sidarus, A.Y., Coptic Lexicography in the Middle Age, The Coptic Arabic Scalae, in: Wilson, R. McL (Hg.), The Future of Coptic Studies, Leiden 1978, 125-142.

SIMPSON, Literature
Simpson, W.K. (Hg.), The literature of ancient Egypt, Kairo 2003.

SOBHY, Prononciation
Sobhy, G., La prononciation moderne du copte dans l'église, in: BIFAO 14 (1914), 51-56.

SPALINGER, King Chabbash
Spalinger, A., Reign of King Chabbash: An Interpretation, in: ZÄS 105 (1978), 142-154.

SPENCER, Roman Sites
Spencer, A.J., Roman Sites in the Northwest Delta, in: Luft, U. (Hg.), The Intellectual Heritage of Egypt, in: StudAeg 14 (1992), 535–539.

STRABON, voyage
Strabon, Le voyage en Égypte, Paris 1997.

TIMM, Christlich-koptisches Ägypten I
Timm, St., Das christlich-koptische Ägypten in arabischer Zeit, Bd. I, Wiesbaden 1984.

TIMM, Christlich-koptisches Ägypten II
Timm, St., Das christlich-koptische Ägypten in arabischer Zeit, Bd. II, Wiesbaden 1984.

TIMM, Christlich-koptisches Ägypten V
Timm, St., Das christlich-koptische Ägypten, Bd. 5, Wiesbaden 1991.

TIMM, Christlich-koptisches Ägypten VI
Timm, St., Das christlich-koptische Ägypten, Bd. 6, Wiesbaden 1992.

VANDERSLEYEN, Ouadj our
Vandersleyen, C., Ouadj our. Un autre aspect de la vallée du Nil, Bruxelles 1999.

VERNUS, Xoïs I
Vernus, P., Le nom de Xoïs, in: BIFAO 73 (1973), 27-40.

VERNUS, Xoïs II
Vernus, P., Xoïs, in: Helck, W., Westendorf, W. (Hg.), Lexikon der Ägyptologie VI, Wiesbaden 1985, 1302-1305.

VITTMANN, Sprachgut
Vittmann, G., Zum koptischen Sprachgut im Ägyptisch-Arabischen, in: WZKM 81 (1991), 197-227.

von Beckerath, Zweite Zwischenzeit
v. Beckerath, J., Untersuchungen zur politischen Geschichte der zweiten Zwischenzeit in Ägypten, ÄF 23, Glückstadt 1965.

von der Way, Tell el-Fara´in-Buto I
von der Way, Th., Tell el-Fara´in-Buto I, Ergebnisse zum frühen Kontext, Kampagnen der Jahre 1983-1989, AVDAIK 83, Mainz 1997.

Vycihl, Dictionnaire
Vycihl, V., Dictionnaire étymologique de la langue copte, Leuven 1983.

Wardini, Place-Names
Wardini, E., Lebanese Place-Names, OLA 120, Leuven 2002.

Wild, Ortsnamen
Wild, St., Libanesische Ortsnamen, Beirut 1973.

Wilkinson, Early Dynastic Egypt
Wilkinson, T.A.H., Early Dynastic Egypt, London – New York 1999.

Worp, Military Camps
Worp, K.A., Observations on Some Military Camps and Place Names in Lower Egypt, Zeitschrift für Papyrologie und Epigraphik 87 (1991), 291-295.

Worrell, Coptic Sounds
Worrell, W.H., Coptic Sounds, Chicago 1934.

Yoyotte, Réflexions
Yoyotte, J., Réflexions sur la topographie et la toponymie de la région du Caire, in: BSFE 67 (1973), 26-35.

Yoyotte, Religion
Yoyotte, J., Religion de l'Égypte ancienne, in: Annuaire. École Pratique des Hautes Études. Ve section - Sciences religieuses 77 (1969-1970), Paris 1969, 177-193.

Yoyotte, Toponymie
Yoyotte, J., La toponymie, in: Textes et langages de l'Égypte pharaonique: Cent cinquante années de recherches. 1822-1972, Hommage à Jean-François Champollion, BdÉ 64/1, Kairo 1972, 231-239.

Zibelius, Ägyptische Siedlungen
Zibelius, K., Ägyptische Siedlungen nach Texten des Alten Reiches, Wiesbaden 1978.

Zu einigen kleinasiatischen Toponymen in hieroglyphischer Bezeugung

Manfred Görg

Die umfänglichste Ansammlung des geographischen Wissens der Ägypter, das Nameninventar des Großen Säulenhofes im einstmals größten Totentempel Ägyptens, dem Tempel Amenophis' III. in Kom el-Hettân (Theben-West), hatte in seinem bisher bekannten Bestand einen erheblichen Teil des Nahen und Mittleren Ostens sowie des östlichen Mittelmeerraums repräsentieren können[1]. Erst nach der Publikation einer Neubearbeitung dieser Listen im Zuge der erfreulicherweise erneuerten Grabungs- und Restaurierungsarbeiten[2] im Gelände des früheren Tempels während des Jahres 2005 sind bisher unbekannte Listenfragmente aufgetaucht, die allem Anschein nach neue und teilweise unbekannte Namenschreibungen enthalten. Diese Fragmente sind auch soeben veröffentlicht und die Namen einem Deutungsversuch zugeführt worden.[3] Dieser frühzeitigen Bekanntmachung und ersten Interpretation ist nunmehr auch eine eingehendere Präsentation der Grabungsergebnisse gefolgt, verbunden mit weiteren Detailinformationen und Kommentaren[4].

Als bedeutsamste Identifikation ist auf einem ersten Fragment[5] mit einer rechtsläufigen Namenfolge der Name *Ywnj-ꜥꜣ* mit der Wiedergabe *„Groß-Ionien"* erkannt worden. Die Kombination entspricht bekannten Verbindungen wie *Ḫtꜣ-ꜥꜣ „Groß-Ḫatti"*. Damit erweist sich die Wiedergabe als bislang früheste hieroglyphische Bezeugung des Toponyms.[6] In der Reihung der Namen des Fragments steht *Ionien* zwischen einem Namen, den die Ausgräber versuchsweise mit dem bisher ebenfalls noch nicht hieroglyphisch nachgewiesenen Volk der *Luwier* (*Luwia?*) verbinden möchten,[7] und einem Namen, für den

1 Vgl. die Publikation Edel (†) – Görg, Ortsnamenlisten.

2 Unter der bewährten Leitung von H. Sourouzian und R. Stadelmann.

3 Vgl. Sourouzian – Stadelmann, Ionier und Danaer, 79-83. Eine vorläufige Stellungnahme bei Görg, Ionien und Kleinasien, 5-10.

4 Sourouzian – Stadelmann, Three Seasons, 413-414, Pl. VIIIb+c.

5 Das Fragment (Sourouzian – Stadelmann, Ionier und Danaer, 82, Abb. 6 und Sourouzian – Stadelmann, Three Seasons, Pl. VIIIb) lässt drei Namenseinträge ausmachen, zeigt aber deutlich Spuren von zwei weiteren Gefangenendarstellungen, denen jeweils ein Namensoval zugeordnet werden muss.

6 Zu den bisher bekannten Belegen des Namens Ionien vgl. u.a. Görg, Ionien und Kleinasien, 5. Sourouzian – Stadelmann, Three Seasons, 413, wo ebenfalls der Hinweis auf eine wahrscheinliche Bezeugung in den Linear B-Texten erfolgt. Entgegen Haider, Neue Toponyme, 30 habe ich nicht „Iunia A'a", sondern *ywni ꜥꜣ* gelesen. Auch liegt keine „Doppelschreibung mit dem Determinativ vor der folgenden Pleneschreibung" (Haider, Neue Toponyme, 31) vor. Ebenso wie bei der Fügung *ḫtꜣ ꜥꜣ* handelt es sich auch bei dieser Namensgestalt um eine ägyptische Zitationsform, die keineswegs für alle sonstigen „Namensvarianten" beansprucht werden müsste. Einen Anlass, wegen des Fehlens einer unmittelbaren Vergleichsform v.a. im hethitischen Nameninventar auf eine nicht-kleinasiatische Zuweisung, etwa auf dem griechischen Festland, auszuweichen (Haider, Neue Toponyme, 32-33), kann ich daher nicht erkennen.

7 Sourouzian – Stadelmann, Three Seasons, 413 lesen "*r/ljwꜣnꜣ* or *r/lwꜣnꜣ*". Einem Hinweis bei Sourouzian – Stadelmann, Three Seasons, 413, n. 23 zufolge hat jedoch bereits J. Osing wegen der Schreibung mit *rꜣ* statt des *rw*-Löwen Bedenken gegen den Identifika-

eine Gleichsetzung mit *Mitanni*[8] vorgeschlagen worden ist. Es ist mir indes wahrscheinlicher, dass der erhaltene erste Name trotz einer graphischen Metathese mit dem Land und Volk *Arawana*[9] zu verbinden sein wird, während der dritte, leider nur teilweise erhaltene Name weniger auf das in anderer Schreibung im zeitgenössischen Tempel von Soleb (sudanesisches Nubien) bezeugten *Mitanni*[10] plausibler auf das Land und Volk *Maša*[11] zu beziehen sein wird. Sowohl *Arawana* wie auch *Maša* begegnen in der Aufstellung der Bundesgenossen der Hethiter im berühmten Kadeschschlacht-Gedicht Ramses II., dort sowohl von einander getrennt wie auch nebeneinander,[12] was zugleich die Annahme unterstützt, dass es sich um jeweils eigene Regionen handeln sollte. Die Position von *Groß-Ionien* im neuen Listenfragment zwischen *Arawana* und *Maša* lässt u.a. nicht unbedingt damit rechnen, dass Ionien die Stelle des Landesnamens *Arzawa* eingenommen habe, denn *Arzawa* ist nicht nur in den Amenophis-Listen bezeugt,[13] sondern auch weiterhin in den Zusammenstellungen des Kadeschschlacht-Gedichtes mehrfach mit *Arawana* und *Maša* kombiniert. Überdies ist der Namensbeleg für *Ionien* wohl ein weiteres Indiz dafür, dass sich das Territorium des Landes *Aḫḫijawa* (Griechenland) nicht unter dem Namen *Aḫḫijawa* auf kleinasiatischen Boden ausgedehnt haben muss.[14]

Die neuesten Grabungen haben noch ein weiteres Fragmentstück zutage gefördert, das ebenfalls jüngst veröffentlicht worden ist.[15] Da die Nameneinträge einer linksläufigen Reihung ihrerseits nur fragmentarisch erhalten sind, so zunächst offenbar der Anfang eines Namens mit *Tj*..., sodann beim folgenden Namen zunächst ein *š* (mit Logogramm-Strich), ein *t* (?) und ein *r*,[16] scheint eine Identifikation beider Einträge nur mit gehörigem Wagemut möglich. Die Publikation möchte in dem erstgenannten Namensoval die „*Danaer*" genannt sehen,[17] im zweiten dann (mit

tionsversuch angemeldet. Im Blick auf die neuerliche Interpretation der Schreibung des Namens bei HAIDER, Neue Toponyme, 28-29 möchte ich daran festhalten, dass die (nunmehr) zweite Gruppe (Schilfblatt + Sitzender Mann mit Hand am Mund) wenigstens in der 18. Dyn. primär einen Stimmabsatz markiert (vgl. EDEL, Ortsnamenlisten, 71; QUACK, Mykene; EDEL (†) – GÖRG, Ortsnamenlisten, 205), welcher Befund ebenfalls für unsere Annahme für eine graphische Metathese spricht. Auch lese ich die erste Gruppe (nicht „Silbe"!) nicht „ra", wie Haider mir unterstellt, sondern halte die Schreibung *r'* u.a. im Anschluss an Edel grundsätzlich für vokalisch offen.

8 SOUROUZIAN – STADELMANN, Three Seasons, 413 möchten die Schreibung zu „*mtjn*"ergänzen.

9 Vgl. dazu u.a. die Angaben bei DEL MONTE – TISCHLER, Orts- und Gewässernamen, 29-30.

10 Die Schreibung von Mitanni in den Listen von Soleb (vgl. SCHIFF-GIORGINI, Soleb V, Pl. 217) ist mit dem erkennbaren Bestand auf dem neuen Fragmentstück kaum kompatibel.

11 Dazu die Angaben bei DEL MONTE – TISCHLER, Orts- und Gewässernamen, 264-265.

12 Vgl. die Textvarianten in der jüngsten Edition von KRI II, 50. Vgl. auch die Zusammenstellung bei WEIPPERT, Ein ugaritischer Beleg, 36.

13 Vgl. zuletzt EDEL (†) – GÖRG, Ortsnamenlisten, 17-18, 43. Das von SOUROUZIAN – STADELMANN, Three Seasons, 453, Pl. VIIIe publizierte Anschlussfragment bestätigt die Lesung „*Arzawa*" in der linksläufigen Reihung der Liste A, lässt diesem Namen aber im Unterschied zu unserem Vorschlag einen fragmentarischen Namen folgen, der nicht „*Hatti*", sondern vielleicht eine Variantschreibung von „*Asia*" enthalten hat (vgl. auch unten Anm. 27), so dass die von uns angenommene grundsätzliche Korrespondenz zu den rechtsläufigen Namen der Liste A auf der Rückseite des Sockels nicht in Frage gestellt werden müsste.

14 Anders offenbar noch STARKE, Katalog „Die Hethiter", 304f.

15 Vgl. SOUROUZIAN – STADELMANN, Ionier und Danaer, 83, Abb. 7 sowie SOUROUZIAN – STADELMANN, Three Seasons, Pl. VIIIc.

16 Hier danke ich Herrn Dr. S. Wimmer für seine epigraphische Beratung herzlich. Die von HAIDER, Neue Toponyme, 38 angenommene Setzung eines hieroglyphischen *g* kann ich nicht verifizieren. Stattdessen ist mir immer noch wahrscheinlich, dass das *t*-Zeichen bzw. die *tꜣ*-Hieroglyphe U 30 (für die Lesung *tꜣ* = *t*) anzusetzen ist. Allerdings wird hier m.E. wie im Übrigen auch bei einer Näherbestimmung des mit der *m*-Gruppe anlautenden Namens des anderen Fragments nur ein Folienabzug am Original weiterhelfen können.

17 SOUROUZIAN – STADELMANN, Ionier und Danaer, 83 und SOUROUZIAN – STADELMANN, Three Seasons, 413,

Fragezeichen) das Land „*Naharina*" (nördliches Zweistromland).[18] Der erste Name könnte in der Tat mit den *Danaern* verbunden werden, sollte aber zunächst eine *Danaer*-Region meinen wollen, wie dies ja schon von der Zitation eines „*Danaja*" in der Liste E_N, rechts 2, gilt.[19] Während *Danaja* in der Liste E_N jedoch dem griechischen Festland zuzuordnen ist, sollte man in unserem Fall eine *Danaer*-Siedlung in Kleinasien ansetzen dürfen. Dabei wäre wohl am ehesten an den Ort *Adana* in Kilikien zu denken, welchen Ort E. Edel bereits ins Spiel gebracht hat, um den Namen E_N re 2 zu bestimmen, den er zunächst mit der Insel Rhodos verbunden hatte[20]. Edels Revision liefert nun aber eine gute Argumentation für das kilikische *Adana*, das wir nunmehr in dem neuen Listenfragment in einer Wiedergabe mit apokopiertem Anlaut sehen möchten.

Reizvoll ist dann eine Spekulation zum folgenden Namensfragment. Statt der Gleichsetzung mit Naharina würde ich eher an eine Namenskombination aus dem nominalen Element *šj* „*Wasserland*", „*Hafenbecken*" o.ä. und dem Anfang des Namens *Tarša* denken, welcher die hethitische Lautung[21] des späteren *Tarsus* darstellt und ebenfalls in die Region Kilikiens gehört. Die Bezeichnung der Region als Wassergegend (*šj*) eignet sich vorzüglich zur Charakteristik der geographischen Lage von Tarsus: Tarsus „hatte einerseits über den schiffbaren Unterlauf des Kydnos Verbindung zur offenen See, bildete andererseits eine wichtige Station auf der vom syrischen Antiocheia zur ägäischen Küste Kleinasiens führenden Handelsstraße...".[22]

Von großem Interesse wird die Frage sein, ob die neugefundenen Fragmente etwa einem noch unbekannten Sockel, diesmal mit kleinasiatischen Namen, zuzuordnen wären. Ohne diese Möglichkeit hier grundsätzlich auszuschließen, möchte ich doch vorläufig zu erwägen geben, ob es sich nicht wider den ersten Anschein um Teilstücke der Liste C_N handelt, deren längst bekannte Namen von Edel neu behandelt und auch von uns jüngst erneut bedacht worden sind.[23] Die ungewöhnliche Dekoration des größeren Teilstücks den mit nach vorn weisenden Papyrusdolden neben den Gefangenenköpfen muss ebenso wenig dagegen sprechen wie das offenbare Vorhandensein einer Überschrift (mit deutlichem Hinweis auf die Meeresgegend!), deren Existenz bisher für C_N nicht angenommen wurde. In unserem Kommentar zu den Listen A_N und C_N ist dazu bereits eine Vermutung zur Sprache gekommen, dass unter den Leitnamen dieser Liste C_N auf der Vorderseite des Statuensockels auch das Land der Hethiter, *Ḫatti*, genannt gewesen sein sollte.[24] Diese unsere Idee könnte nunmehr damit weiter gestützt werden, dass die bisher fehlenden Namenreihungen einmal auf der rechtsläufigen Längsseite mit dem größeren Fragment und auf der linksläufigen Längsseite vom kleineren Fragment teilweise aufgefüllt werden könnten.

die *tjnj* lesen und als "*Tina or Tana*" deuten („*Tina or Tana may be the Danaoi*").

18 Sourouzian – Stadelmann, Ionier und Danaer, 83 und Sourouzian – Stadelmann, Three Seasons, 413.

19 Vgl. dazu Edel (†) – Görg, Ortsnamenlisten, 197. 213.

20 Edel, Neue Identifikationen, 63. Gegen Haiders Argumentation (vgl. Haider, Neue Toponyme, 37) gegen meine Verbindung des Namens mit einem (!) Danaer-Land („Adana" in Kilikien) ist einzuwenden, dass ich im Anschluss an Edel, Neue Identifikationen, 63 keine „Metathese" angesetzt, sondern von einem apokopierten Anlaut gesprochen habe. V.a. aber ist darauf hinzuweisen, dass die Namengebung ‚Tanaja' für ein Danaer-Land (nicht gleich „Danaoi"!) eben nicht ausschließlich für die Peloponnes reserviert werden muss, sondern auch für Kilikien gelten kann, wie z.B. auch die Bezeichnung ‚Schasu' für ein syrisches Territorium wie auch u.a. für Südostpalästina beansprucht wird (vgl. dazu Edel (†) – Görg, Ortsnamenlisten, 198-199). Wie im Falle der ‚Schasu' könnte man daher auch bei den Danaern von einer Präsenz an verschiedenen Orten ausgehen, was im Falle der Danaer zu weiteren Spekulationen über eine etwaige Besiedlung der Peloponnes von Kilikien aus Anlass geben mag.

21 Vgl. die Belege bei Del Monte – Tischler, Orts- und Gewässernamen, 408.

22 Olshausen, Tarsos, 529

23 Vgl. Edel (†) – Görg, Ortsnamenlisten, 103-118.

24 Vgl. Görg, in: Edel (†) – Görg, Ortsnamenlisten, 45. 118.

In jedem Fall würden die beiden Listenstränge aus dem kleinasiatischen Bereich zum jeweiligen Ende auf die nordsyrisch-libanesische Region zulaufen, wie sie die bereits bekannten Namen der Liste anzeigen.

Die Konstellation der Liste könnte so einerseits als Wiedergabe von Hafenstädten u.ä. aufgefasst werden, die von der westkleinasiatischen Küste bis nach *Byblos* reichten, andererseits aber auch als Zusammenstellung all jener Staaten und Orte, die sich im Interessenbereich der hethitischen Vormacht unter Šuppiluliuma I. befanden, um die ägyptische Kontrolle wenigstens auf dem Wege der Magie festzuschreiben. Ob die Listenerstellung mit den speziellen Aktivitäten des hethitischen Potentaten[25] näherhin beim sogenannten „Einjährigen Feldzug" oder bereits beim „Sechsjährigen Feldzug" in Zusammenhang zu bringen ist, bedarf noch genauerer Prüfung. Überdies wäre noch zu untersuchen, ob sich im besonderen Blick auf die möglicherweise koordinierungsfähigen Teile der Liste C_N mit dem neugewonnenen Toponymmaterial sowie auch mit dem Namensbestand des vorgriechischen Festlandes und der Ägäis der zeitgenössischen Liste E_N[26] Hinweise auf Schifffahrtsrouten[27] u.ä. ergeben könnten z.B. etwa von *Byblos* aus über die levantinischen und südkleinasiatischen Hafenstationen in den weiteren Mittelmeerraum hinein. Es scheint daher so zu sein, dass sich wie bei den bereits bekannten Listen geographisches Wissen der Ägypter mit politischen (und ökonomischen?) Informationen zur Zeitgeschichte zusammen findet, ohne dass man freilich genaue Rückschlüsse ableiten könnte, die über eine allgemeine Zuordnung in die erste Hälfte des 14. Jahrhunderts hinausgehen lassen.

Diese vorläufigen Bemerkungen zu den Neufunden sollen nicht ohne einen Blick auf ein geradezu phantastisch erhaltenes Fragmentstück aus dem Bereich des II. Pylons des Tempels von Kom el-Hettân beschlossen werden, das ebenfalls von den genannten Ausgräbern mit Vorschlägen zur Identifikation der Namen veröffentlicht worden ist.[28] Hier ist die jeweils besondere Dekoration der Gefangenen nicht weniger zu bewundern als die originelle Namenfolge mit den Namen „*Ḫatti*", „*Jsjjw*" und „*J...*", wobei der auf das Hethiterland folgende Name wohl mit den Autoren der Veröffentlichung dem späteren *Asia* (für Kleinasien) entspricht[29] und der dritte Name ebenfalls wahrscheinlich zu Recht auf *Arzawa* zu beziehen sein wird.[30]

Auf jeden Fall hat die dankenswert zügige Veröffentlichung der diversen Namenfragmente die

25 Vgl. dazu zuletzt v.a. RICHTER, Der „Einjährige Feldzug", 603ff. und RICHTER, Das „Archiv des Idanda", 178ff.

26 Zur Liste E_N vgl. die Kommentare von: EDEL (†) – GÖRG, Ortsnamenlisten, 161-213.

27 Zur zeitgenössischen Schifffahrt vgl. zuletzt vor allem die Kommentare zur Bedeutung des Schiffsfundes von Uliburun, hier besonders HÖCKMANN, Schifffahrt, 309-324, wo auch – allerdings nur mit einem Satz – auf die „Ortsnamen aus Kreta und der Ägäis" im Totentempel Amenophis' III. hingewiesen wird (311) und MÄTTHÄUS, Kulturaustausch, 333-366, wo immerhin darauf aufmerksam gemacht wird, dass die im Totentempel befindlichen „Inschriften mit einer Art Itinerar, einer Liste von Ortsnamen der Ägäis in geographischer Folge" darauf deuteten, „dass der ägyptische Hof durchaus konkrete Kenntnisse der Geographie des ägyptischen Raumes besaß" (336). Den Einblick in den Katalogband zur Ausstellung des Deutschen Bergbau-Museums Bochum vom 15. Juli 2005 bis 16. Juli 2006 (hg. von Ü- YALCIN, C. PULAK und R. SLOTTA) verdanke ich Herrn F. Adrom, München.

28 SOUROUZIAN – STADELMANN, Ionier und Danaer, 81, Abb. 4.

29 Vielleicht ist die neue Namensschreibung so etwas wie das ‚missing link" zwischen dem hethitischen *Assuwa* und dem Namen *Asia*. Zur Beziehung *Assuwa* – *Asia* vgl. zuletzt HÖGEMANN, Das ionische Griechentum, 9f. mit Anm. 47f., der ein hypothetisches **a-si-wi-ja* als mykenische Form ansetzt und so die Lautung **Aswija* als Vorform von *Asia* vermutet. Ich würde die in unserem Fall anzusetzende Bildung **A-si-ja-wa* wie *Aḥḫijawa* beurteilen, welcher Name mit *Aḥḫaja* zu verbinden sein wird (vgl. u.a. dazu DIETRICH-LORETZ, Amurru, 343).

30 Vielleicht ist der rechtsseitig nicht mehr erhaltene Name gemäß der von uns so bezeichneten ‚Vierergruppe' (vgl. Görg, in EDEL (†) – GÖRG, Ortsnamenlisten, 42f.) um *Jrs* – „*Alaschia*" zu ergänzen.

Erwartungen geweckt, dass noch weitere Stücke ans Tageslicht kommen, die die Forschungsarbeit zum geographischen Wissen der Ägypter und im älteren Umfeld der biblischen Traditionen weiter bereichern könnten.

Summary

During the current excavations in the area of the Funerary Temple of Amenhotep III. (Thebes-West) some new toponyms were found. One of them should be identified with *Ionia*, which would be a very early testimony of the famous toponym in Minor Asia. Furtheron the cilician cities *Adana* and *Tarsus* are possibly named. At least we are confronted with a preform for the well known *Asia*.

Zusammenfassung

Während der laufenden Grabungs- und Restaurierungsarbeiten im Gelände des früheren Totentempels Amenophis' III. in Theben-West sind Listenfragmente mit Toponymen aus dem kleinasiatischen Raum gefunden worden, darunter *Ionien*. Dazu können einige weitere Identifikationen wie u.a. mit *Adana* und *Tarsus* in Kilikien sowie eine qualifizierte Vorstufe des Namens *Asia* zur Diskussion gestellt werden.

Bibliographie

DEL MONTE - TISCHLER, Orts- und Gewässernamen
Del Monte, G.F., Tischler, J., Die Orts- und Gewässernamen der hethitischen Texte, Répertoire Géographique des Textes Cunéiformes, BTAVO B 7/6, Wiesbaden 1978.

DIETRICH - LORETZ, Amurru
Dietrich, M., Loretz, O. Amurru, Yaman und die ägäischen Inseln nach den ugaritischen Texten, in: Israel, S., Singer, I., Zadok, R. (Hg.), Past Links. Studies in the Languages and Cultures of the Ancient Near East, Winona Lake 1998.

EDEL, Ortsnamenlisten
Edel, E., Die Ortsnamenlisten aus dem Totentempel Amenophis' III., Bonner Biblische Beiträge 25, 1966.

EDEL, Neue Identifikationen
Edel, E., Neue Identifikationen topographischer Namen in den konventionellen Namenszusammenstellungen des Neuen Reiches, in: SAK 3 (1975), 49-73.

EDEL (†) – GÖRG, Ortsnamenlisten
Edel, E. (†), Görg, M., Die Ortsnamenlisten im nördlichen Säulenhof des Totentempels Amenophis' III., ÄAT 50, Wiesbaden 2005.

GÖRG, Jawan
Görg, M., „Jawan", in: Görg, M., Lang, B. (Hg.), Neues Bibel Lexikon II, Zürich 1995, 279-280.

GÖRG, Ionien und Kleinasien
Görg, M., Ionien und Kleinasien in früher außerbiblischer Bezeugung, in: BN NF 126 (2006), 5-10.

HAIDER, Neue Toponyme
Haider, P. W., Neue Toponyme vom Totentempel Amenophis' III., in: GM 217 (2008), 27-47.

HEUBECK, Praegraeca
Heubeck, A., Praegraeca, Sprachliche Untersuchungen zum vorgriechisch-indogermanischen Substrat, Erlangen 1961.

HÖCKMANN, Schifffahrt
Höckmann, O., Schifffahrt im östlichen Mittelmeer im 2. Jt. V. Chr., in: Yalcin, Ü., Pulak, C., Slotta, R. (Hg.), Das Schiff von Uluburun. Welthandel vor 3000 Jahren. Katalog der Ausstellung des Deutschen Bergbau-Museums Bochum vom 15. Juli 2005 - 16. Juli 2005, 309-324.

Högemann, Das ionische Griechentum
Högemann, P., Das ionische Griechentum und seine altanatolische Umwelt im Spiegel Homers, in: Witte, M., Alkier, St. (Hg.), Die Griechen und der Vordere Orient. Beiträge zum Kultur- und Religionskontakt zwischen Griechenland und dem Vorderen Orient im 1. Jahrtausend v. Chr., OBO 191, Freiburg Schweiz – Göttingen 2003, 1-24.

Lipinski, Les Japhétites
Lipinski, É., Les Japhétites selon Gen 10,2-4 et 1Chr 1,5-7, in: ZAH 3 (1990), 40-53.

Olshausen, Tarsos
Olshausen E., Tarsus, Der Kleine Pauly V, 529-530.

Quack, Mykene
Quack, J.F., Mykene und die Laryngaltheorie, in: AOAT 310 (2004), 423-426.

Richter, Der „Einjährige Feldzug"
Richter, T., Der „Einjährige Feldzug" Šuppiluliumas I. von Hatti in Syrien nach Textfunden des Jahres 2002 in Mišrife/Qaṭna, in: UF 34 (2002), 603-618.

Richter, Das „Archiv des Idanda"
Richter, T., Das „Archiv des Idanda". Bericht über Inschriftenfunde der Grabungskampagne 2002 in Mišrife/Qaṭna, in: MDOG 135 (2003), 167-188.

Schiff-Giorgini, Soleb V
Schiff-Giorgini, M., Soleb V. Le Temple. Bas-reliefs et Inscriptions, Kairo 1998.

Sourouzian - Stadelmann, Ionier und Danaer
Sourouzian, H., Stadelmann, R., Die ältesten Erwähnungen von Ioniern und Danaern, in: Antike Welt 36 (2005), 79–83.

Sourouzian - Stadelmann, Three Seasons
Sourouzian, H., Stadelmann, R. et al., Three Seasons of Work at the Temple of Amenophis III at Kom el-Hettân, Part III: Part II: Work at Colossi of Memnon, in: ASAE 80 (2006), 367-399.

Sourouzian - Stadelmann, Three Seasons
Sourouzian, H., Stadelmann, R. et al., Three Seasons of Work at the Temple of Amenophis III at Kom el-Hettân, Part III: Works in the dewatered Area of the Peristyle court and the Hypostyle Hall, in: ASAE 80 (2006), 401-487.

Starke, Katalog „Die Hethiter"
Starke, F., Das Hethitische Reich und seine Nachbarn im 15.-14. Jh. v.Chr., in: Katalog zur Ausstellung: Die Hethiter und ihr Reich. Das Volk der 1000 Götter, Stuttgart 2002, 304-305.

Weipert, Ein ugaritischer Beleg
Weippert, M., Ein ugaritischer Beleg für das Land „Qadi" der ägyptischen Texte?; in: ZDPV 85 (1969), 35-50.

La preuve par neuf

Nicolas Grimal

La cosmographie égyptienne divise le monde, fruit d'une création indéfiniment répétée, en deux parties : au centre, se trouve la partie organisée, dont la tension centrifuge est contrôlée par l'héritier du démiurge, lui-même pivot de l'équilibre universel. La périphérie, dont la nature est restée proche de celle du chaos originel, constitue une frange, animée, elle, d'une pulsion centripète qui la rend perpétuellement dangereuse. La nature inachevée de cette dernière la confine dans un flou qui en interdit toute cartographie, — au contraire du monde soumis à la Maât, dont les anciens Égyptiens exprimaient l'organisation par la figure des Neuf Arcs.

Ces Neuf Arcs représentent non pas, comme on l'a parfois pensé à tort, les pays étrangers, c'est-à-dire le monde extérieur à l'Égypte, mais le cosmos tout entier, l'oikouménè égyptienne, si on peut oser cet anachronisme. L'Égypte en est, naturellement, le centre et s'inscrit, en tant que telle, dans le premier des trois groupes de trois pays constituant les Neuf Arcs.

Ce n'est pas le lieu ici de revenir sur la symbolique de l'Arc. Je me contenterai d'observer la tripartition du cosmos, et ce sur deux niveaux. Il est découpé en trois éléments, constitués chacun de trois éléments. Une seconde dimension vient recouvrir cette partition géographique ternaire : la hiérarchie qui régit ces trois groupes. L'Égypte, en effet, appartient au premier groupe, signifiant ainsi clairement la prééminence de celui-ci. Premier par le rang, il est également au centre de l'ensemble, comme le montre clairement la projection géographique que l'on peut faire des grandes listes du Nouvel Empire.

Cette ennéade géographique rend compte de l'ensemble du monde connu au jour le jour ; elle évolue au cours du deuxième millénaire av. J.-C. selon le contexte historique. C'est dans ce cadre général que s'organisent les listes de peuples qui, durant la même époque, traduisent la géopolitique de l'oikouménè égyptienne dans son évolution.[1] La comparaison de la grammaire organisationnelle de ces listes, selon les types de support qui en sont connus, permet de saisir les deux plans, géographique et hiérarchique, qu'elles expriment.

De longues théories de peuples décorent ainsi les parois extérieures des temples, essentiellement les pylônes, sur lesquels elles développent le thème canonique du massacre des opposants à l'ordre établi. Mais pas seulement, comme le montrent les exemples de Karnak et de Medinet Habou; tous les murs considérés comme étant à l'extérieur du temple sont décorés de scènes décrivant la mise en ordre de l'univers : campagnes militaires ou scènes de chasse assurent la mainmise de pharaon, de façon à garantir la liturgie qui, à l'intérieur, assure la Maât .[2]

1 Grimal, L'Égypte; Grimal, Peuples; Grimal, Listes de peuples.

2 Heinz, Wie wird ein Feldzug erzählt; Heinz, Feldzugsdarstellungen.

Ces listes sont constituées parfois de plusieurs centaines de noms, comme, par exemple sur la face septentrionale du VIIe pylône du temple de Karnak. Leur organisation apparaît alors difficilement, au-delà de la répartition entre Nord et Sud, qui suit la partition logique entre les deux môles du pylône. Ce découpage entre Nord et Sud est constant, aussi bien sur les façades des pylônes que sur les listes associées au massacre rituel des ennemis qui accompagnent les représentations militaires, dont les murs extérieurs de la grande salle hypostyle de Karnak fournissent l'exemple classique. On le retrouve également sur les représentations en trois dimensions de ces listes, essentiellement sur les socles de statues, qui sont loin d'être les moins nombreuses...

La liste canonique des Neuf Arcs ne respecte pas ce découpage entre Nord et Sud. Elle n'en a pas besoin, puisqu'elle reproduit la totalité du monde connu selon la grille de trois ensembles de trois éléments que nous avons décrite plus haut. En revanche, les listes nord et sud fonctionnent, elles, selon le principe de groupes hiérarchisés des Neuf Arcs. Et ce, quelles que soient les différences que l'on a voulu introduire entre listes « politiques » et « militaires ». Les longues séquences qui figurent sur les murs extérieurs des temples ou les pylônes ne permettent guère de mesurer les deux niveaux de cette tripartition. S'il est envisageable, en effet, dans la mesure où les identifications géographiques des peuples énumérées sont possibles, de placer ces derniers sur une carte moderne, leur hiérarchie géopolitique est plus difficile à saisir. D'autant plus que les césures introduites dans ces listes ne sont pas toujours clairement perceptibles.

Là encore, les listes portées sur des supports en trois dimensions, de par la nécessité même dans laquelle elles se trouvent d'épouser cette dimension supplémentaire, peuvent caractériser plus facilement le niveau hiérarchique. L'exemple le plus complet en est donné par les théories de peuples qui décorent les colonnes de la salle hypostyle du temple qu'Amenhotep III fit construire à Soleb, en vue d'y célébrer son jubilée, puis, ensuite, de le transformer en temple de culte royal. Je ne reviendrai pas ici sur ce système, décrit par ailleurs.[3]

Le propos de cette courte étude est de vérifier, à travers une comparaison rapide de quelques listes en deux et en trois dimensions datant du milieu du Nouvel Empire, confrontées aux sources contemporaines, la réalité de ces groupements géographiques et hiérarchiques. Dans cette intention, j'ai retenu trois ensembles documentaires, dont l'étalement chronologique devrait permettre de mesurer à la fois la place et l'évolution du rôle que jouaient dans le paysage géopolitique du Proche-Orient tel que le percevaient les Égyptiens au milieu du deuxième millénaire av. J.-C., les principaux États partenaires du pouvoir pharaonique aux XVIIIe et XIXe dynasties.

Ce sont la liste de Soleb, qui nous situe donc au tournant du 15e et du 14e siècles av. J.-C., les listes des sphinx nord et sud de Séthi Ier dans son temple de Gourna et celle des peuples du nord que Ramsès II fit figurer sur son temple d'Aksha, — deux listes postérieures à la première d'un siècle environ. La période ainsi couverte est celle du plus grand rayonnement de l'Égypte dans le Proche-Orient, également celle où la montée de nouvelles puissances fournit des indicateurs suffisamment clairs de la réalité des relations de ces États entre eux.

Notre point de départ chronologique est fourni par les colonnes, N5, N6, N7 et N8 de la salle hypostyle du temple de Soleb. La colonne N5, de par sa position centrale, au contact de l'axe cultuel principal, porte, gravés sur son fût, les noms des protagonistes de la partie nord de l'*oikouménè* contemporaine d'Amenhotep III, en deux séquences affrontées, qui se substituent ici

3 Grimal, Listes de peuples, 112-116.

à la partition en trois groupes de trois, que nous retrouverons sur les autres sources. Les colonnes N6, 7 et 8 détaillent et approfondissent ce premier cercle. C'est ainsi que la colonne N6 donne le nom de la capitale de Babylonie (*Bbr*), qui est elle-même en tête de la liste de colonne N5 (*Sngr*), côté oriental. Nous ne nous intéressons ici qu'à la colonne N5[4] : d'un côté donc, la Babylonie (*Sngr*), le Naharina (*Nhrn*), le Hatti (*Ḫt*), et, en lacune, Chypre [*ʾIrs*] ; de l'autre, Qadesh (*Qdš*), Tounip (*Tnp*), deux noms en lacune, puis Ougarit (*ʾIkrt*) et la Crète (*Kftỉw*).

Ces États limitent au nord, ce que les grands scarabées commémoratifs d'Amenhotep III décrivent comme « l'empire » égyptien, tel qu'il existe depuis les dernières grandes campagnes thoutmosides. J'en donne ici le texte d'après l'exemplaire improprement dit « du mariage d'Amenhotep III et de Tiy » découvert à Ougarit : « Que vive l'Horus « Taureau puissant couronné de la Maât », (2) Les Deux Maîtresses « Garant des lois, Pacificateur des Deux Terres », (3) L'Horus d'or « Au bras puissant lorsqu'il frappe les Asiatiques », Le Roi de Haute et Basse Égypte (4) « Nebmaâtrê», Le Fils de Rê « Amenhotep », doué de vie, et l'épouse royale (5) Tiy — qu'elle vive ! dont le nom du père est Youya, (6) dont le nom de la mère est Touya. C'est l'épouse d'un roi valeureux, dont la frontière (7) méridionale touche Kary, et la frontière septentrionale touche au (8) Naharina.[5]»

Quelle que soit la réalité de « l'empire » décrit par le scarabée, la valeur politique de ce document n'est pas forcément ce qu'elle paraît être. On connaît, en effet, 56 scarabées de ce type : ils ne font, en fait, aucune référence au mariage de l'an 5, mais constituent un présent diplomatique, dont il est difficile de dire s'il est signe de suzeraineté, témoin d'hospitalité ou affirmation universaliste à destination autant des souverains du Proche-Orient que des Égyptiens eux-mêmes.[6] Ils relèvent d'une problématique comparable à celle des vases jubilaires royaux envoyés comme présents aux souverains alliés, sur lesquels nous reviendrons plus loin.

Les listes des sphinx nord et sud de Séthi Ier à Gourna suivent, elles, explicitement le schéma ternaire des Neuf Arcs. Celle du nord s'ouvre d'ailleurs sur la liste canonique des Arcs, puis développe quatre « cercles » de neuf peuples, dont le premier est, comme à Soleb, au sommet de la hiérarchie[7]: le Hatti (*Ḫt*), Naharina (*Nhrn*) et Chypre (*ʾIrs*), puis Akko (*ᶜq*), Simyra (*Ḏmt*) et Pella (*Pḫr*), et, enfin, Beth-Shan (*Bt šr*), Yenoam (*Ynᶜm*) et Qoumham (*Qmhm*). La liste du sphinx sud fait de même. La liste canonique est perdue, mais le premier « cercle » est conservé : la Babylonie (*Sngr*), Chypre (*ʾIrs*) et Akko (*ᶜq*), puis Pella (*Pḫr*), Simyra (*Ḏmt*) et, à nouveau, Pella (*Pḫr*), enfin, Beth-Shan (*Bt šr*), Yenoam (*Ynᶜm*) et Qoumham (*Qmhm*).

La comparaison des listes des deux sphinx confirme le double aspect géographique et politique de ces énumérations.[8] Leur comparaison avec celle de Soleb témoigne d'une évolution dans la distribution des pouvoirs. Si, en effet, la Babylonie, le Naharina, le Hatti et Chypre continuent à jouer un rôle de premier plan, Ougarit et la Crête ne figurent plus sur la liste, tandis que Qadesh et Tounip sont, si l'on peut dire, « rétrogradés » dans le troisième cercle (respectivement en 31e et 32e position, placés dans l'obédience du Naharina, qui réapparaît ainsi également en 30e position).

4 Je ne reproduis pas ici les schémas des trois listes en question ni le report cartographique des peuples évoqués: voir Grimal, Peuples.

5 Cf. P. Kriéger dans Schaeffer, Ugaritica III, 221-226 et fig. 204; Yon, Ougarit, 138; en dernier lieu: Caubet - Yon, Ougarit, 87-95.

6 Interprétation abusive, par attraction, du scarabée de Gilukhepa de l'an 10: L.M. Berman dans Kozloff, Pharaon-Soleil, 53, n.5, avec réf. Voir, par exemple, Louvre N 787a = Kozloff, Pharaon-Soleil, 58; Gundlach, Gedenkskarabäen, 31-46.

7 Passim: voir Grimal, Peuples.

8 Ibid.

La liste de Ramsès II à Aksha apporte, à nouveau un changement. Les neuf premiers sont, en effet : le Naharina (*Nhrn*), le Hatti (*Ḫt*) et Chypre (*ʾIrs*), puis la Babylonie (*Sngr*), la Crête (*Kftyw*) et Qahaq (*Qhq*), et, enfin, Qanou (*Qỉnỉw*), Qadesh (*Qdš*) et Ougarit (*ʾIkrt*).

Comme on le voit, les grandes puissances sont relativement stables ; d'autres apparaissent, témoignant des changements d'équilibres régionaux, que confirment les sources historiques et archéologiques. Sans entrer dans le détail de la politique extérieure égyptienne, je ne retiendrai que le secteur de Syrie du nord, plus particulièrement les principautés situées au nord de Damas (*Tmsq*) et contraintes, de par leur position géographique, à louvoyer entre les blocs qui s'affrontent au cours de ce siècle, essentiellement le Naharina et le Hatti, dans une moindre mesure la Babylonie, encore que cette dernière ait eu à pâtir de son alliance avec l'Égypte au moment de la montée en puissance du Naharina.

La correspondance diplomatique amarnienne permet d'apprécier les changements de positions relatives entre États, et, par là même, de comprendre les modifications apportées à la liste par Séthi Ier. Qatna finit, en effet, par basculer dans le camp hittite, appuyée par Qadesh[9]. Ougarit semble garder de bonnes relations avec l'Égypte[10], malgré une avancée hittite dans le Nuhašše[11], qui explique peut-être sa disparition[12]. Amurru, sous les règnes de 'Abdi-Ashirta — qui finit mal[13] —, puis de son fils Aziru, en principe toujours allié de l'Égypte[14], étend son emprise sur la région jusqu'à Byblos[15] et Beyrouth[16], avec l'aide des 'Apirou et du Mitanni[17] et aux portes d'Ougarit[18]. Damas, enfin, reste alliée à l'Égypte sous le règne Biryawaza[19].

Que Qadesh réapparaisse dans la liste d'Aksha ne surprend personne. Le cas d'Ougarit mérite que l'on s'y arrête[20]. Après une politique très active à l'Ancien Empire au Levant, essentiellement tournée vers Byblos, les Égyptiens du Moyen Empire s'ouvrent vers Ougarit à partir de la chute des rois de Ur III[21]. Le tableau sommaires des principaux documents égyptiens mis au jour au Levant pour ces périodes est très révélateur de cette absence d'Ougarit avant la XIIe dynastie (fig. 1).

C'est dès Sésostris Ier que l'Égypte se tourne vers Ougarit pour établir des relations diplomatiques au plus haut niveau, comme en témoigne la perle en cornaline au cartouche de *Ḫpr-kȝ-Rᶜ* aimé d'Hathor de Dendara », découverte en 1934 dans un collier[22], à proximité de l'emplacement où fut mis au jour la statue acéphale de la princesse Khnoumet (*Ḫnmt-nfr-ḥḏt*), fille d'Amenemhat II et alors future épouse de Sésostris II, découverte en 1931 [23].

9 EA 53, 55, 170, 174-176, 363.

10 EA 49, 51.

11 EA 165-167.

12 En tout cas de la liste du sphinx nord; celle du sphinx sud est trop endommagée au-delà du troisième « cercle » pour que l'on puisse en tirer une hypothèse valable.

13 EA 108, 117, 101.

14 EA 157, 150-161, 164, 169-170.

15 EA 136-140.

16 EA 114, 116; correspondances de Rib-Hadda, EA 124, 147, 76, 62, 88, etc.

17 EA 56, 58, 100, 95.

18 EA 98.

19 Voir James, Egypt; Murnane, Imperial Egypt; Bryan, Mitanni.

20 Pour le dernier état de la bibliographie des objets égyptiens et égyptisants trouvés à Ougarit, voir Caubet - Yon, Ougarit. Pour la question chypriote: Grimal, Peuples.

21 Astour, Ugarit.

22 Schaeffer, Ugaritica IV, 215 et fig. 20.

23 Schaeffer, Ugaritica IV, fig. 19 et 213-215.

Ancien Empire

D		Nahr Ibrahîm	Byblos
2	Khâsekhemoui		Fragment de vase en brèche (PM VII 390)
4	K h é o p s (Sahourê ?)	Hache de marin (PM VII p. 386)	Fragment de vase en albâtre (PM VII 390) Fragment de vase au nom de Merytites (ibid.)
	Khéphren		Sceau-cylindre (ibid.)
5	Sahourê		Sceau-cylindre (ibid.)
	Neferirkarê-Kakaï		Fragment de vase d'albâtre (ibid.)
	Niouserrê		Id.
	Menkaouhor		Fragment vases en pierre dure (ibid.)
	Djedkarê-Izezi		Fragment en albâtre (ibid.)
	Ounas		Vase et fragment en albâtre (ibid.)
6	Téti		Disque en albâtre (ibid.) Fragment en calcaire
	Pépy Ier		Fragment de trois vases et cinq disques, de dorite et divers (ibid.)
	Mérenrê Ier		Fragment d'albâtre (PM VII 391)
	Pépy II		Vase jubilaire représentant une guenon et son petit (PM VII 388),divers fragments d'albâtre ; nombreux fragments de vases jubilaires, dont deux « à la guenon », au nom d'un « Pépy ». (PM VII 391)
			Nombreux fragments de vases jubilaires (ibid.)

Moyen Empire

D		Beyrouth	Byblos	Qatna	Neirab
12	Amenemhat II			Sphinx d'Ita, sœur de Khnoumet (Louvre AO 13075)	
	Amenemhat III		Vase d'obsidienne et or du tombeau d'Ibishem, deux perles, pectoral d'or (PM VII 386-387 ; I. Matzker 1986).		Sphinx en diorite (PM VII 395 — contra G. Scandone Matthiae, RdE 40, 125-129)
	Amenemhat IV	Sphinx réutilisé à époque ptolémaïque (PM VII 384-385)	Boîte d'obsidienne et or, vase en brèche, etc. du tombeau d'Ypshemib (PM VII 386-387) ; feuille d'or (PM VII 391)		
	Amenemhat ?		Cylindre en os (ibid.)		

Fig. 1 Principaux monuments royaux égyptiens en Syrie et au Liban (Ougarit excepté).

La découverte de fragments de sphinx au nom d'Amenemhat III (*nỉ-swt-bỉty Ny-M3ˁt-Rˁ*) dans le temple de Baal[24] renforce la probabilité de l'identification de Khnoumet, sœur d'Ita, comme fille d'Amenemhat II[25]. Ces découvertes confirment des relations d'État à État entre les deux peuples, relations qui allèrent jusqu'à conduire des Égyptiens de souche à résider à Ougarit, comme en témoigne la stèle de Sésostrisânkh, conservée aujourd'hui au Musée du Louvre, sur laquelle il est représenté entre une dame Satamon et sa mère Henoutsen. On ne peut toutefois pas en

24 SCHAEFFER, Ugaritica IV, 223.

25 Contra VANDERSLEYEN, L'Égypte, 78.

déduire pour autant qu'Ougarit était alors sous administration égyptienne, — ce qui semble n'avoir jamais été le cas. Sésostrisânkh ne porte, en effet, pas « le titre de gouverneur de ville, juge et vizir[26]». Il s'agit, en fait, d'un ex-voto funéraire au nom d'un *mr-nỉwt mr* « gouverneur **de ville de pyramide** », vizir,... Ce qui exclut, naturellement, toute interprétation tendant à justifier par ce monument une sorte de « gouvernorat » égyptien sur Ougarit.

Les relations ne sont à nouveau clairement attestées pratiquement qu'après Thoutmosis III, au termes des opérations militaires du début de la XVIIIe dynastie (fig. 2):

Le fragment de vase en albâtre au nom de « Niqmadou, roi d'Ougarit », trouvé sur place[30] laisse supposer une forme d'acculturation comparable à celle adoptée par les princes de Byblos. *Nqmdw* y porte le titre politique utilisé par les Égyptiens pour désigner un souverain étranger : il est *wr n ḫꜣst ỉkrt,* « le chef du pays d'Ougarit »[31]. Ce que l'on peut apercevoir de sa tenue semble confirmer l'autonomie de son pouvoir. Mais rien ne prouve qu'il ait épousé une princesse égyptienne [32] ou, comme le fait observer Astour[33], une « lady » égyptienne, les princesses royales n'étant jamais données en mariage à des souverains étrangers. Ce pouvoir

Date	Règne	Situation	sources
15261506	Amenhotep Ier	Campagnes probables	
15061493	Thoutmosis Ier	Frontière à l'Euphrate	Décret de l'an II
14581425	Thoutmosis III	17 campagnes, de l'an 29 à l'an 42	Annales 8e campagne (an 33) — mais pas de mention d'Ougarit
14251401	Amenhotep II	« Révolte » de la zone de Qadesh	2e campagne en l'an 7 (prise de Qatna)

Fig. 2 Interventions égyptiennes en Syrie sous les premiers thoutmosides.

Il est probable que l'Égypte a contenu le Mitanni à l'est de l'Euphrate, mais rien ne permet de supposer une inféodation d'États comme Karkemish, Alep (en tout cas à partir de l'an 7 d'Amenhotep II) ou Ougarit[27],— sauf si, sur les stèles de Karnak et de Memphis d'Amenhotep II, *ỉkt = ỉkrt*[28], — auquel cas, on aurait une réelle attestation de l'allégeance d'Ougarit à l'Égypte[29]. Le scarabée d'Amenhotep III évoqué plus haut vient confirmer cette relation, qu'aurait peut-être ainsi renouée Amenhotep II.

autonome s'accorderait bien avec les présents diplomatiques égyptiens, attestés à nouveau à l'époque amarnienne. On peut penser au vase fragmentaire d'albâtre portant les cartouches de la famille royale amarnienne, découvert dans les archives centrales du palais d'Ougarit[34], que l'on peut comparer avec un vase en albâtre au cartouche d'Amenhotep III[35]. Tous deux sont clairement des *testimonia* diplomatiques envoyés par la Cour d'Égypte.

La présence réaffirmée d'Ougarit dans la liste d'Aksha trouve également un écho sur le terrain avec un autre *testimonium* du même type, le

26 Schaeffer, Ugaritica, 22 et pl. V; Montet, Syria XV, 131-133.

27 Giles, Amarna Age.

28 Edel, Stelen Amenophis'II..

29 « Or, Sa Majesté avait entendu dire que certains des Asiatiques qui étaient dans la cité d'Ouga<ri>t étaient en train d'échafauder un plan pour chasser les troupes de Sa Majesté (12) [hor]s de Sa ville et retourner le prince d'Ouga<ri>t, qui avait fait allégeance à Sa Majesté. Mais Sa Majesté savait qui ils étaient et Elle enferma tous ceux qui se rebellaient dans cette cité (13) et les massacra immédiatement, pacifiant la cité et calmant le pays tout entier. »

30 Musée de Damas inv. 4160 = Schaeffer, Ugaritica III, 164-165 et fig. 118; Yon, Ougarit, 168.

31 C'est le seul document portant le nom d'Ougarit en hiéroglyphes égyptiens trouvé in situ.

32 Giles, Amarna Age, 114, reprenant Schaeffer, Ugaritica III et rapprochant ce document de EA 49.

33 Astour, Ugarit.

34 Schaeffer, Ugaritica III, fig. 120.

35 Schaeffer, Ugaritica II, fig. 75. 15.

vase fragmentaire d'albâtre portant un cartouche ramesside, découvert dans les archives centrales du palais d'Ougarit[36].

Le découpage de la liste d'Aksha (et de son parallèle d'Amara) traduit probablement un positionnement géopolitique nouveau d'Ougarit, qui serait bien passée du côté hittite à l'époque de Suppiluliuma Ier[37] à la faveur du désengagement égyptien dans la région à la fin de la XVIIIe dynastie : voilà qui explique vraisemblablement la disparition d'Ougarit des listes de Séthi Ier à Gourna.

Les liens entre Ougarit et Alašiya[38] rendent plausible ce changement[39]. Après l'accord de Qadesh, un document laisse envisager l'existence d'un personnage ayant rang de « gouverneur » et traitant au nom de l'Égypte avec Ougarit : il s'agit de la lettre adressé au rabū %aya par Takulinu, « gouverneur d'Ougarit », trouvée à Tel Aphek[40], à condition que ce %aya soit bien le viceroi "ouy, contemporain de Ramsès II, — ce qui n'est pas assuré.

Un autre document de facture et de matériau venant des bords du Nil, témoigne d'une piété particulière d'un Égyptien à la forme locale de Baal : la stèle que Mamy consacra à Baal du Saphon, qui fut trouvée dans le temple de l'acropole d'Ougarit[41]. On a voulu parfois y voir le signe d'une reprise de l'influence égyptienne à la suite du traité égypto-hittite qui suivit l'épisode de Qadesh. Rien ne permet toutefois de préciser si Mamy, « scribe royal et intendant royal », agit ici ès-qualité ou à titre personnel. Les fouilles n'ont donné aucune indication de l'existence en Ougarit d'une « résidence » diplomatique égyptienne, comme celles de Beth-Shean, æabaqāt FaHl ou Tell es-Saoïdïye en Jordanie ou plus près de l'Égypte[42], voire en Égypte même pour des États étrangers, comme à Tell ed-Daboa.

Quoi qu'il en soit, presque un siècle de paix s'ouvre alors, qui permet à Ougarit de retrouver une place de premier rang dans le commerce trans-régional[43]. L'épée en bronze au nom de Mineptah (*n b ḫ*ᶜ*w Mry n Ptḥ ḥtp ḥr M*ꜣᶜ*t*) découverte en 1953[44] montre que ce statut privilégie de partenaire de l'Égypte prévaut encore à la fin du XIIIe siècle av. J.-C. On sait que la situation ne tardera plus guère à basculer, sous la pression des populations venues du nord, qui vont mettre fin à l'existence de cette plateforme commerciale, au carrefour de la Méditerranée orientale, de l'Asie mineure et du Levant, dont le rôle n'est pas sans faire penser à ce que seront plus tard la République de Venise ou les villes hanséatiques. Ougarit ne semble pas avoir exporté vers l'Égypte de produits spécifiques[45], alors qu'elle-même importait des matières premières comme l'ivoire et ce que l'on appellerait aujourd'hui des produits de luxe. Subissant comme toute la région une forte influence culturelle égyptienne, elle n'a cessé de développer une acculturation artistique combinant avec celle-ci les civilisations voisines, jetant ainsi les fondements d'une tradition syrienne. En portent témoignage les magnifiques objets mis au jour, comme les panneaux de lit, découverts en 1952 dans la pièce 44 du palais royal[46], la boîte à fard découverte en 1931 dans le « dépôt à l'enceinte », faite d'ivoire d'hippopotame impor-

36 Schaeffer, Ugaritica III, fig. 121; KRI II 399, 6-12.

37 Giles, Amarna Age, 137.

38 Knapp, Merchant; — commerciaux assurément: Heltzer, Metal Trade; Lipinski, Ugaritic Letter I; Lipinski, Ugaritic Letter II.

39 Violent: EA 151; Giles, Amarna Age, passim.

40 Owen, Akkadian Letter; Singer, Takukhlinu.

41 Yon, Ougarit, 144.

42 Kafafi, Governors' Residencies.

43 Astour, Ugarit.

44 Schaeffer, Ugaritica III, 170.

45 Je ne connais qu'un témoin: une étiquette de jarre de Deir el-Medîna (o. IFAO 6249 = Koenig, DFIFAO, 46 et pl. 28) sur une amphore palestinienne du « groupe 4 » qui provient de la région d'Ougarit, et qui aurait contenu « du miel d'Ougarit ».

46 Musée de Damas inv. 3599 = Schaeffer, Syria 31 (1954), 51-59 et fig. 204; Caubet - Poplin, RSO III, 285-287 et fig. 17.

té[47], la coupe à poisson égyptienne du Musée de Damas[48], ou la splendide coupe de la chasse provenant du temple de Baal[49].

Ces quelques exemples illustrent la cohérence du système cosmographique égyptien, qui permet de rendre compte, à travers une structure unique, du macrocosme comme du microcosme. Il met en adéquation exacte le divin et l'humain, cosmologie et cosmogonie se rejoignant en un recoupement parfait. C'est, à n'en pas douter, cette cohérence indissociable qui est la cause de la récupération de la cosmographie égyptienne par les puissances qui lui imposèrent leur domination au cours du premier millénaire av. J.-C. et par la suite. Reprenant à leur compte l'héritage pharaonique, Darius Ier, puis Alexandre et, plus tard, Hadrien transcrirent à leur tour leur propre oikouménè dans la structure ternaire que nous venons d'évoquer[50].

47 Schaeffer, Ugaritica, 31; Yon, Ougarit, 148.

48 Inv. 7119: Yon, Ougarit, 166.

49 Louvre AO 17208.

50 Grimal, Listes de peuples, Kervran, Statue de Darius.

Bibliographie

Astour, Ugarit
Astour, M.C., Ugarit and the Great Powers, in: Ugarit in Retrospect (1979), 3-29.

Bryan, Mitanni
Bryan, B.M., The Egyptian perspective on Mitanni, in: Cohen, R., R. Westbrook (Hg.), Amarna Diplomacy. The Beginning of International Relations, VI, Baltimore 2000, 71-84.

Caubet - Yon, Ougarit
Caubet, A., M. Yon, Ougarit et l'Égypte, in: Hein, I., E. Czerny, H. Hunger et al., Timelines. Studies in honour of Manfred Bietak, OLA 149, 2, Louvain, 2006, 87-96.

Edel, Stelen Amenophis'II.
Edel, E., Die Stelen Amenophis'II. aus Karnak und Memphis mit dem Bericht über die asiatischen Feldzüge des Königs, in: ZDPV 69 (1953), 97-176.

Giles, Amarna Age
Giles, F.J., et al., The Amarna Age: Western Asia, The Australian Centre for Egyptology Studies 5, Warminster, 1997.

Grimal, L'Égypte
Grimal, N., L'Égypte centre du monde ?, in: Égypte - Monde arabe 7 (1991), 7-25.

Grimal, Peuples
Grimal, N., Peuples, États et cités. Enquête sur la cartographie géopolitique égyptienne, in: Demetriou, V. (Hg.), Egypt and Cyprus in Antiquity, Nicosia 2003.

Grimal, Listes de peuples
Grimal, N., Les listes de peuples dans l'Égypte du deuxième millénaire av. J.-C. et la géopolitique du Proche-Orient, in: Czerny, E., et al. (Hg.), Timelines. Studies in Honour of Manfred Bietak, OLA 149, 1, Louvain 2004, 107-119.

Gundlach, Gedenkskarabäen
Gundlach, R., Die Gedenkskarabäen Amenophis'III. Ihre Ideologie und historische Bedeutung, in: Festschrift Arne Eggebrecht, HÄB 48, Hildesheim 2003, 31-46.

Heinz, Wie wird ein Feldzug erzählt
Heinz, S.C., Wie wird ein Feldzug erzählt ? Bilrepertoire, Anbringungsschema und Erzählform der Feldzugreliefs im Neuen Reich, in: Krieg und

Sieg. Narrative Darstellungen von Altägypten bis in Mittelalter. Internationales Kolloquium 29.-30. Juli 1997 im Schloß Haindorf, DÖAW 24, Wien 1997, 43-67.

HEINZ, Feldzugsdarstellungen
Heinz, S.C., Die Feldzugsdarstellungen des Neuen Reiches. Eine Bildanalyse, DÖAW 18, Wien 2001

HELTZER, Metal Trade
Heltzer, M., The Metal Trade of Ugarit and the Problem of Transportation of Commercial Goods, in: Hawkins, J.D. (Hg.), Trade in the Ancient Neart East. papers presented to the XXIII Rencontre Assyriologique Internationale, University of Birmingham 5-9 July 1976, London 1976, 203-211.

JAMES, Egypt
James, A., Egypt and Her Vassals: The Geopolitical Dimension, in: Cohen, R., R. Westbrook (Hg.), Amarna Diplomacy. the Beginning of International Relations, IX, Baltimore - London, 2000, 112-124.

KAFAFI, Governors' Residencies
Kafafi, Z.A., Egyptian Governors' Residencies in Jordan and Palestine: New Lights, dans Kein Land für sich allein. Studien zum Kulturkontakt in Kanaan, Israel/Palästina und Ebirnâri für Manfred Weippert zum 65. Geburtstag, OBO 186, Freiburg – Göttingen 2002, 20-30.

KERVRAN, Statue de Darius
Kervran, M., et al., Une statue de Darius découverte à Suse, in: Journal Asiatique (1972), 235-266.

KNAPP, Merchant
Knapp, A.B., An Alashiyan Merchant at Ugarit, in: Tel Aviv 10 (1983), 38-45.

KOZLOFF, Pharaon-Soleil
KOZLOFF, A.P., B.M. BRYAN, et al. (éds.), Aménophis III, le Pharaon-Soleil, Paris 1993.

KRI
Kitchen, K.A., Ramesside Inscriptions. Historical and Biographical, 7 Bde., Oxford 1975-1989.

LIPINSKI, Ugaritic Letter I
Lipinski, E., An Ugaritic Letter to Amenophis III concerning trade with Alašiya, in: J. D. Hawkins (Hg.), Trade in the Ancient Neart East. papers presented to the XXIII Rencontre Assyriologique Internationale, University of Birmingham 5-9 July 1976, London 1976, 213-217.

LIPINSKI, Ugaritic Letter II
Lipinski, E., An Ugaritic Letter to Amenophis III concerning trade with Alašiya, in: Iraq 39 (1977), 213-217.

MURNANE, Imperial Egypt
Murnane, W.J., Imperial Egypt and the Limits of Power, in: Amarna Diplomacy. the Beginning of International Relations, chap. VIII, Baltimore - London 2000, 101-111.

OWEN, Akkadian Letter
Owen, D.I., An Akkadian Letter from Ugarit at Tel Aphek, in: Tel Aviv 8 (1981), 1-17.

SCHAEFFER, Ugaritica
Schaeffer, C., Ugaritica. Études relatives aux découvertes de Ras Shamra, Mission de Ras Shamra III, Paris 1939.

SCHAEFFER, Ugaritica II
Schaeffer, C., Ugaritica II. Nouvelles études relatives aux découvertes de Ras Shamra, Mission de Ras Shamra V, Paris 1949.

SCHAEFFER, Ugaritica III
Schaeffer, C., Ugaritica III. Sceaux et cylindres hittites, épée gravée du cartouche de Mineptah, tablettes chypro-minoennes et autres découvertes nouvelles de Ras Shamra, Mission de Ras Shamra VIII, Paris 1956.

SCHAEFFER, Ugaritica IV
Schaeffer, C., Ugaritica IV. Découvertes des XVIIe et XIXe campagnes, 1954-1955. Fondements préhistoriques d'Ugarit et nouveaux sondages. Études anthropologiques. Poteries grecques et islamiques de Ras Shamra et environs, Mission de Ras Shamra XV, Paris 1962.

SINGER, Takukhlinu
Singer, I., Takukhlinu and Khaya: two governors in the Ugarit letter from Tel Aphek, in: Tel Aviv 10 (1983), 3-25.

VANDERSLEYEN, L'Égypte
Vandersleyen, C., L'Égypte et la vallée du Nil, tome 2, De la fin de l'Ancien Empire à la fin du Nouvel Empire, Nouvelle Clio, L'histoire et ses problèmes Paris 1995.

YON, Ougarit
Yon, M., La cité d'Ougarit sur le tell de Ras Shamra, Paris 1997.

pr + Göttername als Sakralbereich der staatlichen Administration im Neuen Reich

Dieter Kessler

1. Einleitung

Anstoß zu diesem Artikel gab eine These von Haring über den Zusatz *m pr Jmn* im Namen der großen Tempel der thebanischen Westseite.[1] In der Regel liegen königliche Gründungen des Neuen Reiches, besonders der Ramessidenzeit, des Typs *ḥwt, ḥwt-nṯr* oder *pr* + folgender Königsname im *pr*-Sakralbereich[2] (Haring: house) eines Gottes wie Amun, Re, Ptah, Osiris, Thot, Seth oder sogar der Großen Neunheit. Im Bereich eines *pr* + Gott befinden sich auch sakral-administrative Institutionen wie das *pr* eines Königs (*pr ꜥꜣ m pr Jmn*)[3], einer Königin[4], das *pr* der Gottesgemahlin (*pr dwꜣt nṯr m pr Jmn*)[5], diverse königliche *sšm-ḫw*[6], die ramessidischen *gmj(t)-swt*[7], ein *tꜣ st Ḏḥwtj*[8] und sogar separate, von Pharaonen gestiftete kultisch wichtige Bauteile (Tore, Stelen, Säulenreihen).[9]

Ullmann hat in ihrer Untersuchung der Millionenjahrhäuser angenommen, dass durch den Zusatz *m pr Jmn* „das Millionenjahrhaus mit der Kultanlage, dem *pr*, eines bestimmten Gottes" (= Amun von Karnak) verbunden wurde.[10] Demgegenüber hat Haring nachzuweisen versucht, dass die Beziehungen bzw. Abhängigkeiten des thebanischen Königstempels (bei ihm memorial temple, d.h. Gedächtnistempel) der Westseite

1 Haring, Divine Households.

2 Haring, Divine Households, 26ff. diskutiert ausführlich den je nach Quelle oft nicht leicht erklärbaren Unterschied zwischen *ḥwt* und *pr* des Königs. Die Lösung könnte unserer Ansicht nach darin liegen, dass das *ḥwt* eines Pharao den Palast des Königs als sakrales Zentrum des Erscheinungsfestes betont hat. Der Palast und sein Festhof war in Medinet Habu und anderswo sakraler Erscheinungsort der Begegnung zwischen König und überregionalem Vatergott. Die seltene Kurzform *ḥwt Jmn* für Medinet Habu geht wohl auf ein *ḥwt* Ramses III. *m pr Jmn* zurück. Zur Erneuerung des Königs (sichtbar dann in seinem Palast) gehört auch sein *ḥwt* oder *pr* in der Metropole (z.B. Luxortempel, der ein königliches *pr* ist, s.u.). Zum Wechsel zwischen *ḥwt* und *pr* s. Ullmann, Millionenjahrhaus, 383; sie weist mit Recht darauf hin, dass beide Begriffe (von uns) nicht immer deutlich getrennt werden können. Auch das scheinbar präzise ägyptische Aktenwesen enthält bei der Aufzeichnung von Orts- und Tempelinstitutionen immer wieder schematische Abkürzungen oder weist fehlerhafte Analogieübertragungen auf. Wichtigstes Kriterium der ramessidischen Schreibungen eines königlichen *pr*-Bereiches scheint uns im Aktenwesen nicht immer der korrekte offizielle Name, sondern die Eindeutigkeit der Zuordnung des jeweiligen Sakralzentrums zum Bereich des Amun, Ptah oder Re gewesen zu sein.

3 Ullmann, Millionenjahrhaus, 551 (Ramses V., s. Gardiner, pWilbour II, 132; 157).

4 Etwa das *pr Tj-ꜥꜣ m pr Jmn*, Gardiner, pWilbour II, 132; ein anonymes *pr* einer Königin in Heliopolis s. Raue, Heliopolis, 246; 290; zu einem *pr* der Königin (in Memphis ?) KRI I, 279,6.

5 Gardiner, pWilbour II, 168; 215; Helck, Materialien I, 904ff. (122ff.); RAD, 70,5; 72,6-8.

6 Ullmann, Millionenjahrhaus, 385; dazu rechnen wir auch Kultbilder in militärischen Anlagen.

7 Gardiner, pWilbour II, 168 mit Verweis auf Nelson, Karnak, 42 WE, 51, C (entsprechend im *pr* des Re und Ptah); Ullmann, Millionenjahrhaus, 299.

8 pBM 10052, 15,10.

9 Beleg schon der Zeit Thumosis III. ist u.a. eine Stele im Tempelinneren mit Eigennamen + *m pr Jmn*, s. Barguet, Karnak, 127; ramessidische Tore s. Barguet, Karnak, 111; 226 (vgl. auch den Wechsel zwischen *n pr Jmn* und *m pr Jmn* Barguet, Karnak, 35), und Säulenkolonnaden (Barguet, Karnak, 330, Anm. 1).

10 Ullmann, Millionenjahrhaus, 645.

zum „Tempel des Amun von Karnak" administrativ-personell relativ gering waren.[11] Für das *m pr Jmn* zog er daher den Schluss: *„that there is no basis for the assumption that the phrase m pr Jmn is in itself a reference to the incorporation of one temple within the administrative system of another".*[12] Andererseits konstatiert er: *"other (smaller) temples or chapels may actually have been incorporated in the estate of a larger one".*[13] Da also eine direkte Kontrolle durch den „Amun von Karnak" nicht besteht, kann die Phrase *m pr Jmn* keine administrative Abhängigkeit vom thebanischen Amuntempel von Karnak ausdrücken.[14] Also kann logischerweise *m pr Jmn* hinter den thebanischen Königstempeln der Westseite nur eine mehr oder weniger vage religiöse Beziehung (local and religious[15]) zum „Amun von Karnak" auf der Ostseite wiedergeben. Obwohl die nubischen Sakralbauten nicht im Mittelpunkt seiner Untersuchung stehen, ist Haring auch hier der Meinung, dass sich der Zusatz *m pr Jmn* (var. Ptah, Re) hinter königlichen Einrichtungen nicht notwendigerweise auf administrative Verbindungen zum „Amun von Karnak" bezieht.

Harings These gründet auf einigen diskutablen Axiomen. Im Folgenden wird eine alternative Erklärung entwickelt, die das *m pr Jmn* im Namen königlicher *ḥwt*- und *pr*-Anlagen mit ihrer Einbettung in die staatliche Administration der Thebais und der Residenz erklären soll. Sie basiert auf dem Befund, dass ein *pr* eines Gottes wie Amun wie auch jedes sonstige *pr* in der Regel nicht innerhalb des sakralen *pr*-Areals eines bestimmten Gottes verwaltet wird, d.h. dass es faktisch keine eigene korporative Verwaltung des *pr Jmn* und letztlich auch keine in sich geschlossene „Priesterschaft" oder eine geschlossene Gruppe von „Tempelpersonal" des Amuntempels („Amun von Karnak") gibt. Die methodischen Schwierigkeiten bei der Untersuchung der ägyptischen Administration liegen zum einen in der äußerst heterogenen Verteilung der Belege auf unterschiedliche Textsorten, zum anderen in der sporadischen, zufälligen Überlieferung, die uns vor allem die großen ägyptischen Verwaltungszentren mit ihrem sicher umfangreichen Aktenwesen vorenthält. Von der für die Verteilung des Getreides entscheidenden Schiffsverwaltung haben wir nur einige wenige Logbuchaufzeichnungen.[16] An dem bis jetzt unstrittigen Befund, dass es keine sicheren Informationen darüber gibt, dass Getreide des „Amuntempels von Karnak" (so Haring) an den ‚Gedächtnistempel' Ramses III. der Westseite geliefert wurde, hat Haring die administrative Trennung festgemacht. Umgekehrt ist der Transfer von Getreide von den Feldern bzw. der Scheune des ‚Gedächtnistempels' der Westseite in das sakrale Areal der Ostseite belegt.[17]

11 Ausnahmen nach Haring betreffen kostbare Materialien aus dem Schatzhaus des *pr Jmn*, s. Haring, Divine Households, 391. Aus der Existenz von Weinetiketten in Der el Medine, die das *pr* des Amun-Rasonter nennen, könnte auch geschlossen werden, dass Wein von der Ost- nach der Westseite transportiert wurde.

12 Haring, Divine Households, 392.

13 Haring, Divine Households, 392.

14 Erst ab Ramses VII. deutet sich ein Einfluss des Hohepriesters bzw. der thebanischen Familien auch für die Westseite an (Haring, Divine Households, 388 u.a.). Übersehen wird meist, dass die Kontrolle von Medinet Habu und seiner Militärelite, für die der große Tempel dort eingerichtet wurde (s.u.), durch die Einsetzung des 1. Hohepriesters als ‚Generalissimus' gesichert wurde. Sie wurde kaum durch eine ihm infolge seiner Stellung als Hohepriester oft unterstellte eigene „Sakralität" hergestellt.

15 Haring, Divine Households, 33, u.a.

16 Haring, Divine Households, 378 mit Anm. 7.

17 Haring, Divine Households, 94.101. Ich teile allerdings nicht Harings Meinung, dass die Phrase Getreide Ägyptens (Haring, Divine Households, 93) sich konkret auf die Scheune des Gedächtnistempels auf der Westseite beziehen muss.

2. *pr* + Gott im pHarris I und pWilbour

Die vielen kleinen *pr*-Bereiche Ägyptens waren sehr unterschiedlich strukturiert, wie allein der Ausschnitt des pWilbour für das nördliche Mittelägypten zeigt. Die Zahl der staatlichen *pr*-Institutionen mit einem Sakralzentrum[18], denen vor allem die Ramessiden ihre vielen Neustiftungen zuteilten, muss viele Hunderte betragen haben; die Mehrzahl bleibt uns unbekannt. Prinzipiell können viele der 2.756 Statuenstiftungen (?) Ramses III.[19] an den Vatergott des Königs, den Amun-König-der Götter, als eigene *pr*-Institutionen eingerichtet worden sein, vorausgesetzt, sie waren als Kultstellen ausgebaut, hatten eine Zuordnung von Personal und waren mit Stiftungen von Feldererträgen, Fleisch oder Weihrauch versehen. Hinter den nach den Texten ausnahmslos den Vater- und Muttergöttern des Pharao zugewiesenen Stiftungen an die *pr*+Gott-Bereiche steht meiner Meinung nach die sakral-juristische Bedingung, dass alle dazugehörigen staatlichen Urkunden durch die Entscheidungen des Götterkollegiums legitimiert sein müssen;[20] das gilt auch für nur scheinbar private Stiftungen.[21] Es scheint daher keine Ausnahme für neugegründete Einrichtungen des Staates gegeben zu haben; sie werden alle, versehen mit einem Kultzentrum, an Vater- und Muttergötter des Pharao gegeben und dann nach dem zyklisch ablaufenden Prinzip des *do ut des* dem regierenden Pharao als Sohngott und Erbe zurückgegeben worden sein (s. Kap. 7). Hinter den einzelnen *pr*-Bereichen lassen sich große und kleine Sanktuare, Dörfer und Ezben mit Kultstellen, Weingüter (mit Königsstatuen) und Anlagen bei den Hirten der staatlichen Herden, dann auch Militärcamps und staatliche Produktionsstätten vermuten. Die Unterscheidung der vielen kleinen *pr*-Institutionen wurde administrativ meist getroffen durch die Angabe des geographischen Ortes (z.B. *pr* + Gott in der Stadt NN). Seltener sind bei kleineren Anlagen individuelle ergänzende Beinamen zu den einzelnen Göttern, die auf Orakelfunktionen oder eine militärische Gründung und Zuordnung (z.B. *pr* des Amun, Verkünder der Siege in der Stadt NN) hinweisen. Die zahlreichen sakralen *pr*-Bereiche des ramessidischen Staates im flachen Land, die entweder das *pr* zufällig weglassen[22] oder sich

18 Das umfasste Sakralzentrum, d.h. der ‚Sakralbereich des (königlichen Vater-) Gottes NN' scheint mir inhaltlich genauer als die übliche Übersetzung mit ‚Tempel des Gottes NN' zu sein, da jene die unzutreffende Vorstellung des einen großen lokalen, in sich geschlossenen Tempels innerhalb des *pr* fördert. Vgl. GUNDLACH, Hof, Zentrum und Peripherie, 27; Gundlach spricht von kultischen Zentren, geht aber wie üblich von einem besonders sakralen Tempelzentrum (Kultbildkammer) als Mittelpunkt und einer nach außen immer schwächer werdenden Sakralität aus (S. 24). Die Erneuerung (Verjüngung einer Gottheit) wird meiner Ansicht nach nicht in der Kultbildkammer (Barkenraum) des Lokalgottes vollzogen.

19 pHarris I, 11,3; 67,5.

20 Schriftliche Bestätigungen für administrative Verfügungen bzw. Beurkundungen der ramessidischen Thebaisverwaltung erteilten nach den Quellen das Heiligtum des Amenophis und der Ahmes-Nefertari auf der West-, und das ‚Hörende Ohr' auf der Ostseite, dazu kommen dann die offiziellen Orakelstellen (mindestens ab Ramses II.), die vor dem Tempel des Chons-in-Theben-Neferhotep dem Staat unterstanden. Die königlichen Dekrete waren am Hofe formal ebenso an das Schema der Vorlage zur göttlichen Entscheidung (Begegnung Pharao-Vatergottheit), den Ratsbeschluss der Götter und die Vorlage der Entscheidung des Pharao (bzw. analog der jeweiligen Gottesgemahlin und anderer Stellvertreter wie Gottesväter) an das Ratskollegium gebunden, nur dass wir über die Formen der Orakelgötter und feierlichen Vorgänge des Königshofes leider nur sporadisch unterrichtet werden.

21 Die Kapellen und Statuen der Elite werden nach pHarris I 11,1-2 ausschließlich durch königlichen Beschluss und mit Beurkundung durch die Administration der Thebais Teil des *pr Jmn* (analog des Ptah oder Re). Es scheint mir aber zweifelhaft, dass im Sakralareal aufgestellte, gestiftete Privatstatuen damit zum permanenten Eigentum des Amuntempels von Karnak erklärt und angeblich dem Zugriff des Staates entzogen werden. (so HELCK, Materialien I, 299); Der Übergabe an den Vatergott folgt der Akt des festlichen Eigentumsübergangs an den Sohngott, den Pharao, durch den auch der Besitz der Stiftungen des Beamten bestätigt wird; s. dazu Kap. 7.

22 S. GARDINER, pWilbour IV, 62 u.a.; eine echte Trennung zwischen *religious foundations and secular institutions*

hinter anderen *pr*-Namen verbergen werden, können hier nicht alle weiter aufgezählt, geschweige denn untersucht werden.[23] In allen Fällen wird aber das *pr* auch eine sakrale Kultstelle oder ein kleines Sanktuar anzeigen, um das herum Leute wohnten und das für ihre Institution zuständig war. Alle staatlichen Produktionsstätten, Militärlager, etc. müssen solche Kultinstallationen für das Personal aufgewiesen haben[24], kultisch bedient vom Vorgesetzten, der meist temporär die Dienste eines Wab-Priesters übernahm. Dies gilt auch für scheinbar private Landsitze höchster Staatsbeamter[25] und scheinbar halb-private *pr*-Betriebe.[26] Die Ausstattung eines solchen staatlichen *pr* wird grundsätzlich in Form einer Stiftung von Gütern in Form einer *jmjt-pr*-Liste (s.u.) an das *pr* eines Hochgottes durch den Pharao von der Administration registriert worden sein (s.u.), da die Urkunden auch der kleinsten sakralen Einheiten von Göttern geschrieben, garantiert und ausgegeben worden sein müssen. So wird etwa das *pr* des Verwalters des Hornviehs in AEO 347 kein Wohnhaus einer Privatperson bezeichnen, sondern wohl eine eigenständige staatliche Institution, die eine kleine Kultstelle besaß.[27] Dies belegt auch indirekt im pWilbour die Abkürzung *pr mnjw* = *pr p3 mnjw*.[28] Militärische Lager, königliche Hauptquartiere[29] und Ansiedlungen fremdstämmiger Soldaten mit Kultstellen könnten sich etwa hinter Belegen des pWilbour wie *pr jh3jj* = *pr* des Stalls/Feldlagers (pWilbour IV,77), hinter einem *pr ḫ3r* = *pr n ḫ3r*[30], einem *pr p3 m3*= *p3-m3* (pWilbour IV, 78.79), einem *pr jmj-r3* (...) *Jmn-ḥr-ḫpš.f* (B A 35,9)[31], einem *pr-jmj-r3-mnfjt*[32] oder anderen Orten wie einem *p3 pr n n3 šrdn* (RAD 10,7) verbergen.

Der pHarris I liegt im Zentrum der Diskussion um die Bedeutung des *pr*.[33] Ihm könnte eine administrative Zusammenstellung zugrunde liegen, deren Quelle vielleicht die Verwaltung des Südlichen Bezirks war. Er listet abseits der großen Zentren nur die Stiftungen an einige wichtigere und größere *pr*-Institutionen auf. Besonders fällt die Abstinenz von Details im Delta auf, die sich ähnlich auch im Onomastikon des Amenope findet. Eine mögliche Erklärung wäre, dass es für die ramessidische Residenz in Piramesse eine eigene Territorialverwaltung gegeben hat, bei der detailliert die Regionen des Deltas mit all ihren zahllosen *pr*-Bereichen verzeichnet worden sein werden. Der Schreiber des pHarris I hatte wohl nicht die Absicht, die um die Residenz eingerichteten neuen königlichen Institutionen zu betonen, die waren an der Residenz sicherlich bekannt. Im Deltaabschnitt erscheinen fast nur die vom

(so Gardiner, pWilbour IV, 63) scheint mir nicht möglich.

23 Ein Dorf ohne eine Kapelle (*ḫnw*) des Dorfgottes wird es nicht gegeben haben. Über die Abgrenzung dieses kleinen Sakralbereichs nach außen wissen wir so gut wie nichts. Der pWilbour nennt nur in einem Fall Felderbesitz einer Dorfkapelle (pWilbour A 29, 18; s. Gardiner, pWilbour II, 117; 133).

24 Z.B. ein *Sbk n pr-m3* (pWilbour A 35, 34).

25 Auch die mit *bḫn*+Beamtenname gebildeten Institutionen mit Felderbesitz hatten nach pWilbour A 34,21 Kultbilder, s. Gardiner, pWilbour II, 102;137.

26 Diverse ramessidische Betriebe nahe dem Harim an der Fayummündung, die mit *pr* + Eigenname gebildet werden, hatten Stoffe als Steuer abzuliefern (Helck, Materialien I, 320ff.). Es dürfte sich nicht um völlig private Haushalte handeln, sondern um staatlich für die Produktion von Stoffen eingesetzte Personengruppen.

27 Vgl. den Ortsnamen *pr ḥnwtj* (Gardiner, pWilbour IV, 78), der ebenfalls mit zwei Hörnern determiniert wird.

28 Belege Gardiner, pWilbour IV, 78. Die Hirtengruppe, die im Auftrag des Staates die großen staatlichen Herden für die Fleischversorgung verwaltete, wird von der rechtlichen Stellung her durch königliche Dekrete geschützt gewesen sein. Es könnte sein, dass bei AEO, 347 die staatliche Herde des großen Sakralbezirks von Abydos gehalten wurde.

29 Etwa das *pr-m3* des Merenptah *m pr-Jrr* (Ezbet Abu Shawish) im Westdelta, wo die Schlacht im J. 5 des Merenptah stattfand. Möglicherweise gehört auch das *pr-m3* in Natho dazu (pHarris I, 31.6).

30 Gardiner, pWilbour IV, 78; vgl. auch ON des pWilbour wie *pr-K3š3* und *K3š3*.

31 Ein *pr* des Generals s. KRI VII, 264,14.

32 Helck, Materialien V, 744.

33 Haring, Divine Households, 156 ff. argumentiert ausführlich gegen Grandet, muss aber eingestehen, dass der Papyrus Harris mit seiner Verwendung administrativer Daten bisher nicht genau eingeordnet werden kann.

Pharao neu gegründeten Herdeninstitutionen vollständig[34], registriert unter *mnmnt*[35], daneben größere Bau- und Verwaltungsmaßnahmen Ramses III. wie z.B. in Athribis. Wir wissen nicht, ob die spätere Institution des ‚Königssohnes des Ramses' im Delta nicht bereits einen ramessidischen Vorläufer hatte. Trotz des Anspruchs, die Leistungen für das ganze Land aufzulisten, ist der Papyrus also erkennbar kein alle Stiftungen Ramses III. im ganzen Lande umfassendes Dokument. Der nubische Raum wird nur summarisch gestreift, Orte der Thebais erscheinen nur in einer knappen Auswahl. Der pHarris I ist also kein umfassendes Testament und keine bloße staatspolitische Propagandaschrift im Interesse des Nachfolgers, sondern eine feierliche Zusammenfassung, die wesentlich für Sakralzwecke - wohl in und für Feste in Theben - konzipiert und verwendet werden konnte. Dazu gehörte sicher, dass der neue Pharao Ramses IV. als von der Gottheit bestimmter Erbe die Neugründungen seines leiblichen Vaters in einem juristisch-feierlichen Sakralakt übernahm und sie damit bestätigte.[36] Die Aufstellung der Stiftungen nach dem Tode Ramses III. war kaum als Garantie früherer Stiftungen etwa für *den* speziellen Amuntempel von Karnak gedacht, die Einleitung nennt auch Mut, Chons und ‚andere Götter' und betont ansonsten Theben. Einiges spricht dafür, dass der pHarris I im thebanischen Raum konkret für die feierlichen Inthronisationsvorgänge Ramses IV. mit der Sichtbarmachung der Übernahme des Erbes verwendet wurde, bei der die administrative Elite der Thebais anwesend war. Dies würde erklären, warum Stiftungen an einzelne Tempelorte südlich und nördlich von Theben innerhalb des Südlichen Bezirks fehlen können. Kleinere Weihungen Ramses III. brauchten und konnten allein wegen ihrer Zahl nicht detailliert aufgelistet werden, sie werden in den hohen Summenangaben enthalten sein. Stiftungen der Könige vor Ramses III. waren längst sakral verewigt.

Allein die hohe Zahl der 113.433 Personen[37], die angeblich in die Stiftungen zur Zeit Ramses III. in das *pr Jmn* integriert wurden[38], verrät, dass die Übertragungen nicht den lokalen Tempel des Amun von Karnak als Nutznießer gehabt haben können.[39] Der Staat hat eine umfassende

34 Dem Vatergott dargebrachte Stiftungen von Vieh („Tempelherden"), die wohl nur teilweise direkt bei einzelnen Tempeln zur Fleischversorgung gehalten wurden, sind nicht *eo ipso* juristisches Eigentum des Tempels, über das er nach Gutdünken verfügen konnte, sondern unterstehen juristisch der Verteilung der staatlichen Administration bzw. der Nutznießung des einzelnen ägyptischen Beamten, falls dieser durch königliche Urkunden davon profitierte. Die Existenz eines Vorstehers der *mnmnt* des Ramesseums, das *m pr Jmn* ist (KRI III, 376,15-16 u.a.), bedeutet nicht von vorn herein, dass die staatlichen Herden (*mnmnt*) der Residenz, die der Verwaltungsterritorien in der Provinz und die des Ramesseums getrennt waren.

35 Grandet, pHarris I, Glossar, 290 ff.; vgl. auch Haring, Divine Households, 167f.

36 Siehe unten Kap. 8 mit Anm. 71.

37 pHarris I, 67,6. Die 62 626 Personen für das neue Millionenjahrhaus, d.h. 2/3 von 86 386 in Theben, s. dazu Haring, Divine Households, 189f., sollten nicht überinterpretiert werden. Sie alle korporativ als Hausmacht des Königstempels Ramses III. als ihrer alleinigen Zentrale zu verstehen, scheint mir sehr zweifelhaft. Wohin gehören sonst etwa die Soldaten der Militärgarnisonen der Westseite oder die Personen von Der el-Medine? Die vielen Personen werden sicher diversen, auch schon länger bestehenden Institutionen unterschiedlichster Besteuerung in einem administrativen staatlichen Netzwerk angehören.

38 Dazu kommen noch etwa 100.000 Personen als Angehörige des nördlichen Amun, s. Helck, Materialien I, 327. Hunderttausende von männlichen arbeitsfähigen Tempelangehörigen des Amun aus Königseigentum an einen Tempel als alleinigen Eigentümer abzugeben, hätte den Untergang für die Institution Pharao bedeutet. Was dabei nicht stimmen kann, ist der ägyptologische Tempelbegriff und ebenso der ägyptologische Eigentumsbegriff.

39 Das hat auch Haring, Divine Households, 191 gespürt. Er muss die Einleitung des pHarris I mit hohem Aufwand im Sinne seiner These interpretieren: Die Stiftungen an das *pr Jmn* - obwohl nach ihm an Amun von Karnak gerichtet - seien eigentlich nur so zu verstehen, dass der Amun von Karnak allenfalls *co-recipient* der Wohltaten war; der eigentlich Nutznießer muss der Königstempel von Medinet Habu gewesen sein. Dies alles sei Teil einer *royal endowment policy*. Ich glaube

Ansiedlungspolitik nicht nur in Mittelägypten und der Thebais durchgeführt. Zu bezweifeln ist aber, dass die hohe Zahl ausschließlich Personen erfasst, die neu und ohne vorige feste Anbindung an bereits bestehende Felderinstitutionen, Weingüter und andere staatliche Institutionen eingeschrieben wurden. Umwidmungen und Veränderungen von Personal und Feldern hat es wohl permanent gegeben. Die immerhin umfangreiche Integration neuer ausländischer Gruppen in der Provinz, sicherlich vieler Soldaten und ihrer Offiziere, an die zahlreichen kleineren und größeren *pr*-Institutionen und *ḥwwt*, etwa innerhalb des Südlichen Bezirks, konnte wohl kaum anders als in der Form einer Übertragung an den Vatergott und anschließender Übernahme durch den König als Sohngott und Erbe erfolgen. Die Introduktion des pHarris I (3,2ff.) nennt ausdrücklich als Vatergott des Königs den Amun in seinen verschiedensten Formen und betont auch die Urgottrolle; der Text ist nicht auf einen lokalen Amun-Re von Karnak (*Jpt swt*) beschränkt. Das würde unbefangen bedeuten, dass das *pr Jmn* auch eine administrativ-sakrale Zusammenfassung unterschiedlicher *pr*-Bereiche der Thebais gewesen sein wird. Das große sakrale Zentrum des Südlichen Bezirkes mit der Umfassungsmauer (*pr Jmn*) und darin eingeschlossenen zahlreichen kleineren *pr*-Bereichen war ein vom König eingerichteter Mittelpunkt der Verwaltung des Südlichen Bezirks. Doch hätten ihre königlichen Beamten wohl niemals in den feierlichen Übertragungen an den Vatergott Amun ihres Pharao und in den folgenden Bestätigungen der Urkunden eine Übergabe von Staatsvermögen an den Gott eines lokalen Tempels gesehen.[40] Hohe königliche Beamte waren die Administratoren aller *pr*-Bereiche der Thebais, auch des *pr Jmn* (s. Kap. 9). Ein jährlicher königlicher Sakralakt der Übergabe durch den Gott an den Sohn bestätigte wohl ihre Privilegien.[41] Leider ist der Sakralakt des jährlichen *smn hpw* für das NR bisher nur zu vermuten.[42] Die staatliche Administration jedes *pr* hatte einen sakralen Mittelpunkt; zwischen Tempel und Staat sehen wir für das NR keinen Gegensatz.

3. *pr* = Umfassung eines Sakralbezirks als topographischer Punkt

nicht an zwei sich gegenüberstehende große thebanische Machtblöcke und auch nicht an einen Gegensatz Königstempel versus Göttertempel in der Ramessidenzeit.

40 Haring unterscheidet zwischen State Administration and Temple, z.B. HARING, Divine Households, 383. Er führt damit wieder den Gegensatz zwischen Staat und Kirche ein.

41 Analoge Übertragungen von Gütern hoher, auch sakral eingesetzter Personen des Königshofes (keine einfachen Privatleute!) an Gedächtnistempel, um sie faktisch dem eigenen Sohn als Erben zu sichern, sind meiner Ansicht nach keine privaten Aktionen. Zunächst betreffen sie, wie bei einem Fall unter Thutmosis III. (den HARING, Divine Households, 145ff. verallgemeinert) Güter der königlichen Siegesbeute, die der König wie üblich an seine enge Umgebung verteilt hat (im Schema Harings auf S. 146, fig. 2 scheint mir der König als entscheidende Figur zu fehlen). So wie der König die Siegesbeute an den Vatergott seines spezifischen Königstempels überträgt, um wieder das Erbe von seinem Vater zurückzuerhalten, so muss dies in Anschluss daran auch der hohe Militärbeamte des Hofes mit königlicher Billigung tun. Königliche Urkunden, die der Familie des Stifters faktisch die Nutznießung übertragen und sie absichern, müssen grundsätzlich göttlich legitimiert sein. Das Gottesopfer für eine ramessidische Statue eines königlichen Schreibers im Königszentrum beim Hathortempel von Der el-Medine (HARING, Divine Households, 147) wird offiziell wohl aus den Speichern des Gedächtnistempels Ramses II. geliefert, auch wenn es vielleicht de facto auf vom König und insbesondere dem Wesir veranlasste und gebilligte Stiftungen einer Beamtenfamilie zurückgeht. Entscheidend war für ihn gerade an einem Königstempel nicht die Zuständigkeit des Tempels als Institution, sondern der am Festtag am Königstempel mit dem Erscheinen des Königs kultisch durchgeführte Akt der Übernahme des Erbes, durch die eine staatliche Verwaltung und ihre verantwortlichen Beamten die Nutznießung ihrer Besitztümer immer wieder garantiert erhielt.

42 Zum Festmachen der *hpw* des Königs, die wohl den Höflingen und Beratern vorgelegt wurden, s. Urk. IV, 2089,15f.; vgl. auch Urk. IV, 1683, 14.

Wenn Felder in gewisser nach Himmelrichtungen geordneter Entfernung zu einem kleineren, wohl durch markante bauliche Merkmale wie *pr*-Umfassungen (s. Kap. 8) eindeutig als Sakralzentrum einer Agglomeration bestimmten Bereiches liegen, können auch *pr* + Gott – Einheiten für die Beschreibung der Lage der Felder verwendet werden.[43] In der Regel ist mit *pr* hier die Umfassung des Sakralbezirks gemeint, in dem weitere *pr*-Einheiten liegen können, beispielsweise der Sonnenschatten des Re-Harachte (pWilbour A, 16, 38) im *pr* des Seth von Spermeru. Wenn aber der Tempelbau konkret gemeint ist, erscheint hier der Pylon des Tempelbaus (*pꜣ bḫn n ḥwt-nṯr Stḫ*[44]) als Bezugspunkt. Eine weitere dazugehörige Institution, das *pr Nbt-ḥwt n Rꜥ-ms-sw-mrj-Jmn m pr Stḫ*[45], wird nicht für Felderangaben verwendet, ebenso wenig ein *pr*-Bereich des Seth-mächtig-ist-seine-Kraft mit dem Zusatz *m pr pn*. Es muss aber offen bleiben, ob beide Sanktuare innerhalb oder außerhalb der Umfassung des Seth von Spermeru lagen. Bei einem Pylon des *pr* des Osiris (pWilbour B 25,6) ist unklar, ob ein Sakralbereich oder ein Ortsname vorliegt.[46]

Die großflächigen *pr*-Umfassungen der Großen *rꜣ-prw* Ägyptens werden nicht als konkrete topographische Bezugspunkte verwendet; dafür war ihre Ausdehnung und die Zahl der in ihr und um sie herum liegenden anderen *pr*-Bereiche (z.B. das *pr Ptḥ*) zu groß. Meist werden sie abgekürzt aufgeführt. Das *pr Jmn* in Theben-Ost als konkrete große Umfassung des sakralen Bezirks wird gelegentlich ausführlicher auch als *pr*-Umfassung des Amun-Rasonter bezeichnet. Wenn Verwechslungen mit anderen, meist kleineren *pr*-Einheiten auftreten könnten, die ja ebenfalls in Akteneintragungen wie im pWilbour zu *pr* + Gott abgekürzt werden können, dann erhalten die großen Einheiten Zusätze, die sie immer als Vater- oder Muttergötter des Pharao charakterisieren.[47]

4. Die Institutionen des Typs *m pr* + Gott im pWilbour und pHarris I

Institutionen mit dem Zusatz *m pr* + Gott sind zahlreich. In der Regel erhalten sie, ergänzt durch Ortslagen, dadurch eine geographisch-administrative Eindeutigkeit. Die Belege stehen in der Summe gesehen in einem gewissen Gegensatz zu Harings Ansicht, dass ein *m pr Jmn* bei den Gedächtnistempeln eine allein religiöse Zugehörigkeit andeuten soll. Die meist königlichen *pr*- und *ḥwt*-Institutionen im pHarris I sind königliche Stiftungen, verbunden mit Sakraleinrichtungen:

m pr Jmn	Theben
m pr Jmn n Jpt	*ḥwt* Ramses III. (pHarris I, 12a, 3)
m Jpt-swt	*ḥwt-nṯr* Ramses III. (pH I, 5, 6-7)
m pr Ḫnsw	Theben
m pr Šwtḫ =	
m pr Šwtḫ Nbtj	Ombos
m pr Jn-ḥrt	Thinis
m pr Mnw nb Jpw	Achmim
m pr Wsjr	Abydos
m pr Wp-wꜣwt	Assiut
m pr Ḏḥwtj nb Ḫmnw	Hermopolis
m pr Ptḥ	Memphis
m pr Rꜥ	Heliopolis
= *m pr Rꜥ Ḥr-ꜣḫtj*	

43 So im pWilbour passim.

44 pWilbour A 44.

45 Gardiner, pWilbour II, 128; 147; Gardiner, pWilbour IV, 56.

46 Gardiner, pWilbour II, 34. Vielleicht ist das *pr* des Osiris, an der Spitze von *ꜥrw* angesprochen.

47 Z.B. wird Mut in Karnak (Gardiner, pWilbour II, 151) durch das Epitheton *wrt* von anderen *pr*-Bereichen der Mut unterschieden.

Die ramessidischen „Millionenjahrhäuser" *m pr* eines Gottes[48] nennen mit Amun, Re, Osiris und Onuris dieselben Hochgötter wie der pHarris I. Neu ist lediglich ein königlicher Tempel Ramses' IV. *m pr Ḥwt-ḥr nb.t Mfk3t*, d.h. Serabit el-Khadim[49]. In einem Fall liegt ein Millionenjahrhaus Ramses' II. in Piramesse, befindet sich aber *m pr Rꜥ*, ebenso wie eine Anlage in Natho.[50] Im pWilbour sind mehrere königliche Anlagen *m pr Ḥrj-š.f*. Nie erscheint ein konkreter, längerer und lokaler Tempelname nach dem *m pr*. Der älteste Beleg für eine königliche Anlage *m pr Jmn* stammt schon aus dem MR.[51] Im pHarris I und anderswo kann dann, wenn eine Zuweisung einer königlichen Institution eindeutig ist, das *m pr* + Gott auch weggelassen werden: Ein *pr* des Chenticheti-kem (pHarris I, 62a: Athribis) und das *pr* der Bastet (pHarris I, 62a,1) ist vorauszusetzen. Epitheta, die königlichen Namen in Institutionen folgen wie ‚nützlich für seinen Vater Chenticheti-Kem' und ‚der Nützliches macht für seine Mutter Bastet' legten diese Hauptkultzentren der Vater- bzw. Muttergottheiten des Pharao unzweifelhaft fest.

Bei manchen kgl. Institutionen, besonders mit Königsstatuen Ramses' II. und Ramses' III., brauchte man die Zusätze *m pr* + Gott offensichtlich dringend zur Unterscheidung.[52] Wenn im pHarris I ein gleichlautendes *pr* Ramses' III. dreimal nebeneinander vorkommt, es einmal im *pr* des Amun, dann im *pr* des Ptah und schließlich im *pr* des Re liegt[53], scheint in diesem Fall die Erklärung, dass dem *m pr* + Gott hier ausschließlich eine rein religiöse Zuordnung zugrunde liegt, kaum richtig sein. Wenn einer der neuen Königstempel als *ḥwt*-Ramses' III. *m pr Rꜥ* liegt (pHarris I, 31,3 u. a.), so wird der Beleg für die Verwaltung eindeutig gegenüber anderen Palast-Häusern des Königs dem Bereich des ‚Vatergotts von Heliopolis' zuzuordnen gewesen sein. Für den Schreiber des pHarris I muss, und das scheint uns die einzig mögliche Deutung, die regionale und verwaltungstechnische Zugehörigkeit durch den Zusatz, der mit der systematischen Einrichtung des königlichen *pr* fest verbunden war, unverwechselbar geworden sein. Die einfachste Erklärung wäre, dass die Angaben die Zuständigkeitsbereiche des Amun, Re und Ptah eindeutig gemacht haben, deren Sakralzentren alle als große *r3-prw* gekennzeichnet waren und deren Besitz kultisch den Vatergöttern des Königs übergeben worden war. Die drei großen *pr*-Bereiche hatten im Gegensatz zu den anderen eine große überregional eingesetzte Schiffsorganisation[54] und waren eine große Zweigstelle der Staatsverwaltung. Der Schreiber wusste sicher, wo die großen Anlagen des Pharao standen und z.B. ihre Getreidespeicher verwaltet wurden. Dies lässt sich auch durch ein weiteres *pr*-Ramses' III. *m pr* des Chons bestätigen.[55] Mit *pr* des Chons (Chons ist hier der überregionale Vatergott des Königs) ist hier eindeutig der weitere Sakralbereich inklusive des lokalen Chonstempels (*Ḫnsw-m-W3st-nfr-ḥtp*)

48 Belege bei ULLMANN, Millionenjahrhaus, 645.

49 Dazu ULLMANN, Millionenjahrhaus, 645.

50 ULLMANN, Millionenjahrhaus, 647; RAUE, Heliopolis, 435ff.

51 ULLMANN, Millionenjahrhaus, 647.

52 Vgl. z.B. pHarris I 10,7.10,10; 10,9:10,11; 51a,4; 51 b,4.

53 Vgl. GRANDET, pHarris I, Glossar, 285,

54 Problematisch ist dabei die Lage des memphitischen Hafens von *Prw-nfr* (nach M. Bietak jetzt bei Piramesse zu suchen) und der Umfang der entsprechenden Schiffsorganisation; Vorsteher der Schiffe des *pr* des Ptah sind belegt (HELCK, Materialien I, 134).

55 pHarris 12a,3; unserer Ansicht nach Indiz für einen größer ausgebauten Kult des ramessidischen Königs im weiteren *pr*-Bereich des Vatergottes Chons. Für das Fest des Chons und andere Umzüge unter Beteiligung des Königs brauchte es entsprechende Königsbarken, Standarten, Statuen und Opferstellen, die als eigener *pr*-Bereich mit Personal definiert waren, unabhängig davon, wo immer eine Königsbarke auch abgestellt war (in den back rooms des erhaltenen Tempelbaus des Chons-in-Theben ?). Immerhin hat der ramessidische Chonstempel den Zusatz Horus-Herr-der-Freude, der auf den integrierten Königskult verweist. Auch solche kleineren königlichen *pr*-Bereiche werden mehrere, rechtlich differenziert zu betrachtende Kultstellen für ihr zuständiges Personal gehabt haben. Eine einheitliche korporative Priesterschaft des Chons gibt es nicht.

bei Karnak gemeint. Das *pr* des Chons war sicher verwaltungstechnisch eine etwas kleinere, aber wohl altehrwürdige (*r3-pr*-)Einheit, der eine neue königliche Institution, als eigenständiges *pr* registriert, angeschlossen wurde.[56] Nach unserer Interpretation der Amun, Mut, Chons und andere Götter der Thebais subsumierenden Einleitung des pHarris I 1,3 wird das *pr* des Chons de facto ohne große eigene Schiffsorganisation wirtschaftlich eher ein kleineres *r3-pr* gewesen sein. Verkehrstechnisch sinnvoll konnte es allein aus dem Speicher- und Produktionsbereich des großen *r3-pr* des Amun direkt beliefert werden. Das *pr* des Chons umfasste aber seinerseits noch weitere kleine *pr*-Bereiche wie das *pr Ḫnsw wn nḫnw* und das *pr Ḫnsw jrj sḫrw*. Beide bestanden wohl aus geheimen Orakelstätten oder Kapellenräumen mit den dazugehörigen außen im Festhof sichtbaren beiden Pavianstatuen vor dem inneren Bau des Haupttempel des *Ḫnsw-m-W3st-nfr-ḥtp*[57]. Die Wirtschaftsbereiche der kleinen Chons-Orakelgötter wurden wiederum von ganz anderen Staatsbeamten verwaltet, ohne erkennbaren Bezug zu den staatlichen Verwaltungsbeamten des großen lokalen Chonstempels. Sie werden zur verantwortlichen thebanischen Personengruppe gehört haben, die für die Residenz im Interesse der Machtsicherung des Pharao die Einhaltung der einzelnen königlichen Stiftungen an die königlichen Bereiche des *pr* des Chons kontrollierte.[58] Verkehrstechnisch konnten alle verschiedenen *pr*-Bereiche nur im Zusammenspiel mit der großen Einheit, dem *pr Jmn* und mit der kleineren *r3-pr*-Wirtschaftseinheit des *pr Ḫnsw* und des *pr Mwt* von den Mitgliedern der staatlichen Thebaisverwaltung betreut werden. Da die einzelnen nubischen *pr*-Institutionen im pHarris I nicht explizit aufgeführt werden, kann angenommen werden, dass für sie die staatliche Verwaltung des Königssohnes von Kusch zuständig war.[59]

5. Die Grundbedeutung von *pr*: Etwas, das umfasst (wird)

Haring lehnt für *pr* Übertragungen wie estate oder Domäne[60] ab und bleibt beim bekannten ‚house', das er wie auch Ullmann[61] sogleich mit dem Tempel des Amun-König-der-Götter, Herr von Karnak gleichsetzt.[62] Unsere Traditionen lassen uns unbewusst vom ‚Haus Gottes' = Kirche bzw. dann ‚Haus eines Gottes' = Tempel ausgehen. Zweifelhaft ist aber, ob der vom König für seine Elite bestimmte und eingerichtete komplexe ägyptische Erscheinungstempel, dessen Fokus

56 Haring, Divine Households, 163ff. muss im Sinne seiner Thesen (das *pr* des Chons ist bei ihm ohne jede Differenzierung identisch mit dem steinernen Gebäude des Chonstempels) dafür plädieren, dass die Anlage Ramses III. und die des Chons-in-Theben-Neferhotep einmal den alten, dann den neuen Namen für das gleiche Gebäude wiedergibt. Die Schwierigkeiten lösen sich mit einer Definition des *pr* als „Bereich des königlichen Vatergottes", der immer die staatlich-irdische Ebene außen mit ihren eigenen weiteren Kultstellen einbezieht, auf; siehe dazu Kap. 6. Selbst in einem engen Tempelinneren kann es folglich unterschiedliche Rechtsstellungen und personelle Abhängigkeiten von verschiedenen Administratoren geben.

57 Vgl. Haring, Divine Households 327. Weinlieferungen werden grundsätzlich aus dem Delta an das *pr* des Chons angeliefert, s. KRI VII, 56, 14. Sie werden damit aber nicht Eigentum des Tempels des Chons-in-Theben-Neferhotep und seines Klerus.

58 Gasse, Données Nouvelles = pAshmolean 1945.94 + pLouvre AF 6345 V, 21 = I und V, 2= 3, vgl. Haring, Divine Households, 330ff.

59 S. unten Kap. 9.

60 Die Belege von *pr* und *pr mtr* im administrativen Papyrus BM 10373 recto, Z. 6 (LRL, 43-37 deuten, wie auch Haring, Divine Households, 345 sieht, auf *pr* = Domäne hin (vielleicht besser auf den Haushaltsbereich [s.u.], der auch die Personen mit einschließt).

61 Bei einem *ḥwt nṯr Jmn m Jpt swt* möchte Ullmann, Millionenjahrhaus, 645, das *m Jpt swt* als gleichwertig mit den *m pr Jmn*-Angaben ansehen. Dafür scheint uns die topographische Angabe zu präzise und zu speziell.

62 So gut wie nie wird dem *m pr Jmn* der Name des lokalen Tempels mit *Jpt swt* hinzugefügt, da das *pr Jmn nswt nṯrw* immer den regionalen Vatergott des Königs und eben nicht den Amun von Karnak zitiert. Zu den dagegen speziell angesprochenen Tempeln mit *nb nswt t3wj* / *Jpt swt* s. Gardiner, pWilbour II, 127; 128.

nach außen auf die Orte des Erscheinens gerichtet ist, mit der griechischen Vorstellung vom Wohnhaus-Tempel mit zentralem Götterbild so ohne weiteres gleichgesetzt werden kann. Der überregionale Amun-König-der-Götter (Ur- und Schöpfergott und als Amun-Re morgens sichtbarer ‚Herr des Himmels') wohnte nicht permanent im Innersten (im Naos mit dem kleinen Bild des lokalen Amun an der Spitze von *Jpt-swt* - Karnak) ein. *pr* kann zweifellos auch, abhängig von der Textsorte, eine Umfassung eines sakralen Bezirkes sein. In einem ägyptischen *pr* = Umfassung (enclosure) können aber zahlreiche größere und kleinere Sanktuare liegen, bis hin zu völlig eigenständigen Institutionen wie große königliche Opferplatten oder Tragschreine[63]. Die Vorstellung, dass eine (rechteckige) Temenosmauer (= *pr*) einen großen Tempel mit einem zentralen Kultbild einschließt, kommt von der abendländischen Tradition her. Das Bild des mauerumgebenen, göttlichen Tempelkastells ist einprägsam[64], obwohl eigentlich nicht das abgeschirmte niedrige Tempelinnere (des lokalen Gottes im kleinen Schrein), sondern der Himmelsbezug (gerade mit dem sichtbaren Königsgott Amun-Re oder Re-Harachte) der aufragenden Pylone beim Tempelbau optisch dominanter Blick- und Kultpunkt für die Bewohner einer die Tempelumfassung umgebenden ägyptischen Siedlung gewesen sein muss.[65]

Die Grundbedeutung von *pr* ist - auch entsprechend dem hieroglyphischen Bild, das kein Haus wiedergibt - immer Einfassung, Umfassung, d.h. etwas, das umfasst oder umfasst wird und etwas, das etwas einschließt. *pr* kann dann konkret und abstrakt verwendet werden. Eine unscharfe, weil für uns heute allein die Gebäudehülle implizierende Übertragung ist *pr* = Haus. Wenn *pr* im Zusammenhang mit privaten Wohngebäuden konkret verwendet wird, schließt es gehöftähnliche Anlagen oder Werkstätten mit ein, meint also vielleicht den ganzen umzäunten Komplex mit seinem Innen und Außen. Ein *jmjt-pr* ist eine Bestandsaufnahme des Besitzes, eine Liste[66], die etwas umfasst, eigentlich den ‚Haushaltsbereich' einer staatlichen oder staatlich erfassten privaten Institution. *pr* ist nicht konkret das feste Wohnhaus (house)[67] und bezeichnet fast nie den eigentlichen steinernen Tempelbau oder gar das Innere eines Sanktuars. Das uns vertraute ‚Wohnhaus eines Gottes' = Tempel im Sinne des Tempelbaus mit den inneren Festhöfen und den inneren, geheimen dunklen Räumen ist nicht das *pr*, sondern das *ḥwt-nṯr*.[68] Wenn ein *pr* als geogra-

63 Zu den verschiedenen eigenständigen Institutionen *pr n sṯꜣ* für Ramses II. und den Hohepriester Ramsesnacht siehe pBM 10403 = Peet, Great tomb-robberies, 36; Haring, Divine Households, 276

64 Assmann, Theologie und Frömmigkeit, 36. Unser Bild des geschlossenen ägyptischen Tempels ist geprägt von der Entwicklung nach dem Neuen Reich, als die Riten um den Königsgott und das zyklisch ablaufende Geschehen um den königlichen Vater- und Himmelsgott, das immer nach oben und unten und Nord-Süd (z.B. Achmenu) gerichtet ist, meist auf das Tempeldach über dem Schrein des Lokalgottes bzw. die Krypten unten verlagert wird.

65 Die vor dem großen Festhof (Erscheinungshof) liegenden Pylone sind mit ihren Flaggenmasten und Obelisken meiner Ansicht nach königlich geprägte kultische Kommunikationsstellen, die zur umgebenden Stadt mit ihren Kapellen hin vermittelten. Sie liegen „gegenüber" dem eigentlichen niedrigen Gotteshaus mit dem Barkenbild des Lokalgottes; vgl. dazu die inschriftliche Angabe des Pylons des Luxortempels KRI II, 605,6.

66 So im pHarris I, z.B. 61a,1.

67 Gardiner hat darauf hingewiesen, dass das übliche Wort im NR dafür bereits *ꜥt* ist (in: pWilbour II, 34). Lieferungen an ein *pr* + Eigenname gehen an einen bestimmten Haushaltsbereich (vgl. KRI VII, 196; 197). Die berühmte sogenannte Häuserliste von Theben West (pBM 10068 vs. II-VI) nennt zumeist *pr*-Bereiche von Wab-Priesterbeamten und speziellen Werkstätten und betrifft gewiss keine einfachen Wohngebäude; entsprechend bezeichnet das dreimalige *pr n ḥwt* + Königsname wohl die bewohnten Außenbereiche. Auch *nb*/*nbt pr* bezeichnet wohl eher einen Besitzer/Besitzerin eines *pr*-Haushaltsbereichs denn den oder die eines festen Wohngebäudes, wie wir mit unseren Übersetzungen suggerieren.

68 Die Tatsache, dass wir Ausdrücke wie *pr*, *ḥwt-nṯr* oder *rꜣ-pr* mit ‚Tempel' gleich übersetzen oder auch scheinbar austauschen können, s. etwa Spencer, Egyptian Temple, 37ff., heißt nicht, dass im Kontext der je-

phischer Anhaltspunkt für die Lage von Feldern genommen wird (so im PWilbour), dann ist sicher konkret die Umfassung eines sakralen Bezirks mit mehreren kleinen *pr*-Institutionen gemeint und eben nicht der Tempelbau.

Ähnlich ist dem pHarris I abzulesen, dass hier *pr* zwei Bedeutungen hat. Wenn *pr* konkret betont wird, bedeutet *pr* soviel wie ‚Umfassung' (enclosure). Immer wieder hebt Ramses III. die Wiederherstellung älterer Umfassungen als seine Aufgabe hervor. Wenn das *pr* übertragen verwendet wird, dann wird das *pr* umfassend verstanden und schließt alles ein: Personal, Felder, verschiedene Tempel, sonstige Bauten, Verwaltungsstrukturen usw. Eine Übertragung mit Domäne (domaine, estate) bringt zu sehr die Vorstellung von einheitlichen ‚Tempelländereien' als Besitz eines lokalen Tempels ein. Wenn in feierlichen Texten scheinbar zwischen *ḥwt-nṯr* und *pr* abgewechselt wird, dann ist das wohl nicht nur ein Wechsel zwischen Synonymen mit einer (nur für uns) identischen Bedeutung eines Tempels, sondern eine Anspielung auf ein Heiligtum, das eingefasst ist, und auf den eigentlichen Kernbau, der auch wieder ein eigenes Innen und Außen hat.[69] Selbst das Ramesseum als ein königliches *ḥwt* besteht aus einem komplexen dunklen Innen- und sichtbar-lichten Außenbereich, mit seinem *ꜥḥ* (-Palast), der sich im *ḥwt-nṯr* (seines *pr*?) befindet (KRI 644, 5). Der phraseologisch festgehaltene kultische Eintritt des Königs in sein *pr*, auch wenn er auf Außenseiten des Eingangs steht, kann durchaus die Assoziation nicht des Kernbaus, sondern des Sakralbereichs (Eintritt in den ‚Bereich des Vatergottes') gehabt haben.[70] Der Bezug des Suffixes auf den König sollte (als juristisch gegeben) ernst genommen werden.[71] Beim Eintritt in das lokale „Gotteshaus" geht der Kult des Königs unter Betonung der Nord-Süd-Achse durch sakrale Raumteile des lokalen Tempels, hat aber niemals das Barkensanktuar, sondern das irdische „Erscheinen" außen als Zielpunkt. Auch im kleinsten Sanktuar ist die Verschränkung König-Vatergottheit im geheimen Inneren und das gemeinsame Erscheinen beider verjüngten Sohngottheiten außen im Festhof vollzogen worden. Jedes *pr* hat folglich einen gleichwertigen Außen- und Innenbereich.

Zusammensetzungen wie *gs-pr* (Teilbereich des *pr*) oder *rꜣ-pr* (Anteil des jeweiligen lokalen *pr* aus dem *pr*-Bereich des Staates) und *jmjt-pr* (Liste mit einer ‚Umfassung' aller juristischen Güter) sehen wir primär als administrativ-juristische Bezeichnungen an, die dann auch Sakralbauten als Immobilien mit einschließen.[72] Einer Unterscheidung zwischen *pr* und *rꜣ-pr* wird dabei meist keine Beachtung geschenkt. Der Ausdruck *rꜣ-pr ꜥꜣ* in der Ramessidenzeit und später dürfte aber, wenn ein Unterschied zum normalen *rꜣ-pr* vorliegt, von hochadministrativer Bedeutung gewesen sein. Die Hunderte von kleinen *pr*-Bereichen im Lande müssen - ökonomisch und verkehrstechnisch allein sinnvoll - als kleine *rꜣ-prw*-Institutionen irgendwie alle Anteile aus den

weiligen Textsorte und in der Intension des Schreibers die Auswahl der Begriffe beliebig erfolgen konnte; der jeweilige Ausdruck und seine Konnotation waren für den Schreiber sicher präzise und präsent.

69 Immer mit umgebendem, irdischem (großem) *wbꜣ*-Bereich, der nichts mit den Festhöfen des lokalen Tempels zu tun hat (zur Diskussion vgl. etwa die Position eines Amuntempels *m wbꜣ* des Thot, d.h. innerhalb des *pr*-Bereiches des königlichen Vatergottes Thot, bei ROEDER, Inschriften, K 16-18 und L 18ff.; s. auch RAUE, Heliopolis, 418).

70 Der Königskult, der z.B. in der Hypostylhalle des Amun von *Jpt swt* deutlich wird (Name: Gotteshaus „Verklärt ist Sethos I. *m pr Jmn*"), ist nach Ansicht des Verfassers nicht (axial) auf den Schrein des Lokalgottes fokussiert! Er ist auf Orte des königlichen Erscheinens ausgerichtet.

71 *pr*-Bereiche, z.B. das *pr-wr* (s. ULLMANN, Millionenjahrhaus, 264f.), die Teile (Raumsequenzen) des eigentlichen Tempelinneren sind, bezeichnen vielleicht nicht speziell die architektonische Raumeinheit, sondern auch konnotativ gerade die Funktion im Raum auf der Ebene des Verhältnisses zwischen König und Hochgottheit (Bereich des *wr*).

72 Entsprechend dem Verhältnis von *rꜣ-š* zum *š* oder *rꜣ-ḥḏ* zum *pr-ḥḏ*; vgl. KESSLER, Heilige Tiere, 46f.; vg. auch KESSLER, Heilige Tiere, 55 zum Wechsel zwischen *prw* und *gsw prw*.

Speichern der Großen *r3-prw* erhalten haben, unter die das sakrale Areal von Karnak mit seinen vielen kleinen *pr*-Einheiten verwaltungstechnisch eingeordnet war.

So gehört etwa der uralte Sakralbereich des Chenticheti in Athribis, den Ramses III. neu ordnete und mit großzügigen Stiftungen ausstattete, zu den ‚Großen *r3-prw*' Ägyptens (pHarris I, 59, 12). Im entsprechenden Paragraphen wird ausdrücklich der Wesir der nahen Ramsesstadt angesprochen, d.h. der neue Tempelbesitz wird hauptsächlich von der Residenz in der Ramsesstadt aus verwaltet worden sein. Andererseits werden zum *pr*-Bereich in Athribis neben anderen kleineren *pr*-Bereichen auch Speicher- und Produktionsbereiche gehört haben, die einer lokalen Verwaltung in Athribis bedurften. Es gibt aber keinen Hinweis darauf, dass diese Verwaltung innerhalb der Umfassung (= *pr*) des Tempels des Chenticheti in Athribis liegen muss. Eine ähnliche Erklärung mag für königliche Tempel gelten, die den Zusatz *m pr Rꜥ* haben.[73] Ullmann hat auf ein Millionenjahrhaus verwiesen, das in Piramesse stehen dürfte, aber *m pr Rꜥ* liegt.[74] Sie kann sich dabei nicht recht entscheiden, ob damit ein Tempel des Re oder ein Tempel des Atum-Re-Harachte in Heliopolis gemeint ist. Eine Stiftung an Re bedeutet aber niemals eine Übertragung an einen lokalen Gott von Heliopolis, sondern an den (überregionalen) königlichen Sonnengott - Vater. Deswegen kann hier auch eine Variante mit dem Namen des Königsgottes Re-Harachte erscheinen.[75] Die einfachste Erklärung ist, dass damals das *pr Rꜥ* in Piramesse und eben nicht in Heliopolis verwaltet wurde. Es gab aber wohl keine andere Möglichkeit für den Pharao als seine Neustiftungen in der Ramsesstadt, aber auch in Natho und anderswo, an die staatliche Schiffsorganisation anzuschließen, die seit alters als Teil der staatlichen Verwaltung des Re gekennzeichnet war. Ähnliches gilt für Sanktuare des Memphites, die im *pr* des Ptah sind.[76]

Im pWilbour ist *pr* + Göttername geläufig. Dennoch scheint der Schreiber des Papyrus auch bei den *pr*-Bereichen eine Zweiteilung der *pr* + Götternamen vor Augen zu haben. So wird bei der Aufzählung des Königslandes bei Feldern verschiedener Institutionen dem Ausdruck *prw* (var. mit Schilfblatt geschrieben) mehrfach ein *r3-prw* hinzugefügt. Gardiner übersetzt den Ausdruck einfach mit ‚*(on) fields of (various) temples*'[77]. Wir meinen, das vielleicht eher ‚auf Feldern von *prw* bzw. *r3-prw* im Sinne von ‚auf Feldern von pr- Institutionen, die *r3-prw* sind`, zu übersetzen ist. Gardiner hatte bereits das Gefühl, dass hinter dem Ausdruck *r3-prw* vielfach auch ‚*lesser temples*' stehen könnten.[78] Die Übertragung des Ausdrucks *r3-pr* mit temple ist traditionell ägyptologisch, obwohl grundsätzlich nicht gesagt ist, dass die Felder ‚verschiedener Institutionen' alle zu einem Göttertempel gehören müssen. Wenn *r3-pr* hier eine administrative Konnotation hat - vergleichbar mit den späteren ptolemäischen *r3-prw* erster, zweiter und dritter Ordnung der königlichen Dekrete - dann könnten durchaus die *r3-prw* 2. und 3. Ordnung, die von den Schiffen und der Administration der Großen *r3-prw* abhingen, gemeint sein.[79]

73 Gardiner, pWilbour II, 168 zweifelt, dass alle im *pr* des Re liegenden Institutionen in Heliopolis zu suchen sind. Der Tempel der Militärkolonie von Natho (Tell el Jahudiya) nördlich Heliopolis liegt auch *m pr Rꜥ*; s. Gardiner, pWilbour II, 136f.

74 Ullmann, Millionenjahrhaus, 647. Raue, Heliopolis, 79 vermutet ein Büro (vgl. pHarris I, 26,9 den Ausdruck: Büro von Ägypten) der Re-Domäne in Piramesse.

75 Zum Unterschied der Götter vgl. Berteaux, Harachte, S.327f.

76 Vgl. pWilbour A 16,37 = Comm. 13 n.6. Die Tempel im *pr* des Ptah liegen sicher zum Teil außerhalb von Memphis.

77 Gardiner, pWilbour II, 172. Vgl. auch die Stiftungen an das *pr* des Vatergottes *Ptḥ rsj jnbw.f* bezüglich der *r3-prw*, diskutiert bei Gardiner, pWilbour II, 117. Zu den *n3 r3-prw* s. auch RAD, 36, 4-5; 71,11.

78 Gardiner, Ramesside texts, 70.

79 Zur Diskussion der entsprechenden Stelle der Dekrete vgl. Kessler, Heilige Tiere, 54.

6. Die ‚unscharfe' Gleichsetzung des *pr* mit dem Tempelbau im Inneren einer Umfassung

Die These vom großen Tempel des NR als Zweigstelle der Staatsverwaltung ist allgemein akzeptiert.[80] Haring geht aber davon aus, dass fast jedes *pr* eines Gottes (abgesehen von den ganz kleinen Sanktuaren) eine organisatorisch-administrative, vom Staat unabhängige Tempelinstitution ist. Er setzt *pr* + *Jmn* mit dem ‚Tempel des Amun von Karnak' gleich: ‚...*the house of Amun, that is, the temple of Amonrasonter at Karnak*.'[81] Das *pr* des Amun-Rasonter und der temple precinct wird dabei implizit ohne Differenzierung optisch mit dem versteckten Gebäude innen, dem Gotteshaus des Amun von Karnak (*Jpt swt*) identifiziert, ohne Rücksicht darauf, dass die ‚Götter Ägyptens' plus König in ihrer Gesamtheit im *pr Jmn* vertreten sind. Die großen Pylonhöfe und Bauelemente der Kultachsen sind aber nicht etwa exklusive Bereiche des Amun von *Jpt swt* im Barkensanktuar, sondern Orte und Erscheinungsstätten des königlichen Vatergottes Amun-Rasonter und des (im Kult iridisch wieder erscheinenden) Königs als Sohn dieser Gottheit.[82] Diese Unterscheidung scheint mir wesentlich. So kann etwa zwischen die Pylontürme des *pr*-Bereiches des Amun-Re zum einen inschriftlich ein *Bḫdtj - pr Jmn-Rꜥ* eingeschrieben werden.[83] Ein andermal füllen im gleichen Grab die Zeichen Anch/Was, kombiniert in drei Reihen, den Zwischenraum aus.[84] Die Pylondarstellung ist vielleicht etwas anderes als eine simple topographische Chiffre für den gesamten Tempelbau des Amun von Karnak. Im Pylonbild dürfte die bekannte Translatio der "Wiederbelebung" und der Übergabe der Macht zwischen König (als Sohn und Erbe) und überregionaler kosmisch-solarer Vatergottheit angesprochen sein.

Unberücksichtigt bleibt ansonsten, warum es im Bereich des hinter dem Gotteshaus des Amun von *Jpt swt* liegenden, Nord-Süd gerichteten, Komplexes des Achmenu ein „Zweites Sanktuar" gibt.[85] Die den Schauenden, darunter eintrittsberechtigte Militärs und hohe königliche Beamte, zugängliche überregionale Gottheit des Dachgeschehens ist eindeutig der überregionale königliche Amun-Re, Herr des Himmels. Vergleichbar werden Stiftungen Ramses' III. eben an seinen Vatergott Ptah-südlich-seiner-Mauer, den Herrn von Anch-taui gerichtet. Sein sakrales Zentrum lag wohl im Süden von Memphis außerhalb der eigentlichen großen Umfassungsmauer. Als Sohn und Erbe des Ptah (südlich seiner Mauer) stiftete der König ausdrücklich nicht primär für das lokale *pr* des schöngesichtigen Ptah, Herr von Memphis. Auch andere Sanktuare der sogenannten königlichen Reichs- oder besser Königsgötter können wohl außerhalb des engeren *„temple precinct"* des Lokalgottes (Hermopolis, Koptos, usw.) liegen.

Haring sieht seine Gedächtnistempel der Westseite vom *pr Jmn* = Karnaktempel auf der Ostseite deutlich abgehoben. Im Gegensatz zu ihm möchten wir aber alle verschiedenen Amun-Kultzentren Thebens von Anfang an als aufeinander bezogenes einheitliches und spezifisch ägyptisches, kultisches Ensemble ansehen, das nicht

80 Haring, Divine Households, 17 ff.

81 Haring, Divine Households, 386. Haring argumentiert gegen Menu, Le régime Juridique, 8, die zwischen Tempel des Amun-Rasonter und Verwaltung des *pr Jmn* trennen will.

82 Vgl. die Stelle pRochester MAG 51.346.1 col 1 A 2 (Quack, Revision). Wesir und Gouverneur der Thebais sind wie der Verwalter des Schatzhauses des Amun-Rasonter staatliche Beamte.

83 Baud-Drioton, Tombeau de Panehsy, 21 Abb. 10.

84 Baud-Drioton, Tombeau de Panehsy, 22 Abb. 16.

85 Wohl auch mit (geheimem) Bild des Amun-Kamutef (Raum XXX), vgl. Beaux, Le Cabinet de Curiosités, Kap.1-A. Der nördliche Nord-Süd gerichtete Raum und der botanische Hof dazwischen dienten wohl dem Kult des vorausgehenden geheimen Schöpfungsvorgangs und für den (solaren morgendlichen) Transfer zum Himmelsgott. Das Geheimnis der Schöpfung und seiner Wiederholung war immer eine Angelegenheit der königlichen Autorität.

auseinander zu dividieren ist.[86] Die enge kultisch-prozessionelle Verbindung der Amunzentren des thebanischen Raums ist mit dem Postulat einer gleichzeitigen weitgehenden administrativen Unabhängigkeit des *pr Jmn* = Tempel des Amun Karnak vom *,memorial temple'* als *m pr Jmn* auf der Westseite eigentlich nicht zu vereinen. Wenn im Bereich des Amun im Osten nominell Getreide aus Speichern des Gedächtnistempels, ohne dass diese wirklich im Westen Thebens liegen müssen, ankommt, und dieses etwa für den Königstempel Ramses' III. und sicher andere königliche Neueinrichtungen verwendet wird, dann zeigt dies eine enge administrative Verflechtung an.

Wir sind geprägt von modernen Vorstellungen, dass Prozessionen zu den ,Stationstempeln' entsprechend unseren ,Kirchenumzügen' eine sekundäre Entwicklung zur Einbeziehung des einfachen Volkes darstellen. Der große ägyptische Tempelkomplex, der kein Gebetsmittelpunkt für die Bevölkerung ist, scheint als Staatsidee und Instrument der Machterhaltung baulich nach den Kardinalpunkten strukturiert worden zu sein. Er ist dies nicht nur bauintern; von Anfang an wird auch der nach Himmelsrichtungen geordnete geographische Raum als *ritual landscape* (Kultlandschaft) durch die verbindenden Prozessionen mit einbezogen.[87] Die kultische, personelle und juristische (s.u.) Trennung zwischen den verschiedenen Amun-Göttern, die es selbst innerhalb des temple precinct von Karnak gibt und die durch Prozessionswege und zyklische Verjüngungsvorgänge verbunden sind, ist nach Ansicht des Verfassers weder komplex[88] noch schwierig nachzuvollziehen. Der König, Amun von Karnak (*Jpt swt*) und Amun-Kamutef (eigener Tempel auf der Ostseite) regenerierten sich durch Züge nach Süden zur Geburtsstätte (*Jpt rsj*). Letztere hatte auch einen integrierten königlichen Sakralteil, der sich im Namen des „Gotteshauses des Ramsesmiamun vereinigt mit der Ewigkeit" widerspiegelt und das eben auch ein Millionenjahrhaus mit dem Zusatz *m pr Jmn* war[89]. Der Zug ging von dort weiter auf die Westseite mit der Urgottstätte bei Medinet Habu. Analog wurde also der König (per Königsbarke) mit Königspalast (im Norden), Geburtsstätte (Luxor) und seinen westlichen und östlichen Kultstellen (Königstempeln)[90] in den gleichen zyklischen, jeweils König und Vatergott verschränkenden Erneuerungsvorgang einbezogen.[91] Einen ägyptischen Tempel ohne diesen gemeinsamen Kultablauf in West-Ost- (täglicher Sonnen- und Mondlauf) und Nord-Süd-Richtung (jährliche kosmische Achse mit Nilflut, Kommen der Sothis und Ekliptik) gibt es nicht. Das stellt natürlich die Frage, ob das *m pr Jmn* in Theben nicht durchaus konkret diese scheinbar so verschiedenen Tempelstrukturen des Amun und des Königs in Theben-Ost und Theben-West eingeschlossen hat, trotz eindeutig unterschiedlicher rechtlicher und personeller Differenzierungen. Wenn dem so ist, dann kann die Gleichsetzung des *pr Jmn* mit einem zentralen Tempel des Amun von Karnak (= *Jpt swt*) einfach nicht stimmen.[92] Dann wäre logischerweise das *pr Jmn* konkret ein großer staatlich geprägter (und kontrollierter) Sakralbereich mit unterschiedlichsten Sakraleinrichtungen und

86 Vgl. KEMP, Ancient Egypt, 203 mit fig. 71, 210f.

87 ULLMANN, Ritual Landscape.

88 HARING, Divine Households, 31 zum Entwurf des Verfassers in KESSLER, Heilige Tiere, 49.

89 z.B. KRI II, 605,5 u.a.; der Name auf den Widmungsinschriften der Pylone zeigt, dass wie bei jedem Tempel der Königskult vor dem Barkensanktuar nach Ablauf der geheimen Vorgänge in *Jpt rsj* auf den Festhof fokussiert war.

90 Die zwei Millionenjahrhäuser Sethos II. zu beiden Seiten des Nils wurden wohl in Personalunion verwaltet, s. ULLMANN, Millionenjahrhaus, 427.

91 Zum Tempel Sethos I. *m pr Jmn m jmntt W3st* als Besuchspunkt des Amun-Re am Talfest s. ULLMANN, Millionenjahrhaus, 265f. Barken des lokalen Amun von Karnak und Königsbarken ruhten temporär auch in Medinet Habu.

92 Es gab unserer Ansicht nach keine, *administrative unit headed by Karnak temple,* vgl. aber HARING, Divine Households, 385. RAUE, Heliopolis, 127 will eine gewisse Eigenständigkeit und Autarkie der „Tempeldomänen" dem pHarris I entnehmen.

gleichzeitig ein staatlicher administrativer Bereich mit unterschiedlichen Rechtsformen, personellen Abhängigkeiten und unterschiedlichster Besteuerung.[93] Der Zusatz *m pr Jmn* im Namen des Luxortempels ist dann unserer Ansicht nach nicht einfach – in Fortführung von Harings These über Medinet Habu - ein Signum allein religiöser Zugehörigkeit zu einem gemeinsamen Prozessionsweg. Es wäre nur logisch, wenn der sicher von den Transportwegen des Staates bzw. den Schiffen und Scheunen des königlichen Vatergottes Amun abhängige Luxor-Tempel auch von der Thebaisverwaltung administrativ unter einem *pr*-Bereich des Amun eingeordnet worden wäre. Es ist wohl falsch, den Luxortempel ausschließlich als Tempel des Amun zu bezeichnen und ihn als Göttertempel autark zu sehen, wie auch schon seine Bezeichnung als Millionenjahrhaus belegt. Einen Gegensatz zwischen Königstempel und Göttertempel können wir für Luxor nicht erkennen. Zu seinem *pr*-Bereich gehörten sicher einige ältere und verstärkt jüngere Liegenschaften, die von den Ramessiden neu zugewiesen wurden. Deutlich ist, dass auch hier das ramessidische *pr* einen geheimen Harim-Innenbereich und einen inschriftlich betonten kultischen Außenbereich mit starker königlicher Präsenz (Pharao, Königin und Königssöhne) hat.

7. Das Prinzip des *do ut des*: Der Pharao als Sohn und Erbe der Stiftungen an das *pr*

Haring sieht wie üblich in den Stiftungen des Königs an das *pr* eines Gottes oder einer Göttin der Großen Neunheit eine Überlassung an einen bestimmten Tempel. Er fasst jedes (große) *pr* = house = temple als eine eigene, juristisch einheitliche und abgegrenzte Einheit auf. Traditioneller Eigentümer der Güter des *pr Jmn* ist für ihn Amun-Rasonter = Karnaktempel.[94] Entsprechend wäre Mut von Ascheru in Theben Eigentümerin des ihr zugehörigen *pr* = Muttempel, Chons in Theben-Neferhotep der Eigentümer des *pr* des Chons = Chonstempel, usw. Demgegenüber möchte ich hier betonen, dass der Eigentümer des *pr* de facto und de jure der Pharao ist, da er rechtlich und religiös der erbberechtigte ‚Sohn' des Gottes oder der Göttin ist.[95] Möglicherweise sicherten schon damals am Königshof und in den großen Verwaltungszentren jährlich wiederholte Riten, die leider erst später hervortreten wie das ‚Festmachen des Erbes (*smn jwꜥw*)' die legale Basis des regierenden Pharaos. Der Pharao als Sohn des Amun, Ptah, Re, oder jedes anderen Hochgottes, ist keine blasse, ausschließlich religiöse Formel, sondern hat eine entscheidende

93 Die Getreidebesteuerung der Tempel im NR ist umstritten, s. Haring, Divine Households, 385; Gardiner, pWilbour IV, 134. Die Stiftungen an den Vatergott, zusammengefasst etwa im *pr Jmn* in der *jmjt-pr*-Urkunde, wurden offensichtlich nicht besteuert, wohl aber die Erträge der zugehörigen Ländereien mit unterschiedlichsten Taxen. Der Vorsteher des Ackerlandes des Südlichen Bezirks (pWilbour B 14,6) agierte kaum einfach neben einer völlig unabhängigen Verwaltung des *pr Jmn* und einer eigenen Scheunenverwaltung des *pr Jmn*. Er wird wie später auch generell für die Feldervermessung, Besteuerung und die Urkunden über die Ländereien des Staates und seiner Sakralbezirke (Tempel) allein verantwortlich gewesen sein.

94 Die gängige Auffassung vom „Tempel" als permanentem Eigentümer des gestifteten „Gottesopfers" ist eine Folge einer einseitig allein auf das Innen des Tempels bezogenen Interpretation von Tempelinschriften, bei der das irdische Erscheinen und die zyklisch-funktionelle Wirkung von Texten und Bildern inklusive der Ritualszenen (do ut des-Prinzip zwischen König und Vatergott) nach außen meist unberücksichtigt bleibt.

95 Nach dem pHarris I, 42, 9 geht die Orakelverkündung (*sr*) der öffentlichen Erwählung zum Erben des Gottes (I, 42.5: Phrase *stp r jwꜥw*) voraus. Jährliche ‚Riten der Verehrung des Horus, der das Erbe festmacht', am ‚Schönen Fest des Festmachens des Erbes' im ‚Zelt (Pavillon) des Festmachens des Erbes' s. Goyon, Confirmation, 47ff., dürften ihren konkreten Ursprung am Königshof in einer feierlichen Übernahme des Erbes gehabt haben, die auch den Beamten des Königs und seine Pfründe bestätigt haben muss. Zu erbrechtlichen Vorgängen bei der Königsnachfolge vgl. Mrsich, Erbe, 1247.

juristische Bedeutung. Der Pharao stiftet Ländereien an seinen Vatergott[96], z.B. in das *pr Jmn*, damit er auf der Erde legal als Sohn und Erbe des *pr* über diese Stiftungen dann (im wirtschaftlichen Interesse seiner Elite) verfügen kann. Nichts anderes als dieser nach dem Prinzip des do ut des funktionierende Zyklus herrscht auch im *pr Jmn* vor. In diesen Zyklus fügen sich auch die niemals gelesenen und manchmal auch schematisch von anderen Denkmälern kopierten Listen der Tempelwände mit den Stiftungen an den Vatergott ein; sie sind z.B. an den Königstempeln intentionell und funktionell auf den Palasthof und die dortigen Staatsfeste mit dem Erscheinen des Königs und der Garantie der Besitzstandswahrung ausgerichtet. Über das *pr Jmn* und seine irdischen Güter verfügt legal der Pharao. Der Vatergott verleiht dem Sohn und Erben die Legalität. Erst dadurch kann der weitere Tempelbereich als sakrales Zentrum einer Zweigstelle der Staatsverwaltung (in Theben des Südlichen Bezirks) funktionieren. Die Lieferungen und Verteilungen der urkundlich gesicherten irdischen Güter jedes *pr* unterstehen der Jurisdiktion des Staates. Produktionsstätten im *pr*-Bereich eines Gottes sind staatliche Produktionsstätten. Herden eines *pr*-Bereichs eines Gottes, die die Versorgung einer Institution gewährleisteten, gehören faktisch dem regierenden Pharao[97], dessen Beamte sie verwalten. Schiffe eines *pr*-Bereichs des Amun, Re oder Ptah sind juristisch keine exklusiv aus königlichem Besitz an einen lokalen Tempel übergebene Tempelschiffe, sondern stehen letztlich wiederum dem regierenden Pharao zur Verfügung. Es sammelte danach nicht einfach der „Tempel des Amun" die Güter für das (staatliche) Schatzhaus des Amun (etwa das *pr-ḥḏ mḥtj n pr Jmn*) ein, sondern staatliche Beamte.[98] Wenn etwa ein ramessidischer *pr*-Bereich Ramses' II. im Delta (wohl mit einer Königsstatue) urkundengerecht Wein aus den königlichen Weingütern im Delta und anderswo an das königliche *ḥwt* dieses Pharaos auf der thebanischen Westseite liefert, bedeutet dies wohl nicht, dass der Gedächtnistempel rechtlich permanenter Eigentümer dieser Weingüter wurde.[99] Zu bezweifeln ist, dass das Ramesseum irgendeine echte Verfügungsgewalt über das Personal und die Erträge dieser Weingüter besaß, auch wenn die Tempelwände generell eine Stiftung von Wein an den Vatergott des Tempels verkünden. Die übliche ägyptologische Definition des Eigentumsbegriffs ist mit einer scharfen Opposition zwischen persönlichem Eigentum des Pharao und Eigentum des Tempels (oder des Gottes) überspitzt. Sie übersieht, dass de facto eine scharfe Trennung der Liegenschaften bzw. der Feldererträge Ägyptens zwischen den direkt dem pharaonischen Hof und seinen Elitegruppen zuliefernden Institutionen und den Institutionen, die die königliche Militär- und Beamtenelite außerhalb der Residenz (in der Provinz) versorgten, nicht besteht.[100] Die

96 Stiftungen (in Sakralsprache: Opferspeise) erfolgten an das „*pr* seines Vaters", vgl. z.B. schon im MR CG 531. Eine Königsstatue als Garant des kultischen Ablaufs, der sein Ziel außen am Festtag hat, ist für *Jmn m Jpt swt* schon im MR belegt, s. CG 42056.

97 Vgl. GARDINER, pWilbour II, 22, der die besondere Rechtsstellung der staatlichen Herdeninstitutionen gesehen hat.

98 Vgl. aber HARING, Divine Households, 275. Die Weiterleitung aus dem Schatzhaus zur Residenz und anderswohin aus diesen Speichern, die auch die Güter aus Kusch interimistisch aufnahmen, war unserer Ansicht nach keine Angelegenheit, die einen Eigentümer Amuntempel und eine Abgabe aus Tempeleigentum notwendig macht.

99 KITCHEN, Vintages, 115ff. spricht davon, *that the Ramesseum owned almost a score of vineyards.* Ich meine, dass der Speicherbereich des Ramesseums einfach als das wichtigste Verteilungszentrum von Weinamphoren an viele andere staatliche *pr*-Bereiche der Westseite fungierte. Genauso falsch scheint es mir, wenn Weinlieferungen an das *pr Wsjr* (z.B. KRI II, 551,14 u.a.) unter Weinlieferungen für den Tempel des Osiris, Herr von Abydos eingeordnet werden. Der riesige *pr*-Bereich des königlichen Vatergottes Osiris umfasste zahlreiche andere große Tempelkomplexe unterschiedlichster Formen.

100 Wir überbetonen den Eigentumsbegriff, wenn wir die Lieferungen an die Residenz (Palastbereich) als eine

formale Trennung hatte sich historisch in erster Linie aus praktisch-administrativen Überlegungen der Administration des pharaonischen Hofes entwickelt; sie diente dem Schutz der vom Hofe abhängigen, in der Provinz die Macht des Hofes und des Pharao erhaltenden staatlichen Sakralzentren. Beide Bereiche wurden in der Ramessidenzeit streng von der gleichen staatlichen Administration kontrolliert. Nie hätte sich der Verfügung des Königs unterstehendes Felderpersonal in der Provinz, das der König für den Bereich etwa des Amun umwidmete, auf einmal als Angehörige des Amuntempels von Karnak bezeichnet oder auch nur gefühlt, selbst wenn möglicherweise in den Dörfern der Bauern in Zusammenhang mit der Umwidmung entsprechende Amunkapellen dafür eingerichtet wurden Die Liegenschaften und Erträge des Palastbereiches mit der Königsgottheit und die Bereiche der königlichen Vatergottheiten wurden wesentlich als Pfründe für dieselbe Schicht der Militär- und der Beamtenelite des Königs verteilt und verwendet. Die göttliche Legitimation des Horus-Pharao als Sohn und Erbe des Vatergottes war die gleiche, sei es in der Residenz oder in den anderen Verwaltungszentren des Landes; für die Bestätigung der Verfügungsgewalt des Hofes wurden die sakralen Zentren in der Provinz schließlich erst eingerichtet.[101] Der formale Unterschied besteht lediglich darin, dass die zyklische Erneuerung der materiellen Machtbasis im Sakralbereich des Palastes durch die vorgeschriebenen persönlichen Handlungen des Pharao selbst und seiner Sakralelite in Kommunikation mit den königlichen Vatergöttern vollzogen wurde. In den Sakralzentren der Provinz wurde dagegen die gleiche vom Palast vorgegebene zyklische Sakralhandlung mit einer den König ersetzenden repräsentativen Königsstatue und von den vom Hofe eingesetzten „Priesterbeamten" durchgeführt.

8. Alt- und Neustiftungen an das *pr* der königlichen Vater- oder Muttergottheit

Stiftungen vergangener Pharaonen an einzelne *pr*-Bereiche müssen alle über die Orakelausgabe am Königshof legitimierte, das heißt legal von den Göttern ausgegebene, verewigte Götterurkunden gewesen sein. Daher gibt es im pHarris I eine deutliche kultisch-administrative Trennung zwischen dem Eigentum im *pr*-Bereich, insbesondere den mit *ḥwt*-Palasteinrichtungen verbundenen und den vom Vorgänger übernommenen Stiftungen, die der Pharao verändern oder neu stiften konnte[102], und solchen (lokalen) alten Sakraleinrichtungen innerhalb eines *pr*, deren unterschiedliche Teile seit längerem feststehende Bezüge hatten.[103] An ihren für die Opferhand-

Lieferung ansehen, die allein persönlich dem Pharao als Eigentümer zustand. Der Pharao als irdische Person und gleichzeitig im Amt ein Gott am Hofe erhielt die Zuweisungen wie jeder Gott nicht ein für alle Male mit der Thronbesteigung, sondern war in das gleiche kultische Spiel mit der jährlich wiederholten, permanenten Darbringung der Güter an den Vatergott und der Übernahme des Erbes am Hofe angeschlossen. Dazu wird die kultische Aktion des Königs vor seiner eigenen Statue gehört haben, die wir sonst meist nur von den Königstempeln kennen.

101 Genauso überspitzt wäre es unserer Ansicht nach, wenn die verschieden scheinenden Eigentumsstrukturen in Residenz und Provinz mit der Doppelnatur des Pharao begründet würden: Die jährliche festliche Eigentumsübertragung der ägyptischen Ländereien im Rahmen der Erneuerung des Horusamtes kann kaum einem Eigentumsanspruch der leiblichen Person des Pharao auf andauernden königlichen Privatbesitz entgegengestellt werden. Die vielen neuen ramessidischen königlichen *pr*-Bereiche gehen konsequent auf die ihn legitimierende Stellung des Pharao als „Gott am Königshof" zurück, der dort immer als Gott eine geheime, nur den Geheimnisträgern am Hofe detailliert bekannte, kultisch durchgeführte Verschränkung (Phasenidentität) mit seinem Vatergott hatte. Auch am Palast wird jährlich die erbrechtliche Übertragung an den Sohngott abgelaufen sein.

102 Haring, Divine Households, 15 bestätigt dies indirekt durch den Hinweis auf die Reduktion der Stiftungen an das Ramesseum, die ja einer Änderung der juristischen Urkunden bedurfte.

103 Vgl. Gardiner, pWilbour II, 22, der den schwierigen

lungen nötigen festen Einkünften durfte der Pharao zunächst legal nichts ändern. Sie waren durch Gründungsstiftungen, d.h. durch die göttlichen Urkunden, zunächst ‚auf ewig' geschützt. Das bedeutet aber nicht, dass alles, was irdisch zum *pr*-Tempelbereich gehört, nicht durch den legitimen Erben, den Pharao und seine Administration aufgrund göttlicher Intervention am Königshof verändert werden durfte. Wir meinen also, dass die an späteren Tempelarealen zu beobachtende praktische Trennung in aktuelle Gesetze bzw. Dekrete (*hpw*) des regierenden Pharao (= *bꜣw* des Atum) und unveränderliche Gesetze des Re (= *bꜣw* des Re) schon im Neuen Reich vorhanden gewesen sein muss.[104] Ramessidische Neustiftungen umfassten zahlreiche neue *pr*-Institutionen, in erster Linie neue Statuentempel und Einzelstatuen des Königs[105] an bereits bestehenden alten *pr*-Institutionen, die wiederum verwaltungstechnisch aus wenigen großen *rꜣ-prw* und vielen kleinen *rꜣ-prw* bestanden.[106] Daher entstand die Notwendigkeit, die neuen königlichen Institutionen, darunter auch zahlreiche Königsstatuen für Militärgruppen, in bestehende größere und kleinere *rꜣ-pr*-Einheiten zu integrieren. Der den neuen königlichen Institutionen zugeordnete Felderbesitz, der insbesondere dem ramessidischen Militär und den Beamten zugute kam, war aber de facto kein Eigentum des *pr Jmn*, wenn darunter der lokale Amuntempel von Karnak verstanden wird. Mit den unterschiedlichsten Abgabenziffern einer dem Staat dienenden Besteuerung versehen waren die „Schenkungen an den Vatergott", wie sie der pHarris I aufführt, in Wirklichkeit Schenkungen an die regierende Elite im Umfeld des Großen *rꜣ-pr*, die den Pharao stützte, an die (neuen) Offiziere und an die königlichen Schreiber-Beamten.

Haring sieht im Gegensatz zum Verfasser keinerlei unterschiedlich gefasste juristische Vertragsbedingungen im jeweiligen *pr*-Bereich. Im pHarris I wird ein neu gegründeter königlicher *memorial temple*, ein *ḥwt* Ramses' III., ausdrücklich als *m pr Jmn Jpt*, ein andermal als *m Jpt rsj* bezeichnet. Die Spezifizierung könnte, wohl topographisch-administrativ und nicht im Sinne Harings allein religiös zuordnend, auf eine Anlage Ramses III. innerhalb des Tempelbaus des Amun von *Jpt swt* hinweisen; der Tempel Ramses' III. vor *Jpt swt* ist dagegen offiziell als *pr Rꜥ-ms-sw-ḥḳꜣ-Jwnw* verzeichnet.[107] Vergleichbar ist die topographisch präzise Nennung von Gottesopfer (Getreide) für Amun von *Jpt-swt* im Dekret von Medinet Habu.[108] Das *Jpt rsj* macht wahrscheinlich, dass es eine weitere Anlage Ramses' III. im Bereich des Luxortempels gegeben hat.[109] Erst der Zusatz ermöglichte also, dass Königstempel im Westen und Königstempel im Osten Thebens hier zu unterscheiden waren. Beide Bereiche, auch der von Luxor, waren wohl als *m pr Jmn* registriert und waren unserer Ansicht nach administrativ und

Ausdruck „regular domain" = *rmnjt mtr(t)* diskutiert; solche hat auch der Sakralbereich von Karnak. S. dazu auch Haring, Divine Households, 345.

104 Chassinat, Edfou III, 339,9-12.

105 Die wirtschaftliche Organisation der Statuen der Könige und auch die der hohen Staatsbeamten im *pr*-Bereich des Amun, Ptah oder Re kennen wir im Detail nicht. Die Markierung solcher Statuen, gelegentlich mit Vermerken wie *pr-Jmn* oder *pr Ptḥ*, auch zusammen mit Königsnamen, sagen nicht aus, dass ihr zugehöriges Personal oder ihre Felder von einer eigenen Verwaltung des Amun- oder Ptahtempels kontrolliert wurden.

106 Die 160 Orte und 2756 Statuen (pHarris I, 67,5; 68a,1) konnten unmöglich alle im pHarris I aufgeführt werden. Prinzipiell gab es keine *pr*-Institution ohne eine kultische Präsenz des (neuen) Pharao.

107 Ullmann, Millionenjahrhaus, 494ff. Zum Millionenjahrhaus Sethos I. *m wbꜣ Jpt swt* vgl. die Diskussion bei Ullmann, Millionenjahrhaus, 269.

108 Haring, Divine Households, 62f. übersetzt wieder, unserer Ansicht nach ungenau, alles mit „Amun von Karnak" und meint damit wohl das gesamte Gelände des *pr-Jmn*. Auch im speziellen Bereich des *Jpt rsj* lief der Königskult durch; zu beachten ist die analoge Nord-Süd-Achse im Hypostyl von Karnak.

109 pHarris I, 5,6; 12a,3; Helck, Materialien I, 73ff. Das Arcanum des königlichen *pr* liegt wieder im geheimen Inneren des Luxortempels, wo der königliche Hieros Gamos mit dem Amun von *Jpt rsj* stattfand.

kultisch im Erneuerungs- und Prozessionsvorgang als Teile des sakralen Königspalastes und des königlichen Erscheinungstempels (*ḥwt*) fest miteinander verbunden.

Die verschiedenen thebanischen Amun-Bereiche bilden für uns, anders als Haring es sieht, von Anfang an eine geschlossene Einheit, verbunden durch Festprozessionen in Nordsüd- und Ostwest-Richtung, die schließlich (das Dekadenfest ist indirekt schon für das Neue Reich nachweisbar[110]) alle 10 Tage zur Überfahrt nach dem Westen führten. Alle Götter der großen Neunheit, die staatlichen Schutzstandarten und der König müssen von Anfang an mit ihren „königlichen" Formen gemeinsam vertreten sein, sonst hätte kein Gott der Großen Neunheit, wo immer er sich im Lande manifestierte, sich erneuern können. In der Vignette des pHarris I[111] erscheint in einer alle verschiedenen Sakralformen Thebens einschließenden Formel Amun-Rasonter, Herr des Himmels, Herrscher von Theben, dann Mut, Chons und alle Herren Thebens.[112] Die verschiedenen Sakralgebäude im sakralen Areal des Amun, die immer zwei Ebenen (irdisch und überirdisch) haben, etwa das königliche *pr* Ramses' III., der Tempel des Ptah oder der Tempel des Hörenden Ohres, sind daher keine von außen dem Amun von Karnak hinzugefügten Filialtempel[113], sondern integrierte Bestandteile des sakralen Staatszentrum, das der königlichen Elite und der Machterhaltung des Staates diente. Dazu muss aber auch wohl ein wenig bekannter, aber für königliche Dekrete entscheidender Orakelgott des Königspalastes wie Amun, etwa der ‚Amun-der-Plänemacher', gerechnet werden (mit der Gottesgemahlin als kultischem Bindeglied zwischen Palast und Vatergottheit in Theben).

9. Die Verwaltung des *pr Jmn* als Teil der Staatsverwaltung der Thebais

Harings Blick ist auf das nach ihm eigenständige sakrale *pr*-Areal, d.h. das des Amun = Karnaktempel gerichtet. Danach drängt sich ihm eine ‚Tempelverwaltung' des Amun von Karnak, d.h. die in sich geschlossene und gegen andere *pr*-Bereiche abgeschottete *pr* + Amun-Einheit auf.[114] Eine zentrale Verwaltung des *pr Jmn* im engeren Karnaktempel-Areal, das für andere kleine *pr*-Einheiten verantwortlich war, ist den Texten freilich nicht zu entnehmen. Es scheint mir ein grundlegender methodischer Fehler, Personen, die in Titeln Zuständigkeiten für Bereiche des *pr Jmn* oder auch anderer *pr* innerhalb der Umfassung des *pr-Jmn* haben, allesamt unter „Angehörige des Amuntempels" oder „Tempelpersonal" zu subsumieren.[115] Um der disparaten Quellenlage zu begegnen, folgert Haring, dass der Pharao die Kompetenzen für den Tempel des Amun und

110 Zum Ursprung und zur Verbindung mit dem Ritual für die Königsbarke s. ULLMANN, Ritual Landscape, mit Anm. 34.

111 GRANDET, pHarris I, 225.

112 Solche Formeln verschränken meines Erachtens den Zyklus der Regeneration des Königsgottes (Gott des Palastbereiches und des Dachgeschehens) und den des Lokalgottes Amun von Karnak bzw. des lokalen Amun-Kamutef, die am Morgen zum Zeitpunkt des Sonnenaufgangs phasenidentisch wurden.

113 Der *pr*-Bereich des Ptah in Theben ist wohl keine theologische Filiale des Ptah von Memphis, genauso wenig wie die Osiristempel in Karnak oder die Re-Zimmer der Tempel. Ohne Ptah, Osiris, Re, Amun, Thot-Schu und die übrigen königlichen Götter der Großen Neunheit kann Amun von Karnak nicht die Phasenvereinigung mit der überregionalen Vatergottheit erreichen, sich regenerieren und zum König der Götter werden.

114 Die Tatsache, dass Getreide des Gedächtnistempels für das *pr Jmn* geliefert wurde, ist für mich ein Indiz, dass beide gerade nicht autarke Institutionen waren, sondern dass z.B. die Getreidezuteilung auch de jure Angelegenheit der Residenz und der Thebaisverwaltung war, die die Verteilungsströme an die verschiedenen *pr*-Bereiche steuern konnte.

115 Ein Blick auf die Listen der angeblichen „Tempelangehörigen" bei HELCK, Materialien zeigt, dass wir eine oft untrennbare Mischung von verantwortlichen Staatsbeamten mit einzelnen Personen haben, bei denen eine (mindestens zeitweilige) Tätigkeit unmittelbar am Sakralbau oder im sakralen Areal wenigstens vermutet werden kann.

andere Tempel nach dem Prinzip des divide et impera absichtlich aufgeteilt hätte.[116] Zu folgern wäre konsequenterweise, dass das *pr* des Amun einfach nicht im Bereich der Umfassung des Amun zentral verwaltet wurde; dasselbe gilt für die Scheune des königlichen Gedächtnistempels. Eine Scheune des *pr Jmn* mag aus Speichern bestehen, die irgendwo in der Nähe des sakralen Areals bei Karnak errichtet worden sein können. Das bedeutet noch lange nicht, dass dort auch die Einkünfte und Angelegenheiten der Scheune des Tempels des Lokalgottes Amun von Karnak verwaltet wurden[117] und dass der Tempel (sc. sein Klerus oder etwa der 1. Hohepriester) Zugriff auf dem Inhalt der Scheunen gehabt hätte.[118]

Haring macht die Unabhängigkeit zwischen königlichem Gedächtnistempel im Westen und dem Göttertempel des Amun von Karnak im Osten im wesentlichen an der Getreideverteilung fest. Für das Schatzhaus im *pr Jmn* = Karnaktempel, das auch an Königstempel der Westseite verteilt, muss er eine Ausnahme konstatieren. Die königliche Residenz wird einen detaillierten Überblick und ein großes Archiv über das *pr Jmn* des Südlichen Bezirks gehabt haben, wie Berichte von Inspektionen der Residenzbeamten lehren. Für die Verwaltung des Deltas in der Ramsesstadt werden die einzelnen *pr*-Bereiche traditionell unter der königlichen Weihung an das *pr* des königlichen Vatergottes Re gestanden haben.[119] Nach den Zahlen der Listen (*jmjt-pr*) im pHarris I hat es etwa 160 ‚Orte von Ägypten' mit Stiftungen an Amun-Rasonter gegeben und präzise 2.756 *sšm-ḫw* des Amun-Rasonter. In den hohen Zahlen, auch den Hunderttausenden von Personen, werden Zusammenfassungen vorliegen, deren Basismaterial freilich wiederum zum großen Teil aus der Verwaltung des Südlichen Bezirks kommen wird. Da es keine irdischen Kultbilder des Vater- und Allgottes Amun-Rasonter gab, sondern nur irdische Sohnformen (*dii minores* als Prozessions- und Schutzbilder), steht Amun-Rasonter hier als Überschrift für zahllose unterschiedlichste Formen von Sakralbildern, darunter wohl auch die Königsstatuen mit dem Zusatz *m pr Jmn* und vielleicht sogar Privatstatuen hoher Beamter. Auch im Delta wird es eigene Schiffsorganisationen gegeben haben. Wahrscheinlich ist sie mit unter dem *pr Rᶜ* einzuordnen. Die Angelegenheiten des *pr Rᶜ* sind in der Ramessidenzeit wohl nicht unmittelbar am Re-Tempel von Heliopolis verwaltet worden, auch wenn es dort sicher eine Unterverwaltung gab. Die Ramsesstadt ist sehr wahrscheinlich.[120]

Das Problem, an welchem Ort das *pr Jmn* eigentlich verwaltet wurde, steht bei Haring nicht

116 HARING, Divine Households, 391 u.a. Mit seinen Tempeln als *self-sufficient units* (mit der Einschränkung S.3: *ideally*), bei denen er allerdings eine *external administration* konzedieren muss, wird wieder ein Gegensatz zwischen Tempel und Staat eingeführt, der meiner Ansicht nach einfach nicht besteht. Manche Texte der Tempelwände, die Erststiftungen des Königs (sakral: Gottesopfer) scheinbar als Gottesbesitz auflisten, gehen zwar auf administrative Verfügungen zurück; die zweifellos urkundlich vorgenommenen, ständigen Veränderungen des Gottesopfers (der Felder- und Scheunenverwaltung), veranlasst durch die Residenz- und Thebaisverwaltung, erscheinen aber nicht an den Tempelwänden. Die Listen der Tempelwände und die Texte der sakralen Weihungen an den Vatergott des Königs sollten meiner Meinung nach nicht als Beleg für Tempeleigentum und für die vollständige Unabhängigkeit des jeweiligen Tempels ausgewertet werden.

117 Im Scheunenbereich des *pr Jmn* gab es ein eigenes *pr Jmn ᶜ3 šfjt* (HELCK, Materialien I, 21; 55). Dazu kommen noch Statuenkulte wie etwa der der Renenutet.

118 Bezeichnenderweise gibt es keine lokale Scheune des Amun-König-der Götter (an der Spitze) von Karnak, d.h. *Jpt swt*. Vorsteher der Scheune des *pr Jmn* ist in der Ramessidenzeit wie vorher oft der Bürgermeister (*hH̱tj-q*) von Theben als oberster Verwalter des Südlichen Bezirks; für den Deltabereich und den Memphites des *pr Jmn* unter Amenophis III. auch der Bürgermeister von Memphis (Memphites); s. HELCK, Materialien I, 33f.

119 ULLMANN, Millionenjahrhaus, 647 rechnet damit, dass es vielleicht einen Tempel der Tawosret in Piramesse gegeben hat, der nach ihr an einen lokalen *pr Jmn* = Amuntempel von Piramesse angeschlossen gewesen sei.

120 Vgl. RAUE, Heliopolis, 79; ULLMANN, Millionenjahrhaus, 290f.

im Mittelpunkt. So wird auch nicht näher erörtert, warum und wozu etwa das Amt des *jmj-r3 pr (wr)* oder das des *jmj-r3 pr n Jmn* in Theben eingerichtet wurde. Die Tatsache, dass wir über die konkreten Aufgaben dieser Verwalter wie auch über die Beamten, die für die Königstempel auf der West- und Ostseite zuständig waren, fast nichts wissen, lässt auch die Folgerung zu, dass sie nicht im engeren *pr*-Areal des Amun = Karnaktempel wirkten, sondern als Vorsteher einer Personengruppe mit speziellen Aufgaben für einzelne *pr*-Angelegenheiten in einem Verwaltungszentrum des Südlichen Bezirks. Immerhin ist das *pr Jmn Rꜥ nswt nṯrw* auch *m ꜥrsj* gelegen.[121] In späteren Zeiten ist die Verwaltung der Nomosurkunden und die Verwaltung der Sakral(vor-)schriften meist in einem gemeinsamen Komplex erfolgt[122], dies könnte auch für das sakral konnotierte *ḥtp nṯr* des *pr Jmn* im NR zutreffen. Viele isoliert scheinende Titel, die einzelne Verwalter, z.B. einen Schreiber der *r3-prw* (administrative Konnotation!), nennen[123], kennzeichnen keinen Angehörigen einer eigenständigen Verwaltung des *pr Jmn*, sondern einzelne Mitglieder der staatlichen Verwaltung, die die wirtschaftlichen Angelegenheiten der einzelnen *r3-prw* entsprechend den Urkunden (*jmjt-pr*) jedes einzelnen *pr* zu regeln hatten. Der 1. Hohepriester des Amun von Karnak kann deswegen nicht der Führer der Verwaltung des *pr Jmn* sein[124], sondern war zusammen mit den Spitzen der staatlichen Nomosverwaltung eben ein von den Weisungen des Pharao abhängiges, einflussreiches Mitglied der staatlichen Verwaltung der Thebais.[125] Dazu gehörte auch der *jmj r3-pr* / *ꜥ3 n pr* des Königtempels von Medinet Habu[126], der dann nicht der Leiter von Medinet Habu selbst war, sondern der für die Stiftungen zuständige Verwaltungsbeamte des Südlichen Bezirks. Dasselbe gilt für Personen, die als *jmj r3 pr* / *ꜥ3 n pr* für die Belange kleinerer *pr*-Bereiche verantwortlich waren.[127] Anzunehmen, dass der Sem-Priester von Medinet Habu, ebenfalls ein Staatsbeamter, die Angelegenheiten des gesamten Tempels mit ihren 62.000 Personen (!) selbstständig und allein von Theben-West aus, ohne Rücksichtnahme auf die Thebaisadministration, geregelt hätte, scheint mir sehr gewagt.[128] Der *jmj-r3 pr n Jmn* war auch für Medinet Habu zuständig.[129] Schriftliche Anordnungen des Pharao aus der Residenz im Delta an die vielen einzelnen *pr*-Einheiten Ägyptens direkt weiterzuleiten, wäre wenig praktikabel gewesen, wenn man dazu nicht die bestehende Organisation der größeren Verwaltungszentralen (Ramsesstadt, Memphis, Theben und Aniba/Buhen) verwendet hätte. Es spricht nichts dagegen, dass Anordnungen der Residenz

121 s. GARDINER, pWilbour IV, 134; hier ist wohl die topographische Zuordnung angegeben; KRI II, 821,8.

122 Wohl in der sakral (mit Kultstatuen versehenen) geprägten Institution Lebenshaus, das aber wiederum einzelne Sektionen enthalten kann.

123 HARING, Divine Households, 235. Der ‚Schreiber des Gotteshauses' (Ramesseum, Medinet Habu, s. HARING, Divine Households, 231-232) könnte dagegen unmittelbar dem Sem unterstellt gewesen sein.

124 Ein Schreiber des Amun, Wab des Amun oder ein Diener (*b3k*) des Amun (immer eines königlichen Vatergottes; ein Diener des Amun von *Jpt-swt* ist mir nicht bekannt) ist auch in Theben nicht *eo ipso* ein Mitglied der Priesterschaft des Amun von Karnak, wie oft stillschweigend unter der Prämisse Staat versus Tempel angenommen.

125 Das gilt auch für den Großen der Schauenden, der in der Ramessidenzeit nicht in Heliopolis, sondern in Piramesse als Verwandter des Königs Verwaltungsaufgaben übernahm, s. RAUE, Heliopolis, 77ff. Ungenau, weil ausschließlich das Sanktuarinnere als Wirkungsstätte assoziierend, ist unsere Übertragung solcher Titel als „Hohepriester".

126 HARING, Divine Households, 226f.

127 Titel wie der des *jmj-r3 pr n Ḏsr-k3-Rꜥ* staatlicher Beamter sind kein Beleg dafür, dass alle vier *pr*-Bereiche Amenophis I. in der Ramessidenzeit (s. Anhang) unter einer Verwaltung zusammengefasst waren.

128 Vgl. HARING, Divine Households, 215. Ersichtlich ist zunächst nur, dass der Sem von Königstempeln für die Austeilung von Kupfer aus den Speichern an noch kleinere staatliche Institutionen wie das *P3-ḫr* zuständig war. Warum sollte Vergleichbares nicht auch für die staatlichen Speicher bzw. Werkstätten des *pr*-Bereiches des Amun auf der Ostseite zutreffen ?

129 Vgl. GARDINER, pWilbour II, 20.

bei den Besuchen von Verwaltungsbeamten aus der Residenz der Nomoszentrale des Südlichen Bezirks übergeben wurden und, wenn sie Angelegenheiten der einzelnen Bereiche innerhalb des *pr-Jmn* unterschiedlichster Form betrafen, dort auch rubriziert und aus den dortigen Scheunen unter der Kontrolle des Aufsehers der „Scheune des *pr Jmn*" auch verteilt wurden.[130]

Es gab wohl keine weiteren im Niltal umherfahrenden Schiffsorganisationen als die der großen wirtschaftlichen *r3-pr*-Einheiten, wie es die mittelägyptische Häfen zwecks Getreideeinsammlung anlaufenden Schiffe des *pr Jmn* zeigen.[131] Die Annahme, dass die Schiffe von Medinet Habu - und prinzipiell dann die jedes *pr* - in ganz Ägypten herumgefahren sind, um das ihnen als unabhängiges *pr* zustehende Getreide und Saatgut von den eigenen Tempelländereien zu holen, scheint mir unwahrscheinlich und um so ökonomisch unsinniger, je geringer die Lieferungen und je weiter die Wege an die einzelnen Scheunen-Speicher waren.[132] Wo die für die Getreideverteilung wichtigen Akten der Schiffsverwaltung mit den „Schiffen des *pr-Jmn*" bearbeitet wurden, ist völlig unbekannt, der Raum Karnak-Nord hat eine gewisse Wahrscheinlichkeit für sich. Bezeichnenderweise werden im pHarris I einmal 88 (67,10) bzw. 90 (70a,1) Schiffe genannt, die als Stiftungen an den Vatergott Amun wohl für die gesamte staatliche Schiffsorganisation der Thebais stehen. Sie machten kaum alle am Kai unmittelbar westlich des Tempels des Amun von Karnak halt.

Es muss wie für die Schiffe des *pr* des Re auch eine königliche Verwaltung und Kontrolle des *pr Jmn* in Piramesse gegeben haben, die die im ganzen Land verkehrenden staatlichen Schiffe des Amun registriert hat. Immerhin wissen wir, dass die Schiffe des *pr Jmn* in einem Fall unter der Aufsicht eines Stallmeisters aus der Residenz in Piramesse standen![133] Die Residenz ordnete auch die Schiffsbewegungen, z.B. Viehtransporte aus den königlichen Herden-Institutionen und Weinberglieferungen für Königstempel *m pr Jmn*, an.[134] Die Schiffe des *pr Jmn*, deren königlicher Verantwortlicher die entscheidende Verteilungsgewalt besaß, müssen auch Getreide eingesammelt haben, das für zahlreiche kleinere *pr*-Einheiten in Theben und der Thebais bestimmt war, da diese Institutionen keine großen eigenen Schiffsorganisationen besaßen.[135] ‚Logischerweise' hätte man dies zunächst unter Lieferungen für das große *pr* des Amun im Verwaltungszentrum (des Nomos) abgerechnet. Dann erst wird die „sicher auf kurzem Wege erfolgte", vertragsgemäße - der *jmjt-pr*-Urkunde des jeweiligen *pr* folgende - Weiterleitung der Rationen (Festlieferungen) an

130 Vgl. Gardiner, pWilbour II, 21. Einzelne Titel wie „Schreiber aller Felder (var. aller Scheunen) der Götter von Ober- und Unterägypten" sind bisher leider nicht zu definieren. Frau Ullmann ist für eine diesbezügliche Einsichtnahme in eine weitgehend abgeschlossene Münchener Habilitationsarbeit zu danken.

131 Schiffe der größeren *pr*-Bereiche (z.B. Abydos/Thinis). Es gibt aber keine Hinweise, dass sie selbständig die Getreideeinsammlung und Saatgutausgabe über größere Distanzen hinweg übernommen hätten.

132 Haring, Divine Households, 378 ist vorsichtig und rechnet auch mit *co-operation* bei den Schiffen. Wenn aber verschiedene Sakralbezirke (Tempel der West- und Ostseite) Thebens alle im Herakleopolites Ländereien haben (Gardiner, pWilbour II, 124), wäre es ökonomisch unsinnig, ihren Getreide-Transfer über verschiedene Schiffsorganisationen abzuwickeln; die administrative Abrechnung im Rahmen der Schiffsorganisation des *pr-Jmn* ist durchaus wahrscheinlich. Dies allein würde eine obligatorische Zuordnung neuer Institutionen *m pr Jmn* in den Akten der Königstempel verständlich machen.

133 Gardiner, pWilbour IV, 134. Vgl. auch den Titel eines „Schiffsvorsteher des Amun und des Königs, Pferde- und Soldatenschreiber", s. dazu Helck, Materialien I, 47f.

134 pAnastasi IV, col. 6,10; vgl. Haring, Divine Households, 149, der meint, dass hier mit *m pr Jmn* nicht der Tempel des Amun von Karnak gemeint sein kann, da er den Tempel Sethos II. im Delta sucht; anders Ullmann, Millionenjahrhaus, 416, die Theben vorschlägt.

135 Möglicherweise standen, wie vorramessidisch einmal belegt, die nördlichen Teile bzw. ihre entsprechenden Feldererträge des *pr Jmn* im Bereich der Verwaltung und der Schiffsorganisation des Memphites; s. Helck, Materialien I, 816 (34); es gab in Memphis ebenfalls einen Sakralbezirk *pr Jmn*.

die davon profitierende Personengruppe der anderen *pr*-Bereiche veranlasst worden sein.[136] Nichts spricht dafür, dass etwa Mut und Chons riesige eigene und völlig unabhängige Verwaltungseinheiten mit größeren, direkt belieferten, zentralen Speichern besaßen. Die Produktionsstätten bei Mut und Chons waren unbedeutend, so dass von dort allenfalls staatliche Zuteilungen an kleinere *pr*-Einheiten, z.B. diejenigen innerhalb der *pr*-Umfassung des *Ḫnsw* (s.o.), weitergereicht werden konnten. Diese personelle und verkehrstechnisch-strukturelle Abhängigkeit und die Verflechtung des *pr-Mwt* und des *pr-Ḫnsw* mit der Verwaltung des Nomos und den Sparten (Schiffs- und Felderverwaltung, Speicherverwaltung, Rinderverwaltung) des *pr-Jmn* wäre dann durchaus als administrativ zu bezeichnen. Sie erklärt - wir interpretieren hier anders als Haring den Text - auch, warum etwa im pHarris I die Götter Amun, Mut, Chons und andere Vater- (bzw. Mutter-) Götter des Pharao gemeinsam in den Überschriften erscheinen.

Bei unvoreingenommener Betrachtung müssten in die übergeordnete staatliche Verwaltung der Felder und Güter des *pr Jmn* auf der Ostseite auch die thebanischen Königstempel auf der Westseite mit eingeschlossen gewesen sein. Auch Medinet Habu kann nur über die Thebaisadministration im Interesse der Residenz verwaltet und kontrolliert worden sein. Nichts anderes sagt unserer Ansicht nach das *m pr Jmn*, wenn eben der Ausdruck nicht bedeutet, dass es der Amuntempel von Karnak war, der die Verwaltung innehatte. Immerhin wird ein staatlicher Verwaltungsbereich der Westseite, ein *pr Jmn m jmnt W3st*, im pWilbour[137] ausdrücklich genannt.[138] Dies unterstreicht nur, dass die für die Anhänger des Königs und besonders das Militär wichtigen großen Königstempel-Bereiche der Westsseite besonders einflussreichen königlichen Verwaltungsbeamten unterstellt waren, die aber sicher auf der Ostseite ihr Büro hatten. Sie standen in wohl einer persönlich engen Verbindung zur Residenz und zum Wesir[139]. Ob die staatlichen Schiffe des (königlichen Vatergottes) Amun dann von der ersten Anlegestelle irgendwo im Norden von Karnak weiter bis zur *mrjt*-Uferbank, etwa in der Nähe des Ramesseums, weiterfuhren oder etwa aus anderen Regionen direkt dorthin segelten, um dann dort das Getreide für die Speicher des Ramesseums oder

136 Felder des Millionenjahrhauses Ramses' V. in Mittelägypten stehen z.B. unter der administrativen Kontrolle des 1. Hohepriesters des Amun (pWilbour A 45,40-3), der gleichzeitig auch einige Felder für das *pr* des Amun-Rasonter überwacht (A 21,17). Das kann nur bedeuten, dass die Abrechnung der Getreidelieferungen für einen großen Königstempel in Theben-West über die gleiche Schiffsorganisation des *pr Jmn* erfolgt ist (anders HARING, Divine Households, 391, der diese und ähnliche Belege weginterpretieren muss). Für welche verschiedenen kleineren thebanischen Institutionen dann das vielleicht in den Speichern des *pr Jmn* zwischengelagerte Getreide noch ausgeteilt wurde, war eine Angelegenheit der Thebais-Verwaltung und des Anspruches, der sich aus den einzelnen Urkunden für das jeweilige *pr* bzw. königliche *ḥwt* ergab.

137 GARDINER, pWilbour II, 168; vgl. auch ULLMANN, Millionenjahrhaus, 418. Der gelegentliche Zusatz zu einem königlichen *ḥwt m pr Jmn* mit der Angabe *m jmntt W3st* schließt eine Verwechslung mit den Königstempeln auf der Ostseite aus. Die Verwaltungsbeamten der Westseite (mit ihren kleineren Kultstellen) müssen doch irgendwie in die großen königlichen Stiftungen und ihre kultische Bestätigung mit einbezogen worden sein.

138 Diverse Lieferstellen für Bier für Der el Medine sind die *n3 r3w-prw (m) jmntt W3st*, s. KRI VII, 347,13; man beachte die wirtschaftliche Konnotation des Ausdrucks.

139 Zu rechnen ist mit königlichen Schutzdekreten für die großen Anlagen der Westseite analog zum Königstempel in Abydos. Das bedeutet aber nicht, dass ihre Administration und ihre Felderverwaltung bzw. Besteuerung autark eingerichtet war. De facto wurde nicht der Tempel, sondern die Nutznießer der Stiftungen geschützt. Ich teile nicht Harings Ansicht, dass Tempel wie der von Medinet Habu *powerful* waren, weil sie, möglicherweise umgewidmete Speicher des Ramesseums weiter nutzend, mit besonders umfangreichen Speicherbauten (als „staatliche Scheune") ausgestattet waren, aus denen dann an andere königliche Institutionen ausgeteilt wurde. Es ist in Medinet Habu einfach kein unabhängiger „mächtiger Klerus" nachweisbar, genauso wenig wie eine geschlossene korporative Gemeinschaft des Königstempels.

Medinet Habus auszuladen, kann kaum mehr mit Sicherheit bestimmt werden. Die Redistribution von Getreide von den besonders großen „staatlichen" Scheunen-Bereichen aus, die von der Verwaltung den Vatergöttern der Königstempel wie Ramesseum und Medinet Habu zugeordnet waren, nach Karnak dürfte nicht nur im Lebenshaus der Westseite, sondern auch in den Schriften der Verwaltungen der Ostseite festgehalten bzw. über königliche Anordnungen aus der Residenz ausgeführt worden sein.[140] Irgendwo im Norden von Karnak müssen entsprechende königliche Anweisungen aus der Residenz aufbewahrt worden sein. Doch auch sie werden dort letztlich innerhalb der spezifischen Ressorts der Verwaltung der Angelegenheiten des *pr Jmn* als staatliche Urkunden abgelegt und aufgelistet worden sein.

10. Das *m pr* + Gott und die Verwaltung der nubischen Sanktuare der Ramessidenzeit

Im Inneren des königlichen Hemispeos von Gerf Hussein, das als *ḥwt-nṯr* dem *pr*-Bereich des Ptah zugeordnet wird,[141] führen Statuen- bzw. Barkenrepräsentationen Ramses' II. jeweils wechselnd den Zusatz *m pr Jmn*, *m pr Rꜥ* und *m pr Ptḥ*.[142] Die ramessidischen Felsspeoi Nubiens können auch im *pr*-Bereich des Amun (z.B. Wadi es-Sebu'a) oder im *pr*-Bereich des Re (Tempel von Derr[143]) liegen. Es wäre aber, vergleichbar der Gleichung *pr Jmn* = Tempel des Amun von Karnak, ein methodisch-inhaltlicher Fehler, wenn wir die *pr*-Bezeichnung für den Namen des eigentlichen Hemispeos hielten. *pr* bezeichnet auch in Nubien kaum den abgeschirmten Tempelbau, sondern schließt, in einem großen Prozessionsrahmen, räumlich den äußeren Sakralbezirk, die irdischen Königsstatuen in den Garnisonen der einzelnen militärischen Detachments und die Sakralbauten der nahen Siedlungen mit ein.[144]

Im Falle der nubischen Sakraleinheiten könnte Ähnliches wie für die thebanische Verteilung angenommen werden. Es spricht nichts dagegen, dass über die Verwaltung der Thebais königliche Anordnungen für die nubischen Sakralzentren nach Aniba oder Buhen mit der Zuständigkeit des Königssohnes von Kusch weitergegeben und von dort weiter verteilt werden konnten. In Aniba im Neuen Reich könnten die Zuständigkeiten und Anordnungen unter *pr* des Amun, Re, Ptah oder Horus von Buhen verbucht und die Stiftungen sakral-rituell dem jeweiligen königlichen

140 Titel von Beamten, die Schiffsvorsteher bestimmter Königstempel sind, sind keinesfalls einfach als Personen nachzuweisen, die etwa die gesamte Flottenbewegung von einem Tempel aus kontrolliert haben. Entscheidend wäre der Nachweis ihrer Wirkungsstätte (vgl. etwa Helck, Materialien I, 10).

141 Frau Ullmann ist für eine diesbezügliche Einsichtnahme in eine weitgehend abgeschlossene Münchener Habilitationsarbeit zu danken.

142 Die übliche Erklärung, dass Amun, Ptah und Re allein wegen ihrer religiös-theologischen Bedeutung als Reichsgötter der Ramessiden in die ramessidischen Speoi Nubiens plaziert wurden, reicht mir zur Begründung der nach den großen *r3-prw* unterschiedenen Königsinstitutionen nicht aus; sie übergeht die konkrete ökonomisch-gesellschaftliche Aufgabe der neuen Königstempel. Zum einen waren Amun, Re und Ptah schon an den Königstempeln der 18. Dyn. vergesellschaftet, zum anderen müssen die königlichen Vatergötter der Felsspeoi „im Außenbereich" in den Siedlungen ihre konkreten kultischen Entsprechungen (Königsstatuen, Militärstandarten) gehabt haben.

143 Ullmann, Millionenjahrhaus, 382ff. Das sakrale Zentrum der Festprozessionen nach Derr und zurück liegt in Amada. Die Zuordnung des speziellen „Gotteshauses" als Teil des *pr Rꜥ-ms-sw-mrj-Jmn*" zu Re ergibt sich wohl aus der - verwaltungstechnisch und militärisch geprägten - Zuordnung der neuen kgl. Sedfest-Institutionen in Amada und wohl nicht allein aus der Topographie des Platzes des Speos in Derr heraus. In Amada mit dem Sakralzentrum des *pr Rꜥ (- Ḥr 3ḫtj)* könnte sehr wohl auch eine entsprechende militärische Einheit stationiert gewesen sein. Vgl. auch Raue, Heliopolis, 449.

144 Der Fokus des Kultgeschehens liegt auch in den nubischen Hemispeoi vor dem Hemispeos, wo sich außen an bestimmten Tagen des jeweiligen Erscheinungsfests die sonst an die Königsstatuen in der nahen Siedlung oder Garnison gebundenen Offiziere und Verwaltungsbeamte im Rahmen zyklischer Festumzüge trafen.

Vatergott dargebracht worden sein. Haring, der für das *m pr Jmn* = Karnaktempel immerhin noch auf lose Verbindungen religiöser Art im thebanischen Raum verweisen kann, erklärt eigentlich nicht, warum, wozu und auf welchem Wege dann in Nubien ein *m pr Ptḥ* oder *m pr Rꜥ* dem Namen eines königlichen nubischen Sakralzentrums hinzugefügt wurde. Nutznießer der ramessidischen Sakralzentren und der königlichen Stiftungen war nicht ‚der Tempel', sondern die einzelnen Militärgruppen, etwa die auf der thebanischen Westseite[145] oder gerade auch die in Nubien. Ihre Götter waren bereits in Piramesse auch die der verschiedenen militärischen Einheiten des Amun, Re, Ptah und Seth. Unwahrscheinlich scheint, dass jeder *pr*-Sakralbereich Nubiens, der *m pr* des Amun, Ptah oder Re war, eine Eigenständigkeit besaß und seine Schreiber (Militärschreiber) unabhängig von einer Zentrale aus agierten. Als kleine Einheiten waren sie von Zulieferungen aus größeren Speichern abhängig. Es gab aber sicher eine Abhängigkeit der Offiziere und der einzelnen Militärgruppen als Nutznießer der kleineren *pr*-Institution gegenüber den vorgesetzten Offizieren und königlichen Schreibern in Verwaltungszentren und militärischen Kommandozentralen wie Aniba oder vor allem Buhen. Dort lagen wohl auch die Schiffe, die die Verteilung der Güter in Nubien vornahmen. Die Schiffsorganisation Nubiens wurde wohl von Königssohn von Kusch kontrolliert, war aber vorher vielleicht als Stiftung an das *pr Jmn* vom Pharao seinem Vatergott Amun dargebracht worden. Im *pr*-Bereich des Amun lag ja auch Ende des NR ihr militärisches Hauptquartier bei Medinet Habu.

In keiner der Institutionen, die in Nubien den Zusatz *m pr* eines Hochgottes haben, gab es eine exklusive Priestergruppe. Der Priesterdienst wird dort in der Regel von Offizieren und Schreiber-Beamten verschiedener Aufgabenstellungen verrichtet. Entscheidend an einem solchen Sanktuar, wo auch immer eingerichtet, war für die Sakralelite die damit verbundene garantierte tägliche und jährliche Festversorgung (*ḥtr rnpt*), die an Kalenderdaten und damit garantierte Festlieferungen gebunden war. Nun war es gerade die Aufgabe der größeren nubischen Festungen und Garnisonen mit ihren sakralen *pr*-Einheiten als Zentrum die kostbaren Materialien zu sichern, darunter das gewonnene Gold (etwa aus dem Wüstengebiet bei Kuban und dem Wadi Allaki oder aus der Flussgoldgewinnung des Raums von Sedeinga/Sai) oder die eingetauschten kostbaren Handelsgüter Nubiens. Die Raumdekoration von Abu Simbel, dessen für das dortige Militär relevante Statuengottheit außen ‚Ramses in der Stadt' war, mit den ‚Schätzen im Inneren', verrät die Bedeutung und die Position von Abu Simbel als Sammelzentrum von Gütern. Das Zentrum, wo die kostbaren nubischen Güter schließlich landeten, wird aber nichts anderes als eben das Schatzhaus in Theben gewesen sein. Nur von dort, mit dem staatlichen ‚Schatzhaus (treasury) des *pr Jmn*', das auch als Redistributionszentrum für andere *pr*-Einheiten in Theben unter Verwendung sicher gerade der nubischen Lieferungen diente[146], konnten mit Hilfe der Schiffsorganisation des *pr Jmn* die jeweiligen für die Residenzverwaltung im Delta, aber auch der Residenz in Memphis bestimmten kostbaren Güter weitergeleitet werden. Das *m pr Jmn* als Zusatz der nubischen Sakralzentren kann also sehr wohl auch gerade die administrative Verbindung zum staatlichen Verwaltungszentrum bei Karnak-

145 Die kalendarischen Siegesfestdaten des Ramesseums und Medinet Habus (Haring, Divine Households, 69) verraten eine Ansiedlung ausländischer Gruppen (vgl. Haring, Divine Households, 50), insbesondere Soldaten. Nutznießer sind jetzt in erster Linie die Offiziere des Heeres. Die Einseitigkeit der Phraseologie ägyptischer Tempelinschriften verschleiert die Profiteure der Opferlieferungen. Der Gott der militärischen Einheiten in Ägypten war immer der überregionale Amun; dazu gehörten die militärischen Schutzbilder (Standarten).

146 Der Königssohn von Kusch konnte auch den Titel eines Schatzhausvorstehers des Amun führen (Helck, Materialien I, 43).

Nord anzeigen. Wenn dann dort der spezielle neugegründete nubische Tempel als *m pr Jmn* registriert wurde, ist durchaus mit einer für ihn „verewigten" staatlichen Festdotation aus dem Bestand des *pr Jmn* zu rechnen, angeordnet von der Residenzverwaltung der Ramsesstadt und weitergeleitet an die Verwaltung des Südlichen Bezirks und schließlich Nubiens.[147] Die Festdotation muss dann auch nicht direkt von Theben nach Nubien geflossen sein, sondern könnte auch aus Produkten bestanden haben, die im Zuständigkeitsbereich des ‚Königssohnes von Kusch' lagen. Gerade im militärischen Zentrum Buhen, aber auch in Aniba, sind Molen für Schiffe archäologisch nachgewiesen.[148] Wenn militärische Einheiten des Amun, Ptah und des Re in Nubien lagen (mit entsprechenden sakralen *pr*-Bereichen, zugeordnet Amun, Ptah und Re), dann ist wohl auszuschließen, dass diese Institutionen in Nubien auf direktem Wege mit Memphis oder der Ramsesstadt im Delta kommunizierten.

11. Zusammenfassung (English Summary)

1. *pr* has the basic meaning of 'something, that is enclosed', e.g. an (sacred or secular) enclosure (conotating a private house as a complex with an inner and outer area, not the main building itself), then more general that of 'all which is included or enclosed in a household' of a stately or private institution. A *pr* + god never includes or cites the name of a special temple building and of a local god inside the sacred *pr*-area, but exclusively the realm of the king's father- or mother god. Amun-Rasonter as the king's father (with its royal cultic centre at the Achmenu!) should not be intermingled with the special building (*ḥwt-nṯr*) of local gods like *Jmn ḫntj jpt swt* or *Ptḥ nfr-ḥr*. Inside a larger *pr*-area could exist lesser *pr*-areas, having also a *pr*-household legally guaranteed for their own.

All larger and lesser institutions of Egypt during the New Kingdom regardless if a religious or more secular institution included a sacred *pr*-area. They were economically administered as greater or lesser *r3-prw*. Goods and personell for their religious maintainance, listed in a *jmjt-pr*, were given in a sacred act to the king's father god. The king as son and heir of the father got it all back probably in the sacred act of the 'fixing of the heir' performed yearly to use it for the benefit of the kings's elite society. Legally all matters on earth of every single *pr*-unit were handled by the state again. Each *pr*-unit regardless of its size was defined independently and its regular delivery secured by documents ideologically written by gods. Therefore *pr*-units could not simply transfer goods to another *pr* by themselves without interference of the State by decisions of the kings´s court and orders, finally supported by oracles. But the state adminstration of the *pr*-units based on the adminstration of the Southern District and supervised by the residence, could legally regulate and change the ways of delivery via the ship and field administrations. The administrators of *pr*-units belonged to the elite groups around the state and king.

The *pr Jmn* was the sacred cultic centre of a branch of the state administration. There is no trace of a larger separated temple administration involved, being independent from the state. In reality exists no independent temple adminstration of the Amun-Tempel of Karnak as a religious institution and no leadership of the Highpriest of Amun. The ships of Amun are not ships of a special local temple but ships of the State, supervised by the royal residence. The *pr Jmn* was not

147 Möglicherweise waren die ramessidischen militärischen Formationen des Amun, Ptah oder Re in Nubien, in der Thebais, in Memphis und im Deltaraum an entsprechende königliche Institutionen mit Königsstatuen- bzw. an ihre Verwaltungsinstitutionen gebunden.

148 Emery, Preliminary Report, 85f.; Steindorff, Aniba II, 9-12, Tf. 6.

a corporative unit. It was not adminstered by a special temple administration of Amun of Karnak but by groups of the state adminstration of the Southern District and by employees of the state, whose god was the king's father Amun-Rasonter (in analogy the gods Ptah-South-of-his-Wall and Re/Rehorakhty with the adminstration in Piramesse). As heir of gods the reigning pharao could give and guarantee them their share confirmed year by year by sacred rites (cf. the *smn hpw* rites).

The *m pr Jmn* added to royal institutions means that the many new foundations of a reigning king – founded similar in the three other adminstrative units, i.e. Memphis and Heliopolis, later probably Piramesse and Nubia (in the realm of the King's son of Kusch in Aniba or Buhen) – had to be included into the adminstrative system. When it was necessary to make a distinction of their special position there could be added, as seen in Thebes, remarks as 'to the west of Thebes' or *m Jmn jpt ꜥr m Jpt rsj*. Also the great memorial temples of the West and their fields and personell were not administered independently from the state administration, their leaders belonged to them. The king as the heir of his father (e.g. Ramses IV. as heir of his father god in the Papyrus Harris I, which was probably used in sacred acts comparable to the 'fixing of the heritage') could legally change the royal *ḥwt*-institutions, including his palaces, and also the foundations of his father. Inside the realm of the *pr Jmn* existed sanctuaries with different legal positions and social-economic conditions, probably also different taxation of their fields.

Anhang: Auflistung ramessidischer *pr*-Bereiche (pWilbour, pHarris I; Onomastikon, usw.)

Abkürzungen in der Form *pr* + Gott ohne Spezifizierungen durch den Ortsnamen sind im Papyrus Wilbour und anderen administrativen Dokumenten als Folgen der listenartigen Wiederholungen einer Institution zu erklären. Beispiele für Ortsnamen des NR, in denen das *pr* später festes Element eines ägyptischen Ortsnamens war oder geworden ist, sind selten.[149] Umgekehrt ist auch nachzuweisen, dass das *pr* nicht zum festen Bestandteil des ON wurde.[150]

Bei einigen wenigen Belegen von ON des Onomastikons meinte Gardiner, dass das *pr* für den männlichen Artikel *pꜣ* steht. Seine Belege lassen sich aber in allen Fällen auch anders interpretieren.[151] Das Onomastikon des Amenope nennt verhältnismäßig wenig *pr*-Bereiche von Göttern, doch ist so gut wie bei jedem *pr* ein entsprechendes sakrales Zentrum wahrscheinlich oder zu vermuten. Dasselbe gilt für Siedlungen, bei denen durch den Zufall der Überlieferung bisher nur ON erhalten sind.[152] Überwiegend wird im Onomastikon der konkrete ON gewählt. Kultorte weiblicher Gottheiten (Hathor, Mut) werden im Onomastikon öfter abgekürzt; es folgt nicht der Name der Göttin, sondern der Beiname. Es scheint, als sei gelegentlich dem Schreiber des Onomastikons, etwa bei der Abkürzung *pr mꜣjw* statt *pr Jmn mꜣjw ḫnt* (Tehna el-Gebel,

149 Pathyris, Buto, Busiris, wahrscheinlich auch Babylon (= *pr Ḥꜥpj n Jwnw* (?), AEO, 415) und Piramesse, bei denen die griechische Umschrift ein Fortleben des *pr* andeutet.

150 Griechische und lateinische Toponyme wie Mendes, Muthi, Tuphion = Hefat, Mochites = *Jmn mꜣjw ḫnt* belegen den Fortfall des *pr*.

151 Das *pr ḫtm* anstelle des ON von Sile (*Ṯꜣrw*) braucht trotz der bekannten Stätte bei Der el-Medine nicht unbedingt zu *pꜣ ḫtm* verbessert zu werden.

152 Eine chronologische Differenzierung, ab wann und warum *pr*-ON (durch das Aktenwesen gefördert ?) die alten ON ablösen (in der Mehrzahl zu Beginn des NR ?) ist noch nicht möglich.

der bis in die Spätzeit belegte eigentliche ON ist *Mr-nfrt*) oder bei *pr-Mwt* statt des ON *Mgb* sein praktischer Umgang mit dem damaligen ihm sicher bekannten Aktenwesen und seinen Abkürzungen dazwischengekommen. Die unsystematisch erfassten verhältnismäßig wenigen Delta-Orte des Onomastikons belegen, dass es auf eine vollständige geographische Erfassung der Toponyme Ägyptens nicht ankam. Das könnte darauf zurückzuführen sein, dass dem Schreiber bzw. den Adressaten der Kompilation im Verwaltungszentrum von Piramesse im Bereich des königlichen Hofes die seiner Verwaltung unterstehenden bedeutenderen *pr*-Bereiche bekannt waren und sie deswegen nicht im Mittelpunkt eines Lernprozesses für eine solche Schreiberschule standen. Indizien weisen darauf hin, dass der Schreiber zu Lernzwecken zahlreiche ON aus den ihm bekannten administrativen Papyrusangaben seiner Zeit in der Form *pr* + Gott + Stadt NN selbst rückerschlossen hat. Dies würde auch erklären, warum uralte ON wie *P* und *Dp* für Buto im Onomastikon fehlen. Der eigentliche Tempel des Horus, Herr von Buto liegt nach unserer Definition des *pr* innerhalb des administrativ für die Ramessidenzeit ungleich wichtigeren *pr*-Bereiches von *pr-W3djt*, dessen sakrales Areal eben nicht mit dem speziellen Tempel der Wadjet verwechselt werden sollte. Ähnliches gilt für das andere *pr-W3ḏjt* (griechisch Buto) bei Bilifiya, dessen eigentlicher ON *Nbjt* ist.

Auffallend ist das Fehlen der *pr*-Bereiche von Elephantine bis vor Theben im pHarris I. Es wird Zufall sein, dass einige wichtigere *pr*-Bereiche, die es nach Belegen aus anderen Zeiten gegeben haben muss, z.B. ein *pr Sbk nb Swmnw* in der südlichen Thebais oder ein *pr Ḥwt-ḥr nbt Nfrwsj* in Mittelägypten in den administrativen Urkunden fast nicht vorkommen; dagegen erscheinen sie unter ihrem ON im Onomastikon.[153]

Das Westdelta erscheint bis auf Buto und Tell el-Hisn in den ramessidischen Urkunden fast gar nicht. Durchaus möglich ist, dass die Felder dieser Region schon in der Ramessidenzeit im Bereich der Schiffs- und Scheunenverwaltung des Memphites lagen, die wir kaum kennen.

In die keineswegs Vollständigkeit anstrebende Liste des Anhangs, die auch nicht alle Belege aufführt, sind im Gegensatz zur ausführlichen „alphabetischen" Liste bei HELCK, Materialien, Index, 1152-1164 weitgehend nur die tatsächlich überlieferten ramessidischen *pr*-Bereiche von Aswan bis ins Delta aufgeführt. Sie lassen sich durch Titel wie „Vorsteher des *pr* eines Gottes" oder bei einer (üblichen) Gleichsetzung des Gotteshauses oder einer kleinen „Kapelle" mit einem *pr* beliebig erweitern. Die Liste hat in erster Linie den Zweck, die bisher bekannte geographische Verteilung erkennbar zu machen (mit **Fettdruck** die *pr*-Bereiche des Onomastikons; Arial für die Belege des Papyrus Harris I). Die Belege für den pWilbour sind, da über den Index leicht erschließbar, nicht vollständig aufgeführt (pW II = Gardiner, pWilbour II. pH (I) kürzt pHarris I ab). Mit Asterix * markiert sind einige für die Ramessidenzeit erschließbare Namen. Die einzelnen Königstempel im *pr*-Bereich des Amun, Ptah und Re werden nicht spezifisch aufgeführt.[154] Ebenso werden die *pr*-Paläste wie auch das *pr* der Königskinder (z.B. KRI VII, 262,10) oder das *pr* des Königssohnes Ramses bei Memphis (KRI II, 807,

153 Mögliche Erklärung wäre, dass in der Ramessidenzeit die nahe beieinander liegenden oder vielleicht sogar ein gemeinsames Sakralzentrum bildenden Bereiche der Orte *Nfrwsj* und *Ḥr-wr* administrativ von einer gemeinsamen Gruppe von Beamten verwaltet wurden. Auch in Priestertiteln werden beide zusammen genannt. Gleiches könnte für die nahe beieinander liegenden *Jw-m-jtrw* und *Swmnw* (Mehamid el Qibli) zutreffen.

154 Liste der *pr*-Bereiche Thebens ausführlich mit Belegen und Diskussion bei HELCK, Materialien I, 25f. Es besteht die Möglichkeit, dass jeder Herrscher an jedem Ort, wo es einen unter- und oberägyptischen Hauptkult des königlichen Vatergottes (Gott der Großen Neunheit) gab (Koptos, Assiut, Hermopolis, usw.), ein solches *ḥwt* einrichtete, ohne dass dieses freilich dort immer ein großer Neubau sein musste.

8 u.a.) hier nicht berücksichtigt. Bei der Lokalisierung der zahlreichen königlichen *pr*-Anlagen gibt es ein Problem: Der Schluss, hier lägen immer eigenständige königliche Tempelbauten vor, ist nicht zwingend. Königliche *pr*-Bereiche könnten durchaus, versehen mit einem eigenen Wirtschaftsbereich, mit ihren „geheimen Räumen im Tempelinneren" in einen gemeinsamen Tempelbau-Komplex mit dem geheimen, inneren *pr*-Bereich ihres Vatergottes wie etwa Amun integriert gewesen sein[155]. Vielleicht bestanden die königlichen *pr*-Bereiche innen oft auch nur aus einem Kultbereich im gemeinsamen Kultraum. Im ihrem wie zu jedem *pr* gehörigen Außenbereich werden sie aber wiederum mit eigenen Feldern, Personal, Kapellen und Königstatuen präsent gewesen sein. Nicht jedes königliche *pr* ist daher eindeutig: Ein *pr Rꜥ-ms-sw-mrj Jmn pꜣ kꜣ ꜥꜣ n pꜣ (Rꜥ)* könnte ein eigenständiger Bau (mit einer äußeren steinernen Kultbild-Statue des Pharao?) sein, der innen vielleicht eine durchaus selbständige Kulteinrichtung des Schreibergottes Thot mit entsprechendem Wab-Dienst in einer Kapellen innen und außen im Hof enthielt.[156] Genausogut könnte er etwa ein Teil des Ramesseumsbereiches gewesen sein.

155 Wie etwa beim Chons-in-Theben, s.o. S.

156 Borchardt, Auswärtiges Amt.

pr Ḫnm (nb Ḫbw)	Elephantine (Belege RAD, 99, Index; VALBELLE, Témoignages; KRI II, 716,2)
pr ꜥnqt nbt Swnw	Aswan (RAD 78, 3-4)
pr Sbk nb Ḫnjt	Gebel Silsile (LD, Text IV, 98, Z. 12)
pr Mrw = *pr ꜥnḳt (n Mrw ?)*	Komir (AEO 322)[157]
pr Ḫnm Nbt ww	Esna (RAD 39,7; 44,9)
pr Ḥfꜣ (.t) = **pr Ḥmn n Ḥfꜣw (?)*	Asfun el-Mata'na = ON *Ḥfꜣw* (AEO 326)
*nꜣ pr Jm(ꜣ?)w = *pr Jm(ꜣ?)w*	Dorf bei Gebelein (RAD 41,4)
pr Ḥwt-ḥr =***pr Ḥwt-ḥr nbt (Jnr.tj ?) Nmtjwj (?)***	Gebelein-Pathyris (AEO 327-9)[158]
pr (...)	ob *Jw-m-jtrw* ? (AEO 328-9)
pr Sbk nb Jw-m-jtrw	bei Mehamid (RAD 42,8; 36,13)
pr Mnṯw nb Jwn.t	Armant (pW II, 155; KRI VII, 66,6 u.a.)
pr Ḥwt-ḥr nbt Jwnt	Armant (KRI VII, 66,8.9)
pr Mnṯw nb Ḏrtj	el Tod (pBM 10054, rt. III,3; vs. V,14)
pr Jmn = pr Jmn njswt nṯrw = pr Jmn Rꜥ njswt nṯrw	Sakralbereich Karnak (pW und passim)[159] (pH 10,12-13; 11,2)
pr Jmn Rꜥ njswt nṯrw Mwt Ḫnsw	(pH I,1,3; 3,1)
pr Mꜣꜥt (m njwt) = (?) pr Mꜣꜥt sꜣt Rꜥ ḫnmw ... jꜣw	Karnak (RAD 66.7;71,5; Mat. I, 65; Gasse, Données Nouvelles, 14.40)
pr Ptḥ	Ptahtempel im Sakralbereich Karnak[160] (RAD 3,7; 3,16; 8,2; KRI VII, 60,9.10)
pr Ḏsr-ḫprw-Rꜥ-stp-n-Rꜥ	Theben (KRI VII, 58,1ff.; 59; 61; 86,10)
*pr Jmn-ḥtp = *pr Ḏsr-kꜣ-Rꜥ*	Theben-West (KRI VII, 64,13; 68,6; 91,3; pBM 10068, Text 94 v. 2,6 u.a.)
pr Jmn-ḥtp-nb-dmj	Der el-Medine (?)
pr Jmn-ḥtp-n-pꜣ-kꜣmw	Dra' Abu Naga (pAbott = Peet, 2,2-4)
pr Jmn-htp-n-pꜣ-wbꜣ	Dra' Abu Naga (pAbott = Peet, 38.2,8)
pr Jꜥḥ-ḥtp (m pr Jmn)	Theben (pAmiens = RAD 8,5)
pr Mn-ḫprw-Rꜥ	Theben (RAD 70,6; KRI II, 680,14; VII, 51,12.64,16)
pr Nb-mꜣꜥt-Rꜥ	Theben-West (KRI VII, 5; 86,9; VII, 363,10 u.a.)
pr Jtn Rꜥ(....)	Theben-West (KRI VII, 65,10)
pr Mn-mꜣꜥt-Rꜥ	Theben (RAD 54,11; KRI II, 689,15; VII, 55,1; 86,11 u.a.)
pr Ḥr-m-ḥb m pr Jmn	Theben (KRI I, 281,7.11; pW II 135; KRI VII, 58,15)[161]
pr Rꜥ-ms-sw-mrj-Jmn (m pr Jmn)	Karnak, Hypostylhalle?[162]
pr Wsr-mꜣꜥt-Rꜥ-stp-n-Rꜥ	Theben (MH III, pl. 140)

pr Wsr-mꜣꜥt-Rꜥ-mrj-Jmn m pr Jmn	Theben (pH I, 5,7)
pr Rꜥ-ms-sw-mrj-Jmn ḫnmt nḥḥ m pr Jmn	Luxortempel (Gotteshaus)
pr Śtḫj = pr Śtḫj-mrj-n-Ptḥ (m pr Jmn)	Theben (KRI I, 243,6; 263,11.14; 275,11; 278,6; 281,6)[163]
pr Stḫ-nḫt mrr Jmn m pr Jmn	Theben (pAmiens = RAD 8,1 u.a.)
pr Rꜥ-ms-sw-hḳꜣ-Jwnw m pr Jmn	Karnak, Tempel Ramses III. (RAD 7,16)
pr Rꜥ-ms-sw-ḥḳꜣ-Jwnw sḥb Wꜣs.t	Theben (MH III, pl. 140)
pr Rꜥ-ms-sw-ḥḳꜣ-Jwnw-gmj.st m pr Jmn	Toranlage (?) Tempel Ramses III.[164]
pr Nfrt.jrj m pr Jmn	Theben (pAmiens = RAD 8,4)
pr B(nt ꜥnt)	Theben (KRI VII, 87,16)
pr Tjꜥꜣ m pr Jmn	Theben (pW A 25, 15)
pr Ḫnsw	Sakralbereich des Chons[165] (pH I, 10, 13.15, 12.a,3 u.a.)
pr-Ḫnsw-m-Wꜣst-nfr-htp Ḥr nb ꜣwt-jb	Chonstempel
pr Ḫnsw wn nḫnw	Kapelle/Pavianstatue vor Chonstempel[166]
pr Ḫnsw jrj sḫrw	Kapelle/Pavianstatue vor Chonstempel[167]
pr Rꜥ-ms-sw-ḥḳꜣ-Jwnw m pr Ḫnsw	Sakralbereich des Chons
pr Ḫnsw rḫ(?....)pꜣ-jtnw ꜥꜣ wr ntj ḥr wnmj m Ḫnsw	Sakralbereich des Chons[168]
pr Mwt = pr Mwt wrt nb.t mjšrw	Mut-Tempelbereich in Karnak[169] (pH I 10,15; pW II 15, RAD 13,3 u.a.[170])
pr dwꜣt-nṯr (n Jmn)	Theben-West (RAD 70,5; 72,6-7.7-8)[171]
**pr Ḥwt-ḥr = pr Ḥwt-ḥr nbt jmntt*	Der el Medine (KRI II, 705, 6[172] u.a.; Helck, Mat. I, 75)
= pr Jmn m Ḏsr-ꜣḫt	Der el Bahari
pr Jmn jmntt m W3st	Theben-West (pWilbour, II, 168)
pr Jmn n Jpt	(pH I 12a,3)
**pr Jmn n Ḫrj-ḥr-Jmn*	Theben (Helck, Materialien I, 76)
pr ḥjn/pr jhj(...)	Theben (Helck, a.O., I, 76: Amun[173])
**pr Jmn-ḥtp (sꜣ Ḥpw)*	Theben-West[174]
pr Ptḥ nb jmnt	Theben-West (Peet, a.O., V, 12.22)
pr Mnṯw (nb Wꜣst)	Month-Tempelbereich in Karnak-Nord (u.a. RAD 82,5; 35,11; 38,3.16; 85,12)[175]
pr Jmn ꜥꜣ šfjt	Karnak-Nord (?) (RAD, 1,3; 8,3)
**pr Ḏḥwtj(....)ḥr nfr*	Theben (Gasse, a.O., 136 = VIII,53)[176]
pr Jmn pꜣ(....)	Theben (Gasse, a.O., 136 = VII,11)
pr [...]	Theben-West[177]

pr Jmn n pꜣ bẖn ꜥꜣ	Theben (Gasse, a.O., 136 = IV,94)
**pr Ḥr-pꜣ-ẖrd*	Theben (Gasse, a.O.,136 = 8,VIII,48)
pr Sbk	Theben (Gasse, a.O., 111; vgl. KRI VII, 90,3)
pr jmj-rꜣ mnfjt	Theben (Helck, Materialien I, 136)
pr Stẖ= pr Stẖ Nwbtj	Ombos
pr Rꜥ-ms-sw-ḥḳꜣ-Jwnw m pr Stẖ	Ombos (pH I 61a,7)
pr Mnw = pr Mnw ḥr ꜣst nṯrw nbw Gbtjw	Koptos (pH I 61a,8 ; Gasse, Données Nouvelles, 9.15.52 ; Gasse, a.O.,14 = XIII,23)
pr Ḥr Mnw ꜣst	Koptos, (pW II 146)
pr Bnw	bei Hu (AEO 345)
pr Ḥwt-ḥr nbt Ḥwt-sḫm	Hu (pH I 61,a,9; KRI VII, 383,14)
pr ỉmj-rꜣ ꜥb	nördlich Nag Hammadi (AEO 347)
pr Ḏꜣḏꜣ	Abu Tisht (AEO 348)[178]
pr Jnj-ḥrt = pr Jnj-ḥrt Św sꜣ Rꜥ	Thinis (pW II 148, pAsh+Louvre; RAD 71,13)[179]
pr Jnj-ḥrt kꜣ šwtj ḥrj-jb ṯnj = pr Jnj-ḥrt nb Ṯnj	Thinis[180] (pH I 61a,4)
pr Wsjr = pr Wsjr nb ꜣbḏw	Abydos (pW II 173; RAD 71,12; 35,9 u.a. = (pH I 61a,5; pAsh.+Louvre XIII, 21[181])
pr Wsjr nb ꜣbḏw nṯr ꜥꜣ ḥḳꜣ ḏt =	Abydos (pW II. 138.155; pH I)
pr Wsjr Ḥr ꜣst	Abydos (pH I, 58, 9-10)
pr H̱nm nb ꜣbḏw	Abydos (pBM 10053 rt VI, 4)
pr Śbk nb Nšjt	el-Menshiyah (pH I, 61a,10)
pr Mḫjt Wbn	Nag el Mesheikh (AEO 352)[182]
pr Sngr (?)	bei Wannina (AEO 356)
pr ꜥnḫ	Lage unbekannt; Sobekkultort (AEO 359)
pr nḫbw n Jšꜣ	Lage unbekannt (AEO 360)
pr Nmtj(.wj) nb Ṯbw	Qaw el Kebir/Antaiopolis (pH 61a,13)
= pr Nmtj smn (....)	= ON *Ṯbw* (AEO 361)[183];
pr Ḥr nb Mḏꜣjw	Antaiopolites (Gasse, a.O.,32 = VI, 12)
pr Ḥr....tꜣwj	Antaiopolites (Gasse, a.O.,17,vs.col. II 21)
pr špsj	Antaiopolites (Gasse, a.O., 9 = VII,12)
pr Km (?)	Antaiopolites (Gasse, a.O.,60 = XIV D1)
pr Wr (?)	Antaiopolites (Gasse, a.O., 130 = XI, 42)
pr H̱nm(-bs?)	Antaiopolites (Gasse, a.O., 8.9.136)
pr Mn-ḫprw-Rꜥ-špsj-ḥḳꜣ-m-Ḥwt-kꜣ.k	Antaiopolites (Gasse, a.O., 229 = VI,9)[184]

pr Ḏḥwtj	Antaiopolites (?) (Gasse, a.O., Index, 267)
pr W3ḏjt	Kom Ishqaw (AEO 56*) = AEO 362: ON *W3ḏjt*)
pr Mwt = ***pr Mwt nbt Mgn***	bei Qaw el-Kebir[185] (Stele Chicago 10510 =AEO 54*), ON *Mgb* (AEO 363-364)
pr Wḏj(w) = *pr Wḏy*	nördlich *Nmtj* (AEO 365;65*)[186]
pr H̱nm nb š3-sḥtp	el-Shutb (pH 61a,14) = ON *š3-sḥtp* (AEO 367)
pr šnꜥ	bei Abu Tig (?)[187]
pr Nmtj	el-Atawla (AEO 368)
pr Mwt	unbekannt (AEO 370)
pr Mnw nb Jpw = *pr Mnw Ḥr 3st nṯrw Jpw*	Achmim (pH 61a,12)
pr Wp-w3wt =*pr Wp-w3wt šmꜥw nb S3wtj*	Assiut (pH 61a,11;[188] 61b,1.2; 61a,15)
= *pr Wr-w3wt šmꜥw ḫrp t3wj*	= ON *S3wtj* (AEO 371)
pr Sḫmy (?)	nördlich Assiut (AEO 365)
pr šs	bei Schech Said/el Bersche (AEO 376)
pr Ḏḥwtj = *pr Ḏḥwtj nb Ḫmnw*	Hermopolis (pH 58,5; 61b,2-5; pW II,155)
pr Jmn n Mrj-n-Ptḥ ḥrj-jb Ḫmnw	im Thotareal (Roeder, Inschriften, A,Z.1 u.a.)
pr Ḏḥwtj h3j jb m3ꜥ.t m N3y-Wsr-m3ꜥt-Rꜥ-mrj-Jmn	Scheich Abade (PW II 45; AEO 377B)[189]
pr H̱nm nb Ḥwt-wrt	bei Mantut-Garris (pH 61b,6)
pr Jmn Rꜥ nb Jw-rd	bei er-Rida (pH 61b,7; AEO 379A[190]) = ON *Jw-rd*
**pr Ḥr nb Ḥbnw*	Kom el Ahmar (Beleg Zeit Echnatons[191]) = ON *Ḥbnw* (AEO 382)
pr Wḏj = *pr Ḏḥwty n P3-wḏj* = *pr Ḏḥwtj pr wḏj*	nördl. Hermopolis (pH 61b,8; AEO 380; Wilbour II, Comm. 169.174)
pr nbt jnt	Speos Artemidos = *Pḫt* (AEO 381)
pr m3jw = *pr Jmn m3jw ḫnt*	Tehna/*Mr-nfrt* (pH 61b,9; AEO 383)
pr Sbk = *pr Sbk Rꜥ nb Jw-nš3* = *pr Sbk nb Jw-nš3*	Nazlet el Amudain = pH 61b,10; AEO 383 A, pW II. 53f.
= *pr Sbk nb Jy-mrj.(n).f*	Gebel et Teir el Bahari (pW 53.156)
pr Rꜥ	Deir Samalut (= *Mn-ꜥnḫ ?*)[192]
pr Ḥwt-ḥr nbt ꜥḫwj = *pr nb.t n ꜥḫwj* =	es-Siririya (AEO 384A, pW II 156)
pr Ḥwt-ḥr nb.t t3wj m w Nmtj	nördl. Siririya (pW II 156)
pr B3t3 = *pr B3t3 nb Š3-k3*	el-Qeis (pW II 49ff.139)
pr Jmn sr nḫtw = *pr Jmn sr nḫtw m S3-k3*	el Qeis (pW II 147 = AEO 386A)
pr Jnpw = *pr Jnpw nb Ḥr-dj* (var. *Ḥr-sprw*)	bei Sheikh Fadl (pH 61b,11; pW)
pr Nmtj = *pr Nmtj m w-Nmtj*	nördl. Siririya (pW = AEO 384B)

pr Mḏḏ	Oxyrrhynchos - Bahnasa
pr Tꜣ-wrt m (…) Tmt	Thoereion bei Bahnasa (pW II 140)
pr ḫftj ?	*pr* des Feindes (Seth ?; pW II 78)
pr Jmn snn tꜣ ntj m Jpt	Aba el Waqf (pW II 140)
pr Jmn nb šrwpt	Ashruba (pW II 148)[193]
pr Wsjr ḫnt ꜥrw	gegenüber Dishasha (pW = AEO 389E)
pr Wsjr = pꜣ bḫn n pr Wsjr	Herakleopolites (s. pW II 34)
pr Jmn ṯꜣj.f ntj m tꜣ wḥjt ṯꜣj.f	Herakleopolites (pW II 140)
pr Jmn Ṯꜥjnꜣ	Höhe Aba el Waqf (pW B 23,32.33)
pr Jmn pꜣ jw ntj m ꜥwwt n pꜣ nṯr	Höhe Aba el Waqf (pW II 140)
pr Stẖ = pr Stẖ nb špr-mrw	Zawiet Barmscha (pH I 61b,12; pW)
pr Stẖ wsr ḫpš,f = pr Stẖ nb wsr ḫpś m pr Stẖ nb Spr-mrw	Zawiet Barmscha (pW II 147)
pr Nb.t-ḥwt = pr Nb.t-ḥwt n Rꜥ-ms-sw-mrj-Jmn ntj m pr Stẖ	Zawiet Barmscha (pW II 127f.)
pr wꜣjnꜣ = pr Stẖ = pr Stẖ nb pr wꜣjnꜣ	(pW II.140 = AEO 388E)
pr Bꜥljt	Herakleopolites ? (pW A 2, x+4, 18,8)
pr Sbk nb Ḏdw	Herakleopolites ? (pW A 14,14)
pr ꜣst n Rꜥ-ms-sw-mrj-Jmn ntj m tꜣ wḥjt Rn	unbekannt (pW II 128)
pr Ḫrj-šf = pr Ḥrj-šf nswt tꜣwj	Herakleopolis (pW II 125; pH I 61b,13)
pr Ḥr nb Ḫjnnswt	Herakleopolis (pW II 52.164)
pr Rꜥ-ms-sw-ḥkꜣ-Jwnw mrj Ḥrj-šf	Herakleopolis[194]
pr Wꜣḏj.t	Bilifiya = Buto (pW II 173.195)
pr Jmn sꜣsꜣ pḥtj sw	nahe Bilifiya (pW 23,9-10)
pr ḫnr	Kom Medinet Ghurab (pW II, 45f.129)
pr Wsr-mꜣꜥt-Rꜥ-mrj-Jmn mrj Sbk	Fayummündung[195]
pr psḏt m Bjrnꜣ (= *Rbnꜣ* AEO 391)	Fayummündung (pW II 127)
pr Jmn nswt tꜣwj ḥrj-jb šj	Fayummündung (pW II 127)
pr Sbk nb Śdtj ntj m Rꜣ-ḥnw	Illahun (pW II 127)
pr Jmn Rꜥ nb nswt tꜣwj m pḥw = pr Jmn nswt tꜣwj pꜣ pḥw	nördl. Herakleopolis (AEO 392 D; pH 61b,16; pW II 128)
pr Sbk = pr Sbk šdtj ḥr ḥrj-jb tꜣ-š = pr Sbk nb šd.tj	Medinet el Fayum (pH I 61b,14; pW II 172 ; pBM 10068, rt. IV,12 u.a.)
pr Ptḥ nb n š(j)	Medinet el Fayum; pW B 29,26)
pr ꜣst wr.t mwt (nṯr)	Medinet el Fayum (pW II 127)

pr Jmn sḏm (m) ḥrj	Medinet el Fayum? (pW II 137)
pr Ḫnm	Fayum ? (pW, B 15,25)
pr Sbk nꜣ jnb.wj	Fayum ? (pW, B 15, 24)
pr Sbk nb Ḏdw	Abusir ? (pW A 14,14)
pr Stḫ nb Sw	Herakleopolites/Fayum (pH 61b,15)
pr Jwnw = pr Jmn m pr Jwnw	nördl.Herakleopolites (pW B23,18 ?)
pr nbt tp jḥw *= pr Ḥwt-ḥr nbt tp-jḥw*	Atfih (pH 61b,17; pW = AEO 393)
pr Jmn n Mr-tm	Meidum (pW)
pr Mnṯw (= p3 ẖnw Mnṯw) n Jnr-šs	unbekannt (pW II 117f.)
pr Skrj	bei Dahshur = Taskry (pW B 24, 26)
pr Jmn ẖnt nfr m Mn-nfr	Memphites (pW =AEO 393A)
pr Jmn pꜣ w ꜥꜣ	Memphites ? (pW II 178)
pr Jmn nb ꜥn	Memphites(pWibour II Table IV, No. 70)
pr Wsjr	Memphites (Pylone als Hafenort)[196]
pr nb.t nht	Memphis-Süd (pW II 176)[197]
pr Pꜣ-Rꜥ n Rꜥ-ms-sw-mrj-Jmn	südlich Memphis[198]
**pr Bꜣst nb.t ꜥnḫ-tꜣwj*	südwestlich Memphis[199]
pr Ptḥ =	Sakralbereich des Ptah (AEO 123* u.a.)[200]
pr Ptḥ ꜥꜣ rsj jnbw.f nb ꜥnḫ-tꜣwj	(pW = pH I 51a,7;52a,7; RAD 71,3)[201]
pr Ptḥ = st wrt n pr-Ptḥ	Ptahtempel in Memphis (pW II 172)
pr Ptḥ Mrj-n-Ptḥ n Rꜥ-ms-sw-mrj-Jmn	Memphis (pW II 153.165)
pr Ptḥ Rꜥ-ms-sw-hḳꜣ Jwnw gm js.t	Memphis (pH I 51a)
pr Rꜥ-ms-sw-mrj-Jmn =	Memphis
pr Rꜥ-ms-sw-mrj-Jmn-wḥm-ḥb-sd m pr Ptḥ	Memphis (pW)
pr Rꜥ-ms-sw-ḥḳꜣ-Jwnw m pr Ptḥ	Memphis (pH I 51a, 6)
pr Wsr-ḫprw-Rꜥ-stp-n-Rꜥ mrj Jmn m Mnnfr	Memphis (RAD 15,6)
pr Wsr-mꜣꜥt-Rꜥ-mrj-Jmn	Memphis (pH 1 51a, 5)
pr Mn-pḥtj-Rꜥ	Memphis ?(KRI I, 263,8; 275,1)
pr Mn-mꜣꜥt-Rꜥ	Memphis ?(KRI I, 264,15; 265,2)
pr ꜥꜣ-ḫpr- kꜣ- Rꜥ	Memphis ?(KRI I, 279,3)
pr n Sꜣt-Jmn m pr (…)	Memphis ?[202]
pr Jmn = pr Jmn-Rꜥ	Memphis (KRI I, 263,3; 267,16)[203]
pr Ḏḥwtj hrj m Mn-nfr =	Memphis (KRI IV, 78-81)
pr Ḏḥwtj Rꜥ-ms-sw-mrj-Jmn hr jb ḥr mꜣꜥt	Memphis (Helck, Materialien I, 136)

pr Mᶜ3.t s3.t Rᶜ	Memphis (?)[204]
pr Bᶜljt	Memphis (BIFAO 13, 1917, 86)
pr ḫnr	Memphis (pW II 128.141)
pr Jnpw nb sjpt m (T3-) r3-w3	Tura (pH I, 37b,3)
pr Ḥᶜpj = *pr Ḥᶜpj jt nṯrw*	Atar an-Nabi (pH I, 37,b1) = ON *ḫr-ᶜḥ3* (pW; AEO 397)[205]
pr psḏt	Alt-Kairo (AEO 141-42 = 397 A)
pr Ḥw(r) ṯ3j = *ḥwt-nṯr* Ramses' II. *p3 ṯsj pr Ḥwr*	Sphinxstätte bei Giza[206] ?
pr Ḥwt-ḥr nbt š ḏšr	*pr Ḥwt-ḥr nbt š ḏšr*
pr Ptḥ	am Wasser des Ptah (AEO 402)
pr Rᶜ =	Heliopolis (s. pW II, 168 u.a.)[207]
pr Rᶜ Ḥr-3ḫtj	Heliopolis (pH 37b,2 ; pW II 125)
pr Tm =	Heliopolis (pH 31,4 u.a.)
pr Tm nb t3wj Jwnjw Rᶜ-ḥr-3ḫtj	Heliopolis (pH 1,4)
pr Tm-p3-ẖrd	Heliopolis (Gasse, a.O., 34.229 =X,1)
pr Stḫ ḫntj ḥrj-jb Jwnw	Heliopolis[208]
pr Rᶜ-ms-sw-ḥḳ3-Jwnw m pr Rᶜ	Heliopolis[209]
pr Wsr-m3ᶜt Rᶜ mrj Jmn sḥḏ m Jwnw	Heliopolis (KRI VII, 269,8)[210]
pr Ḥr-ḫntj r3-prw	Heliopolis (= pH I 29,2)
pr Jw.sᶜ3s nb.t ḥtpt	nördlich Heliopolis
*pr B3st nb.t B3st	Bubastis (vgl. pH 62a,1)
pr B3rst =?	am jtj-Kanal (bei Bubastis ?)[211]
pr B3st nb.t Brst	am Wasser des Re (pH I,62a,2)
pr psḏt	= bei Mendes ? (AEO 403 = 150*)
pr B3-nb-ḏd	Mendes = *Ḏdt* (AEO 404)
pr w(w) Ḥr nb jtrw jmntj	bei Tell Baqliya ? (AEO 405-6)[212]
pr Gb	Heliopolis? (Helck, Verw.,450)[213]
pr Rᶜ-ms-sw-mrj-Jmn (ᶜ3 nḫtw)	Ramsesstadt (AEO 410; pH 62a,3
= *pr-Rᶜ-ms-sw-ḥḳ3 Jwnw*	= pH I,10,12) [214]
pr Stḫ = *pr Stḫ n Rᶜ-ms-sw-mrj-Jmn* =	Ramsesstadt (pH I, 60,2 ff.,62a,3)
pr Stḫ m pr-Rᶜ-ms-sw-mrj-Jmn	(pH I 62a,3)
pr Jmn n Rᶜ-ms-sw-mrj-Jmn	Ramsesstadt (KRI II, 360-362)[215]
pr Rᶜ-ms-sw-mrj-Jmn p3 k3 ᶜ3 n p3 Rᶜ Rᶜ-Ḥr-3ḫtj	Ramsesstadt (KRI VII, 9; 79,12; 101,1 u.a.[216])

**pr Ḥr-ḫntj-ḫtj*	Athribis (pH 59,8; 62a,4)
pr Wsjr-M3ꜥt-Rꜥ-stp-n-Rꜥ p3 nṯr m p3 mw n p3-Rꜥ	Weingut Ostdelta (KRI VII,62)[217]
pr Wsjr nb Ḏdw	AEO 176f.*; ON *Ḏdw= ꜥnḏt* (AEO 412)
pr W3ḏjt	Buto = *P und Dp* (AEO 415)
pr S3-t3	Lake Borollos (?) (AEO 416)
pr nbt Jm3w	Tell el Far'un = *J3mw* (AEO 409)
pr Ḥbjt	Behbet el Hagar[218]
pr Nt	Sais (Helck, Verwaltung, 450)[219]
pr Jmn Wsjr-m3ꜥt-Rꜥ-mrj-Jmn	Weingut[220]
pr Wsjr-m3ꜥt-Rꜥ-mrj-Jmn	am *jtrw jmntj* (pH 51a,5; 51b,4 u.a.)[221]
pr Mwt ḫntt ꜥbwj nṯrw	bei Giza ? (pH I 62a,5)

Manche sakral-administrativen *pr*-Bereiche sind in ihrer geographischen Zuweisung unsicher, z.B. die hintereinander aufgeführten zwei *pr-Nmtj* (pAsh + pLouvre XII,3 und XII, 7), die Orten in der nördliche Thebais zuzuteilen sind, und insbesondere zahlreiche Königstempel, bei denen die Zuordnung zum Bereich des Amun, Ptah oder Re unklar bleibt.[222] Wenn in einem Ort wie *Mn-ꜥnḫ* (bei Der Samalut) ein Sonnenschatten des Re-Harachte und andere königliche Einrichtungen ramessidisch belegt sind (pW. II, 156), könnte dort auch eine königliche Anlage *pr Rꜥ (-Ḥr-3ḫtj)* vermutet werden, die einmal für diese Region auf einer Stele belegt ist (s. Anm. 178). Da im ptolemäischen Papyrus Jumilhac (XXXII, 17ff.) aber ein Gotteshaus des Sobek, Herr von Menanch erscheint, könnte hypothetisch auch ein bereits ramessidisches **pr Sbk* vermutet werden.

157 Helck, Materialien I, 157.

158 Helck, Materialien I, 159ff.

159 Haring, Divine Households, 326; s. auch Gasse, Données Nouvelles, 266 (Index), speziell pAshmolean 1945.94 + Louvre AF 6345 = II, 6 = Haring, Divine Households, 332.

160 Helck, Materialien VI, 135 (als Königlicher Vatergott hier Ptah-südlich-seiner-Mauer).

161 Karnak, Südachsenbereich; s. Plan bei Gasse, Données Nouvelles, 178 und Belege S, 100ff.

162 Helck, Materialien I, 21; RAD 1, 6-7. Die Meinungen Gardiners und Helcks, dass diese „königliche Anlage" später vollständig dem Amuntempel übergeben worden sei, verkennen meiner Ansicht nach grundsätzlich wieder den eigenständigen Charakter des königlichen *pr* mit seinem Innen- und Außenbereich. Königliche Anlagen und Bauteile in einem sogenannten Göttertempel sind zusammen mit ihrem Personal nicht *eo ipso* wegen ihrer Lage innerhalb eines Göttertempels permanentes Eigentum der Gottheit!

163 Helck, Materialien V, 896ff.

164 Diskussion bei Ullmann, Millionenjahrhaus, 495. Tore haben als rechtlich eigenständige königliche Sakralbauten offensichtlich einen eigenen *pr*-Bereich, wenn sie institutionell mit Personen und zugehöriger Ausstattung besetzt werden!

165 Haring, Divine Households, 331 (5. V, 13); Gasse, Données Nouvelles, 7 col. V,1 und S. 66 Möglich ist, dass hier im Papyrus Domänen des *pr*-Bereichs des Chons vorausgingen.

166 Haring, Divine Households, 327 = Gasse, Données Nouvelles, 7 = pAsh. + Louvre V, 21 = 1 und V, 2= 3.

167 Gasse, Données Nouvelles, 7.177 = pAsh + Louvre V, 2=3; Haring, Divine Households, 332.

168 Gasse, Données Nouvelles, 7.

169 Gasse, Données Nouvelles, 6.9.26f.; 33 ; Helck, Materialien I, 59.

170 Haring, Divine Households, 326 = Gasse, Données Nouvelles, 6.26.64.2114.117

171 Tempel der Ahmes Nefertari (?), vgl. Gasse, Données Nouvelles, 31 ; weitere Belege bei Peet, Great tombrobberies III, 77 ; IV, 7f.

172 *ḫnw* - Kapelle Ramses II. im *pr*-Bereich seiner Mutter Hathor.

173 Otto, Tographie, 33 setzt den ON mit dem *pr hn* vor

dem Muttempel gleich.

174 Weinetikett (vgl. Haring, Divine Households, 347).

175 Helck, Materialien I, 64f.

176 spätramessidisch (?).

177 Haring, Divine Households, 350 Anm. 2.

178 Der Name wird auf ein Sakralzentrum (Nennung von Horus, Hathor und Amun-*Jpt*) hinweisen: s. auch Helck, Materialien II, 164.

179 Haring, Divine Households, 326 = Gasse, Données Nouvelles, 14 = PAsh.+Louvre XIII, 22.

180 Ullmann, Millionenjahrhaus, 394ff.

181 Haring, Divine Households, 332; Gasse, Données Nouvelles, 14; 68.

182 Helck, Materialien II, 169; RAD 2,4; 6,13.

183 Zwei *pr-Nmtj smn(....)* begegnen im spätramessidischen PAshmolean 1945.4 + Louvre AF 6345 hintereinander (= Gasse, Données Nouvelles, XII, 3.4); s. Haring, Divine Households, 332.

184 Zur Lesung als *ḥwt.k* und Diskussion der Lage s. Bickel, Domaines funéraires, 31.

185 Gasse, Données Nouvelles.

186 Gasse, Données Nouvelles, 12; 35; 37.

187 Hathorkultort = Medinet Habu B 21.

188 S. auch Haring, Divine Households, 332 = Gasse, Données Nouvelles, 15 = XIII, 23.

189 Der erhaltene ramessidische Hafentempel von Schech Abade ist ein Königstempel, der die Götter Ägyptens nennt, und eben kein lokaler Thottempel. *pr* bezeichnet hier wieder den Sakralbereich des königlichen Vatergottes, dessen Nutznießer die den Hafen kontrollierenden königlichen Beamten und Soldaten sind. Die Statuen außen (Pavianstatuen!) sind irdische Formen der staatlichen Schutzgottheiten, niemals Formen eines Lokalgottes.

190 Unpublizierter Beleg des *pr Jmn m Jw-rd* schon unter Echnaton, s. Guermeur, Cultes d'Amon, 387.

191 Unpublizierter Beleg, s. Guermeur, Cultes d'Amon, 387.

192 Kessler, Stele Sethos' I.; vgl. Raue, Heliopolis, 444. Immerhin ist im pWilbour ein kgl. Sonnenschatten für Menanch belegt.

193 Auch der Sakralbezirk von Aschruba umfasste wohl mehrere kleinere *pr*-Bereiche; so ist pWilbour A 46,7 ein Sobek von Aschruba belegt.

194 Helck, Materialien V, 935; RAD 26,4; der *pr*-Bereich hat wohl angeschlossene Webereien, die dem Harim bei Gurob zuliefern.

195 Helck, Materialien V, 327 mit angeschlossenen Webereien; RAD 26,4.

196 KRI VI, 409; 412; 413; Raue, Heliopolis, 463.

197 Zu einem *ḥwt Rꜥ-ms-sw-mrj-Jmn m pr nbt nht* s. Helck, Materialien I, 141.

198 Helck, Materialien I, 140.

199 Beleg schon vorramesidisch; s. Helck, Materialien I, 143; Ullmann, Millionenjahrhaus, 100f.

200 Belege zum *pr* des Ptah und den verschiedenen königlichen Anlagen s. Helck, Materialien I, 130ff.

201 Das *pr Ptḥ rsj inbw.f* ist offizielle Bezeichnung auch in pAshmolean 1945,94 + Louvre AF 6345, XIII,12 = Gasse, Données Nouvelles, 14; s. Haring, Divine Households, 332.

202 Helck, Materialien I, 137.

203 Zum memphitischen *pr Jmn*, zum Südlichen Stapelplatz des *pr Jmn* und zu einem Königstempel Ramses II. s. Helck, Materialien I, 139.

204 pAshmolean 1945.94 + Louvre AF 6345, XIII, 14 ; s. Haring, Divine Households, 332; Helck, Materialien I, 140f. Andere Belege (KRI III, 445,9) sind nicht genau zuzuordnen (Memphis, Heliopolis oder Ramsesstadt ?).

205 Vgl. Raue, Heliopolis, 427 mit Anm. 1.

206 Gardiner, pWilbour II, 177 Anm. 2.

207 Belege passim; s. auch bei Raue, Heliopolis, der für einen einzigen Re-Tempel (unter der Prämisse, dass das *pr* dem zentralen Gotteshaus entspricht) plädiert; s. auch Gasse, Données Nouvelles, 9; 11; 101.

208 Raue, Heliopolis, 160 Anm. 1.245.

209 Helck, Materialien I, 127. Das *gmj-st m pr Rꜥ* (Gardiner, pWilbour II, 168) wird als Teilbereich innerhalb eines anderen *pr*-Bereichs eine eigenständige kleine Institution gewesen sein.

210 Raue, Heliopolis, 98; 411.

211 KRI IV, 3.5-6; letzte Diskussion bei Raue, Heliopolis, 409f.

212 Vgl. Zivie, Hermopolis, 71f. Eine Korrektur von *pr* zu *pꜣ* scheint mir nicht notwendig.

213 Vielleicht als *ḥwt Gb* aufzufassen; im Titel eines Wesirs.

214 Vgl. Raue, Heliopolis, 197; Bouvier, Etiquettes de Jarres, 190f.; 203.

215 Helck, Materialien II, 188.

216 Bouvier, Etiquettes de Jarres, 135; 202.

217 Kolossalstatue, s. Kitchen, Vintages, 116.

218 Bouvier, Etiquettes de Jarres, 190f.

219 Vielleicht eher als *ḥwt Nt* aufzufassen; im Titel eines Wesirs. Vgl. das *ḥwt-nṯr m pr Nt* in einem Schreibertitel; s. dazu El-Sayed, Neith, 172.

220 Ullmann, Millionenjahrhaus, 427; Haring, Divine Households, 151 ff.; Kontrolleur ist ein Offizier.

221 Weinlieferant für das Ramesseum s. Bouvier, Etiquettes de Jarres , 187ff.; vgl. KRI VII, 61, 15 u.a.

222 Das gilt z.B. für die Liste des Papyrus des pAsh. + Louvre mit einer ramessidisch belegten *pr*-Anlage Thutmosis IV in einem Ort *Ḥwt-kꜣ.k* (Gasse, Données Nouvelles, r. VI,9), oder für eine *pr*-Anlage Ramses III. (r. XI,5).

Bibliographie

ASSMANN, Theologie und Frömmigkeit
Assmann, J., Ägypten. Theologie und Frömmigkeit einer frühen Hochkultur, Stuttgart - Berlin - Köln - Mainz 1984.

BARGUET, Karnak
Barguet, P., Le Temple d'Amon-Re à Karnak, Recherches d'Archéologie, de Philologie et d'Histoire 21, Kairo 1962.

BAUD - DRIOTON, Tombeau de Panehsy
Baud, M., Drioton, É., Le Tombeau de Panehsy, Tombes Thébaines, MIFAO LVII.2, Kairo 1932.

BEAUX, Le Cabinet de Curiosités
Beaux, N., Le Cabinet de Curiosités de Thoutmosis III. Plantes et animaux du „Jardin botanique" de Karnak, OLA 36, Leuven 1990.

BERTEAUX, Harachte
Berteaux, V., Harachte, Ikonographie, Ikonologie und Einordnung einer komplexen Gottheit bis zum Ende des Neuen Reiches, Diss. München 2002 (Internetpublikation http://edoc.ub.uni-muenchen.de/archive/00004144).

BICKEL, Domaines funéraires
Bickel, S., Les domaines funéraires de Thoutmès IV, in: BSEG 13 (1989), 23-32.

BORCHARDT, Auswärtiges Amt
Borchardt, L., Das Dienstgebäude des Auswärtigen Amtes unter den Ramessiden, in: ZÄS 44, 1905, 59-61.

BOUVIER, Etiquettes de Jarres
Bouvier, G., Les Etiquettes de Jarres Hiératiques de l´Institute d`Egyptologie de Strasbourg, Kairo 2003.

CHASSINAT, Edfou III
Chassinat, É., Le temple d'Edfou, III, Paris 1903.

EL-SAYED, Neith
El-Sayed, R., La déesse Neith de Sais, BdÉ 86, Kairo 1982.

EMERY, Preliminary Report
Emery, W.B., A Preliminary Report on the Excavations of the Egypt Exploration Society at Buhen, 1959-60, in: Kush 9 (1961), 81-86.

GARDINER, pWilbour II
Gardiner, A.H., The Wilbour Papyrus. Volume II. Commentary, London, 1948.

GARDINER, pWilbour IV
Gardiner, A.H., The Wilbour Papyrus. Volume IV. Index, London, 1948.

GARDINER, Ramesside texts
Gardiner, A.H., Ramesside texts relating to the taxation and transport of corn, in: JEA 27 (1941), 19-73.

GASSE, Données Nouvelles
Gasse, A., Données Nouvelles administratives et sacerdotales sur l'organisation du Domaine, Kairo 1988.

GOYON, Confirmation
Goyon, J.-C., Confirmation du pouvoir royal au Nouvel An (Brooklyn Museum Papyrus 47.218.50), Bibliothéque d'Étude 52, Kairo 1972.

GRANDET, pHarris I
Grandet, P., Le Papyrus Harris I (BM 9999), Bibliothèque d'étude, 109/1-2, Kairo 1994.

GUERMEUR, Cultes d'Amon
Guermeur, I., Les cultes d'Amon hors de Thèbes : recherches de géographie religieuse, Bibliothèque de l'Ecole des Hautes Etudes, Section des Sciences Religieuses 123, Bruxelles 2005.

GUNDLACH, Hof, Zentrum und Peripherie
Gundlach, R., Hof, Zentrum und Peripherie im Ägypten des 2. Jahrtausends v. Chr., in: Gundlach, R., Klug, A. (Hg.), Das ägyptische Königtum im Spannungsfeld zwischen Innen- und Aussenpolitik im 2. Jahrtausend v. Chr., Königtum, Staat und Gesellschaft früher Hochkulturen 1, Wiesbaden 2004, 21-34.

HARING, Divine Households
Haring, B.J.J., Divine Households. Administrative and economic aspects of the New Kingdom royal memorial temples in Western Thebes, Egyptologische Uitgaven, 12, Leiden 1997.

HELCK, Materialien
Helck, W., Materialien zur Wirtschaftsgeschichte des Neuen Reiches, 5 Bde., AMAW, Wiesbaden 1961-1970.

KEMP, Ancient Egypt
Kemp, B.J., Ancient Egypt. Anatomy of a Civilization, London – New York 1989.

KESSLER, Heilige Tiere
Kessler, D., Die heiligen Tiere und der König - Teil I: Beiträge zu Organisation, Kult und Theologie der spätzeitlichen Tierfriedhöfe, ÄAT 16, Wiesbaden 1989.

KESSLER, Stele Sethos' I.
Kessler, D., Eine Stele Sethos' I. aus Kom el-Lufi (Minia), in: SAK 10 (1983), 215-220.

KITCHEN, Vintages
Kitchen, K.A., The Vintages of the Ramesseum, in: Lloyd, A.B. (Hg.), Studies in Pharaonic Religion and Society in honour of J. Gwyn Griffiths, Occasional Publications 8, London 1992, 115-123.

KRI
Kitchen, K.A., Ramesside Inscriptions. Historical and Biographical, 7 Bde., Oxford 1975-1989.

MENU, Le régime Juridique
Menu, B., Le régime Juridique des terres et du personnel attaché à la terre dans le Papyrus Wilbour, Lille 1970.

MH III
Nelson, H.H., The Epigraphic Survey, Medinet Habu - Volume III. The Calendar, the "Slaughterhouse", and minor records of Ramses III, Chicago 1934.

MRSICH, Erbe
Mrsich, T., Erbe, in: Helck, W., Otto, E. (Hg.), LÄ I, Wiesbaden 1975, 1235-1260.

NELSON, Karnak
Nelson, H.H., The Great Hypostyle Hall at Karnak. I.1: The Wall Reliefs. The University of Chicago Oriental Institute Publications, 106, Chicago 1981.

OTTO, Topographie
Otto, E., Topographie des thebanischen Gaues, Berlin 1952.

PEET, Great tomb-robberies
Peet, T.E, The great tomb-robberies of the twentieth Egyptian dynasty: being a critical study, with translations and commentaries, of the papyri in which these are recorded, Oxford 1930.

QUACK, Revision
Quack, J.F., Eine Revision im Tempel von Karnak: (Neuanalysen von Papyrus Rochester MAG 51.346.1), in: SAK 28 (2000), 219-232.

RAUE, Heliopolis
Raue, D., Heliopolis und das Haus des Re. Eine Prosopographie und ein Toponym im Neuen Reich, Abhandlungen des Deutschen Archäologischen Instituts Kairo, Ägyptologische Reihe, Band 16, Berlin 1999.

ROEDER, Inschriften
Roeder, G., Zwei hieroglyphische Inschriften aus Hermopolis (Ober-Ägypten), in: ASAE 52 (1954), 315-442.

SPENCER, Egyptian Temple
Spencer, P., The Egyptian Temple. A Lexicographical Study, London 1984.

STEINDORFF Aniba II
Steindorff, G., Aniba II, Mission archéologique de Nubie, 1929-1934, Glückstadt – Hamburg 1937.

ULLMANN, Millionenjahrhaus
Ullmann, M., König für die Ewigkeit - Die Häuser der Millionen von Jahren. Eine Untersuchung zu Totenkult und Tempeltypologie in Ägypten, ÄAT 51, Wiesbaden 2002.

ULLMANN, Ritual Landscape
Ullmann, M., Thebes: Origins of a Ritual Landscape, in: Dorman, P.F., Bryan, B.M. (Hg.), Sacred Space and Sacred Function in Ancient Thebes - Occasional Proceedings of the Theban Workshop, held at the British Museum in September 2003, SAOC 61, Chicago 2007, 3-25.

VALBELLE, Témoignages
Valbelle, D., Témoignages du Nouvel Empire sur les cultes de Satis et d'Anoukis à Eléphantine et à Deir el-Médineh, in: BIFAO 75 (1975), 123-145.

ZIVIE, Hermopolis
Zivie, A.P., Hermopolis et le nome de l'ibis. Recherches sur la province du dieu Thot en Basse Égypte. I. Introduction et inventaire chronologique des sources, Bibliothèque d'étude, 66/1, Kairo 1975.

An der Peripherie zweier Reiche?

Topographisches aus dem sogenannten „el-Hibeh-Archiv"*

MATTHIAS MÜLLER

Abstract: Since the first publication of the Strasbourg fragments by Spiegelberg, his identification of el-Hibeh as the place of origin for the archive has never been doubted. In this paper this identification is questioned and an alternative location much further to the south and within the area of the Upper Egyptian nomes 8 to 10 is suggested. The most likely place would seem to be a TIP fort overlooking the Nile valley from a promontory on the river's east bank at el-Ahaiwah just north of Girga.

Das Korpus

Das antike Archiv von *T3-dhn.t* gehört neben dem Illahun-Archiv in London/ Berlin und dem Archiv von Medinet Habu in Turin zu den Archiven des antiken Ägypten, die trotz der recht langen Aufbewahrungszeit in unseren Museen bislang immer noch einer vollständigen Edition harren. Anders aber als die beiden Erstgenannten führt das Archiv von *T3-dhn.t* in der ägyptologischen Diskussion indes eher ein Schattendasein. Dies ist umso auffälliger, als mit seiner Hilfe quasi Licht in den Anfang eines sogenannten dark age getragen werden könnte, da mit dem Ende des Neuen Reiches ein Grossteil der bis dahin zur Verfügung stehenden Quellengruppen weg bricht. In erster Linie dürfte dieses Schattendasein am durchaus pitoyablen Zustand des Archivs liegen; sowohl was den Erhaltungs-, als auch den Publikationszustand betrifft, da die bislang identifizierten Teile des Archivs in der halben Welt verstreut sind und die Papyri partiell in briefmarkengroße Fragmente zerfallen sind. So sind bisher nur Teile des Konvolutes in Straßburg sowie einige Texte der Konvolute in Berlin, Boston und Moskau publiziert; alles in allem vielleicht 10% des Gesamtarchivs.

Im Rahmen eines gemeinsamen Projekts, das allerdings aus verschiedenen und sehr unterschiedlich geförderten Einzelprojekten besteht, soll nun eine Gesamtedition aller Texte angestrebt werden. Involviert sind neben dem Autor (Texte in Aberdeen, Boston/ Berkeley, Leiden & London) Dominique Lefèvre[1] aus Paris (Texte in Straßburg), Yasser Sabek aus Berlin (Texte in Berlin), sowie Christophe Barbotin, wiederum aus Paris (Texte im Louvre). Die Zusammenarbeit soll in eine gemeinsame Edition aller zum Archiv gehörenden Texte münden.

Nach dem bisherigen Forschungsstand verteilt sich das Archiv heute wie folgt:

* Der Artikel präsentiert erste Ergebnisse meiner Forschungen im Rahmen des von der DFG geförderten Projekts „Das Archiv von el-Hibeh" unter der Leitung von Gerald Moers an der Georg-August-Universität Göttingen. Da ein Teil der zitierten Texte noch unpubliziert ist, zitiere ich in den Fussnoten in Umschrift, um so halbwegs Nachvollziehbarkeit zu gewährleisten. Wo ich Text abweichend von früheren Editionen lese, markiere ich dies mit einem *. Ich danke Susanne Bickel, Andreas Dorn, Andrea Gnirs und Miriam Rose/ Basel sowie Dominique Lefèvre/ Paris für wertvolle Hinweise.

1 Siehe jetzt dessen Vorbericht, LEFÈVRE, Forteresse, der allerdings den Forschungsstand des Frühjahrs 2006 widerspiegelt.

Die Historic Collection der Special Libraries and Archives des King's College der University of Aberdeen besitzt ca. 850 unpublizierte (und ägyptologisch wohl bislang auch unbekannte) Fragmente. Diese fanden ihren Weg nach Schottland durch einen ehemaligen Absolventen der Universität, James Andrew Sandilands Grant,[2] dem es später in Ägypten als Arzt gelang, eines massiven Choleraausbruchs Herr zu werden, wofür er vom Khediven Tawfik den Titel Bey erhielt. In der Folgezeit konnte er (nicht nur) in Ägypten eine Sammlung von antiken Artefakten zusammentragen. Nach seinem Tod stiftete seine Witwe die umfangreiche Kollektion der University of Aberdeen. Der größere Teil der Sammlung ist heute im Marischal Museum in der Innenstadt ausgestellt; die Papyri befinden sich indes in den Magazinräumen des King's College auf dem Campus-Areal in Old Aberdeen.[3]

Das Berliner Museum hat zwar mit ca. 1000 Fragmenten quantitativ die größte Menge, allerdings ist auch der Zustand der Fragmentierung am größten. Einige Texte sind bislang durch Arbeiten Hans-Werner Fischer-Elferts[4] zugänglich gemacht worden; einen Überblick verschafft die gemeinsame Katalogisierung von Günther Burkard und Hans-Werner Fischer-Elfert im Verzeichnis Orientalischer Handschriften in Deutschland.[5]

Etwas besser sieht es für den Bestand der Texte in Boston im Museum of Fine Arts (jetzt allerdings in Berkeley)[6] aus: Zwei Orakelpetitionen wurden von Kim Ryholt ediert,[7] während es zusätzlich noch einen weiteren Text plus eine unbekannte Anzahl von Fragmenten gibt. Nach den Unterlagen des MFA sollen diese Papyri aus Reisners Grabungen in Naga ed-Der stammen,[8] ein Punkt der unten noch von Wichtigkeit sein wird.

Nach den Unterlagen Černýs muß auch das Institut Français in Kairo einen Text aus dem Archiv besitzen.[9] Trotz angestrengter Suche der Kollegen Yvan Koenig und Philippe Collombert, denen ich für Informationen bezüglich des Textes danke, ist dieser momentan leider aber nicht auffindbar.[10] Dies ist umso betrüblicher, als der Text soziokulturell recht interessant zu sein scheint, wie man auch dem bislang zitierten Ausschnitt (s. Anm. 9) entnehmen kann.

In Leidener Privatbesitz befindet sich die linke Hälfte eines Textes, bestehend aus drei Fragmenten.[11] Das British Museum zu London besitzt sieben Fragmente von mindestens drei Texten, deren Zuweisung indes nicht sicher ist, da textintern keine eindeutigen Indizien festzustellen sind.[12]

Der Text in der Sammlung des Puschkin Museum in Moskau wurde 1982 von Georges Posener pu-

2 Siehe DAWSON – UPHILL, Who was who, 174.

3 Zur Geschichte der Sammlung s. jetzt CURTIS – KOCKELMANN – MUNRO, COLLECTION, 49/50. Daneben finden sich mehrere Rahmen mit demotischen Fragmenten unterschiedlichster Provenienz (Dime, Achmim und Soknopeiou Nesos nach J. F. Quack), die jetzt u.a. von J. F. Quack bearbeitet werden, sowie einige Rahmen mit Fragmenten koptischer Texte. Für die sehr viel umfangreicheren griechischen Texte s. Turner, Catalogue.

4 FISCHER-ELFERT, Akten; FISCHER-ELFERT, Oracle Petitions.

5 BURKARD – FISCHER-ELFERT, Ägyptische Handschriften IV, 15-50; 92-97; 100-104.

6 Nach freundlicher Information von L. Berman vom MFA Boston wurden diese im Sommer 2006 auf Antrag der Nachfolger der Hearst-Stiftung an das Center for the Tebtunis Papyri der Bancroft Library of the University of California, Berkeley transferiert. Nach einer e-mail von T. M. Hickey sind sie dort allerdings noch nicht final inventarisiert. Für Informationen hinsichtlich des Transfers etc. danke ich auch S. L. Lippert/ jetzt Tübingen.

7 RYHOLT, Oracle Petitions; s. auch TRAUNECKER, L'appel au divin, 42-44.

8 RYHOLT, Oracle Petitions, 189/190, s. dazu unten.

9 MAGEE – MALEK, Checklist, 12 sub Cairo IFAO. Auszug zitiert bei Gardiner, Protest, 119 note g) bzw. SWEENEY, Correspondence, 96 ex. 90.

10 Am Rande sei bemerkt, daß Gardiner (in Gardiner, Protest, 119) den Text in seiner Edition der Papyri Valençay als „in the Cairo Museum" zitiert; ob dies der Grund für seine Dislozierung ist? Über Černýs Transkription steht immerhin: Papyrus appartenant à l'Institut français.

11 Unpubliziert. Für den Hinweis danke ich R. Demarée/ Leiden.

12 BOURRIAU, Acquisitions, 161 Nr. 287.

bliziert.[13] Zusätzlich befinden sich neun Fragmente in der Sammlung, die offenbar nur z.T. vom selben Text stammen dürften, wie sowohl die Textur der jeweiligen Papyrusfragmente als auch die Schrift zeigen.

Die Sammlung des Louvre in Paris verfügt zwar nur über sieben mehr oder weniger vollständige Texte plus neun weitere Fragmente, indes sind diese Texte und Fragmente relativ gut erhalten, so daß es wahrscheinlich sein dürfte, daß Chassinat, aus dessen Besitz die Papyri stammen, als einer der ersten Texte aus dem Archiv erwarb, da er sich offenbar die besten Stücke auswählen konnte.[14]

Das Konvolut in Straßburg ist bislang das einzige, von dem mehr bekannt ist: Durch die grundlegende Edition Spiegelbergs in der ZÄS von 1917 wurden 16 Texte und Fragmente ediert;[15] insgesamt handelt es sich um ca. 220 Texte und Fragmente, wobei anzumerken ist, daß es sich auch hier bei einem Grossteil um kleine bis kleinste Fragmente handelt.

Die verschiedentlich hinzugezählten Fragmente (z.B. LÄ IV, 688) in der Pariser Bibliothèque Nationale[16] weisen hingegen keine eindeutigen Indizien (wie Orts-, Personen- oder Götternamen) auf, die eine Zuweisung zum Archiv rechtfertigten.

In den meisten Sammlungen sind die Fragmente ungeachtet etwaiger Zusammengehörigkeit in Glasrahmen untergebracht, doch läßt sich dieser stark fragmentierte Zustand des Archivs mit etwas Ausdauer und der Hilfe eines Bildbearbeitungsprogramms verbessern und aus all diesen Fragmenten der eine oder andere Text restituieren. Nicht ganz unerwartet ist dies bislang in erster Linie sammlungsintern erfolgreich, d.h. die Mehrzahl der Passstücke finden sich innerhalb derselben Sammlung. So ließ sich aus dem Material in Aberdeen ein Brief des Smendes, Sohn und Nachfolger Mencheperres als Hohepriester, noch mit den Verwaltungstiteln der Amun-Domäne, an Harpenese[17] bzw. ein dem pStraßburg 21[18] ähnlicher Gottesbrief[19] zusammensetzen. Auch innerhalb des Straßburger Materials ist noch einiges zusätzlich an Passstücken zu den von Spiegelberg zusammengesetzten Papyri zu finden bzw. weitere anpassende Stücke an von ihm Publiziertes. In Zusammenarbeit mit Dominique Lefèvre gelang es zum Beispiel, vier weitere anpassende Fragmente zu pStraßburg 26[20] zu identifizieren und verschiedene Fragmente zu neuen Briefen zusammenzustellen.

Aber auch sammlungsübergreifend konnten Dominique Lefèvre und der Autor Fragmente in Aberdeen und dem Louvre als zusammengehörend identifizieren: so finden sich zu fünf der sieben bislang bekannten Pariser Stücke die fehlenden Teile in Schottland. Zwischen dem Berliner Material und dem in Aberdeen ließ sich bislang nur eine Verbindung nachweisen: Eine vollständig zusammensetzbare Orakelpetition an den Gott Penpaihay (zu diesem siehe unten) verteilt sich heute auf Berlin und Aberdeen.

Informationen aus dem Archiv

Nach den bisher zugänglichen Informationen ist das Archiv von *Tꜣ-dhn.t* in die Zeit des Übergangs vom 2. in das 1. Jahrtausend vor Christus,

13 Posener, Un papyrus.

14 Bisher bekannt nur pLouvre E. 25359 (de Cenival, Naissance, 285) bzw. pLouvre E. 25363 (Ausstellungskatalog, L'homme égyptien, 123 Nr. 89).

15 Spiegelberg, Briefe. Von diesen gehören allerdings #3 (pStraßburg 24iv) und #11 (pStraßburg 24v) zusammen.

16 Spiegelberg, Correspondances, 274-291.

17 Die fünfzehn Fragmente verteilen sich auf fünf Glasrahmen. Zu den Verwaltungstiteln der Amunsdomäne (hier Majordomus und Oberster Verwalter der Rinderherden) als typisch für die „Kronprinzen" des thebanischen Teils des Reiches, s. Kees, Hohenpriester, 19/20; für Smendes II, s. Goyon, Une dalle.

18 Spiegelberg, Briefe, 13/14.

19 Die 19 Fragmente verteilen sich auf sechs Glasrahmen. Unpublizierte Fragmente weiterer Texte dieser Art sind in Aberdeen und Strasbourg.

20 Spiegelberg, Briefe, 9-11.

d.h. in die frühe 3. Zwischenzeit, zu datieren und fällt zum größten Teil in die Amtszeit des Hohenpriesters des Amun von Karnak Mencheperre (1046/45 bis 997/96 v. Chr.), der ein Zeitgenosse der Pharaonen Smendes (1070–1044 v. Chr.) und Psusennes (1044–994 v. Chr.) war.

Die Mehrzahl der Texte besteht aus Briefen, deren Hauptpersonen die beiden Priester Harpenese und Haremchebe sind, die sowohl als Absender als auch als Empfänger in Erscheinung treten. Als Absender von Briefen finden sich der Hohepriester des Amun-Re und Generalissimus Mencheperre[21], dessen Frau Esemchebe[22], verschiedene Propheten des Amun-Re von Theben, aber auch andere Priester. Briefe kommen allerdings nicht nur aus dem thebanischen Umfeld des Hohepriesters und seiner Familie, sondern auch von anderen Beamten unterschiedlicher Hierarchiepositionen, diese sind aufgrund des noch fragmentarischen Zustands aber oft nur an der Elaboriertheit der Grußformeln des Briefes erkennbar.

Eine weitere Textgruppe, wenn auch quantitativ sehr viel schwächer vertreten, bilden administrative Dokumente: so z.B. zwei aus dem Berliner Material publizierte Texte aus der Getreideverwaltung[23] oder die Reste einer Viehliste aus der Straßburger Sammlung[24]. Das noch unpublizierte Material enthält z.B. einen Papyrus mit der Auflistung der Erntesteuer des Priesters Haremchebe mit Fragmenten in Aberdeen (der rechte Rand) bzw. im Louvre (Rest) sowie mehrere Aberdeener Fragmente mit Listen von Gegenständen (u.a. Gefäße aus Alabaster), die sich zu mindestens zwei Texten zusammensetzen lassen. Diese Liste mit den Alabastergefäßen könnte einem Tempeltagebuch entstammen, da solche Gefäße damals kaum in größerer Menge in Privatbesitz waren. Die andere Liste enthält ein Verzeichnis ausgegebener Güter, u.a. Bier, Honig und Kylestisbrote.

Spezifisch für das Archiv sind darüber hinaus Orakelpetitionen, wie sie innerhalb des Berliner und Bostoner Materials identifiziert und ediert worden sind.[25] Zu diesen kommen innerhalb des unpublizierten Materials noch weitere Texte, zum Beispiel in Straßburg oder der oben erwähnte Text in Berlin/Aberdeen.

Toponymbefund

Untersucht man die bislang restituierten Texte des Archivs nach Ortsangaben, stellt man schnell fest, daß diese, wie z.B. auch in den Late Ramesside Letters[26], auffällig selten sind. Mit einiger Regelmäßigkeit wird der Ort *T3-dhn.t* „die Felswand" erwähnt, für den sich bislang die folgenden Graphien im Korpus finden lassen:

 (z.B. pLouvre E. 25363)

 (z.B. pStraßburg 31+44iii, pAberdeen 169c+172i+o)

21 Z.B. pBerlin 8527, pMoskau 5660 (Posener, Un papyrus), einigen, bislang noch nicht angepassten Fragmenten in Aberdeen, und möglicherweise pLouvre E. 25359 (zum Text s. unten; der Absender nennt sich nur *p3 ḥm-nṯr tpy n Ỉmn-Rʿ nzw-nṯr.w*, was in auffälligem Kontrast zur sonstigen Titulatur bei eindeutig Mencheperre zuzuweisenden Texten steht).

22 Z.B. pStraßburg 22i (Spiegelberg, Briefe, 15/16), pAberdeen 168u+pLouvre E. 25364 (mit Kurzform *Jẖy* in der Adresse) oder pAberdeen 170ag+174a+e+175o. Vielleicht ist die in pStrasbourg 51+37viii+40vi+40xx bzw. pStrasbourg 43 erwähnte Person *Jẖy* ebenfalls mit der Gattin des Hohepriesters zu identifizieren; zur Varianz *Ỉs.t-m-3ẖ-bit* // *Jẖy* vgl. auch Niwinski, Coffins, 156 Nr. 284. Möglicherweise ist die auf pAberdeen 170c+s(+)175c belegte Esemchebe aufgrund der Titel *wr.t ẖnr.t [tpy.t n] Ỉmn-Rʿ nzw-nṯr.w ḥm(.t)-nṯr Mn-Ḥr Ỉs.t m Ỉp ḥm(.t)-nṯr Nm[ty nb Ỉ3t]ft ḥry.t šps.wt* als die gleichnamige Tochter des Hohepriesters Mencheperre und seiner Frau zu identifizieren, da nur für sie diese Titel belegt scheinen; vgl. LR III, 270 (Mutter) bzw. 272/3 (Tochter), zur Identifikation dieser Esemchebe als der Tochter Mencheperres siehe TIP, §§51/52 bzw. §436.

23 Fischer-Elfert, Akten.

24 Spiegelberg, Briefe, 21/22.

25 S. Ryholt, Oracle Petitions; Fischer-Elfert, Oracle Petitions; Quack, pBerlin 8525.

26 Vgl. die Liste mit den Toponymen: LRL, 80-81.

 (z.B. pStraßburg 33)

 (z.B. pBerlin 8524)

Bei diesem Ort handelt es sich um das zentrale Toponym des Archivs: So schreibt der Priester und Tempelschreiber des Penpaihay Harpenese, daß er selbst erst am Morgen mit dem Schiff nordwärts nach *T3-dhn.t* gekommen sei:

> Such' diese Leute, während ich jemanden kommen lassen werde, um sie aus dem Anwesen/ Haus zu entfernen, denn ich selbst bin erst am Morgen mit dem Schiff nordwärts nach *Dhn.t* gekommen.[27]

In einem anderen Brief, diesmal an Harpenese adressiert, schreibt ein Priester und Katasterschreiber des Tempels des Amunrasonter (in Theben) namens Pasched, der gleichzeitig Schreiber und Beauftragter des Generalissimus ist:

> Sobald mein Brief dich erreicht, sollst du die Arbeiter des Padiamun, dieses Priesters des Amun, suchen, die nach diesem *Dhn.t*, wo du dich aufhältst, geflohen sind. Verhafte sie, wo immer sie sind, und übergib sie an Nafiramun, seinen Diener, um sie schleunigst für ihn nach Süden nehmen zu lassen.[28]

Diesem Brief ist also zu entnehmen, daß sich der Ort *T3-dhn.t* nördlich von Theben befindet. Bemerkenswert ist darüber hinaus die Formulierung „die zu diesem *Dhn.t*, wo du dich aufhältst, geflohen sind". Nicht ganz unerwartet muss man also wohl mit mehreren Orten dieses Namens rechnen.

Ebenfalls nach *T3-dhn.t* geflohen ist ein Diener, von dem es heißt: „Er ist in *T3-dhn.t*, deiner Stadt."[29] Dort soll er sich nach Informationen des Absenders im Haus eines Wäschers aufhalten. Durch die Apposition „deine Stadt" wird *T3-dhn.t* eindeutig als Sitz des Adressaten, in diesem Fall des Priesters Haremchebe, identifiziert.

Daß *T3-dhn.t* ein beliebtes Fluchtziel war, zeigt der Text auf einem Fragment im Louvre, das die linke Hälfte eines Briefes darstellt. Dort wird erwähnt, daß jemand geflohen sei und nach *T3-dhn.t* gegangen sei. In der folgenden Zeile kommt die Aufforderung: „..., dann sollst du ihn festsetzen, wo immer er sich aufhält."[30]

Ebenfalls für ein Toponym gehalten wurde der Zusatz *n P(3)-n-p3-jh3y* nach dem Namen der örtlichen Priester in der Adresse,[31] doch hatte Kim Ryholt in seiner Bearbeitung zweier Orakelpetitionen in Boston dies als die Bezeichnung des vor Ort verehrten Horus identifiziert.[32]

Unterschiedlich wurde von den bisherigen Bearbeitern eine Stelle im pStraßburg 33 interpretiert: „Siehe, den Kämpfern/Männern aus Neschit, die sich in *Dhn.t* aufhalten, wird Unrecht getan."[33] Während Wente[34] in der Graphie  fragend den Ortsname *Nšy.t* identifizierte, ein Ort, der in der Nähe des heutigen Sohag gelegen haben muß,[35] wurde andernorts vorgeschlagen, hier eine „graphie déformée" von *wrš* „Wache halten" oder *wršy* „Wächter" anzusetzen, was indes eines größeren Erklärungsaufwandes bedarf.[36]

27 pStraßburg 31+40xxii, 10-12 (Spiegelberg, Briefe, 6, NB: Lesung z.T. nach Černý, ein Photo mit dem eingepassten Fragment bei Lefèvre, Forteresse, 45): *ptr n3-rmṯ.w iw di=i iw/.tw (r) rwi=w im p3-pr ẖr tw=i di* iy.ti / m ẖd r Dhn.t ḥʿ.t=i* m dw3.*

28 pStraßburg 26+27i+29vii+44iv, 4-7 (Spiegelberg, Briefe, 10 + unpubl. Fragmente): *wnn t3y=i-šʿ.t spr r=k iw=k ptr* / n3-b3k.w n P3-di-Imn p3y-it-nṯr n Imn i.wʿr iw=w iy r* t3y* / Dhn.t nty tw=k im=st* šfd*.v=w m p3-nb nty st im mtw*=k swḏ.v=w* n* Nfr*-/Imn p3y=f sḏm r di ṯ3y=f st n=f r rsy iw=w 3s.*

29 pStraßburg 39, rto 5/6 (HOP, pl. 105): *sw m-ẖnw T3-dhn.t / p3y=k-dmi.*

30 pLouvre E 25363, rto 4 (unpubliziert): *sw iw.w r T3-dhn.t* bzw. rto 5: *iw=k šfd.v=f m p3-nty nb sw im.*

31 So Spiegelberg, Briefe, 3.

32 Ryholt, Oracle Petitions, 195-198.

33 pStraßburg 33,9-11 (Spiegelberg, Briefe, 8): *ptr / n3-ʿḥ3.ty Nšy nty ḥms (m) Dhn.t iri.w / bin nb.t im=w.* Ich folge Vernus (Tanis, S. 106) bzw. Winand (Letters, 62) in der Ansetzung eines Passivs bei iri, statt eines Imperativs wie bei Spiegelberg (Briefe, 8) oder Wente (Letters, 207).

34 Wente, Letters, 207.

35 AEO II, 41*-46*.

36 Winand, Letters, 62. Ähnlich auch Vernus, Tanis, 106 „les combattants d'active(?)".

Das Straßburger Konvolut liefert in einem anderen Text noch einen weiteren Ortsnamen: 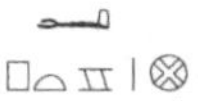 *Pꜥ.t*. Zwar nahm Spiegelberg an, daß am rechten Rand von pStraßburg 22ii etwas fehlen würde, doch vermerkte Černý auf seiner Transkription, daß der Text durchaus sinnvolle Übergänge habe, wodurch *Pꜥ.t* explizit als Ortschaft (*dmi*) bezeichnet wäre. Dieses Toponym ließe sich vielleicht mit dem *Tꜣ-pꜥ* im Titel *ḥm-nṯr n nṯr.w n Tꜣ-pꜥ* auf einem ptolemäerzeitlichen Sarg aus Abydos verbinden, dessen Lokalisation allerdings unbekannt ist.[37]

Noch unklar ist ein Toponym in einem Brief im Louvre, in welchem der Absender (der Priester Harpenese) dem Adressaten (einem Vorsteher der *qnb.t*) mitteilt, daß er, als er nach Süden aufbrach, diesem aufgetragen habe, sich um die Diener von *Pn-in-b-r-b-ꜥ*() zu kümmern, was dieser bis zu dessen Rückkehr offenbar versäumte.[38]

Fast alle weiteren Ortsnamen, die bislang im Archiv belegt sind, stammen aus den Titeln von Absendern respektive Adressaten bzw. aus Epitheta von erwähnten Gottheiten[39]; ein Befund übrigens, der dem der Late Ramesside Letters gleicht.

Identifikation des Haupttoponyms: *Dhn.t* = el-Hibeh?

Nun stellt sich primär die Frage: Wo liegt der zentrale Ort des Archivs, *Tꜣ-dhn.t*? Zuerst ist dabei zu betonen: Keines der Konvolute stammt eindeutig aus einer dokumentierten Grabungssituation, sondern fast alle wurden zwischen 1885 und 1910 auf dem Antikenmarkt in Ägypten erworben.

Spiegelberg hatte in seiner editio princeps das in den Texten erwähnte *Tꜣ-dhn.t* als den Herkunftsort des Archivs bestimmt und dessen Gleichsetzung mit el-Hibeh erschlossen. Dies geschah offenbar aufgrund folgender Überlegungen:[40]

1) Welche Orte sind unter dem Namen *Tꜣ-dhn.t* belegt?

Dafür führte Spiegelberg Belege aus Brugschs, Dictionnaire géographique[41] an; neben der Gegend von Memphis seien dies Orte in Mittelägypten. Dort handelt es sich um die modern als Tehne bzw. als el-Hibeh bekannten Ortschaften.

2) Welche von diesen ist die in den Texten genannte Ortschaft?

Spiegelberg argumentiert pro el-Hibeh, dass dessen eigentlicher Name zwar *Tꜣy=w-ḏꜣy* „ihre Mauer" sei, in den aus el-Hibeh stammenden Rylands-Papyri der in der Stadt verehrte Gott indes *Ỉmn-thn.t n Tꜣj=w-ḏi*[42] „Amun, die Felswand, in el-Hibeh" bzw. *Ỉmn-Rꜥ ꜥꜣ-hmhm nb dhn.t wr*[43], „Amun-Ra, groß an Ruf[44], Gebieter der mächtigen Felswand" hieße,[45] was auf einen zweiten Namen des Ortes hinweise. Seiner Meinung nach sei das *Tꜣ-dhn.t wr-nḫt* der Pianchistele ebenfalls auf el-Hibeh zu beziehen, eine Bezeichnung, die er auf einem der Strassburger Fragmente ergänzen zu können glaubte.

3) Welche zusätzlichen Indizien gibt es?

Hier stellt Spiegelberg fest, daß die lokalen Priester die Titel *it-nṯr sš ḥw.t-nṯr* (*n Pn-pꜣ-jhꜣy*) tragen. Ersterer Titel sei seines Erachtens typisch für el-Hibeh, wie die demotischen Rylandspapyri zeigten.

37 Randall-MacIver – Mace, El Amrah, pl. XXXVI,1 Kol. 1; s. auch Buhl, Sarcophagi, 74-76; 172.

38 pLouvre E. 25361,3/4 (unpubliziert).

39 Z.B. *Ỉp* (Achmim), *Ṯbw* (Antaeopolis) und *Zꜣw.ty* (Assiut).

40 Spiegelberg, Briefe, 1-3.

41 DG, 957-59.

42 Z.B. pRylands I,3, s. jetzt Vittmann, pRylands 9 I, 224.

43 pRylands IX xxii,13 s. Vittmann, pRylands 9 I, 192.

44 Zum Epitheton vgl. Vittmann, pRylands 9 II, 569.

45 Im Tempel belegt ist *Ỉmn ꜥꜣ hmhm nb dhm*, vgl. Daressy, Hibeh, 154-155.

Die Gleichsetzung von *Tꜣ-dhn.t* mit el-Hibeh ist meines Wissens bislang nicht in Frage gestellt worden. Sollte sie korrekt sein, hätte man somit ein Archiv aus einer Provinzresidenz, zu dem sich, jedenfalls nach den Angaben des Händlers, noch die drei Papyri aus der ehemaligen Sammlung Golenischeff (Wenamun, Wermai und Onomastikon des Amenemope)[46] gesellen, und die an der Schnittstelle des Reiches der thebanischen Hohepriester im Süden und Pharaos im Norden gelegen hätte. Allerdings ergeben sich bei einer Gleichsetzung von *Tꜣ-dhn.t* mit el-Hibeh einige Probleme:

Zur Argumentationskette ist zuerst einmal anzuführen, daß, wie schon Spiegelberg feststellte, und wie wir oben auch sahen, der Ortsname *(Tꜣ)-dhn.t* einigermaßen häufig und aufgrund seiner Bedeutung ziemlich unspezifisch ist.[47] Spiegelberg entscheidet sich in seiner publizierten Argumentation recht schnell für el-Hibeh und geht z.B. nicht auf die Möglichkeit der Gleichsetzung mit Tehne ein. Allerdings würde auch dies die Probleme nicht lösen, wie noch zu sehen ist. Des Weiteren handelt es sich bei dem von Spiegelberg zu [*Tꜣ-dhn.t*] *wr-nḫt* ergänzten Beleg auf pStraßburg 23i[48] nach der Transkription Černýs um einen Personennamen. Die Heranziehung des Titels *it-nṯr* als Indiz für el-Hibeh ist wissenschaftshistorisch bedingt und heute so nicht mehr zu halten.[49]

Bislang taucht in keinem der Texte ein Ortsname aus der unmittelbaren Umgebung von el-Hibeh auf. Dies kann natürlich an der Entfernung zwischen den Korrespondenten liegen, weshalb nur die Garnison betreffende Themen abgehandelt werden. Andererseits „ballen" sich topographische Indizien in der Gegend des nördlichen Oberägypten:

Hans-Werner Fischer-Elfert hatte in der Fs. Helck[50] zwei Aktenfragmente aus der Getreideverwaltung publiziert, die aufgrund interner Indizien ebenfalls zum Archiv gehören und die Verwaltung der jährlich zu bestimmenden Getreidesteuer thematisieren. Ohne diese Verbindung zum Archiv hätten die in diesen Texten zu findenden Indizien sicher zu einer Herkunftsidentifikation im Raum des 10. oberägyptischen Gaues geführt.[51] Nun ließe sich einwenden, daß el-Hibeh als Residenz über eine entsprechende Verwaltungsdokumentation des Reiches verfügt haben mag. Auffällig wäre dann jedoch, daß unter der Menge an Fragmenten gerade ausgerechnet nur die Dokumentation eines Bereiches im fernen Oberägypten erhalten geblieben wäre.[52] Und sollte Fischer-Elferts Gleichsetzung des dort genannten Steuerbeamten Haremchebe mit dem gleichnamigen Priester aus el-Hibeh stimmen, ständen wir vor der für diese Epoche der pharaonischen Geschichte bemerkenswerten Situation, daß ein Priester eines Tempels im 18. oberägyptischen Gau (den Residenzstatus el-Hibehs hin oder her) als Getreidesteuereintreiber im 10. oberägyptischen Gau fungiert.

Einen ähnlichen Befund liefern die von Fischer-Elfert publizierten Orakelpetitionen an Horus-Chau. Der onomastische Befund der mit dem Gottesnamen Mehyt gebildeten Personennamen wie auch die Erwähnung eines *pr-Mḥy.t* weisen

---

46 Vgl. die bei CAMINOS, Tale of Woe, 1, zusammengetragenen Informationen.

47 Belege für derartige Ortsnamen finden sich jetzt bei ADROM, *Tꜣ-dhn.t* I, 17-20, mit Nachträgen in ADROM, *Tꜣ-dhn.t* II, 28. Zu diesen ließe sich noch die Inschrift aus dem Grab des Minmose in Abydos (KRI III, 474, 8/9) bzw. die Belege bei YOYOTTE, Études géographiques, 95-96 für den XXI. oberägyptischen Gau stellen.

48 SPIEGELBERG, Briefe, 17. D. Lefèvre konnte inzwischen pStraßburg 44iii als oberen Abschluß des Papyrus identifizieren, wodurch sich Harpenese als Absender des Briefes ergibt.

49 Vgl. etwa KEES, Gottesväter; BLUMENTHAL, Gottesväter. Im Archiv sind z.B. auch der *it-nṯr n Ỉmn-Rꜥ nzw-nṯr.w* (pAberdeen 168p+171g bzw. pAberdeen 172d) oder der *it-nṯr n Ỉmn ꜥꜣ-šfy.t* (pAberdeen 170l) belegt.

50 FISCHER-ELFERT, Akten.

51 FISCHER-ELFERT, Akten, 49.

52 In Aberdeen (2 Fragmente vom Anfang) bzw. im Louvre (Rest) findet sich noch ein weiterer Text mit der Erntesteuerauflistung des Haremchebe.

eher nach Thinis als in die Gegend südlich des Fayums.[53] Gleiches gilt übrigens für den im pStraßburg 39 belegten „Gottesvater des Onuris"![54]

Im noch unpublizierten (und teilweise noch unbearbeiteten) Material finden sich weitere Indizien, wie die Erwähnung eines Priesters oder Beamten des Min-Tempels, den man wohl in Achmim oder Koptos wird vermuten dürfen.[55]

Eine viel weiter südlich angesetzte Lokalisierung des Ortes *T3-dhn.t* dürfte auch besser mit folgendem Befund in Einklang zu bringen sein:[56] Nach den Unterlagen des Bostoner Museums stammen die bis vor kurzem dort aufbewahrten Papyri aus den Grabungen Reisners in Naga ed-Der, und zwar aus dem Grab 5002. Wie Kim Ryholt feststellte, finden sich nun aber keine Unterlagen zu diesem Grab. Die Belegungszeiträume des entsprechenden Friedhofsareals 5000 bei Scheich Farag sind die 8. bis 12. Dynastie, was in einem gewissen Widerspruch zur Datierung der Papyri steht. Es steht somit zu vermuten, daß die Texte Reisner vor Ort von einheimischen Arbeitern als Fund präsentiert und von ihm angekauft wurden. Wie auch immer die Sachlage im Detail aussah, fällt die enorme Distanz zwischen dem „Fundort" und dem „Herkunftsort" ins Auge. Läge der Herkunftsort indes in der Region des Fundortes, wäre der Befund wohl einfacher zusammenzubringen.

Auch inhaltlich ließen sich gewisse Phänomene besser erklären, wenn man annimmt, daß das Archiv aus einem Ort weiter im Süden stammt. So ist auffällig, wie häufig auf das Thema Ordal in den Schreiben Bezug genommen wird:

> Der Hohepriester des Amun-Re, des Königs der Götter, an den Priester und Tempelschreiber von Penpaihay Haremchebe.
>
> Sobald mein Schreiben Dich erreicht, sollst du den Kommandanten Ajafnehar und seine Brüder vor Penpaihay wegen dieser Verteilung der Diener, von der sie reden, bringen und Penpaihay soll ihre Aufteilung festlegen, wenn sie vor ihm stehen.
>
> Siehe! Man schickte dir ein Zeugnis.[57]

In einem Brief eines Truppenvorstehers des Generals und Priesters namens Anchef an den Priester und Tempelschreiber des Penpaihay Harpenese heißt es:

> Ich erwähnte die Angelegenheit dieses Dieners des Truppenführers Wasihumose, in Gegenwart unseres Herrn, zwischen ihm und Harsacim. Unser Herr sagte: Schick sie! Lass sie vor Penpaihay treten und er soll sie richten! (Also) schickte ich sie los und ließ sie zu dir kommen.
>
> Sobald mein Schreiben Dich erreicht, lass sie vor Penpaihay prozessieren und er soll zwischen richtig und falsch in ihrem Fall entscheiden. Du fertigst dann zum Entscheid über sie ein Schriftstück an und läßt es mir bringen. Ich trage es dann vor unseren Herrn.[58]

Sollten die Absender in Theben gewesen sein, wäre es bemerkenswert, daß man die Prozessgegner knapp 450 km nach Norden schickte, um ihre Auseinandersetzung von einem ansonsten anscheinend ephemeren Gott entscheiden zu lassen.

Überhaupt sind die Belege für den Gott Horus-Penpaihay „Horus, der des Lagers" ausge-

53 S. Fischer-Elfert, Oracle Petitions, 138-39.

54 HOP, pl. 105.

55 pAberdeen 167at (unpubliziert).

56 Alle Angaben zu den Bostoner Papyri nach Ryholt, Oracle Petitions, 189-190.

57 pLouvre E. 25359 (de Cenival, Naissance, 258 #241): *p3-ḥm-nṯr tpy n Ỉmn-Rʿ nzw-nṯr.w n / it-nṯr sš ḥwt-nṯr Ḥr-m-3ẖ-bi.t Pn-p3-ih3y ḥnʿ ḏd / wnn t3y=i-šʿ.t spr r=k iw=k di ʿḥʿ p3-ḥ3ty / ʿ3=f-n-Ḥr n3y=f sn.w m-b3ḥ Pn-p3-ih3y ḥr / p3y-pš n3-b3k.w nty st mdi ḥr=w mtw / Pn-p3-ih3y ir p3y=w-pš iw=w ʿḥʿ m-b3ḥ=f ptr h3b mtr n=k.*

58 pLouvre E. 25360,4-10 (unpubliziert, zitiert mit freundlicher Genehmigung von C. Barbotin): *ḏd=i t3-md.t n p3y-b3k/i n Wsr-ḥ3t-ms.w p3y-ʿ3-ẖry m-b3ḥ p3y=n-nb iwd=f iwd-/Ḥr-sḏm ḏd p3y=n-nb wḏ st imi ʿḥ3=w m-b3ḥ Pn-p3-i/h3y mtw=f wp.v=w wḏ=i st di=i iw=w n=k wnn=w / spr r=k iw=k di sẖn=w m-b3ḥ Pn-p3-ih3y mtw=f wp./v=w iwd ʿḏ3 r-iwd m3ʿ.t mtw=k iry t3y=w-wp n sẖ mtw=k / di ini.v=s n=i ṯ3y=i sw m-b3ḥ p3y=n nb.*

sprochen dünn gesät.[59] Im Archiv wird er meist nur in der Form *P(ꜣ)-n-pꜣ-iḥꜣy* erwähnt, doch finden sich einige ausführliche Nennungen wie z.B. in den Orakelfragen aus Boston[60] oder auf pStraßburg 27v[61]. Auf den beiden Briefen der Hohepriester an den Gott (pStraßburg 21 und pAberdeen 162j++) ist noch ein Epitheton erwähnt: *ḥry-ib wiꜣ=f* „inmitten seiner Barke", was ihn als Orakelgottheit ausweist, leider aber nichts zur eindeutigen Lokalisierung beiträgt. Neben einer Erwähnung auf einem heute im ersten Hof in Karnak stehenden Sphinx als „Horus, der des Lagers, der große Gott, der durch die Maat lebt"[62] findet sich nur noch eine Szene auf der Südfront des Chons-Tempels in Karnak, die Herihor beim Weinopfer vor „Horus, [der] des Lagers, der große Gott, [Gebieter] über die Maat" zeigt.[63] Die dahinter abgebildete weibliche Gottheit ist für eine Lokalisierung bedauerlicherweise auch keine Hilfe, da die „Herrin der Geburt" nach Ausweis des Leitz'schen Kompendiums nur hier belegt zu sein scheint.[64] Eine Variante des späten Totenbuchkapitels 168 aus der Dritten Zwischenzeit steuert schlussendlich noch einen „Horus, Gebieter von *Dḥn.t*" bei.[65] Im Amun-mit-großem-Ruf gewidmeten Scheschonk-Tempel von el-Hibeh taucht er hingegen nicht auf.[66] Ein Amun-*pꜣ-jḥꜣy* ist auf einem Amulett belegt und wurde bislang für einen Beleg einer solchen Hypostase des Amun gehalten.[67] Die Reihenfolge der in diesem Text aufgelisteten Götter legt aber eine südlichere Lokalisierung näher, wenngleich der Text nur sehr fragmentarisch erhalten ist, da der Eintrag auf Upuaut, Gebieter von Assiut, Nemty, …, Upuaut … und erneut Upuaut folgt, kurz nach dem Eintrag finden sich Götter aus Karnak. Ein „Sprung" zurück nach el-Hibeh wäre an der Stelle schon auffallend.

Ein Indiz für das nördliche Oberägypten liefert vielleicht auch folgende Beobachtung: Aus den Fragmente in Aberdeen ließ sich der größte Teil eines Schreibens des Smendes, Sohn des Hohepriesters Mencheperre, der neben Verwaltungstiteln der thebanischen Amunsdomäne (Majordomus und Oberster Verwalter der Rinderherden) auch die eines Distriktverwalters und Propheten des Nemty, des Herrn von Anteopolis, der gleichzeitig Distriktverwalter und Prophet des Upuaut, des Herrn von Assiut, führt, also im 10. und 13. oberägyptischen Gau.[68] Interessant bei diesem Text ist, daß der Absender den Adressaten, den Priester Harpenese, auffordert, sich um einen seiner Pächter (*mnḥ*) zu kümmern, von dem ihm berichtet wurde, er sei krank und schwach (*sw qsn mr*). Es liegt wohl nahe anzunehmen, dass sich der Adressat dazu in der Nähe des Untergebenen befunden haben sollte. Geht man weiter davon aus, dass dies in einer der dem Absender (nach seinen Titeln) unterstellten Regionen war, könnte es sich um die Region zwischen dem Gau von Assiut und dem von Anteopolis handeln.

Wenn man die im Archiv als Briefschreiber auftretenden Propheten des Amunrasonter – belegt sind der Hohepriester, der zweite und der dritte Prophet – für in Theben ansässig erachtet, hätte man damit die am südlichsten liegende Stadt, die eindeutig identifizierbar ist. Fraglich ist der Aufenthaltsort des Vizekönigs von Kusch;[69] da dieser

59 LGG III, 10. Gleiches gilt für den ebenfalls als Orakelgottheit angerufenen Horus-*ḥꜥ*, der nach Ausweis von LGG V, 278, außerhalb des Archivs noch in Inschriften in Kom Ombo respektive Edfu belegt ist, die jedoch für eine Identifikation auch nichts austragen.

60 S. Ryholt, Oracle Petitions, pl. XVII.

61 Unpubliziert; zitiert als Nr. 27A bei Spiegelberg, Briefe, 3.

62 Barguet, Temple, 49.

63 Epigraphic Survey, Temple of Khonsu I, pl. 14.

64 LGG V, 184.

65 pLondon BM 10478, 8.3.3b nach DZA 31.446.710.

66 Siehe auch Guermeur, Cultes d'Amon, 402/403.

67 pHier. BM (Edwards), 44 mit Anm. 54, pl. XVa,74 bzw. Guermeur, Cultes d'Amon, 404.

68 pAberdeen 167f+m+ae+169q+x+ae+172b+aj+173b+g +o+s+t+175j+bo (unpubliziert).

69 Als Absender belegt in pLouvre E. 25365 + pAberdeen 171i und vermutlich auch im pStraßburg 32; auffällig ist

nun gleichzeitig dritter Prophet des Amunrasonter ist, bietet sich auch für dessen Amtssitz Theben an. Zwischen Theben und den genannten Gauen ist vielleicht ein Fürst der Meschwesch-Libyer und Prophet des Haroëris zu lokalisieren.[70] Zwar ist eine mögliche Ortsangabe durch ein fehlendes Anschlussfragment nach dem Gottesnamen nicht erhalten, aller Wahrscheinlichkeit nach könnte es sich jedoch um den Haroëris von Qus handeln. Für Post aus dem Norden findet sich indirekte Evidenz: In einem bislang nur aus einem größeren Fragment bestehenden Brief wird der Adressat Harpenese aufgefordert, „sich das Schriftstück, das Pharao, dein Herr, Dir hat bringen lassen, genau anzuschauen."[71]

Bemerkenswert ist neben diesen „positiven" Indizien aber auch der Negativbefund, mit anderen Worten: die Absenz gewisser Anzeichen, die man würde erwarten wollen, sollte el-Hibeh der Herkunftsort des Archivs sein. Zum einen fällt auf, daß das nur ca. 30 km entfernte Herakleopolis bislang nie im Archiv erwähnt wird. Interessant ist in dieser Hinsicht auch die fast vollständige Abwesenheit von Libyern – abgesehen vom just erwähnten Absender eines Briefes. Naturgemäß kann sich hinter manchem ägyptischen Personennamen ein libysches Individuum „verstecken", doch ist die Absenz als ethnischer Terminus auffällig,[72] während im Archiv z.B. Nubier belegt sind.[73]

Folgende Indizien sprechen zwar nicht direkt gegen eine Gleichsetzung von *Tꜣ-dhn.t* mit el-Hibeh, lassen sich jedoch unter der veränderten Prämisse relativieren:

Mit einer relativ großen Entfernung zwischen dem Zielort *Tꜣ-dhn.t* und Absendeorten wie Theben ließen sich die oben erwähnten Flüchtlinge erklären, die dann aber immerhin eine ziemlich große Strecke zwischen sich und dem Ausgangsort ihrer Flucht legten. Ein anderes Indiz für eine Nähe zum Fayum könnte in der Erwähnung von Vogelfängern liegen. So heißt es in einem Text in Straßburg:

> Die Gottesgemahlin des Amun, meine Herrin, sandte diesen Wildvogelfänger Haritawe aus. Man schickte ihn flussab zu Dir, den Wildvogelfängern hinterher.[74]

Hier könnte die Nähe zum Fayum die Aussendung dieses Vogelfängers erklären. Einschränkend ist indes festzuhalten, daß die Flugrouten der Zugvögel dem Nilverlauf folg(t)en, und demnach fast jeder Ort entlang des Nils mit genügend Landefläche in Frage käme.[75]

Vielleicht ebenfalls für eine relativ große Entfernung zwischen *Tꜣ-dhn.t* und Theben mag folgender Vermerk am Ende des eben zitierten Briefes sprechen:

> Übrigens, ich habe ihn am 15. Tag des 2. Monats Pre losgeschickt, um ihn zu dir gehen zu lassen. Notier doch bitte den Tag, an dem du ihn wieder nach Süden schickst in deinem Brief, den du ihm mitgibst.[76]

dort die Verwendung des Artikels *pꜣ*, was typischerweise in Titelkonstruktionen vorkommt (Titel Name *n pꜣ* Titel). Der Titel findet sich noch auf Fragmenten in Aberdeen, allerdings sind diese bislang nicht kontextualisierbar.

70 pAberdeen 167bd+168a+k (unpubliziert).

71 pAberdeen 166af,x+2 (unpubliziert): [...] *nw r pꜣy-wḫꜣ i.hꜣb n=k Pr-ꜥꜣ ꜥ.w.s. pꜣy=k nb.*

72 In der Tat kann auch dies ein Problem eines modernen Konstruktes sein, da sich die libyschen Eliten vielleicht nicht als Gruppe ethnisch differenziert sahen und somit keinerlei Veranlassung hatten, diese Distinktion zu thematisieren. Zur Problematik des Libyererkennens s. LEAHY, Libyan Period, spez. 56-62, der aber für die kulturelle Selbstdifferenzierung der Libyer plädiert.

73 Z.B. in pStraßburg 24i+vi+viii+29ix+xv+30xiii+xviii+37xxi (SPIEGELBERG, Briefe, 17-18 nur pStraßburg 24i), pStraßburg 32 (SPIEGELBERG, Briefe, 19-20) oder pAberdeen 166a+173a+175a+187p+190r+t (unpubliziert).

74 pStraßburg 25,4/5 (SPIEGELBERG, Briefe, 11): *wḏ dwꜣ(.t)-nṯr n Ꭵmn tꜣy=i ḥnw.t Ḥr-iw-tꜣ.wi pꜣy wḥꜥ-gꜣš / dd.tw iw=f m ḫd r pꜣ nty tw=k im m-sꜣ nꜣ wḥꜥ-gꜣš.* Das hier mit Wildvogel übersetzte Wort *gꜣš* scheint eine bestimmte Art von Zugvogel zu bezeichnen, s. EGBERTS, Wenamun, 62 Anm. 36.

75 MEINERTZHAGEN, Nicoll's Birds, 47-49.

76 pStraßburg 25,8-10 (SPIEGELBERG, Briefe, 12): *ptr i.ir=i wḏ=f n ꜣbd 2 prt sw 15 r di iw=f n=k ptr /*

Offenbar möchte man kontrollieren, wie lange der Vogelfänger für seine Reise braucht. Diese muss wohl länger als einen Tag gedauert haben, da ja keine Tages- oder gar Uhrzeit vermerkt werden sollte.[77]

Verlagert man nun hingegen die Suche nach dem in den Texten erwähnten Hauptort des Archivs in die Gegend des achten bis zehnten oberägyptischen Gaus, bieten sich an belegten Orten des namens *(T3)-Dhnt* erst einmal die schon erwähnten Orte Assiut und Abydos an. In beiden Fällen fehlen indes bislang eindeutige Indizien für eine Siedlung und Festung aus der frühen Dritten Zwischenzeit.

Als ein möglicher Identifikationsort käme vielleicht auch die Gegend direkt nördlich des Gebel Scheich Haridi in Frage, der nach Helck[78] die Grenze zwischen dem 9. und dem 10. oberägyptischen Gau markiert und an dieser Stelle senkrecht zum Fluss hin abfällt.[79] Allerdings ist auch dort keine Anlage der 3. Zwischenzeit bekannt.

Der aber bislang beste Kandidat dürfte der Ort el-Ahaiwah, direkt nördlich von Girga, sein, an dem sich eine von G.A. Reisner ausgegrabene Festung, Stadt und ein Friedhof aus der späten Ramessidenzeit/Dritten Zwischenzeit befinden.[80] Die Festungsanlage liegt auf einem steil zum Nil hin abfallenden Hügel,[81] der sich nachgerade exemplarisch für eine antike Bezeichnung als *T3-Dhnt* anbietet, auch wenn dies in den wenigen epigraphischen Funden Reisners leider nicht untermauert wird. Möglicherweise liefert der Ort aber durch eine dort gefundene Inschrift einen anderen Beweis: Obschon von Stephen Quirke[82] abgelehnt, scheint es mir durchaus möglich, in der ersten Zeile der Inschrift  *P(3)-n-p3-ih3y* zu lesen. Da die Distribution von Belegen dieses Gottes, wie oben gezeigt, nicht arbiträr ist, dürfte dessen Auftauchen in der Inschrift signifikant sein.

Diese Identifikation könnte den Fundort der Bostoner Papyri im nahen Naga ed-Der erklären, wie auch immer sie dort hingekommen sein mögen. Des Weiteren würde sie die internen Details stützen. So beträgt die Entfernung zwischen Theben und el-Ahaiwah ca. 170 km, eine Strecke für die man wohl mehr als einen Tag Reise ansetzen muss, die aber vielleicht überschaubar im Hinblick auf den Aufwand für einen Orakelentscheid gewesen sein mag. Ein weiterer Punkt wäre, daß der Ort innerhalb der Streuung der oben angeführten topographischen Indizien läge.

Der strategische Wert der Festung el-Ahaiwah lag wohl einerseits in der Kontrolle des bei Girga beginnenden Zugangswegs zu den Oasen Charga und Dachla, die ja im Neuen Reich teilweise dem Bürgermeister des nahen Thinis unterstanden,[83] andererseits in der Überwachung des Flussverkehrs. Nach der Beschreibung Lacovaras hat man durch eine Treppe Zugang zur Hügelspitze, von wo aus sich ein Panoramablick über den Nil und die umliegende Landschaft böte.[84] Die Kontrolle des Oasenweges dürfte demnach nur in der Beobachtung von Bewegungen bestanden haben, da die Festung ja auf dem Ostufer liegt. Der Grund dafür dürfte in der relativen breiten Fruchtlandebene auf dem Westufer zu suchen sein, die kaum derartige Möglichkeiten wie das

p3 sw n wḏ=f nty iw=k ir=f r di iw=f r rsy mtw=k ir=f n sš ḥr t3y=k šʿ.t nty / iw=k di ini=f sw.

77 Ein datierter Brief aus dem Archiv findet sich z.B. in Berlin (pBerlin 8524), der allerdings nicht das erfragte Schreiben ist.

78 Helck, Gaue, 95.

79 Spiegelberg, Urkunde, 66.

80 Lacovara – Quirke – Podzorski, Fortress; Aston, Egyptian Pottery, 46. Das Material wird jetzt von Joan Knudsen/UC Berkeley im Rahmen ihrer Dissertation bearbeitet.

81 S. neben der Beschreibung auch das Photo bei Lacovara – Quirke – Podzorski, Fortress, pl. 8.

82 Lacovara – Quirke – Podzorski, Fortress, 64 commentary to line 1.

83 Vgl. Limme, Les Oasis.

84 Lacovara – Quirke – Podzorski, Fortress, 60.

Ostufer bot. Wenn also die Identifikation von el-Ahaiwah als dem *Dhn.t* des Archivs stimmt, ließen sich hiermit vielleicht die Flüchtlinge erklären, die möglicherweise versuchten, in den Oasen ein neues Leben zu beginnen[85] und zu diesem Zweck in Girga und Umgebung Station machten.

Fazit

Zusammenfassend läßt sich konstatieren, daß die Identifikation von *T3-dhn.t* mit el-Hibeh mehr Probleme aufwirft als löst. Eine Position im nördlichen Oberägypten – wie hier mit el-Ahaiwah vorgeschlagen – würde in vielen Punkten zu einer Klärung führen. Dadurch ergäben sich auch für die politische Geschichte der frühen Dritten Zwischenzeit einige Veränderungen von gewisser Tragweite.[86] Die Wichtigkeit der Festung[87] Mencheperres in el-Hibeh als Schnittpunkt zwischen dem Reich der thebanischen Hohepriester und dem Pharaos im Norden des Landes wurde bislang durch das dort angesiedelte Archiv untermauert. Mit der Neuidentifikation des Herkunftsortes entfällt diese Basis, wenn auch andere Texte Indizien für die Wichtigkeit el-Hibehs liefern mögen.[88] Wie dem auch sei, ist das Archiv von *Dhn.t* keines einer Frontfestung zwischen dem Herrschaftsgebiet der Hohepriester im Süden und dem Pharaos im Norden, die sich deshalb des besonderen Interesses der Hohepriester des Amun erfreute, sondern kommt wohl eher aus der Mitte des thebanischen Einflussgebietes. Das auffällige Interesse der Familie des Hohepriesters muss demnach andere Gründe gehabt haben.[89] Unter der Prämisse der hier vorgeschlagenen Identifikation könnte dies vom strategischen Zugang einerseits die Kontrolle der Oasenzugänge und der Flussschiffahrt, andererseits die zentrale Lage im Land gewesen sein, die es als Ausgangspunkt erlaubt haben dürfte, sämtliche Konfliktregionen relativ schnell zu erreichen. Welcherart hingegen der private Zugang war, läßt sich derzeit nicht sagen.

85 Vgl. die Beschreibung von Kees, Landeskunde, 71-72.

86 Vgl. TIP, 259-71; Jansen-Winkeln, Gottesstaat.

87 Vielleicht sollte mit der großzügigen Identifzierung von Festungen aus dieser Zeit vorsichtiger umgegangen werden, wie schon Kessler, Historische Topographie, 241-242 für Nazlet el-Shurafa zeigte. In fast allen Fällen handelt es sich um einen Indizienschluß aufgrund des Fundes gestempelter Ziegel (TIP, 269-70), doch aus welchem architektonischen Kontext diese stammen, ist nicht eindeutig gesichert, da die Mehrzahl im Schutt gefunden wurde (vgl. die Referenzen bei Spencer, Brick Architecture, p. 34-35).

88 S. Fischer-Elfert, Fluch 82 mit Verweis auf Caminos, Chronicle, 18-19 bzw. 174.

89 Falls sich hinter der in pStrasbourg 43,5 (Spiegelberg, Briefe, 22) genannten Person *Jḥy* die Gemahlin des Hohepriesters Mencheperre verbirgt (s. dazu oben Anm. 22), wäre dies ein Indiz dafür, dass sie vor Ort Viehbesitz hatte.

Bibliographie

ADROM, *T3-dhn.t* I
Adrom, F., Der Gipfel der Frömmigkeit? Überlegungen zur Semantik und religiösen Symbolik von *t3-dhn.t*, in: LingAeg 12 (2004), 1-20.

ADROM, *T3-dhn.t* II
Adrom, F., „Der Gipfel der Frömmigkeit" (Soziale und funktionale Überlegungen zu Kultstelen am Beispiel der Stele Turin CG 50058 des *Nfr-ʿbw*), in: SAK 33 (2005), 1-28.

ASTON, Egyptian Pottery
Aston, D.A., Egyptian Pottery of the Late New Kingdom and Third Intermediate Period (Twelfth - Seventh Centuries BC), Tentative Footsteps in a Forbidden Terrain, SAGA 13, Heidelberg 1996.

AUSSTELLUNGSKATALOG, L'homme égyptien
Ausstellungskatalog: L'homme égyptien d'après les chefs-d'oeuvres du Louvre, Katalog Nagoya 2005.

BARGUET, Temple
Barguet, P., Le temple d'Amon-Rê à Karnak, Kairo 1962.

BLUMENTHAL, Gottesväter
Blumenthal, E., Die „Gottesväter" des Alten und Mittleren Reiches, in: ZÄS 114, 1987, 10-35.

BOURRIAU, Acquisitions
Bourriau, J., Museum Acquisitions, 1989, Egyptian Antiquities Acquired in 1989 by Museums in the United Kingdom, in: JEA 77 (1991), 157-164.

BUHL, Sarcophagi
Buhl, M.-L., The Late Egyptian Anthropoid Stone Sarcophagi, Nationalmuseets Skrifter, Arkæologisk-Historisk Række VI, Kopenhagen 1959.

BURKARD – FISCHER-ELFERT, Ägyptische Handschriften IV
Burkard, G., Fischer-Elfert, H.-W., Ägyptische Handschriften, Teil IV, Verzeichnis der Orientalischen Handschriften Deutschland XIX,4, Stuttgart 1994.

CAMINOS, Chronicle
Caminos, R.A., The Chronicle of Prince Osorkon, AnOr 37, Roma 1958.

CAMINOS, Tale of Woe
Caminos, R.A., A Tale of Woe from a Hieratic Papyrus in the A.S. Pushkin Museum of Fine Arts in Moscow, Oxford 1977.

CURTIS - KOCKELMANN - MUNRO, Collection
Curtis, N.G.W., Kockelmann, H., Munro, I., The Collection of Book of the Dead Manuscripts in Marischal Museum, University of Aberdeen, Scotland: A Comprehensive Overview, in: BIFAO 105 (2005), 49-73.

DARESSY, Cercueils
Daressy, G., Cercueils des cachettes royales (CG 61001-61044), Kairo 1909.

DARESSY, Hibeh
Daressy, G., Le temple de Hibeh, in: ASAE 2 (1901), 154-156.

DAWSON – UPHILL, Who was who
Dawson, W.R., Uphill, E.P., Who was who in Egyptology, 3rd rev. ed., London 1995.

DE CENIVAL, Naissance
de Cenival, J.-L., Naissance de l'écriture, cunéiformes et hiéroglyphes, Galeries nationales du Grand Palais 7 mai - 9 août 1982, Paris 1982, 285-286.

EGBERTS, Wenamun
Egberts, A., The Chronology of The Report of Wenamun, in: JEA 77 (1991), 57-67.

EPIGRAPHIC SURVEY, Temple of Khonsu I
Epigraphic Survey, The Temple of Khonsu I: Scenes of King Herihor in the Court, OIP 100, Chicago 1979.

FISCHER-ELFERT, Akten
Fischer-Elfert, H.-W., Zwei Akten aus der Getreideverwaltung der XXI. Dynastie (P. Berlin 14.384 & P. Berlin 23.098), in: Altenmüller, H., Germer, R. (Hg.), Miscellanea Aegyptologica, Wolfgang Helck zum 75. Geburtstag, Hamburg 1989, 39-65.

FISCHER-ELFERT, Fluch
Fischer-Elfert, H.-W., Vom Fluch zur Passion, Zur literarischen Genese des „Tale of Woe" (Pap. Pushkin 127), in: Burkard, G., Grimm, A., Schoske, S. et al. (Hg.), Kon-Texte, Akten des Symposions „Spurensuche — Altägypten im Spiegel seiner Texte", München, 2. bis 4. Mai 2003, ÄAT 60, Wiesbaden 2004.

Fischer-Elfert, Oracle Petitions
Fischer-Elfert, H.-W., Two Oracle Petitions Addressed to Horus-Khau with Some Notes on the Oracular Amuletic Decrees, in: JEA 82 (1996), 129-144.

Gardiner, Protest
Gardiner, A.H., A Protest Against unjustified Tax-Demands, in: RdÉ 6 (1951), 115-133.

Goyon, Une dalle
Goyon, J.-C., Une dalle aux noms de Menkheper-rê, fils de Pinedjem I, d'Isetemkheb et de Smendès (CS X 1305), in: Cahiers de Karnak VII, 1978-1981, Paris 1982, 275-280.

Guermeur, Cultes d'Amon
Guermeur, Y., Les cultes d'Amon hors de Thèbes, Recherches de Géographie religieuse, Bibliothèque de l'École des Hautes Études, Sciences religieuse 123, Turnhout 2005.

Helck, Gaue
Helck, W., Die altägyptischen Gaue, Wiesbaden 1974.

Jansen-Winkeln, Gottesstaat
Jansen-Winkeln, K., Der thebanische ‚Gottesstaat', in: Or n.s. 70 (2001), 153-182.

Kees, Gottesväter
Kees, H., „Gottesväter" als Priesterklasse, in: ZÄS 86 (1961), 115-125.

Kees, Hohenpriester
Kees, H., Die Hohenpriester des Amun von Karnak von Herihor bis zum Ende der Äthiopenzeit, Leiden 1964.

Kees, Landeskunde
Kees, H., Das alte Ägypten, Eine kleine Landeskunde, Berlin 1955.

Kessler, Historische Topographie
Kessler, D., Historische Topographie der Region zwischen Mallawi und Samalut, Beihefte TAVO B/30, Wiesbaden 1981.

KRI
Kitchen, K.A., Ramesside Inscriptions. Historical and Biographical, 7 Bde., Oxford 1975-1989.

Lacovara – Qurike – Podzorski, Fortress
Lacovara, P., Quirke, S., Podzorski, P.V., A Third Intermediate Period Fortress at el-Ahaiwah, in: CRIPEL 11 (1989), 59-68.

Leahy, Libyan Period
Leahy, A., The Libyan Period in Egypt: An Essay in Interpretation, in: Libyan Studies 16 (1985), 51-65.

Lefèvre, Forteresse
Lefèvre, D., La forteresse d'el-Hibeh: papyrus inédits de la XXIe dynastie, in: BSFÉ 165 (2006), 32-47.

LGG
Leitz, Chr. (Hg.), Lexikon der ägyptischen Götter und Götterbezeichnungen, OLA 110-116, Leuven et al., 2002.

Limme, Les Oasis
Limme, L., Les Oasis de Khargeh et Dakhleh d'apres les Documents égyptiens, in: CRIPEL 1 (1973), 39-58.

Magee – Malek, Checklist
Magee, D.N.E., Malek, J., A Checklist of Transcribed Hieratic Documents in the Archive of the Griffith Institute, Oxford 1991.

Meinertzhagen, Nicoll's Birds
Meinertzhagen, R., Nicoll's Birds of Egypt I, London 1930.

Niwinski, Coffins
Niwinski, A., 21st Dynasty Coffins from Thebes, Chronological and Typological Studies, Theben 5, Mainz 1988.

Posener, Un papyrus
Posener, G., Un papyrus d'el-Hîbeh, in: JEA 68 (1982), 134-138.

Quack, pBerlin 8525
Quack, J.F., Eine neue Deutung von pBerlin 8525, in: GM 159 (1997), 83-84.

Randall-MacIver – Mace, El Amrah
Randall-MacIver, D., Mace, A.C., El Amrah and Abydos, 1899-1901, London 1902.

Ryholt, Oracle Petitions
Ryholt, K., A Pair of Oracle Petitions Addressed to Horus-of-the-Camp, in: JEA 79 (1993), 189-198.

Spencer, Brick Architecture
Spencer, A.J., Brick Architecture in Ancient Egypt, Warminster 1979.

Spiegelberg, Briefe
Spiegelberg, W., Briefe der 21. Dynastie aus el-Hibeh, in: ZÄS 53 (1917), 1-30.

Spiegelberg, Correspondances
Spiegelberg, W., Correspondances du temps des rois-prêtres, publ. avec autres fragments épistolaires de la Bibliothèque Nationale, Notices et extraits des manuscrits de la Bibliothèque Nationale et autres bibliothèques 34/2, Paris 1895, 199-317.

Spiegelberg, Urkunde
Spiegelberg, W., Eine Urkunde über die Eröffnung eines Steinbruchs unter Ptolemaios XIII., in: ZÄS 51 (1914), 65-75.

Sweeney, Correspondence
Sweeney, D., Correspondence and Dialogue, Pragmatic Factors in Late Ramesside Letter-Writing, ÄAT 49, Wiesbaden 2001.

TIP
Kitchen, K.A., The Third Intermediate Period in Egypt (1100-650 B.C.), 3rd ed., Warminster 1996.

Traunecker, L'appel au divin
Traunecker, C., L'appel au divin: La crainte des dieux et les serments de temple, in: Heintz, J.-G., (Hg.), Oracles et Prophéties dans l'antiquité, Actes du Colloque de Strasbourg, 15-17 juin 1995, Travaux du Centre de Recherche sur le Proche Orient et la Grèce antiques 15, Paris 1997, 35-54.

Turner, Catalogue
Turner, E.G., Catalogue of Greek and Latin Papyri and Ostraca in the Possession of the University of Aberdeen, Aberdeen University Studies Series 116, Aberdeen 1939.

Vernus, Tanis
Vernus, P., in: Tanis, L'or des pharaons, Paris, Galeries Nationales du Grand Palais, 26 mars – 20 juillet 1987, Marseille, Centre de la Vieille Charité, 19 septembre – 30 novembre 1987, Paris 1987, 106.

Vittmann, pRylands 9 I+II
Vittmann, G., Der demotische Papyrus Rylands 9 I, ÄAT 38, Wiesbaden 1998.

Wente, Letters
Wente, E.F., Letters from Ancient Egypt, Atlanta (Georgia) 1990.

Winand, Letters
Winand, J., Buchbesprechung zu „Edward, F., Letters from Ancient Egypt, Atlanta (Georgia) 1990", in: CdÉ 71 (1996), 62.

Yoyotte, Études géographiques
Yoyotte, J., Études géographiques I: La «Cité des Acacias» (Kafr Ammar), in: RdÉ 13 (1961), 71-105.

Egypt's Ancient Frontiers

ALESSANDRA NIBBI

When we look at a map of Egypt we follow the Nile through to the Mediterranean Sea. The 66 extra miles to the sources which were recently discovered do not affect our concept of ancient Egypt.

The name the Egyptians had for their country was The Two (Twin) Lands.[1] The Two Lands had to have something to link them together in order to go by this name. We can no longer continue to interpret this expression like the early European scholars as *north* and *south* because there is no twin element in such an interpretation. The twin element lies in the fact that for the ancient Egyptians, the Two Lands were the two banks of the Nile, east and west, also called *idb.wy* and occasionally *gs.wy*. We should not lose sight of the fact that the idea of *half* is conveyed in the hieroglyphs by one bank of the river,[2] a sign that has until now been interpreted as an „unclassified sign"[3].

We would all agree that the river was the central feature of the land of the ancient Egyptians. They knew how to live on the water and on the two banks. But at a certain point, the land broke up - the two lands and the Great River disappeared ... a most dramatic event in the geography of any country ... and the Egyptians had a name for it: *tꜣ dni.t*, the land which divides.[4] The early scholars did not take this literally and at face value and therefore invented what they called „a land bridge" in the north in the delta area. But that was only a fantasy which must now be discarded. This fact should make us think more about the many foreign settlements and elements in the delta of Egypt from the earliest times.[5] Not only do the Twin Lands no longer exist in the delta, but many non-Egyptian people whom we know by name took up residence there. I proposed in 1985 that the area of *Djahy* where the pharaoh prepared his defences against the enemies of Egypt could in fact be the delta. I said then:

„It is possible to accept *ḏꜣ* in the sense of crossing *water*, according to the Wörterbuch V, 511, while the second part of this name may have been derived from *hꜣj*, meaning *to descend by water*, according to the Wörterbuch II, 472. The combination of these two ideas in one name could be said to summarize the physical nature of the delta region in relation to the Nile proper, where there was only one stream. A name consisting of these two words very clearly conveys a picture of a watery environment in descent towards its lowest levels."[6]

We should remember that the Nile water which was previously channelled within two banks lost this control at the point where the land divided.

1 This name was discussed by NIBBI, "Heraldic" Plants, NIBBI, Lapwings and NIBBI, Two Lands – Again.

2 See NIBBI, Hieroglyph Signs, also NIBBI, Further Note, also NIBBI, *Kmt*. See also the discussion of these terms by GRANDET, L'Egypte.

3 See GARDINER, Grammar, Aa 13-16.

4 WB V, 465.

5 KEES, Ancient Egypt, Chapter I.

6 NIBBI, Lebanon and Djahy, 20-22.

It then spread freely over a large area of desert in the shape of a delta. We all know that when the desert is watered it becomes green. This is what happened here. The Nile water fertilized the desert which became a great area of green vegetation. Hence *Great Green*, *wꜣḏ-wr* (fig. 1).

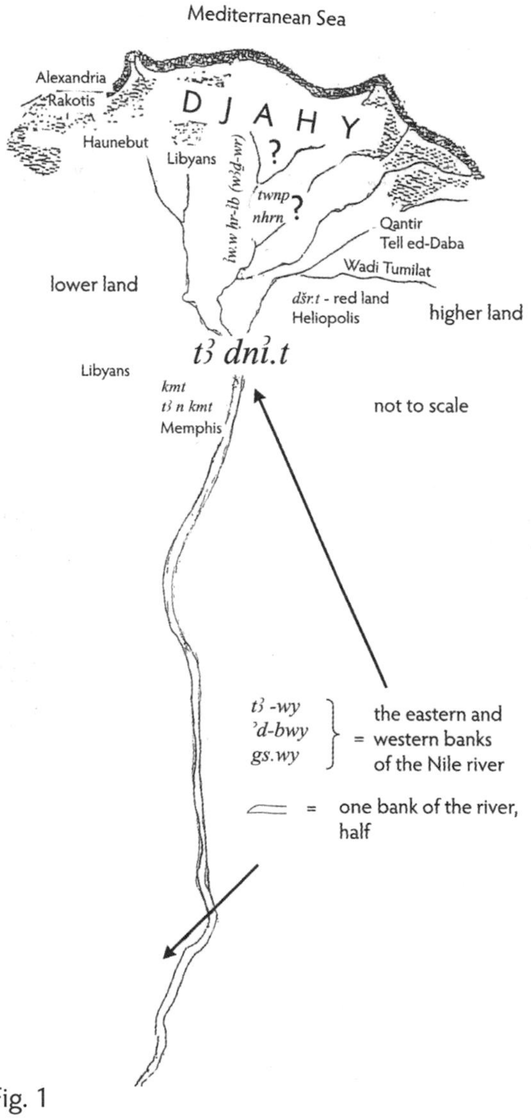

Fig. 1

A further important fact must be stressed with regard to the Nile river. We are all aware that each year the waters of the Nile flooded the valley rising to varying heights. However, what we have not borne in mind is that such powerful waters would sweep away all those plants which live in the soil for more than one year. It is a fact that no perennial plants could normally survive the inundation. Flowering plants or shrubs could only live *above* the level of the inundation or in areas protected from the annual flood. This would apply also to any tree that we see portrayed in the ancient landscape.[7]

This simple fact would have been an important reality in the life of the ancient Egyptian and would have created a physical and precise division between the two levels of ground: the high ground above the flood level and the low ground beneath it. These have nothing to do with north and south. Thus if we are speaking of a land of flowers, such as *tꜣ šsmt*[8], we are speaking of the higher ground above the inundation level, and therefore outside the Nile channel itself.

The Greeks were aware of this fact. Strabo in his references to Heliopolis speaks several times of the higher ground on which it was situated. This is the same idea as the one we find in the text of the Rosetta Stone which speaks of Egypt „of the higher part" and „of the lower part".[9] The ancient people clearly took note of these important geographical features, because they affected their lives closely (fig. 2).

7 See Nibbi, *tꜣ šmʿw.*

8 WB IV, 474. The expression *tꜣ šsmt*, is also associated with Sopdu, *lord of the east* (see Nibbi, Two Stelae). In P.T. 456c *tꜣ šsmt* is said to be a fragrant and sweet-smelling land, because of its vegetation. See also Newberry, *Šsm.t.*

9 Strabo XVII, 26-7; 30. Also Urk. II. 193. Greek line 46. See also Quirke, Rosetta Stone, 21; Spiegelberg, Rosettana, 84.

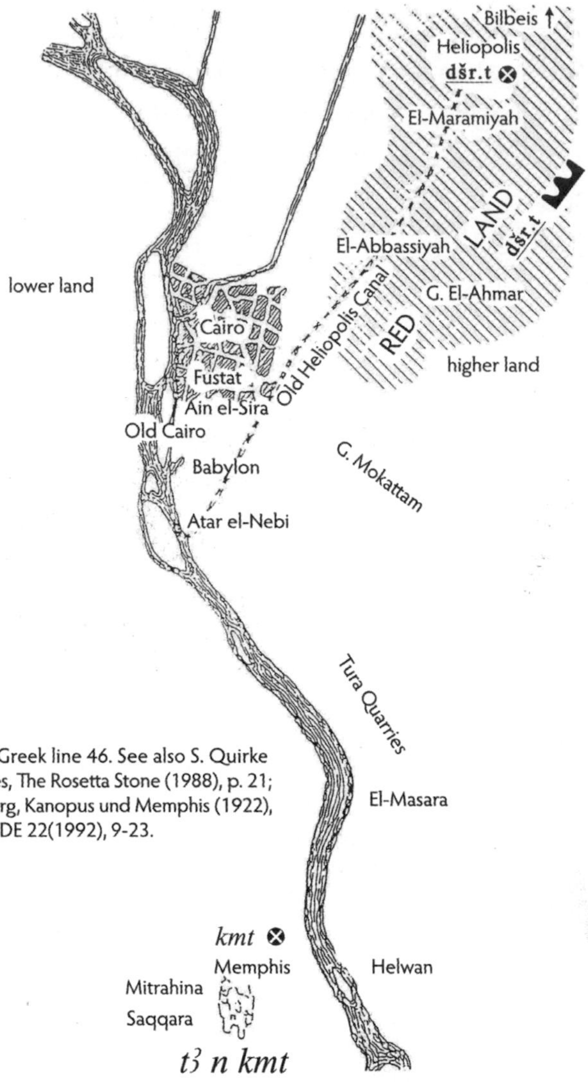

Urk. 11.193 Greek line 46. See also S. Quirke and C. Andres, The Rosetta Stone (1988), p. 21; W. Spiegelberg, Kanopus und Memphis (1922), p. 84; Nibbi, DE 22(1992), 9-23.

Fig. 2

The idea of north and south being the two lands of Egypt was established purely as the result of assumptions by the early European scholars. This has no basis on evidence. It affects many aspects of our interpretation of the iconography of ancient Egypt, including the two „heraldic" plants, the papyrus and the „other".

We know that papyrus thrives only in swampland and not along any flowing water so that the delta, being the lowest-lying area of the Nile, was probably given over to swamps for a large area.

The other plant, however, which we call the „plant of Upper Egypt" is a flowering plant and it cannot have grown where the inundation would have swept it out to sea.[10] It had to grow on higher ground. And the iconography of ancient Egypt shows us precisely this fact. It is shown growing up to the level of the knees of the small cattle, on high ground shown to be hilly, pink and with other plants growing in it. This is undoubtedly land above the inundation levels and the area where flowering plants could flourish ... the *t3 šsmt* of the east ... It shows the multiplication of the bulbous roots which is a characteristic of this plant (fig. 3).

A few years ago I proposed that the plant of Upper Egypt could possibly be the *gagea reticulata* because of its characteristics and the fact that small patches of it have been found to be still growing in areas of higher ground. This is only speculation of course but its characteristics fit the iconography and we may assume that, like the papyrus, the plant was a very common one characterising that particular area.

It is not impossible that the bee in the title of *n-sw-bit* may be associated with the area of higher ground which bore flowers, above the level of the innundation. Bees will flourish only where there is pollen to be obtained from flowers.

10 Nibbi, Plant of Upper Egypt, also Nibbi, Postscript and Nibbi, *t3 šmꜥw*.

Fig. 3

The association of the two lands with Horus and Seth and the Black Land and the Red Land have been discussed by me in an article in 1992[11]. There I discussed the views of Hermann Kees and Heinrich Brugsch, leading to my conclusion that the Red Land was the area of Heliopolis, with very red soil, the acknowledged domain of Seth, while the Black Land (the Black City, in fact) was the black soil area around Memphis, and assigned to Horus. Both are northern territories and have nothing to do with „north and south".

Since the very first days in which I studied Egyptology, I was continually disturbed by the people repeatedly mentioned in the list of Nine Bows, Egypt=s traditional enemies, who, it is suggested in the Medinet Habu texts, were the totality of her enemies throughout the ages. They include *tꜣ mḥw* which Egyptologists interpret as the delta, as this is a reference to the North Land, and *tꜣ šmꜥw*, which is commonly interpreted as Upper Egypt.[12] It has never made sense to put these areas on a list of enemies if they were indeed a part of Egypt proper. So there has to be another explanation for their presence on that list: namely that they were *not* a part of Egypt at all. These names indicating Egypt „of the lower ground" and Egypt „of the higher ground" should be taken literally. We have already pointed out that the Greeks were well aware that Heliopolis and its surroundings were on higher ground than the western regions of the delta. But there is more to be said about this „higher ground".

In my discussion of the mounds of the Nile Delta[13] I quoted the comments of Amelia Edwards in 1891[14] that the mounds to be seen in the delta were to be reckoned not by scores but by the hundreds, some being of great extent and some very small. These facts were confirmed by the classical scholar W. G. Hogarth who travelled there in 1902.[15] The Amsterdam University Archaeological Survey of 1984-5 led by Edwin Van den Brink reported, for example, no fewer than 92 mounds from various periods within a 30-kilometre area around Facus alone.[16] Furthermore, Rushdi Said produced facts and figures[17] to show that although the northern and north-western peripheral areas of the delta have not produced evidence of settlement earlier than Roman

11 Nibbi, Two Lands.

12 Vercoutter, Haou-Nebout I and II. This remains the fundamental study of the Nine Bows. See also Uphill, Nine Bows, and Vandersleyen, Guerres d'Amosis. See also Nibbi, Haunebut, and Nibbi, Shat. Valbelle, Neuf arcs deals only generally with the enemies of Egypt, following the conventional interpretations of the textbooks and does not deal specifically with the Nine Bows as people so named in the texts.

13 Nibbi, Mounds.

14 Edwards, Pharaohs, 6.

15 Hogarth, Nomes.

16 van den Brink, Problems and Priorities, and van den Brink, Nile Delta.

17 Said, Geological History, 265.

times, most other areas of the delta had clearly been densely settled since predynastic times. He emphasized that Buto, Tell Tennis and Diospolis Inferior were already important towns in early dynastic times.[18]

The dense occupation of the eastern delta of Egypt is reflected on a map of the waterways in the area, published by Linant de Bellefonds in 1872[19] as the result of his survey work in preparation for the cutting of the Suez Canal. We see on his map that the water channels never run in a straight line into the main channels of the Nile but show curves indicating that they are flowing around an area of raised ground (fig. 4).

The many mounds of the Nile delta clearly represent habitation sites within the Nile water. We should seriously consider the possibility that they are the *ḫ3swt* of the Egyptian texts.[20] On the many inscribed lists of bound prisoners portrayed in the Egyptian iconography, not every name is followed by the hill-country determinative.[21] Even in the same inscription and in the same row of prisoners sometimes the hill-country sign is used and sometimes it is not, even where there is room for it. This means that the hill-country determinative has a precise significance and not a general one.[22] I believe that each represents a mound.

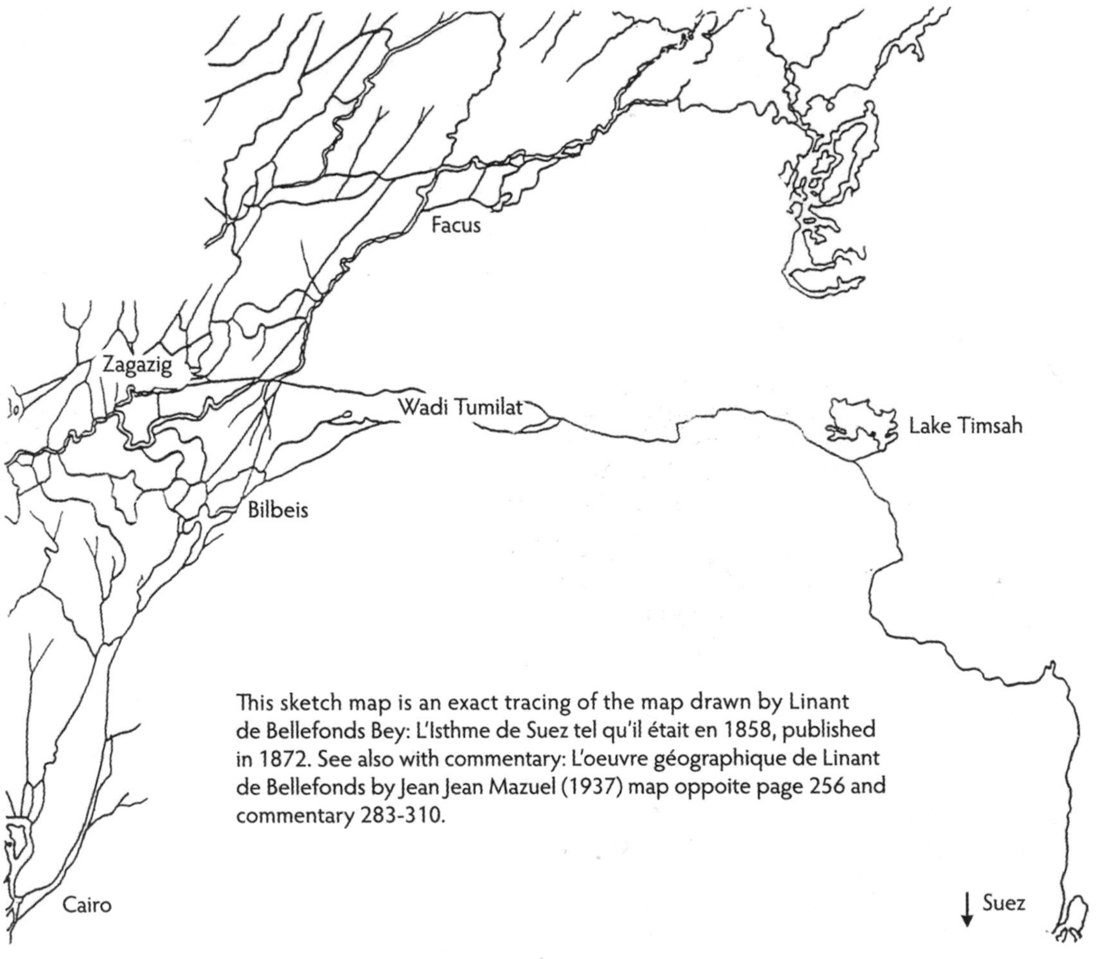

This sketch map is an exact tracing of the map drawn by Linant de Bellefonds Bey: L'Isthme de Suez tel qu'il était en 1858, published in 1872. See also with commentary: L'oeuvre géographique de Linant de Bellefonds by Jean Jean Mazuel (1937) map oppoite page 256 and commentary 283-310.

Fig. 4

18 Said, Geological History, 264.

19 Linant de Bellefonds, L'Isthme.

20 Nibbi, Mounds, 277-279.

21 Nibbi, Mounds, 281, fig. 2.

22 Each mound must have had a name or a distinguishing characteristic, just as villages must have today.

The published physical evidence for the eastern delta shows it to have been an area which drained in an easterly direction, possibly into the Wadi Tumilat and in any case, into the lakes area. For this reason the name of *Khor* or *Kharu* seems to be very apt for it.[23] We would refer this particularly to „the great water of *Kharu*" which is cited in the story of Wenamun.[24]

Twenty-five years ago, I devoted some sixty pages to a study of *Khor* or *Kharu* in my Wenamun and Alashiya Reconsidered (1985) but it has been completely ignored. It involved the acceptance of the evidence for a pine and oak forest in southern Palestine during biblical times which was finally depleted only during the First World War in our own day.[25] It also involved the acceptance of *Khor* or *Kharu* as the predecessor of today=s Arabic *El Khor* referring to a passage between hills or mounds. Attention to this was drawn by E. Amélineau in 1896-7[26] as well as by others. It is therefore not inappropriate to suggest that the lands of *Kharu* were the many passages between the many hundreds of mounds of the eastern delta. The *water of Kharu* cannot possibly mean *the sea*. Furthermore if we trace Wenamun=s journey along the Wadi Tumilat, we have him arriving at a place called El Gibali (*Kapuna?*) on the southwestern shore of Lake Timsah and then, setting sail in a northerly direction across the lake and being blown on to the north shore of Lake Timsah, which is still today called *Arashiya* (fig. 5). In spite of the short distances suggested here, there was still plenty of opportunity for Wenamun=s adventures on his way.

The events in the story of Wenamun do not in any way suggest a journey in international waters. In my study of 1985[27] I pointed out that Wenamun=s experiences are of a similar type as those recorded for travellers on the inland waters of the great northern rivers[28]. They were subject to petty theft, ransom, lack of mooring-space, unsafe sleeping quarters and seemingly haphazard local taxes.[29]

With regard to Irasa/Alashiya, Wenamun=s stopping-place, it is very disappointing to find many senior and distinguished scholars affirming that Alashiya was Cyprus, when there is even now no evidence for this.

The recent clay analyses published by a group of researchers[30] compared some fragments of the Alashiya El Amarna tablets with clay from various sites in Cyprus and found them a good match. As a result of this they concluded that they have therefore achieved the much-debated identification of Alashiya.

Petrography (= analysis of the clay) was selected as the primary method of this research on the Amarna Letters[31] encouraged by the availability of a large collection of comparative clays from many major sites in the Levant. What is worrying to those who are looking for firm evidence is the attitude expressed by the researchers: „before using the petrography of RS L.1 as evidence for the location of Alashia, it is mandatory to examine the possibility that this letter originated at Carchemish."[32] Thus the science is based on a priori speculation!

The researchers differentiated between clay for objects of ordinary use such as pots and clay for tablets to write upon, which required to be bright enough in colour to highlight the script, with a low shrinkage rate. Some temper should be present

23 Nibbi, Water of Khor.

24 Nibbi, Wenamun.

25 Nibbi, Cedar; Nibbi, Byblos Question Again.

26 Amélineau, Nouvelles fouilles, 10-13.

27 Nibbi, Wenamun, 29ff.

28 Nibbi, Wenamun, 37ff.

29 Nibbi, Wenamun, 41-44.

30 Goren – Finkelstein – Na'aman, Inscribed in Clay.

31 Goren – Finkelstein – Na'aman, Inscribed in Clay, 10. See Knudtzon, Amarna Tafeln. Also Mercer, Amarna Tablets. Comments by Nibbi, Amarna tablets.

32 Goren – Finkelstein – Na'aman, Inscribed in Clay, 56.

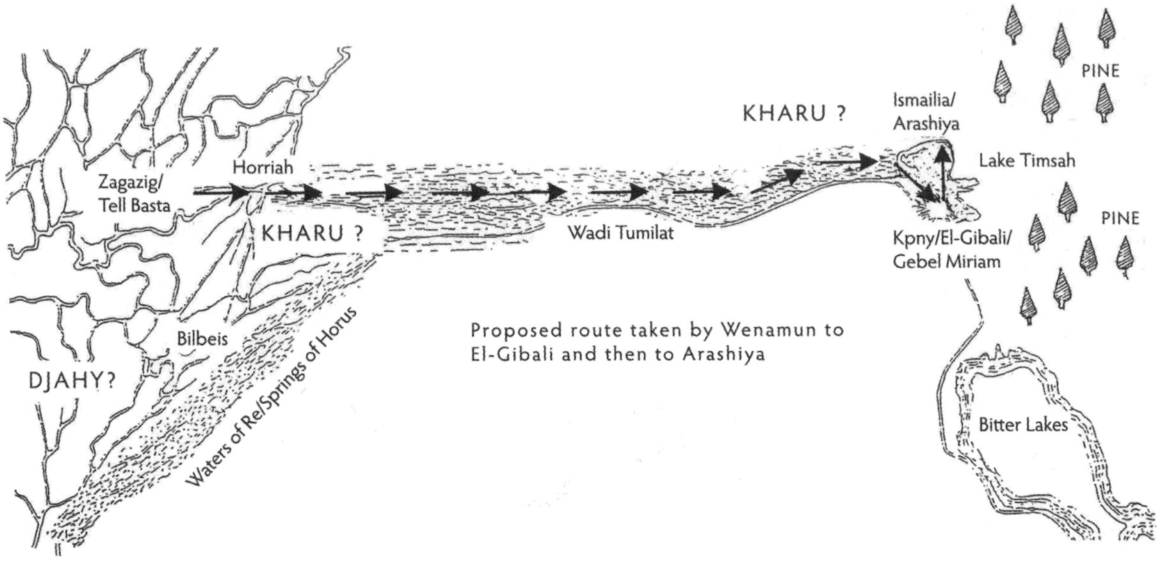

Fig. 5

in the tablet to enable it to dry without cracking but remain smooth with no large grits or fibres.[33] There was a difference in the treatment of clays for these different purposes.

We are told that although clay can be described in some detail through ceramic petrology, it is the inclusions that supply a greater part of the information. We are also told that while the definition of the exploitation of the clay of tablets may be complicated, their inclusions are likely to be collected from the immediate surroundings of their production site[34]. Such data can outline the unique petrographic fingerprint of a site thus helping to isolate its products and differentiate them from those of other sites. The composition of any tablet that is attributed to a given site may be matched against the pattern of the local clay and temper to determine a priori whether it can be local to it. But there are variations and differences in some clays assumed to be from the same site. For example: „Some letters from securely identified Canaanite cities were made from raw materials which do not fit their location".[35] The researchers then suggest that the clay may have been imported from another site. Thus we cannot yet have any final results from this particular technique.

Quite apart from this, there are many more sites to be examined in the Near East than were considered by our researchers in this study. We must also remember that they naïvely used the accepted, translated names of the towns mentioned in the Amarna Letters, even where there is no likelihood that they were ever properly identified.

Many of our problems in identifying Alashiya are due to the fact that scholars have assumed an Egyptian empire in Palestine and Syria and accepted the many place-names that were only guessed at in the early readings of the Amarna Letters. Without any evidence we are told that „the Egyptians left an array of Canaanite kingdoms untouched and established a network of garrison cities to administer the territory"[36]. Upon what basis is this statement made?

The town of Tunip (locality unknown) is called

33 Goren – Finkelstein – Na'aman, Inscribed in Clay, 6.

34 Goren – Finkelstein – Na'aman, Inscribed in Clay, 7.

35 Goren – Finkelstein – Na'aman, Inscribed in Clay, 323. Also on the unsatisfactory nature of the clay analyses of the tablets see Merrillees, Don't be Fooled.

36 Goren – Finkelstein – Na'aman, Inscribed in Clay, 322. There is no evidence for this.

„the Egyptian administrative centre in Canaan"[37]. Not only have we no evidence for this but there are other possibilities for identifying this city in the delta of Egypt[38].

The city of Gubla in the Amarna Letters is accepted as Gebeil/Byblos with Rib-Addi as its ruler. He wrote some fifty letters to the Egyptian pharaoh during the Amarna age. It is remarkable that with all this literary activity and energy, not one fragment referring to him should have been produced from the city of Gebeil/Byblos itself. I have discussed elsewhere a number of problems in connection with Gebeil/Byblos which we shall all have to face, sooner or later[39]. Gebeil/Byblos cannot be the Gubla of the Amarna Letters, whatever the clays tell us.

As to the production of copper, Hector Catling pointed out long ago in his discussion on Cyprus in the Cambridge Ancient History that copper was produced at a number of sites in the Near East and not only in Cyprus. This was no criterion for the identification of Alashiya. One area which has produced a great deal of copper and has not been considered in this regard is the Sinai, where huge heaps of slag were found by the early travellers.[40] Moreover, a more recent survey of Serabit El Khadim[41] revealed more than twenty ancient mines in this area, the earliest dating from the Third Dynasty reign of Sekhemkhet. Evidence of metalworking was present including forty-seven stone casting moulds. However, it does not suggest that this work was carried out by the Egyptians themselves. This was also the case in the Eastern Desert which has produced copper in a number of sites.[42] Our Alashiya on the north shore of Lake Timsah (see fig. 5) would have been a good distribution centre for the copper of both the Sinai and the Eastern Desert. This was suggested in 1985 but the site has been ignored by the scientists.

Alashiya was not only a source for copper. We should not lose sight of the fact that the ruler of Alashiya sent as gifts lapis lazuli, horses and chariots and valuable wood to his colleagues abroad. While horses and chariots could be transported by sea it is much more likely that these would have travelled overland in comfortable conditions. In the letters we also find Alashiya providing its neighbours with ordinary wood for burning as well as special wood for furniture. Also in Amarna letter no. 35 (lines 27-29) the king of Alashiya complains that the Egyptians had taken his wood without paying and wants to be recompensed. The logistics of stealing timber are such that this could not easily occur at a long distance overseas whereas it could happen more easily if the forest was growing nearby (see fig. 5).

There are many other reasons, including linguistic ones, which indicate that we cannot seriously include Cyprus among the countries which traded closely with pharaonic Egypt.[43] In fact if we look at the whole area of Palestine and Syria, there is no archaeological evidence of settlement or temporary encampments by the ancient Egyptians anywhere. Not only is there no evidence for an empire abroad, but none either for small garrisons of any Egyptian army and no sea ports.

The question to be asked is why the ancient Egyptians would want to go abroad at all, when they had everything they needed within the Nile

37 Goren – Finkelstein – Na'aman, Inscribed in Clay, 316.

38 See Nibbi, Naharin, 55-59 and fig. 8 showing Nah.h.ariyah (Naharin?) and Tanoub (Tunûb-Tunip?) in the delta of Egypt.

39 Nibbi, Byblos Reconsidered; Nibbi, Byblos Question. Also on the Amarna Tablets see Nibbi, Amarna tablets.

40 Gardiner – Peet, Inscriptions.

41 See Beit-Arieh, Central-Southern Sinai, also Beit-Arieh, Serabit el-Khadim.

42 Nibbi, Ancient Egypt, 35 fig. 12.

43 No cuneiform inscriptions have been found on the island of Cyprus except in a few clearly imported documents. See Wainwright, Alashia, yet cuneiform was commonly used on documents from the mainland.

valley. Foreign ambassadors would visit Egypt and bring gifts that the Egyptians were able to exchange with great quantities of gold and some silver[44].

There are only a few places far from the Nile river where the Egyptians left traces of their temporary presence: the Wadi Hammamat in the eastern desert, where they quarried stone, Serabit El Khadim and Maghara in the Sinai, where turquoise was mined, Timna in the Sinai where there is evidence of some copper working by the Egyptians themselves and Mersa Gawasis where we have the remains of a few Egyptian burials.[45] This site has recently been interpreted as being an Egyptian sea-going port but so far the evidence does not support this view. Mersa Gawasis can only have been a chance stopping-place by some very intrepid Egyptian explorers overland, far from home and perhaps looking for a new way to Punt[46].

It is significant that while some Egyptian settlements have been found far from the Nile in the western oases and in the southern Sahara desert, none has been found further north than the Sinai and the Red Sea coast of the Eastern Desert. If the Egyptians had settled anywhere in Palestine and Syria, we should have found some archaeological remains of this. But there are none, so far.

We must set aside all talk of an ancient Egyptian empire because there is no evidence at all for it. The ancient Egyptian had enough to do to grow his food and prepare for the after-life.

As for his sailing on any sea or ocean, this is a figment of our European imagination, which does not normally associate ships with a river culture. The delta, which was no longer a part of the Two (Twin) Lands of Egypt, cut this country off from the Mediterranean Sea[47], both physically and politically. There were many foreign settlements in the Nile delta in pharaonic times, and there was no part of pharaonic Egyptian territory with a coastline on the sea. There was no way the Egyptians could sail into foreign waters except through the Wadi Tumilat (see fig. 5) with its inherent difficulties which I believe are emphasized in the story of Wenamun.

The much publicized „sea" battle at Medinet Habu portraying the so-called „Sea Peoples" shows it clearly to have taken place near land and the texts link them explicitly with the Great Green, of which there is only one - and full of vegetation.[48] They are called *rebels* in the Medinet Habu texts. Why should we not accept this literally?

The delta must be included as a breeding-ground for Egypt=s enemies in pharaonic times. It is possible that *all* her enemies had their headquarters there. We may find in the course of time that all nine of the Nine Bows were focussed somewhere in that delta, in the area of Great Green, *w3ḏ-wr*.

44 See Nibbi, Wenamun, pp. 206ff. Silver was extracted from the great quantity of gold produced in ancient Egypt, some of the mines being still productive today. See Gale – Stos-Gale, Egyptian Silver.

45 The original find of the inscribed anchor stones inside a mound included a burial wrapped in matting with some beads. See Nibbi, Two Monuments.

46 My discussion on Punt is in Nibbi, Ancient Egypt, 99-149.

47 See also Nibbi, Some Remarks.

48 Vandersleyen, Ouadj our. A discussion with reference to 322 examples of this expression from the literature, not *one* of which is required to mean *sea* in its context.

Bibliographie

AMÉLINEAU, Nouvelles fouilles
Amélineau, E., Les nouvelles fouilles d'Abydos, 3 vols., Burdin 1896-1898.

BEIT-ARIEH, Central-Southern Sinai
Beit-Arieh, I., Central-Southern Sinai in the Early Bronze Age II and its relationship with Palestine, in: Levant 15 (1983), 39-48.

BEIT-ARIEH, Serabit el-Khadim
Beit-Arieh, I., Serabit el-Khadim: New Metallurgical and Chronological Aspects, in: Levant 17 (1985), 89-116.

EDWARDS, Pharaohs
Edwards, A.B., Pharaohs, Fellahs and Explorers, New York 1891.

GALE – STOS-GALE, Egyptian Silver
Gale, N.H., Stos-Gale, Z.-A., Ancient Egyptian Silver, in: JEA 67 (1981), 103-115.

GARDINER, Grammar
Gardiner, A.H., Egyptian Grammar: Being an Introduction to the Study of Hieroglyphs, 3rd ed. rev., London 1957.

GARDINER – PEET, Inscriptions
Gardiner, A.H., Peet, T.E., The Inscriptions of Sinai, London 1952-1955.

GOREN – FINKELSTEIN – NA'AMAN, Inscribed in Clay
Goren, Y., Finkelstein, I., Na'aman, N., Inscribed in Clay. Provenance Study of the Amarna Tablets and Other Ancient Near Eastern Texts, Tel Aviv 2004.

GRANDET, L'Egypte
Grandet, P., L'Egypte, comme institution, à l'époque Ramesside, in: DE 8 (1987), 77-92.

HOGARTH, Nomes
Hogarth, W.G., Three Northern Delta Nomes, in: Journal of Hellenic Studies 24 (1904), 1-19.

KEES, Ancient Egypt
Kees, H., Ancient Egypt. A Cultural Topography, Chicago 1961.

KNUDTZON, Amarna Tafeln
Knudtzon, J.A., Die El-Amarna Tafeln, Vorderasiatische Bibliothek 2, Leipzig 1907-1915.

LINANT DE BELLEFONDS, L'Isthme
Linant de Bellefonds, L.M.A., L=Isthme de Suez tel qu=il était en 1858, 1872.

MERCER, Amarna Tablets
Mercer, S.A.B., The Tell El-Amarna Tablets, Toronto 1939.

MERRILLEES, Don=t be Fooled
Merrillees, R.S., Don=t be Fooled!, in: Archaeology Odyssey, Sept.-Oct. 2005, 35-40.

NEWBERRY, *Śsm.t*
Newberry, P.E., *Śsm.t*, in: Studies presented to F. Ll. Griffith, London 1932, 316-323.

NIBBI, Two Stelae
Nibbi, A., Remarks on the Two Stelae from the Wadi Gasus, in: JEA 62 (1976), 45-56.

NIBBI, Some Remarks
Nibbi, A., Some Remarks on the Assumption of Ancient Egyptian Sea-going, Mariner=s Mirror, London 1979.

NIBBI, Hieroglyph Signs
Nibbi, A., The Hieroglyph Signs *gs* and *km* and Their Relationship, in: GM 52 (1981), 43-54.

NIBBI, Two Monuments
Nibbi, A., Some Remarks on the Two Monuments from Mersa Gawasis, in: ASAE 64 (1981), 69-74.

NIBBI, Ancient Egypt
Nibbi, A., Ancient Egypt and Some Eastern Neighbours, New Jersey 1981.

NIBBI, Further Note
Nibbi, A., A Further Note on the *km* Hieroglyph, in: GM 63 (1983), 77-79.

NIBBI, Wenamun
Nibbi, A., Wenamun and Alashiya Reconsidered, Oxford, DE Publications, 1985.

NIBBI, Byblos Reconsidered
Nibbi, A., Ancient Byblos Reconsidered, Oxford, DE Publications, 1985.

NIBBI, Lebanon and Djahy
Nibbi, A., The Lebanon and Djahy in the Egyptian Texts, in: DE 1 (1985), 17-26.

NIBBI, Haunebut
Nibbi, A., Some further remarks on the Haunebut, in: ZÄS 116 (1989), 153-160.

NIBBI, *Kmt*
Nibbi, A., A contribution to our understanding of *Kmt*, in: DE 16 (1990), 63-72.

Nibbi, Plant of Upper Egypt
Nibbi, A., The So-called Plant of Upper Egypt, in: DE 19 (1991), 53-68.

Nibbi, Postscript
Nibbi, A., A Postscript to „The So-called Plant of Upper Egypt", in: DE 20 (1991), 35-38.

Nibbi, Two Lands
Nibbi, A., The Two Lands: The Black and the Red", in: DE 22 (1992), 9-23.

Nibbi, *t3 šmʿw*
Nibbi, A., A Note on *t3 šmʿw*, in: DE 23 (1992), 39-44.

Nibbi, Shat
Nibbi, A., Shat of the Nine Bows, in: DE 26 (1993), 59-70.

Nibbi, Cedar
Nibbi, A., Some Remarks on the Cedar of Lebanon, in: DE 28 (1994), 35-52.

Nibbi, Byblos Question
Nibbi, A., The Byblos Question Again, in: DE 30 (1994), 115-141.

Nibbi, „Heraldic" Plants
Nibbi, A., Some Notes on the Two Lands of Ancient Egypt and the „Heraldic" Plants, in: DE 37 (1997), 23-49.

Nibbi, Lapwings
Nibbi, A., Lapwings and Bow Weapons as Alternative Symbols of West and East in Ancient Egypt, in: DE 39 (1997), 71-80.

Nibbi, Water of Khor
Nibbi, A., Wenamun and the Great Water of Khor (Kharu), in: DE 51 (2001), 53-71.

Nibbi, Mounds
Nibbi, A., The mounds of the Nile Delta, in: SAK 31 (2003), 275-281.

Nibbi, Amarna tablets
Nibbi, A., The el-Amarna tablets: persisting difficulties, in: DE 57 (2003), 73-78.

Nibbi, Naharin
Nibbi, A., A Note on Naharin, in: DE 59 (2004), 47-59.

Nibbi, Two Lands – Again
Nibbi, A., The Two Lands - Again, in: DE 61 (2005), 67-71.

Quirke, Rosetta Stone
Quirke, S. (Hg.), The Rosetta Stone: facsimile drawing, London 1988.

Spiegelberg, Rosettana
Spiegelberg, W., Der demotische Text der Priesterdekrete von Kanopus und Memphis (Rosettana), Heidelberg 1922.

Said, Geological History
Said, R., The Geological History of the Nile Delta, in: van den Brink, E.C.M. (Hg.), The Nile Delta in Transition: 4th - 3rd Millennium B.C., Proceedings of the Seminar held in Cairo 21.-24. October 1990 at the Netherlands Institute of Archaeology and Arabic Studies, Tel Aviv 1992, 259-267.

Uphill, Nine Bows
Uphill, E., The Nine Bows, in: JEOL 6 (1967), 393-420.

Valbelle, Neuf arcs
Valbelle, D., Les neuf arcs. L'égyptien et les étrangers de la préhistoire à la conquête d'Alexandre, Paris 1990.

van den Brink, Problems and Priorities
van den Brink, E.C.M. (Hg.), The Archaeology of the Nile Delta: Problems and Priorities, Proceedings of the Seminar held in Cairo, 19 – 22 October 1986, on the occasion of the fifteenth anniversary of the Netherlands Institute of Archaeology and Arabic Studies in Cairo, Amsterdam 1988.

van den Brink, Nile Delta
van den Brink, E.C.M. (Hg.), The Nile Delta in Transition: 4th - 3rd Millennium B.C., Proceedings of the Seminar held in Cairo 21.-24. October 1990 at the Netherlands Institute of Archaeology and Arabic Studies, Tel Aviv 1992.

Vandersleyen, Guerres d'Amosis
Vandersleyen, C., Les guerres d'Amosis. Fondateur de la XVIIIe dynastie, Bruxelles 1971.

Vandersleyen, Ouadj our
Vandersleyen, C., Ouadj our, *w3ḏ-wr*: un autre aspect de la vallée du Nil, Bruxelles 1999.

Vercoutter, Haou-Nebout I
Vercoutter, J., Les Haou-Nebout (), in: BIFAO 46 (1947), 125-158.

Vercoutter, Haou-Nebout II
Vercoutter, J., Les Haou-nebout (), in: BIFAO 48 (1949), 107-209.

Wainwright, Alashia
Wainwright, G.A., Alashia = Alasa; and Asy, in: Klio 14 (1915), 1-36.

Geographie als Struktur in Literatur und Religion

Joachim Friedrich Quack

Prämissen

Die Geographie der Alten Ägypter ist ein Thema, dem man sich auf verschiedene Weise widmen kann. Man kann Studien zur Lokalisierung oder Bedeutung individueller Toponyme treiben, wie es in den meisten Beiträgen dieses Bandes der Fall ist. Weit weniger dagegen ist in der Forschung bislang die Stellung der Geographie im Rahmen der altägyptischen Weltsicht betrachtet worden, insbesondere, wenn man nicht so sehr ihre geographischen Kenntnisse an sich und die Grenzen ihrer Weltkenntnis[1] in Augenschein nimmt, sondern die Frage ins Zentrum stellt, was den Ägyptern ihre Kenntnis von Geographie bedeutet, und wie sie die Detailauffächerung im Raum in Form von konkreten Ortsangaben eingesetzt haben, um bestimmte Effekte zu erzielen. Bezeichnend ist vielleicht, dass der Artikel „Geographie" im Lexikon der Ägyptologie sich ausschließlich auf eine Beschreibung der heutigen Naturräumlichkeit Ägyptens beschränkt, mit keinem Wort dagegen auf Geographie als von den Alten Ägyptern betriebene Wissenschaft und die dahinter stehende Konzeption eingeht.[2]

Ich möchte nunmehr eben dieser Fragestellung nachgehen, wobei es bereits die räumliche Begrenzung mit sich bringt, dass manches nur kurz gestreift oder gar nicht erwähnt werden kann, und so die Darlegung mehr exemplarisch als vollständig wird.

1. Die Opferlitanei und die Kontrolle des Territoriums

Insbesondere im Rahmen wichtiger Feste gibt es Opferlitaneien, in denen größere Gruppen von Gottheiten mit Opfern bedacht werden.[3] Typisch dabei ist, dass viele der bedeutenderen Götter in mehreren Kultformen auftreten. Vor allem Osiris, in geringerem Ausmaß auch andere Götter können folglich mit etlichen Einträgen hintereinander in solchen Aufzählungen vorkommen. Diese besonders ausgeprägte Neigung des Osiriskultes zur geographischen Auffächerung wird im Folgenden noch weiter thematisiert werden. Die Epitheta der Götter lassen sich oft geographisch genau verorten, teilweise sind diese Zuordnungen auch in sich bereits explizit gemacht.

Als Beispiel greife ich eine Opferlitanei im Papyrus Hohenzollern-Sigmaringen II heraus, die ich selbst vor einigen Jahren veröffentlicht habe.[4] Die Mehrzahl der Osirisformen hat eine explizit definierte Ortszugehörigkeit, so dass man ohne spekulative und potentiell irrtumsbehaftete indirekte Schlußfolgerungen am Text selbst ein geographisches Profil ablesen kann. Dieses ist ziemlich aufschlußreich. Einerseits beginnt die Liste mit den beiden wichtigsten Kultorten überhaupt, nämlich Busiris und Abydos. Darüber hinaus haben wir im oberägyptischen Bereich nur noch Herakleopolis, Illahun (beide aus dem

1 In diese Richtung gehen etwa Brunner, Raum und Zeit und Schlott-Schwab, Ausmaße Ägyptens.

2 Butzer, Geographie.

3 Vgl. etwa Schott, Litaneien; Assmann, Grabungen, 90-92.

4 Quack, pHohenzollern-Sigmaringen II.

nördlichen Mittelägypten) und ziemlich am Ende der Liste den Opet-Tempel von Karnak genannt – letzteres in der Spätzeit natürlich als kanonischer Geburtsort des Osiris angesehen.[5]

Umso reicher ist dafür der memphitische und unterägyptische Bereich vertreten, einschließlich einiger ausgesprochen seltener Kultformen. Es dürfte etwa 10 unterägyptische Formen geben sowie 3 memphitische, nur 4 sind in der geographischen Angabe nicht explizit und müssen für die weitere Analyse ausscheiden. Insgesamt ist die Dominanz des unterägyptischen und memphitischen Materials unter Einschluß des nördlichen Mittelägypten absolut erdrückend und kaum rein aus objektiven Notwendigkeiten real existierender Osiriskulte ableitbar,[6] vielmehr aller Wahrscheinlichkeit nach Intention des konkreten Priesters (oder Kollektivs), der die Liste zusammengestellt hat. Der Befund ist umso erstaunlicher, als die einzige erhaltene Handschrift den Personennamen nach mutmaßlich aus Theben stammt.

Man kann kaum umhin, das Schwergewicht der Ortsnamen mit der realen Herkunft und dem ursprünglichen Verwendungsbereich des Rituals zu verbinden, dessen Bestandteil die Opferlitanei ist. Busiris als Entstehungsort hat zumindest eine gewisse Wahrscheinlichkeit, und ein Einsatz etwa in den Bereichen, die während der Dritten Zwischenzeit zum nördlichen Landesteil gehörten, hätte einige Plausibilität.

Typischerweise enden solche Opferlitaneien für jede einzelne Gottheit immer mit Vermerken der Art „(und) Gott X in all seinen Namen", sowie oft auch noch „in allen seinen Formen", „in all seinen Entfaltungen", „an all seinen Stätten" und „an jedem Ort, an dem sein Ka zu sein liebt."[7] Diese Schlußvermerke scheinen mir für das Globalverständnis essentiell, zeigen sie doch, dass die Auflistung nicht etwa die Totalität intendiert, sondern die Exemplizität, d.h. der Textautor greift sich die ihm wichtigsten Gestalten einzeln heraus, rechnet aber die Existenz weiterer mit ein.

Entsprechend würde ich solche Opferlisten grundsätzlich als Entfaltung einer simplen Aussage „jede Kultform des Gottes X" in variabler Breite bewerten. Man hat die Wahl, diese Aussage entweder sehr global bzw. nur in wenigen Fallbeispielen durchzuführen, oder aber sehr aufwendig in viele Details zu gehen. Welches Vorgehen man wählt, hängt natürlich wesentlich vom konkreten Ritualfall ab, dem Rahmen eines mehr oder weniger großen offiziellen Festes oder auch eines privaten Anlasses, und allem, was schon allein an materiellen Möglichkeiten, wohl auch verfügbarer Zeit daran hängt.

Für ein korrektes Verständnis ist es nicht irrelevant, dass diese Opferlitaneien teilweise mit Listen verstorbener Könige kombiniert werden. Es gibt bekanntlich eine ganze Reihe von Zusammenstellungen von mehr oder weniger vielen Namen verstorbener Könige.[8] Es trifft ihren Sinn aber nur sehr bedingt, wenn man sie ihrer Intention nach als historische Aufzeichnungen ansieht. Tatsächlich sind sie, wie teilweise explizite Beischriften zeigen, primär Opferlisten.

Es gehört generell mit zum ägyptischen Opferritual, das man der königlichen Vorfahren gedenkt und sie mit als ideelle Opferempfänger aufführt. Gerade die ausführlichen Königslisten sollten daher profitabel mit der umfassenden Beopferung von Gottheiten verglichen werden, wie sie

5 Vgl. hierzu DE WIT, Temple d'Opet, 146-147; BERGMAN, Isis-Seele, 90-98.

6 Hier würde ich den methodischen Bemerkungen von BOMMAS, Mythisierung der Zeit, 55 explizit widersprechen. Sicher haben manche Orte unabhängig von der Abfassung des konkreten Textes soviel Gewicht in der religiösen Tradition, dass ihre Nennung naheliegt, aber das Gesamtbild eines religiösen Textes, der eine größere Menge von Ortsnamen nennt, sollte ein nicht zu vernachlässigendes Indiz darstellen.

7 So konkret etwa in der ausführlichen Litanei im Mundöffnungsritual Szene 59C.

8 Sehr viel Material hierzu bei REDFORD, King-Lists, 1-64.

vor allem in den Opferlitaneien der Festrituale gängig ist. Tatsächlich wird diese Parallelisierung auch schon von den Ägyptern selbst vorgenommen. Manche langen Opferlitaneien, z.B. eine im Rahmen des pBrooklyn 47.218.50 überlieferte, enthalten auch ein globales Element von Opfern für die Gefolgsleute des Horus und (früheren) Könige von Ober- und Unterägypten (17, 1).[9]

Es gibt auch Fälle, in denen über solche vagen und allgemeinen Elemente hinaus die historische Dimension ebenfalls in den Details entfaltet ist. Ein Beispiel etwa aus Abydos im selben Korridor wie die berühmte Königsliste Sethos' I. zeigt Opfer an viele verschiedene lokale Formen des Osiris und vieler anderer Gottheiten.[10] Die Einleitung lautet „Durchführen eines Königsopfers für Ptah-Sokar-Osiris, den ersten der Westlichen, zu Gast im Tempel des Men-Maat-Re und die Neunheit in seinem Gefolge". Zur Opfergabe heißt es jeweils „für Gott X im Ort Y als etwas, was der König Men-Maat-Re" bzw. „der Sohn des Re Sethos, geliebt von Ptah gibt". Fast gleichartig ist die Königsliste aufgebaut. Dort lautet die Einleitung „Durchführen eines Königsopfers für Ptah-Sokar-Osiris, Herrn der Schetit, zu Gast im Haus des Men-Maat-Re. Niederlegen von Opfergaben für die Könige von Ober- und Unterägypten", und auch hier heißt es immer „für König X als etwas, was der König Men-Maat-Re" bzw. „der Sohn des Re Sethos, geliebt von Ptah gibt". Diese Einleitung dürfte sogar zeigen, dass die Beopferung der verschiedenen Kultformen der Götter das primäre ist, dem die Gaben an die verstorbenen Könige hierarchisch untergeordnet sind. Wesentlich bei ersteren ist die jeweils angegebene Ortsangabe, und darin sehe ich einen wesentlichen Gesichtspunkt für das Verständnis. Das Opfer des Königs in einer Kombination von geographisch diversen Kulten und chronologisch diversen Königen drückt eine Kontrolle über die räumliche Dimension ebenso wie die zeitliche Dimension Ägyptens aus.

2. Die Wanderungen durch Ägypten

Insbesondere in späten Totentexten kommt es öfter vor, dass im Rahmen einer Verklärung Wanderungen des Verstorbenen durch Ägypten angesprochen werden, wobei er an wichtigen Kultzentren an den spezifischen Festen teilnimmt.[11] Der bekannteste Text dieser Art dürfte das sogenannte „Buch vom Durchwandeln der Ewigkeit" sein,[12] doch gibt es etliche weitere Passagen gleicher Grundstruktur, lediglich geringeren Umfangs.[13] Der faßbare Anfang dieser Motivik scheint in den Gräbern des Neuen Reiches zu liegen, wo Formeln aufkommen, welche die Teilnahme an den großen Festen besonders von Abydos, aber auch Busiris und teilweise Memphis wünschen.

Zunächst aber einige Bemerkungen eben zum „Buch vom Durchwandeln der Ewigkeit". Dies ist ein ausgesprochen „intellektueller" Text, der seine Freude daran hat, die Dinge nicht platt und klar beim Namen zu nennen, sondern lediglich das nötige Mindestmaß an Informationen über Götter, Riten, Örtlichkeiten und Festnamen zu liefern, mit dem ein religiös gut ausgebildeter Spezialist noch gerade eben in der Lage war, die einzelnen Passagen zu entschlüsseln. Für uns heutige Forscher, deren Informationsbasis so erheblich viel schmäler und oft auch chronologisch disparat ist, ergeben sich daraus logischerweise erhebliche Deutungsprobleme. So sieht Assmann etwa als Kern des Werkes die Teilnahme an 39 thebanischen, 39 abydenischen und 78 memphitischen

9 GOYON, Confirmation, 75.

10 MARIETTE-BEY, Abydos, Taf. 43-44.

11 ASSMANN, Tod und Jenseits, 307-318; ASSMANN, Totenliturgien II, 36-48; 410-434.

12 HERBIN, Parcourir l'éternité.

13 Darauf habe ich bereits in QUACK, Parcourir l´éternité, 157 hingewiesen.

und anderen Festen.[14] Das wären numerologisch symmetrische Beziehungen, die eine innere Plausibilität hätten – allerdings hat Assmann nirgends eine Detailanalyse veröffentlicht, mit der er seine Deutung konkretisieren würde.[15]

Herbin legt dagegen in seiner Interpretation die Akzente nicht unerheblich anders. Er gibt keinerlei Gesamtzahl für die von ihm festgestellten Feste. Bei ihm tritt auch der geographische Aspekt vergleichsweise hinter den chronologischen zurück. Primär meint er, in der ausführlichsten Version sieben verschiedene kalendarische Zyklen unterscheiden zu können. Auch das wäre ein numerologisch relevanter Wert,[16] ist allerdings evident nicht zu halten. Ich selbst habe bereits an anderer Stelle gezeigt, dass Herbins Ansatz für den sechsten Zyklus auf problematischen Annahmen beruht.[17] Ganz zu streichen ist weiterhin der angebliche siebte Zyklus. Ein nüchterner Blick auf die Angaben des Textes zeigt, dass es sich in diesem Abschnitt ausschließlich um Termine handelt, die überhaupt keine einmalige Festlegung im Jahresverlauf haben. Vielmehr treten sie jeweils im lunaren bzw. bürgerlichen Monat auf,[18] sind auf Stunden oder gar Momente festgelegt,[19] oder fokussieren auf Tagesabschnitte.[20] Es gibt also gar keinen siebten Zyklus durch das Jahr hin, sondern als Abschluß der Liste eine Ansammlung von wesentlichen Momenten höherer Frequenz, die zudem anders als die spezifischen Feste auch keinerlei geographische Fixierung erhalten. Da der dritte Zyklus kaum gesicherte Fixpunkte hat und der fünfte sehr schwach vertreten ist, dürfte die Zahl nochmals schrumpfen. Dabei muß sich die weitere Frage erheben, ob es überhaupt sinnvoll ist, von Zyklen in dem Sinne zu sprechen, daß hier ein Durchlauf durch das Kalenderjahr real intendiert war. Vermutlich liegt die Lösung ganz woanders. Ich würde postulieren, daß das Buch vom Durchwandeln der Ewigkeit sowohl in der geographischen als auch in der chronologischen Dimension Anordnungskriterien zugrunde legt, die komplexer als eine reine Linearität sind. Für eine detaillierte Durcharbeitung dürfte hier jedoch kaum der richtige Ort sein.

Eine gewisse Klärung der Intention ermöglichen diejenigen Verse, welche der Detailaufzählung direkt vorausgehen. Dort heißt es „Mögest du hoch sein zum Himmel, ohne daß dein Arm abgehalten wird, mögest du zur Unterwelt hinabsinken, ohne zurückgewiesen zu werden, mögest du auf dem Weg der horizontischen Götter eilen, mögest du deinen Platz bei den Westlichen einrichten, mögest du den Himmel mit den Gestirnen durchziehen und den Gegenhimmel mit den Sternen durchkreisen, mögest du im Auftrag der Herren des Horizonts gehen, mögest du denen folgen, die in der Nekropole sind. Mögest du dich mit Neheh vereinen, wenn er aufgeht bei Tag, mit Djet, wenn er eintritt bei Nacht. Eröffne dir dieses Land in der Gestalt des Windes, mögest du eilen zu dem Weg, den du wünschst." Unmittelbar darauf werden dann Busiris und der thinitische Gau als erste konkrete Reisestationen genannt.

14 Assmann, Tod und Jenseits, 315.

15 Auch in Assmann, Ewigkeit, 54-55. werden in Anm. 14 lediglich knapp diese Zahlen genannt.

16 Herbin, Parcourir l'éternité. 335.

17 Quack, Parcourir l´éternité.

18 Prinzipiell lunar sind die „Feste des Himmels", bei denen Herbins Verweis (S. 239) auf Altenmüller, Feste, 172-173, wonach es sich um Feste handele, die das Jahr einleiten, dessen Position grob verzerrt, da Altenmüller zwar von der Bedeutung des Siriusfrühaufgangs in diesem Rahmen spricht, für die Feste des Himmels insgesamt jedoch feststellt, es handele sich um die Feste des siderischen und des lunaren Jahres, also alles andere als eine Beschränkung auf den Jahresbeginn vornimmt. Bestärkt wird die Allgemeingültigkeit durch die bei Herbin, Parcourir l'éternité, 323 ungenau übersetzte Variante K, wo es heißt „möge dein Name ausgesprochen werden zu den Festen des Himmels an jedem jeweiligen Tag" (*ṭm.tw rn=k čr ḥb(.w) n.w p.t m hrw nb m rn=f*). Konkret sind der Termin „zu Monatsbeginn", das Fest des 15ten Tages und das Fest des 6ten Tages lunar zu bewerten. Im bürgerlichen Kalender hängt der Termin für das Dekadenfest, das dreimal pro Monat stattfindet.

19 So der Termin zur Stunde *sḥtp.n=s* und wohl auch der „Moment des Zurücktreibens der Wut".

20 So die Angaben Morgen, Mittag und Abend.

Diese Einleitung läßt zumindest programmatisch den grundsätzlichen Akzent der freien Beweglichkeit erkennen, wobei die Raumausdrücke mehr ins Blickfeld rücken, aber über die Stichworte *č.t* und *nḥḥ* auch der Zeitaspekt hineinkommt. Eine solche Kombination von Raum und Zeit, so unterschiedlich die Rahmenbedingungen sonst auch sein mögen, erinnert doch an das oben analysierte Nebeneinander von Götterlitaneien und Königslisten – auch wenn dort sicher der Aspekt der vergangenen Zeit im Vordergrund steht, hier dagegen derjenige der immer wiederholten zyklischen. Knapp ausgedrückt könnte man sagen, daß es darum geht, zur richtigen Zeit am richtigen Ort zu sein.

Stärkeren Akzent auf die Ritualhandlungen unabhängig vom konkreten Ort legt eine mehrfach überlieferte demotische „Mundöffnung zum Atmen", deren Haupthandschrift der pBerlin 8351 ist.[21] Dennoch läßt sich an manchen Stellen noch die sakrale Geographie als wesentliches Thema erkennen:

„Mögest du in die Sektet-Barke steigen und man dich in der Gottesbarke rudern,
Möge man dich auf einer Barke von Papyrus und Tehen-Pflanze rudern
auf dem großen See (*šy wr*), dem großen Fluß Ägyptens, wobei die Überschwemmung strömt.
Mögest du stromauf fahren nach Areq-Heh,
möge man dir Wasser spenden im Rosetau.
Mögen dir Isis und Nephthys Kleider aus Byssos geben
vor dem Gott in der Nacht!
Mögest du erwachen auf seine Stimme, möge man dir sagen:
Osiris Chontamenti, du bist einer von seinen Gepriesenen!
Möge er dir Liebe(?) geben in seinen Häusern zum Verbringen von Tag und Nacht, indem du zufrieden bist!
Siehe, möge man dich preisen am Morgen!
Siehe, möge man dich schützen in Albeh!
Möge man dir eine Libation geben im Fürstenhaus unter den Seelen von Heliopolis.
Möge man dir sagen „sei gepriesen" unter den edlen Oberhäuptern.
Mögest du die Rituale der Isis, der Göttin, sehen,
Mögest du Hapi sehen in jeder Überflutung.
Mögest du den Mond bei seinem Aufgang sehen,
mögest du die Sonne bei ihrem Aufgang sehen,
Mögest du die Abend- und Morgenbarke sehen,
die Barken des Re-Harachte.
Möge man dir Wasser spenden in jedem Heiligtum, jedem Gau des Wennefer.
Mögest du Wasser empfangen hinter den Herren der Palmrippen(?),[22]
den Seelen von großer Kraft, die in Heliopolis sind.
Mögest du folgen zu jedem Haus, das du liebst, und dein Ba es preisen
Mögest du in der Nacht aufspringen, am Tage, zu jeder Zeit eines jeden Tages.
Möge dein Name nach dir auf Erden dauern bis in alle Ewigkeit
Möge für dich jeder Gott und jede Göttin alles machen, was du liebst.
Mögest du Stromauf fahren unter den Herren von Heliopolis,
mögest du aufsteigen zum Kranz[23] von Zwiebeln
Möge man deinen Namen aussprechen im Fürstenhaus
Möge man dir eine dauernde Stellung geben im Dromos des großen Hauses,[24]
Mögest du unter die großen Götter eintreten."
(2, 13-3, 7)

21 Textedition SMITH, Liturgy.

22 M. Smith's Identifizierung von *bꜥꜣ.w* als Schreibung für *bꜣ.w* (SMITH, Liturgy, 50) halte ich nicht für tragfähig; eher ist, auch dem Determinativ der Pflanze gemäß, darin entweder der Plural der Palmrippe *bꜥy* zu erkennen, oder aber das alte *bꜣ,t* „Busch", für das im pHarkness I, 18. 19. 20 ja auch die Schreibung *bꜥ.t* belegt ist.

23 *mtḥ* ist altes *mčḥ* „Kranz", zum Wort vgl. FEUCHT, Kind, 241-245.

24 Ich sehe bei *ḥy* das Haus- und das Götterdeterminativ und verstehe es als Schreibung für *ḥw.t-ꜥꜣ.t*, vgl. oHor 18, rt. 5, wo *ḥꜣ* anhand hieratischer Parallelen als Schreibung für *ḥw.t-ꜥꜣ.t* nachgewiesen werden kann.

Kurz darauf heißt es dann:

„Möge man dir „sei gepriesen" sagen zu Byblos und Busiris, dem Haus der Ruhe des Osiris" (3, 10).

Und nochmals wenig später lautet die Rezitation:

„Möge man deinen Leichnam zur Unterwelt empfangen,
möge man deinen Ba zum Himmel empfangen unter die Gelobten der Götter.
Mögest du folgen nach Heliopolis
Möge dein Ba nach Byblos gehen,
Möge er Wasser empfangen zu Füßen des Osiris, der großen Gottes.
Möge dein Ba wandeln untern den großen Bäumen von Upoke,
möge man dir Brotlaibe in Pe geben,
Brot und Bier in Dep." (3, 12-16)

Deutlich weiter hinten im Text ist eine weitere Sektion etwas intensiver mit geographischen Angaben versehen:

„Möge man dir Wasser spenden an diesen 365 Opfertafeln, die auf dem Weg von Upoke sind.
Dein Ba wird Sokar folgen.
Komm heraus nach Busiris vor den Herrn der Götter
Möge sein Sohn Horus Anubis dich preisen.
Möge man dir Wasser spenden auf den Steinen von Heliopolis.
Möge man dich preisen auf dem Land des Lebens(?)
Möge man deinen Namen nennen auf dem schönen Rosetau von Memphis,
Möge man dir Wasser spenden in Pachenti-nenet
Mögest du herauskommen aus Heliopolis,
mögest du erwachen im Benbenhaus,
Möge man dir Wasser spenden und dich preisen in Hut-Neith(?),
Möge man dich beweinen in Albeh.
Mögest du zu deinen Häusern der Verjüngung schreiten,
Mögest du am Tage erwachen im Festruf Tag für Tag.
Osiris des NN, mögest du zum Horizont gehen und die Sonne verehren,
indem du einer bist mit dem Herrn des Aufgangs.
Möge man deinen Namen nennen in jedem Gau,
Möge man für dich die Rituale von Ober- und Unterägypten machen." (5, 9-16).

In all diesen Abschnitten werden speziell wichtige Orte des Osiriskultes angesprochen. Sie liegen im Umfeld von Abydos, Memphis, Heliopolis und Busiris, hinzu kommt noch als wichtiger Ort im Ausland Byblos. Somit sind die zwei traditionellen Kultorte des Osiris vertreten, der zentrale Ort des Sokarkultes sowie Heliopolis, wo es in der Spätzeit ebenfalls einen bedeutsamen Osiriskult gab. Byblos hat aufgrund seiner Rolle im Osirismythos, die uns insbesondere Plutarch überliefert hat,[25] sicher einen Platz verdient, wobei gerade der vorliegende Text als originär ägyptischsprachige Quelle auch einen nicht unerheblichen Beitrag zur Hinterfütterung von Plutarchs Angaben leistet.[26]

Als abschließende Generalisierung zu beachten sind die Formulierungen „jeder Gau" sowie „die Rituale von Ober- und Unterägypten", mit denen erneut deutlich gemacht wird, daß der Text nur exemplarisch herausgreift, was ihm am wichtigsten scheint, aber eine Ausdehnung in die Totalität intendiert bzw. zumindest offenhält. Auch die Angabe „in jedem Heiligtum, jedem Gau des Wennefer" zeigt deutlich den prinzipiell intendierten konzeptuellen Hintergrund.

Derartiges kann man tatsächlich auch in solchen demotischen Totentexten fassen, welche auf

25 Vgl. Griffiths, Plutarch, 140-145; 319-337; Görgemanns, Plutarch, 160-163; 388.

26 Für sonstige Versuche, Plutarchs Angaben über Byblos im ägyptischen Material zu parallelisieren, s. Brunner, Osiris in Byblos, wiederabgedruckt mit Zusatz in Brunner, Das hörende Herz, 230-235; Hollis, Tale of Two Brothers, 127-130; s. von der vorderasiatischen Seite her Soyez, Byblos, bes. 67-72.

eine Detailaufschlüsselung verzichten. So heißt es: „Möge er jede Gestalt annehmen, die seinem Herzen gefällt, an jedem Ort, wo sein Ka sein will!" (pRhind I 10h4f.). „Man hört seinen Namen in den Tempeln der Götter" (pRhind I 11h3).

Eine sehr klar strukturierte lineare Wanderungspassage findet sich im pHarkness.[27]

„Mögest du nach Theben gehen und man dir zujubeln,
möge man dir eine Krone der Rechtfertigung umbinden,
Mögest du nach Djeme gehen und man für dich Weihrauch machen,
Festduft in all seinen Arten.
Mögest du nach Koptos gehen und man dir Myrrhe schenken, alle gutduftenden Spezereien.
Mögest du nach Abydos gehen, dem Platz des Skarabäus.
Möge man für dich das Ritual machen im Speisehaus.
Mögest du zur Unterwelt des abgegrenzten Landes gehen, dem östlichen Tor.
Möge man für dich ein Peret-Cheru machen an den großen Opfertafeln.
Mögest du nach Areq-Heh gehen, dem westlichen Tor.
Möge man dir dort Milch spenden.
Mögest du zum Rosetau des thinitischen Gaus gehen;
Hathor, die Herrin des Westens wird dich nicht zurückhalten.
Mögest du nach Achmim gehen am Tag 25
und man für dich eine Fackel anzünden an der Kapelle des Sokar.
Mögest du nach Pernebut gehen, deiner eigenen Stadt,
Möge man dir einen Opferaufbau darbringen mit Brand- und Trankopfer.
Mögest du nach Memphis gehen, dem schönen Land des Horizonts
beim Fest des Hochhebens des Himmels.
Mögest du zum Rosetau von Busiris gehen beim Fest der Wickelung.
Möge dich Anubis, der Herr des abgegrenzten Landes empfangen.
Mögest du nach Albeh gehen am Tag des Empfangens der Libation.
Möge man dir Wasser holen von jedem Brunnen zu den großen Opfertafeln,
um deinen Namen über ihnen zu nennen." (5, 8-15)

Die generelle Richtung ist eindeutig, die geographische Struktur also viel klarer linear als in den bislang behandelten Texten. Es geht strikt von Süden nach Norden. Dabei werden jedoch nicht alle größeren Orte auf der Route genannt, sondern eine bewußte Auswahl getroffen. Diese ist logischerweise von seiner Zweckbestimmung als funerärer Text geprägt. Orte bedeutender osirianischer Kulte stehen im Zentrum des Interesses. Die wichtigsten Städte der Osirisverehrung, nämlich Abydos und Busiris, nehmen mitsamt ihren umliegenden speziellen Kultplätzen den Löwenanteil ein (ca. 8 und 5 Verse). Auch in Koptos gibt es eine bedeutende Kultform des Osiris. Achmim wird im Text explizit mit einer Kapelle des Sokar verbunden. In Theben gibt es einerseits in der Spätzeit im Zusammenhang mit dem Opettempel die Idee, Osiris sei dort geboren worden, andererseits ist das explizit genannte Djeme als Bestattungsort der acht Urgötter auch von erheblicher Bedeutung für funeräre Texte der Spätzeit. Weniger eindeutig funerär konnotiert ist zunächst Memphis, das aber als Zentrum zu wichtig war, um einfach ausgelassen werden zu können, zudem ist es als zentraler Kultort des Sokar natürlich aus dem späten Osiriskult nicht wegzudenken. Andererseits wird Pernebut an seiner geographisch richtigen Position eben deshalb eingeschoben, weil es sich um den Heimatort der Inhaberin des pHarkness selbst handelt. Auf spezifische Rituale und Kultbauten wird ständig rekurriert.

27 Edition SMITH, pHarkness.

Auch hieratische Totentexte der Spätzeit können solche geographisch ubiquitären Formeln aufweisen, unabhängig von der realen Entfaltung. So gibt es „Mögest du dich niederlassen an jedem Ort, den du wünschst wie der große Fürst in Busiris!" (pBM 10209, 1, 38f.);[28] „Die Kapellenreihen von Oberägypten und die Kapellenreihen von Unterägypten sind ohne Mangel an deinem Namen; du mögest dauern in den Gauen und Städten der Götter in Ewigkeit" (pBM 10208, 2, 9); „dein Name ist in jedem Gau, alle Hügel sind unter deiner Furcht" (pBM 102082, 29); „Mein Thron ist Heliopolis, ich sitze in Memphis, Unut von Bahu ist mein Platz, alle Gaue sind unter meinem Kommando" (pLouvre N 3279, 49-50).[29]

Bemerkenswert ist der Progressionsbericht über die Untaten des Seth, der sich im Ritual, Seth und seine Rotte zu Fall zu bringen, überliefert findet (Urk. VI, 19,10-25, 2). Dieser hat sicher eine geographische Struktur, deutet diese aber nur dezent an, indem er üblicherweise nicht einfach die Namen der Städte und Gaue nennt, sondern spezifisch die einzelnen Heiligtümer. Dabei wird eindeutig auch auf die typischen Ritualhandlungen bzw. Feste oder mythologische Konzeptionen bestimmter Orte angespielt. Dies bringt eine Herausforderung für die Entschlüsselungsfähigkeit des Lesers bzw. Zuhörers mit sich, der eine gute Kenntnis der religiösen Topographie Ägyptens braucht. Insofern steht die Mentalität des Autors der des Buches vom Durchwandeln der Ewigkeit nahe.

Soweit erkennbar, geht es zunächst vor allem um memphitische und heliopolitanische Räume, dann um Thinis und Busiris. Etliche weitere Orte vorwiegend im Delta schließen sich an. Distinktiv oberägyptisch ist nur die Erwähnung von Theben, d.h. realiter der Westseite Thebens (*ẖft-ḥr-nb=s*) sowie ein Kultfrevel gegen den Widder und Amun. Resümiert wird dieser Abschnitt mit „Leid hat begonnen an dem Platz, wo er ist, Umsturz ist an dem, was du befohlen hast." Ähnlich sagt in demselben Text auch Isis, ohne die Geographie nochmals zu entfalten „Er greift Ägypten an, ohne daß du es weißt, ohne daß es ihm befohlen wurde." (Urk. VI, 25, 14f.).

Geographisch strukturiert ist auch die Aufzählung von Vergehen und anschließender Verfluchung des Feindes im Ritual zum Abhalten des Aggressiven (Urk. VI, 131, 11-135, 17). Auch hier dominieren eklatant die Deltaorte, aber Abydos wird über das Stichwort *w-pḳꜣ* (Urk. VI, 133, 19f.) zumindest erwähnt.

Ein ganz anderes Kaliber hat ein nicht osirianischer Text, der beim Stichwort „Reise" selbstverständlich nicht fehlen darf. Es handelt sich um einen Hymnus auf Mut, der zum einen im pBerlin 3053 als Teil des täglichen Tempelrituals für Mut erhalten ist – typisch für das sogenannte tägliche Tempelritual als Text ist ja, daß eine an sich unspezifische Abfolge von morgendlichen Ritualhandlungen mit Hymnen an den je speziellen Kultempfänger kombiniert wird. Daneben ist eine Parallele auch auf einigen Tempelblöcken aus Elkab belegt.[30] Der Hymnus könnte seiner Komposition nach etwa in die frühe 18. Dynastie zurückgehen.[31]

Ein Abschnitt dieses Textes (pBerlin 3053, 14, 1-16, 4) ist explizit als Aufforderung zur Reise

28 HAIKAL, Funerary Papyri, 30.

29 GOYON, pLouvre 3279.

30 Edition beider Versionen in VERHOEVEN – DERCHAIN, Voyage.

31 Mit diesem Ansatz stimme ich mit der Position der Bearbeiter (VERHOEVEN – DERCHAIN, Voyage, 52-54) überein, allerdings nur, weil deren Angabe „L'état de la langue dans laquelle le „voyage" est écrit – un moyen égyptien sans traits particuliers – ne contrarie pas non plus notre hypothèse" nicht korrekt ist und der Text vielmehr etwa mit dem Gebrauch des Possessivartikels *tꜣy=n ḥnw.t* „unsere Herrin" sowie des Imperativs Plural *mi͗.n* „kommt" dezidiert (früh)neuägyptische Züge aufweist.

stilisiert,[32] indem als Anapher jeder Strophe „Mögest du mit uns eilen, oh unsere Herrin; dein Herz sei froh mit uns!" verwendet wird. In den weiteren Versen wird dann eine spezifische geographische Zuordnung entwickelt, nicht nur durch die Ortsangabe, sondern auch durch spezifische Riten und Ereignisse.

„Mögest du mit uns eilen, oh unsere Herrin,
froh sei dein Herz mit uns,
[mögest du] mit uns [eilen],
mögest du dieses Land schützen,
mögest du es lieben, mit uns zu sein.
Mögest du mächtig sein und retten,
während wir in deinem Gefolge sind,
dann werden die beiden Ufer nicht gering werden!

Mögest du mit uns eilen, oh unsere Herrin,
froh sei dein Herz mit uns,
mögest du mit uns eilen,
damit du das siegreiche Theben siehst,
am Tage von Ipet-Hemetes,
während seine Mauer umgeben ist mit Festkörben.
Mut umwandelt ihre Stadt.

Mögest du mit uns eilen, oh unsere Herrin,
mögest du den Rest(?) unter uns beleben.
Es ist der Hirte, der sein Vieh schützt.
lege Samen in uns – das ist das Schicksal!
Sie ist unsere Herrin, die Amme von Jedermann,
der Geburtsziegel entstand auf ihren Befehl,[33]
Der Schöpfer handelt nach ihrem Plan.

Mögest du mit uns eilen, oh unsere Herrin,
froh sei dein Herz mit uns,
mögest du mit uns eilen,
damit du Memphis (Hut-Ka-Ptah) siehst
mit einem üppigen Opferaufbau,
während die Barke neu gezimmert ist.
Das Kollegium nimmt den Mantel.[34]

Mögest du mit uns eilen, oh unsere Herrin,
froh sei dein Herz mit uns,
mögest du mit uns eilen,
damit du deinen Vater Ptah siehst,
mit dem zusammenzusein du wünschst.
Mögest du die Edeldamen von Memphis erblicken, die auf ihren Thronen sind,
die dastehen zum Empfang ihrer Majestät.

Mögest du mit uns eilen, oh unsere Herrin,
froh sei dein Herz mit uns,
mögest du mit uns eilen,
damit du Memphis (Hut-Ka-Ptah) siehst mit dem Opferaufbau des Brandfestes,
wenn die Straße gefüllt ist mit Brot und Bier.
…
Man bietet ihr[35] ein vollständiges Brandopfer dar
auf den Altären der Oryxantilope,
im Wunsche, dich friedlich zu stimmen in Ra-sehau
wie die Sumpfpflanzen, die er erfrischt hat.

Der Reisecharakter ist in diesem Text nur verhältnismäßig schwach ausgeprägt, da es nur wenige eigens genannte Stationen gibt. De Facto zieht man aus Theben aus und kommt nach Memphis. Vielleicht geht die Reise auch noch nach Letopolis im Delta, obgleich die Erwähnung von Ra-Sehau im Text nicht auf einer Ebene mit den sonstigen Zielen liegt. Auch in dieser Komposition ist „dieses Land" insgesamt und die Bereitschaft der Göttin, mit ihren Kultanhängern zusammenzusein, als Oberthema vorgegeben.

32 Dagegen sind die von den Bearbeitern (VERHOEVEN – DERCHAIN, Voyage, 58-60) auf eine Ebene damit gestellten vorderen Partien des Textes distinktiv abzutrennen; hier ist auch pBerlin 3053, 10, 2 zu beachten, wo es eindeutig *mč sỉ ỉyi̯.tỉ m š3.w* „siehe, sie ist gekommen aus den Feldern" heißt, die Göttin somit schon eingetroffen ist, während die eigentliche Reise prospektiv geschildert wird.

33 Lies *msẖn.t [ẖp]r.tỉ m wč̣=s*; der Versuch der Bearbeiter *[sẖp]r.tỉ* zu ergänzen, ist von den Raumverhältnissen her unwahrscheinlich und die Übersetzung „den Mesechenet nach ihrem Befehl entstehen läßt" distinktiv ungrammatisch.

34 Zur Lesung s. QUACK, Miszellen, 237.

35 So die Papyrushandschrift; die Parallele aus Elkab bietet „dir".

Alle religiösen Texte verbinden mit der Ortsveränderung eine uneingeschränkt positive Wertung. Interessante Abwandlungen gibt es bei im engeren Sinne literarischen Texten.[36] Allerdings ist selbst in solchen, die man prinzipiell als Reiseliteratur klassifizieren würde, die Reise als solche als Motiv bemerkenswert unterschiedlich gehandhabt. Etwa in der Erzählung vom verwunschenen Prinzen kommt der Titelheld auf einmal zum Fürsten von Naharina, ohne daß die Stationen seiner ja an sich langen Reise irgendein Interesse beim Erzähler finden.

Wenig substantieller ist die Sinuhe-Erzählung, obgleich die Flucht als solche innerhalb Ägyptens durchaus als Abfolge von geographischen Punkten definiert ist – sie soll aber nicht Thema meiner Ausführungen sein. Darüber hinaus ist aber lediglich noch die kurze Passage „ein Fremdland gab mich dem anderen; ich löste mich von Byblos und wandte mich zurück nach Kedem" zu nennen. Sinuhes Rückweg zur Residenz kennt lediglich die Horuswege als eigens genannte Zwischenstation. Diese Dürftigkeit hinsichtlich der Nennung konkreter vorderasiatischer Ortsnamen steht in bemerkenswertem Gegensatz zur nachweisbaren Fülle realer Kenntnisse levantinischer Topographie, wie ihn allenfalls wenig später bereits die Ächtungstexte des Mittleren Reiches zeigen. Das ist um so auffälliger, als von anderer Seite die Darstellung des Starken von Retenu ja gerade mit den Ächtungsfiguren verglichen worden ist.[37]

Auch die Erzählung vom Schiffbrüchigen legt nicht gerade den Hauptakzent auf die ausgemalte Bewegung im Raum. Die – wenn auch kunstvoll mit Wortspielen versehene – einleitende Passage über die Rückkehr an den Enden von Wawat und Bigge vorbei ins Heimatland ist bereits praktisch der einzige Abschnitt, wo konkrete Geographie aufgerollt wird.

Sehr viel detaillierter wird die Sache im Moskauer literarischen Brief des Wermai, wo eine Irrfahrt durch Ägypten thematisiert wird.[38] Sie ähnelt in der Struktur den oben behandelten funerären Kompositionen, doch ist die grundsätzliche Bewertung eine völlig andere, nämlich ganz ins Negative umgeschlagen:

„Ich durchzog das Land im Lauf des Stromes,
ich eilte über seine Tiefen.
Ich erreichte seinen Norden in Chemmis.
Ich durchquerte Hügel und Marschland
im Ostgebiet des Fremdlandes der Pedjtiu-Schu.
Ich durchwanderte ihre ...
im Westgebiet des Fremdlandes der Tjemehu.
Ich betrat Libyen, ich durchquerte Ägypten in seiner Breite,
ich kam nach Xois, ich gelangte nach Tura.
Ich erreichte den Oxyrhynchus-Gau,
ich betrat die große Oase.
Ich durchquerte Oberägypten auf jeder seiner Seiten,
ich durchzog die Oasen zu Fuß." (2, 12-3, 4)

Im Vergleich zu den oben studierten religiösen Texten insbesondere aus Verklärungen gibt es hier vorrangig zwei wesentliche Unterschiede. Zum einen ist der vorliegende Text sachlich nicht anders denn als Vergangenheit übersetzbar, während für die Verklärungen wohl Subjunktiv anzusetzen ist. Dieser Unterschied ist allerdings für moderne Leser weit markanter als für antike, denn auch im literarischen Brief steht hier eine Kette von *sčm=f*-Formen. Als zweiter Punkt zu vermerken ist die durchgehende Verwendung der 1. Person Singular. Für Verklärungen sind sonst die 2. und 3. die üblichen, wenngleich es gerade in den Pyramidentexten auch Formulie-

36 Bei MOERS, Fingierte Welten wird ungeachtet des Titels die Ausdrucksweise der Bewegung nicht detailliert untersucht. Vgl. auch LOPRIENO, Travel and Space.

37 FISCHER-ELFERT, Hero.

38 Textedition CAMINOS, Tale of Woe; neue Bearbeitung QUACK, Moskauer literarischer Brief; zur inhaltlichen Deutung s. FISCHER-ELFERT, Abseits von Ma'at, 215-232.

rungen in der 1. Singular gibt.[39]

Eine gedankliche Nähe des Moskauer literarischen Briefes zu Verklärungskompositionen dürfte umso glaubhafter sein, wenn man den Text insgesamt anschaut. Seine lange Einleitung, etwa ein Viertel des Gesamten, ist nämlich kaum etwas anders als eine elaborierte Ausarbeitung eines verklärungshaften Themas.[40]

Bemerkenswert ist hier natürlich die Chronologie. Die wirklich ausführlichen funerären Texte sind spät, ihrer aktuellen Bezeugung nach vorrangig aus der griechisch-römischen Zeit überliefert, und zumindest im funerären Bereich, für den wir ja eine relativ gute Beleglage haben, davor nicht als Grabbeigabe relevant gewesen. Demgegenüber datiert der Moskauer literarische Brief wohl etwa aus der frühen Dritten Zwischenzeit. Er stellt somit einstweilen die älteste Bezeugung dieser kettenhaften Wanderungsstruktur dar. Die Frage muß sich aber stellen, ob tatsächlich diese Komposition einen primären Ursprung der Ausdrucksweise in nichtreligiösen literarischen Texten nachweist, oder ob er von derzeit nicht faßbaren religiösen Texten nichtfunerären Zusammenhangs abhängt. Zu denken wäre hier insbesondere an osirianische Kompositionen aus Tempelkontexten.

3. Nichtlineare Aufzählungen

Es gibt eine Reihe von Passagen, die zwar keine Reise, aber trotzdem als Fall einer auffälligen und nicht einfach linearen Struktur bemerkenswert sind.

Die freudigen bzw. entsetzten Reaktionen verschiedener Städte werden Urk. VI, 15, 1-17,6 als Reaktion auf das Urteil zwischen Osiris und Seth aufgelistet.[41] Als erfreute Orte, die auf der Seite des Osiris stehen, werden zuerst Heliopolis, Theben und Memphis genannt, also die drei wichtigsten Städte des Neuen Reiches. Es folgen Busiris und Abydos als die beiden traditionell wichtigsten Osiriskultorte. Weniger ersichtlich ist die Sequenz der übrigen Einträge. Zunächst gibt es Herakleopolis und dessen Nekropolenort Naref – sicher auch bedeutende Osiriskultorte und gerade für den Triumph des Osiris über Seth nicht unwichtig.[42] Der Gau von Aphroditopolis (*mṭnỉ.t*) und Atfih folgen, was geographisch zunächst eine Bewegung nach Norden implizieren würde. Mit dem letzten, besonders ausführlich behandelten Ort Assiut geht es allerdings wieder nach Süden. Hier spielen insbesondere die Wegöffner eine wichtige Rolle.

Auch die Sethkultorte sind nicht einfach linear angeordnet. Wir haben zunächst Su und Wenes sowie den Gau von Oxyrhynchus. Die Oasen *knm.t* (Dachla) und *ṭsṭs* (Bahria) folgen, dann Cynopolis (*ḥsb.w*). Probleme bereitet der letzte Eintrag, der wie Aphroditopolis (*w3č̣*) geschrieben ist, den Schott in der Edition jedoch in Hypselis (*ḥn*) emendieren will.

4. Lineare geographische Abfolgen

Allen Ägyptologen gut bekannt sind geographische Prozessionen. Typischerweise erscheinen sie als unterstes Register einer Tempelwand. Dies ist natürlich alles andere als zufällig, da sie mit dem Land Ägypten verbunden sind, somit mit dem Boden, auf dem der Tempel steht. Allerdings treten sie dort nicht etwa an jedem Ort auf, sondern vorzugsweise im äußeren Bereich des Tempels. So gibt es sie in Edfu auf der Außenseite des Naos (Edfou IV, 20-42; 170-193), auf der Innenseite der Umfassungsmauer (Edfou VI, 38-

39 ASSMANN, Totenliturgien I, 29-33.

40 QUACK, Moskauer literarischer Brief, 180.

41 Bei Urk. VI, 14-15 ist die Segmentgrenze evident zwei Verse zu früh gesetzt; man beachte, daß die gesamte Sektion über die Sethkultorte mit roter Tinte geschrieben ist.

42 Vgl. KEES, Totenbuchstudien.

48; 209-213), und in Bereichen noch weiter außen im Tempel, bis hin zur äußeren Umfassungsmauer. Die einfachsten und häufigsten Vertreter sind diejenigen in Form sogenannter Nilfiguren, üblicherweise vom König angeführt. Typische Formulierung ist dabei immer „Der König X ist zu dir gekommen, oh Gott Y, damit er dir den Gau Z bringt mit ...".

Konzeptuell ist die Botschaft dieser Kompositionen evident. Das gesamte Land tut sich darin zusammen, für den Kult des Tempelherrn die materiellen Grundlagen zu beschaffen.[43] Der Begriff „das ganze Land" ist dabei in seinen Implikationen zu beachten. Typischerweise enthalten Gauprozessionen nur diejenigen Territorien, welche als Teile Ägyptens verstanden wurden. Tributpflichtige angrenzende Länder werden nicht in dieser Art dargestellt. Nichtägyptische Territorien erscheinen lediglich in den konzeptuell anders organisierten Mineralienlisten, wie sie bereits im Neuen Reich belegt sind, etwa im Luxor-Tempel unter Ramses II. Auch die sogenannten „nubischen Gaue" (z.B. Philae I, 263-277) sind spezifischer als Rohstofflisten zu verstehen.

Bei weitem die elaborierteste Form dürfte sich im Soubassement auf der Außenseite des Sanktuars des Tempels von Edfu finden (Edfou I 329-344). Sie ist als große geographische Inschrift von Edfu bekannt. Dort enthalten die Inschriften jeweils noch Angaben zu spezifischen Priestern und Priesterinnen, Barken, heiligen Bäumen, Festdaten, Tabus und verschiedenen Geländebereichen. Diese Informationen sind eindeutig aus einer bestimmten Wissenstradition gekommen, nämlich dem, was als geographischer Papyrus von Tanis bekannt ist.

Dies ist vielleicht der richtige Ort, um damit auf die fundamentalen Wissenszusammenstellungen hinzuweisen, auf denen mutmaßlich vieles beruht, was man dann als geographische Entfaltung auffinden kann. Neben dem geographischen Papyrus und seinen Parallelen aus Tebtynis[44] möchte ich noch eine andere Textsorte erwähnen, nämlich die mythologischen Handbücher. Sie sind aus der Spätzeit gut nachweisbar und nehmen den Raum als Struktur und Aufhänger, um darin Mythologie zu verorten. Insbesondere das Handbuch über das Delta und das von Jürgen Osing bearbeitete große Werk aus Tebtynis[45] zeigen, wie gauweise die Informationen über Götter, Kulte und Mythen sortiert werden. Tatsächlich sollte man in einem größeren Sinne sagen, daß Mythos in Ägypten sehr typisch eine Funktion des Ortes ist. Etwa die sogenannten „Monographien", die man aus den griechisch-römischen Tempeln so zahlreich kennt,[46] gehen ja fast immer von einem konkreten Toponym aus und schildern, was an mythologischen Traditionen daran hängt. Der Mythos kann auch als Ätiologie der geographischen Phänomene als solcher dienen – etwa im pJumilhac wird ein Fundplatz für ein rotes Mineral damit ätiologisiert, daß dort Götterfeinde von der Rotte des Seth niedergemetzelt worden sein sollen.

Geographische Prozessionen sind eine relativ konservative Gattung, die fast textgleich in mehreren Tempeln auftreten kann,[47] in günstigen Fällen kann man sogar die Tradierung einer bestimmten Liste wenigstens von der Ramessidenzeit bis in die griechisch-römische Epoche nachweisen.[48]

43 Vgl. hier den strukturell ähnlichen assyrischen Befund, daß aus allen Landesteilen Opfertiere zum Assurtempel gebracht wurden, wie sich aus administrativen Texten klar nachweisen läßt, s. MAUL, Opferritual.

44 OSING – ROSATI, Papiri geroglifici.

45 OSING – ROSATI, Papiri geroglifici.

46 GUTBUB, Textes fondamentaux.

47 Vgl. die methodischen Bemerkungen bei ZIVIE, Hermopolis, 33-36; 174-175; BEINLICH, Geographische Inschriften; VERNUS, Athribis, 235; TRAUNECKER, Coptos, 399-407; BARTEL – HALLOF, Gaulisten; LEITZ, Quellentexte, 50-52.

48 YOYOTTE, Processions géographiques, 79-138, bes. 87-88.

Neben den Prozessionen von Nilgöttern gibt es auch Prozessionen der Gaugötter an sich, so ist in einem Soubassement am Westturm des Tempels von Edfu (Edfou VIII, 93, 16-94, 15 und 87, 13-88, 13) je ein Hauptgott für jeden Gau in Unterägypten genannt, am Ende der Liste noch einige Zusatzdistrikte, insbesondere solche aus dem memphitischen Raum. Das Pendant auf dem Ostturm zeigt die Götter Oberägyptens (Edfou VIII, 133, 10-16; 128, 3-128, 15). Zur Anordnung ist zu sagen, daß der Tempel von Edfu, anders als sonst üblich, Nord-Süd orientiert ist. Demnach ist der Ostturm der ideale Südturm, der Westturm der ideale Nordturm. Gleichzeitig zeigt die Reihenfolge der Gaue deutlich, daß die generellen Prinzipien der modernen Edition schwerwiegende Verwerfungen gegenüber der eigentlich intendierten Leseabfolge zur Folge haben. In einem Fall, nämlich für Koptos, ist ein Text aus der Tradition der Nilprozessionen in die Gaugötterprozession eingeflossen, deren Formulierungsmuster sonst distinktiv anders sind.[49]

Auch in funerären Kompositionen, insbesondere solchen dezidiert osirianischen Zuschnitts, können geographisch geordnete Folgen auftauchen, die den Ehrgeiz haben, ganz Ägypten mit allenfalls wenigen bewußten Auslassungen abzudecken. Ungeachtet seiner Länge sei ein besonders ausführliches Beispiel gebracht. Es bietet als ersten Teil eine ausgewählte Reihe von Orten besonders wichtiger Osiriskulte und ihrer mythologischen und rituellen Bedeutung. Der zweite Teil arbeitet sich dann gauweise durch Ober- und Unterägypten:

„He Osiris Chontamenti, Osiris NN!
Komm zu mir, ich bin deine Schwester Isis!
Erhebe dich, erhebe dich!
Komm auf meine Stimme, damit du hörst und ich ausrufe, was ich für dich getan habe!
Ich habe dir deinen Namen in allen Gauen gemacht.
Alle Stätten sind in Furcht vor dir,
indem man dich in ihnen anruft in den Zeiten, dich zu suchen.
Die Herzen können es aus Liebe zu dir nicht aushalten,
wenn du getrennt davon bist, zu ihnen zu kommen.
He Osiris Chontamenti, deine Mutter Nut hat dich in Theben geboren,
du entstandest als Jüngling!
He Osiris Chontamenti, der in Theben entstand!
Als du über dem Land erschienst als Jüngling,
da hörte es Re in seiner Residenz in Unterägypten.
Sein Herz jubelte bei deiner Geburt.
Du gelangtest nach Herakleopolis in der Nacht des zehnten Mondmonatstages(?),[50]
Re sah dich, und Liebe zu dir drang in sein Herz ein als König an diesem Platz.
Er gab dir den Thron deines Vaters Geb,
du bist sein geliebter Sohn.
Mögest du ins große Haus eintreten, in deine Krypta im Benben-Haus,
die Götter von Djeme jubeln, wenn sie dich sehen.
Der südlich seiner Mauer ist Tag für Tag unter dir.
Du wirst dort sein als Atum-Chepri, Fürst von Heliopolis.
Abydos ist deine Stadt in Oberägypten,
du wirst in ihr sein Tag für Tag
als Osiris Chontamenti, der große Gott, der Herr von Abydos.
Isis leitet die Wege nach Abydos vor „Jenem" in die Irre,
dein Sohn Horus wirft deine Feinde Tag für Tag nieder.
Mögest du dich in Busiris verjüngen,
Nebethetepet schützt dich, Schentait verjagt Seth,
Hut-Iutiu ist in stetem Lobpreis,
Rosetau in steter Abgrenzung.

49 Vgl. KURTH, Edfu VIII, 231 Anm. 6.

50 Wörtlich „bei 2/3 des 15. Tages des Mondmonats".

Chnum schütze dich in Kebehu, er gieße für dich Wasser auf die Opfertafel,
mit der Libation, die aus ihm neu gekommen ist, die aus dir gekommen ist.
Edfu ist unter deinem Namen,
Horus wirft Seth nieder.
Horus vom Gau von Edfu ist in Jubel, wenn er dich sieht.
Hut-Ipet ist in Herzensfreude.
Die Seelen von Nechen sind im Heilsruf.
Nechbet schütze dich in Elkab,
Sie schirme dein Erscheinen ab als „die beiden Herrinnen".
Sie wird eine Geierin sein, die deinen Schutz macht,
indem sie als Uräus auf deinem Kopf dauert.
Sie lasse dich erscheinen wie Re Tag für Tag.
Hetep-Netjer ist in steter Freude.
Möge dich der Pfeiler in Hut-Sechem reinigen,
Möge dich Isis im Gau von Dendara schützen.
Der Gau von Thinis ist in Jubel bei dir,
Du wirst als Upuaut sein, der in Assiut ist.
Mögest du höher sein auf deiner Standarte als die Götter,
deine beiden Augenschlangen für dich vor dir,
deine beiden Kobras hinter dir, dein Gesicht soll ihrer nicht mangeln.
Schena-Chen jauchzt, dich zu sehen.
Das östliche Behedet jubelt für deinen Ka.
Ipu und Achmim sind in stetem Lobpreis.
Hathor schütze dich in At(f)et.
Du wirst in Schashotep sein.
Mögest du Menschen erbauen und Götter leiten in jenem deinem Namen Chnum.
Deine Glieder mögen versammelt werden in Hut-Redju,
die Götter in ihm werfen deine Rebellen nieder.
Thot verkläre dich in Hermopolis,
die Achtheit gebe dir Lobpreis, wie sie es für deinen Vater Re machten.
Die Götter von Heseret jubeln dir zu,
seit du zwischen ihnen eintratest.
Herakleopolis verherrlicht deine Bas,
Naref trägt dich Tag für Tag,
Merwer ist in Frohlocken,
Semen-Hor ist in Jubel bei deinem Kommen.
Mögest du deinen Leib verbergen im Haus der Henu-barke.
Hathor trage dich in Medenit.
Memphis dauert unter dir.
Dir werde eine Fackel angezündet auf den Armen des Nilpferdes,
Möge es deinen Schutz Tag für Tag bewirken.
Ptah gibt Atem an deine Nase.
Die Gesangsgöttinnen mögen dich schützen inmitten des Hauses des Ptah.
Die Krypta ist in Juchzen.
Schenu ist in Herzensweite.
Ptah südlich seiner Mauer, sein Herz ist glücklich, jubelnd aus Liebe zu dir.
Das Haus der Sachmet breitet sich schützend um deinen Ka,
„Die ihren Herrn verbirgt" jubelt unter dir,
Horus Mechentienirti wirft alle deine Feinde nieder,
Die Götter in Iyit (Letopolis) sind groß bei deinem Anblick,
Nut schütze dich in Hut-Waret,
Imau jauchzt über deinen Ka,
Mögest du überschwemmt sein mit Leben und Stärke der Milch der Sechat-Hor,
Das Haus der Kuh ist in Herzensfreude.
Sachmet schütze dich, die Herrin von Libyen,
sie möge deinen Schutz bewirken, die Herrin der Wüste.
Mögest du speisen in Kemet am Morgen,
Möge dein Jauchzen gemacht werden im Feld von Hetep,
Mögen die urzeitlichen Götter jubeln über deinen Namen im Haus des Heil Erwachenden,
Sais ist im Lobpreis, wenn es dich sieht,
möge es dich verhüllen in Resenet und Mehenet
mit dem, was ihre Krokodilsgötter gemacht haben,
Mögest du den Gau von Sais betreten, mögest du ins Hut-Bit gehen,
Möge Neith ihren Pfeil auf ihren Bogen setzen,
um deine Feinde Tag für Tag niederzuwerfen.
Mögest du zum Gau von Chasu gelangen,

und ein Stier auf seiner Standarte sein
in diesem deinem Namen Osiris Uu,
während Isis vor dir ist, ohne daß du Mangel an ihr hast an irgendeinem Tag.
Dein Name ist im Mund(?)[51] deines Gaues, möge man dir in ihm Lobpreis geben,
wie Re, dem Vater deiner Väter.
Der Platz deines Herzens ist in ihm Tag für Tag,
die Schlange jubelt für deinen Ka.
Möge ihr Papyrusstengel mit deinem Schutz zu den Zeiten hervorkommen!
Pe jauchzt, dich zu sehen,
Dep macht Lobpreis vor Deinem Antlitz.
Wadjit ist hoch auf deinem Kopf.
Möge sie dir Seneb-Pflanzen in Chemmis schenken, die all deine Feinde niederwerfen.
Kebehu und Nait sind im Gruß vor dir.
Zu dir mögen die jungen Knaben kommen, die in Heliopolis sind,
um dein Ansehen im Haus des Sepa zu bewirken.
It(f)a-Wer ist überschwemmt mit deinem Namen,
Babylon ist in Lobpreis, dich zu sehen.
Atum wirft deine Feinde nieder.
Imhet ist glücklichen Herzens,
Schen-Kebeh in Herzensweite,
Netjeret in Jubel.
Möge Hathor dich schützen in Hetepet,
Möge Bastet dich beschirmen, die Herrin von Bubastis!
Möge sie Schrecken vor dir jedermann geben!
Deine Kraft ist groß, um deine Feinde niederzuwerfen,
Hut-Nebes ist in Jubel,
Sopdu-Horus des Ostens, der Stier, der die Mentiu schlägt, jubelt, dich zu sehen,
Hormerti ist dein Schutz, um deine Feinde in Schedenu niederzuwerfen.
Imau ist zufrieden geworden,
Chasu jubelt im Juchzen,
Men-Sut ist im Fest,
Das Behedet des Nordens ist in Freude.
Balamun ist angenehmen Herzens,
Sebennytos ist im Gruß.
Horus mit starkem Arm, mit hoher Feder, Herr der Doppelkrone wirft all deine Feinde nieder.
Mendes trägt deinen Ba, du wirst der Ba von Mendes sein,
der zeugende Stier, der über den jungen Mädchen ist.
Baqlia hat ein Dekret;
Thot, der die beiden Gefährten richtet, setzt deine Annalen fest.
Ra-Nefer ist in Lobpreis für deinen Ka.
Das „Haus des Ungesalbten" ist in Herzensweite,
die Enden von Behedet geben dir Lobpreis,
wenn du in der Nacht dorthin gelangst.
Du wirst Tag für Tag am Platz des Re sein.
He Osiris Chontamenti NN, dein Name dauert in den Gauen,
er wird in alle Ewigkeit nicht abgetrennt werden!" (pBM 10208, 2,28-4,4 = pLouvre N 3079, 111,15-112,2).

Die Parallelisierung, welche zwischen der Restituierung des Osiriskörpers und der Zusammenführung und Koordination der Orte und ihrer Götter besteht, kann dabei durch die Assoziierung der Texte eindrucksvoll demonstriert werden. Diese lange Aufzählung, welche eben die Kooperation der Orte in der Fürsorge für Osiris thematisiert, folgt in den Handschriften im Rahmen einer großen Liturgie u.a. auf eine lange Gliedervergottung, in welcher einzeln unter Nennung aller Körperglieder betont wird, daß diese in perfektem Zustand sind und welche Funktion sie haben bzw. mit welchen Amuletten sie versehen sind (pBM 10208 1, 20-2,9 = pLouvre N 3079 110,19-47 = Dendara X 236, 12-237, 5).

Logischerweise sind demnach gerade die Osiriskapellen von Dendara ein Fundort für geogra-

51 Ich emendiere versuchsweise *m rn n* zu *m r' n*; die wörtliche Übersetzung „dein Name ist der Name deines Gaues" klingt nicht eben plausibel.

phisch strukturierte Kompositionen.[52] Im Soubassement der ersten östlichen Kapelle gibt es eine lange Prozession der spezifischen Priester der Gaue Ägyptens. Als Sprüche werden ihnen jeweils kurze Phrasen aus dem Sokarritual in den Mund gelegt, das auch sonst gut bekannt ist, aber üblicherweise nicht geographisch zerlegt.[53] (Dendara X, 8-18).

Die große Kanopenprozession dürfte einen Musterfall darstellen, gerade in der Kombination von Körperrestituierung und geographischer Sequenz. Die Hauptgötter der jeweiligen Gaue treten mit einer Kanope an, in der sich der jeweils im betreffenden Gau deponierte Körperteil des Osiris befinden soll.[54] Die Komposition findet sich im untersten Register der zweiten Osiriskapelle im Osten. Aufschlußreich ist vielleicht aus der Rede des Königs zur betreffenden Szene die Aussage „ich bringe dir die Neunheit von Oberägypten insgesamt, deine Gottesglieder versammelt an ihren Plätzen. Ich bringe dir die Städte und Gaue zu deinen Gliedern, ich weise die Götter deinen Körperteilen zu in deiner Gestalt, die Gottesglieder in Form der Götter der Gaue in ihrer wahren Form." (Dendara X, 71, 15-72,2).

Während das zweite Register derselben Kapellen die 77 Genien von Pharbaitos behandelt, somit nicht geographisch aufgefächert ist, wird das Dritte Register wieder sehr relevant. Es zeigt die Agathodaimones der Gaue Ägyptens, die gleichartig auch in Edfu und Deir el-Medineh belegt sind – dabei auch in Edfu mit den Genien von Pharbaitos vergesellschaftet. Die Anordnung ist tendenziell linear, wenn auch mit ungewöhnlichen Arrangements im Einzelnen, die auf Probleme der Redakteure der Dendara-Version hindeuten.[55] Es handelt sich jedenfalls um Genien, welche in den gauspezifischen Osirisbegräbnisstätten die Wache halten.

Nachdem im vierten Register mit den Stundenwachen wieder ein ungeographischer Text eingeschoben war, werden im obersten Fries die Bas der Götter der verschiedenen Gaue aufgelistet, welche Osiris Gesellschaft leisten, bzw. wie der Text es wörtlich von Osiris formuliert: „Der ba-hafte Ba an der Spitze der Bas der Götter, die edle Schlange des Osiris Chontamenti, der große Gott, der Herr von Abydos, Osiris, der Pfeiler in Dendara, die edle Schlange, er kommt als edler Ach, um sich mit seiner Gestalt zu vereinen in seinem Tempel, er fliegt am Himmel als Falke mit strahlenden Schwingen, die Bas der Götter vereint mit ihm" (Dendara X, 151, 3-6). Passend dazu sind im Bild die Götter tatsächlich als Ba-Vögel mit individuellen Köpfen dargestellt, nämlich dem der Hauptgottheit des jeweiligen Gaues (Dendara X, Taf. 49f.). Um die Konzeption abzurunden, sollte man noch erwähnen, daß an der Decke derselben Kapelle einerseits die 12 Stunden des Tages kurz erwähnt sind, andererseits durch das runde Himmelsbild von Dendara auch die Nacht in voller Form verkörpert wird.

Damit sind gerade in dieser einen Kapelle geballt Vorstellungen der restituierten Welt im Einklang mit dem restituierten Körper zu finden. Auch sonst gibt es allerdings geographisch Auffächerungen. In der 3. östlichen Osiriskapelle gibt es im dritten Register eine Darstellung der Osiriskultformen in einer Reihe wichtiger Orte, insgesamt 22. Dabei sind allerdings für Busiris, Abydos, Theben und Dendara mehre Formen angegeben, so daß das geographische Spektrum insgesamt geringer ist, nämlich 14 Orte mit einem deutlichen oberägyptischen Schwerpunkt.[56] Damit konzeptuell verbunden sein dürften die im dar-

52 Aus Platzgründen konzentriere ich mich hier auf Dendara, es dürfte aber keine Schwierigkeiten bereiten, an anderen Orten entsprechenden Konzeptionen zu fassen; man vergleiche nur die geographisch geordnete Prozession der lebensgebenden Gottheiten zu Osiris bei JUNKER, Pylon, 110-121; 125-126.

53 CAUVILLE, Commentaire, 10-16.

54 ASSMANN, Tod und Jenseits, 471-476.

55 CAUVILLE, Commentaire, 52-53.

56 CAUVILLE, Commentaire, 113.

über liegenden Register abgebildeten 14 Barken ebenfalls präziser geographischer Zuordnung. Allerdings besteht keine exakte Korrelierung.

Im Soubassement der ersten westlichen Kapelle finden sich gleichsam als Resümee nochmals die Götter der Kanopenprozession; wobei jeweils auch ein ortsspezifisches osirianisches Ritual o.ä. angegeben wird. Passend hierzu gibt es die geographisch sortierte Litanei an Osiris. (Dendara X, 282-291). Sie hat den Titel „Osiris anbeten, seinen Ka in [Oberägypten] anbeten" bzw. „seinen Ba in Unterägypten anbeten". Strukturell ist sie so konzipiert, daß am Anfang jedes Abschnittes die Frage steht „Bist du in ...",[57] mit dem spezifischen Ortsnamen, und darauf dann eine typische Situation des Osiris angegeben oder er zu einer Handlung aufgefordert wird. Als übergreifende Zusammenfassung für Oberägypten findet sich: „Bist du in diesen Städten deines Ka? Dann dauern die Gaue der Götter mit deinem Abbild, die Heiligtümer der Machtbilder ohne Aufhören unter deinem Machtbild, indem du lebendig bist, lebendig in Ewigkeit. Der Süden ist unter deinem Ansehen, der Osten unter deiner Furcht" (Dendara X, 284, 8-10). Für Unterägypten lautet der Passus: „Bist du in den Hügeln des Landes auf seinem Fundament? Dann tragen die Kapellenreihen der Götter dein Abbild, die Heiligtümer deiner Neunheit dauern mit deinem Kultbild, gesund in Ewigkeit. Der Norden ist unter deinem Schrecken, der Westen unter Zittern vor dir." (Dendara X, 289, 9-10).

Im Soubassement der zweiten westlichen Kapelle findet sich schließlich eine Prozession der Gaue Ägyptens. Insgesamt dürfte dieser Befund eindrucksvoll zeigen, wie sehr gerade der Osiriskult sich auf Ägypten als Raum bezieht, der aus den einzelnen Orten aufgebaut wird – und dieser Aufbau wird eben, wie schon vorhin angedeutet, mit dem Aufbau des Osiriskörpers aus den in den einzelnen Gauen aufbewahrten Gliedern parallelisiert. Der Osiriskult ist der geographische Kult Ägyptens par excellence, der eben Wert darauf legt, vollständig über Ägypten verbreitet zu sein bzw. nur wenige hartnäckig verfemte Gaue auszulassen.

Tatsächlich sollte man betonen, daß der Osirismythos zumindest in der Spätzeit der Mythos von Ägypten und seinem Boden par excellence ist. Man kann nicht über Osiris reden, ohne Ägypten in seiner geographischen Auffächerung zu präsentieren – und umgekehrt kann man auch nicht vom Land Ägypten als geographisch strukturiertem Gebilde sprechen, ohne auf Osiris zu kommen. Damit dürfte auch wesentlich zusammenhängen, daß damals das Konzept der Gottesglieder auf 42 erhöht wurde; somit für jeden kanonischen Gau eines zur Verfügung stand. Auch die mythologischen Handbücher sind ja Kombinationen aus den gauspezifischen Göttermythen und der gauspezifischen Version von Mythen um Osiris.

Daß dieser Aspekt des Kultes, in dem die körperliche Integrität des Osiris mit der territorialen Integrität Ägyptens eine vollständige Einheit eingegangen ist, eine eminent politische Dimension hat, braucht kaum eigens gesagt zu werden. Auch von daher ist es nur allzu verständlich, wenn im sogenannten „Texte de propagande" des Papyrus Jumilhac (XVII, 14-XVIII, 21) besonders die korrekte Durchführung des Osiriskultes mit der Aufrechterhaltung der inneren und äußeren politischen Ordnung verknüpft wird.[58]

Vielleicht ist es daher nur folgerichtig, daß auch Osiris' Gemahlin Isis, wenngleich erst in sehr später Zeit, zu einer wesentlich geographisch geprägten Gestalt wird. Bereits demotisch wird sie im pTebtunis Tait 14 samt unpubliziertem Pa-

57 Bei Cauville irrig als Konditionalsatz „Wenn du in ... bist" verstanden; für diesen Hymnustyp s. ASSMANN, Tod und Jenseits, 443-446; ASSMANN, Totenliturgien II, 60-86.

58 VANDIER, pJumilhac, 129-131.

ralleltext pCarlsberg 656vs. aus Tebtunis als die Göttin verstanden, die in jedem Gau und jedem wichtigen Kultort Ägyptens einen speziellen Namen hat – säuberlich von Süden nach Norden aufgelistet. Das ist dann die Wurzel dessen, was man in griechischer Sprache aus dem pOxy 1380 kennt, wo die Liste über Ägypten hinaus bis nach Indien ausgedehnt wird.[59]

Interessant sind auch solche Fälle, in denen die Geographie eine gelegentlich mehr implizierte Sache ist, die vom Leser bzw. Betrachter Aufmerksamkeit in ihrer Erkennung erwartet und ihn dafür mit um so feineren Anspielungen belohnt.

So gibt es auf dem Pylon von Edfu Textstrukturen, die Gebrauch von geographischer Anordnung machen. Instruktiv ist ein Hymnus mit dem Titel „Den Herrn der Götter anbeten in seinen großen Namen an der Spitze der Gaue von Ober- und Unterägypten" (Edfou VIII, 6, 6-8, 11),[60] der auf der Südhälfte des Durchgangs des Haupttores angebracht ist. Die einleitende Formulierung liefert einen wertvollen Hinweis darauf, wie der Text überhaupt zu verstehen ist, da er offenbar seinen Ehrgeiz daran setzt, die Geographie mehr in Form von Anspielungen auf Götter, Kultformen und spezifisches Brauchtum reizvoll zu verbergen, als sie durch plakative Nennung des konkreten Ortsnamens unmittelbar vor Augen zu führen. Der Aufbau des Textes erfolgt, indem die Gottheit jeweils in der 2. Person angeredet und mit verschiedensten Epitheta versehen wird. Üblicherweise wird für jeden Neueinsatz ein neuer Gau der traditionellen Anordnung genutzt, in Ausnahmefällen scheinen einzelne wichtige Stätten extra genannt, so gibt es im 6. oberägyptischen Gau eine Anrede mit Bezug auf Hathor von Dendara, eine weitere dagegen mit Bezug auf Harsomtus von Chadi; wahrscheinlich auch für Hierakonpolis zusätzlich zum 3. oberägyptischen Gau generell. Beides sind natürlich Stätten, die für Horus von Edfu von besonderer Wichtigkeit sind; das eine als Ort einer benachbarten anderen Horusform, das andere der Kultort seiner Partnerin sowie deren Kind.

Edfu als Aufzeichnungsort des Textes ist außer der Reihe ganz nach vorn statt an die zweite Position gesetzt. Ansonsten ist die Abfolge linear von Süden nach Norden; im Delta folgt sie weitgehend der üblichsten Abfolge der Gaue. Einige abschließende Anreden sind genereller Natur und nicht mehr spezifisch geographisch festgelegt; allerdings spielt die Macht des Gottes über Ober- und Unterägypten und die Anwesenheit seiner Bilder eine merkliche Rolle. Damit wird auch der Sinn der Komposition als solcher transparent. Statt lediglich etwas blaß und abstrakt die Herrschaft und Präsenz des Horus in ganz Ägypten zu behaupten, exemplifiziert er dies im Einzelnen und kann es dadurch mit um so mehr Plausibilität vertreten. In der für Gottesanrufungen typischen Art endet die Komposition mit einer Fürbitte zugunsten des regierenden Königs.

Auch auf den Säulen des Pronaos von Edfu liegt eine geographische Strukturierung vor, auf die ich hier allerdings nicht genauer eingehen möchte.[61]

Gleichsam klassischen Charakter erlangt hat inzwischen Derchains Analyse der Szenen im Dritten Register der Wand des Portikus von Edfu als Handbuch liturgischer Geographie.[62] Er konnte zeigen, wie dort vor jedem Gott eines bestimmten Gaues sein spezifischer Ritus durchgeführt wird. In vielen Fällen läßt sich auch noch eine bewußt symmetrische Koppelung der ober- und unterägyptischen Gaue hinsichtlich Gottheiten und Riten erkennen, was auch dafür verantwortlich sein dürfte, daß die Abfolge der unterägyptischen Gaue erheblich von den sonst gängigen Mustern abweicht.

Einige der Rituale sind evident spezifisch, bei an-

59 Quack, Einführung, 90.

60 Vgl. Kurth, Edfou VIII, 10-19.

61 Vernus, Athribis, 247-251; Kurth, Dekoration.

62 Derchain, Géographie liturgique.

deren liegt dies weit weniger auf der Hand, da sie zunächst sehr banal und allgemein verbreitet scheinen. Auch hier kann man aber gelegentlich Mutmaßungen anstellen. So werden natürlich die großen Osiriskultorte Abydos und Busiris in Ober- und Unterägypten parallelisiert. Dabei ist für Busiris das Ritual der Mundöffnung gewählt (Edfou V 96, 11), dessen Verbindung zum Osiriskult gut bekannt ist.[63] Für Abydos gibt es dagegen nur eine scheinbar unspezifische Räucherung (Edfou V 193, 2). Allerdings erwecken einige der Stichworte, insbesondere die selteneren Aromatatermini *ẖms* (Edfou V 193, 11) und *mn-wr* (Edfou V 193, 7), den Verdacht, daß wir es spezifisch mit einem Ritus zu tun haben, der auf Szene 47=61 des Mundöffnungsrituals rekurriert, wo neben anderen auch diese beiden Vokabeln auftauchen.

Zu beachten ist hier die Abfolge der Gaue. Sie zeigt, daß eine gegenüber der Edition gerade rückläufige Leserichtung der einzelnen Tableaus angebracht ist, also vom Tempeltor aus nach innen.

Auch die Folge der Opfertableaus im Dritten Register auf der Außenseite der Umfassungsmauer des Tempels von Edfu ist nach diesem Verfahren aufgebaut, allerdings mit Zwischenraum, d.h. zumeist ist eine spezifische Szene eines bestimmten Gaues durch eine Szene vor dem Tempelherren von der nächsten gauspezifischen getrennt.[64] Hier sind allerdings beide Teile Ägyptens rein linear in der üblichen Abfolge der Gaue angeordnet, ohne Umstellungen im Interesse größerer sachlicher Symmetrie. Beide Abfolgen haben als letzte Elemente zunächst eine Sistrumszene, in der Ober- und Unterägypten dem König wohlgesonnen gestimmt werden, abschließend noch ein Opfer der Tag- bzw. Nachtbarke.

Ein solcher „Zwischenraum", den immer der Hauptgott des Tempels einnimmt, scheint eine weiter verbreitete Form gewesen zu sein. So findet sich bereits auf der Umfassungsmauer von Karnak aus der Zeit Ramses' II. der Befund, daß normalerweise jede zweite Szene ein Opfer an Amun, Amun-Re oder den Amun des Ramses beinhaltet.[65] Dort gruppieren sich die spezifischen Gottheiten der restlichen Szenen allerdings noch nicht evident nach geographischen Kriterien.

Ebenfalls in Edfu ist auch zu beachten, wie im großen Horusmythos der Kampf der Horus Flügelsonne gegen die Feinde des Re geographisch von Süden nach Norden geführt wird.[66] Ein spezieller Punkt ist hierbei zu beachten. Nach Abschluß der unterägyptischen Sektion bis zum Meer hin gibt es eine „Neuaufnahme", der der nochmals Unternubien und Edfu auftauchen. Über den Sinn dieser scheinbaren Wiederholung wurde kontrovers diskutiert. Ohne damit die Dinge wirklich abschließend erklären zu wollen, kann man sie zumindest insofern parallelisieren, als auch in einer Prozession in Philae im Anschluß an die Götter Oberägyptens zunächst Horus von Edfu sowie von Sema-Behedet, also der nördlichsten Stadt Ägyptens, genannt wird, dieser aber noch eine kleine Abfolge nubischer Gottheiten einleitet (Philae I 119-121), die strukturell durchaus als Parallele zur Rückkehr nach Nubien im Mythus von der geflügelten Sonnenscheibe angesehen werden kann.

Eine sehr bemerkenswerte Struktur findet sich im Buch vom Fayum, das in hieroglyphischen und hieratischen Papyri der Römerzeit mehrfach überliefert ist.[67] Es stellt hauptsächlich eine religiöse Monographie der Fayumregion, ihrer Götter, Kulte und Mythen dar. Darin gibt es eine Sektion,

63 S. zuletzt QUACK, Mundöffnungsritual, 136-143.

64 KURTH, Edfou VII, 242-317; 562-630. Auch hier tritt unter den besonderen Gegebenheiten von Edfu die Ostwand für die Südwand, die Westwand für die Nordwand ein.

65 HELCK, Ritualszenen, bes. 69-70; 106-107 u. 123.

66 SCHENKEL, Kultmythos; KURTH, Horusmythos.

67 Edition BEINLICH, Buch vom Fayum; zusätzlich ders., Fragment; ders., Nachtrag; ders., Meßbarkeit der Unterwelt.

die man als Sobeklitanei bezeichnen könnte. In geographischer Ordnung von Süden nach Norden werden jeweils Krokodile dargestellt, die als Sobek, Herr des Gaues X bezeichnet werden. Zu ihnen gibt es jeweils regional unterschiedliche Einzelangaben. Die wichtigste ist, daß ihnen Hetepu und Djefau-Opfer dargebracht werden, und zwar meist mit konkreten Zahlenangaben. Üblicherweise gibt es für die Hetepu-Opfer einen Basisanteil von 10.000 sowie daneben noch einen für jeden Tag des Jahres, ein Vielfaches oder die Hälfte davon, so daß Mengen wie 10365 oder 10720 besonders üblich sind. Die Djefau-Opfer bewegen sich dagegen im Basisbereich von 365 ohne weitere Zusätze. Hier dürfte ein System spekulativer Mathematik zugrunde liegen. Teilweise gibt es auch noch Angaben, wo oder wovon der Gott lebt, etwa von Fischen im See, und spezielle Aussage zu seinen „Sachen“, von denen ich vermute, daß sie sich auf osirianische Körperreliquien beziehen. Insgesamt werden 40 Gestalten aufgezählt, 22 für Oberägypten und 18 für Unterägypten. Grundstruktur ist hier evident, zu behaupten, die Hauptgötter aller Gaue Ägyptens seien letztlich betrachtet doch nur eine Form des Sobek.

Geographisch geordnet ist auch der Schlußhymnus an den Gott im demotischen Mythus vom Sonnenauge. Hauptinhalt der Komposition an sich ist, daß die Tochter des Sonnengottes sich im Zorn von ihrem Vater getrennt hat. Der kleine Hundsaffe, der im Text als Sohn des Thot verstanden wird, holt sie zurück, wobei den größten Teil des Textes gebildete Gespräche zwischen den beiden einnehmen. Die theologische Situierung spielt dabei eine wesentliche Rolle. Am Ende der Geschichte begegnen Vater und Tochter sich freudig in Memphis. Beim Fest wird auch ein Lobeshymnus auf den kleinen Hundsaffen angestimmt. Er lautet:

„Was für ein Gott bist du mir, was für ein Gott bist du mir, nachdem [...... Lo]tus.
Hast du das männliche Rind, den Herrn des Begattens, bestimmt für Satis, die große, die Herrin von [Elephantine]?
Hast du das rote Rind geschlachtet für Horus den Großen, den Herrn von Edfu?
Hast du Mastrind und Kurzhornrind zerlegt für Nechbet, [die Herrin von] Elkab?
Hast du ein goldenes Siegel(?) in die Hand genommen für Hathor, die Herrin von Armant?
Hast du sehr viele Opferlitaneien gemacht vor Mut, der Großen, der Herrin des Hufeisensees?
Hast du ein goldenes Feuerbecken in die Hand genommen für die, welche in Koptos ist?
Hast du die Männer(?) und Frauen[68] ihre Haare flattern lassen für die, welche in den „fernen Ländern“ ist?
Hast du einen Kranz aus grünen ...-Pflanzen ergriffen für Hathor-Mut, die Herrin von [...]?
Ist dein(?) die Tochter des Baumeisters, der den Turm der Hathor erbaut hat?
Hast du die Männer(?) und Frauen ihre Haare flattern lassen für die, welche in Diospolis Parva ist?
Hast du deine Flaggenmasten aufgerichtet für die, welche im „Speisehaus“ ist?
Hast du eine Pauke ergriffen, um zu jubeln für die, welche in Achmim ist?
Hast du grünen und roten Stoff ergriffen für die (Göttin) von Schena, die Herrin der Sechzehn?
Hast du einen frischen Palmzweig in die Hand genommen für Hathor, die Herrin von Qusae?“
(Mythus Leiden 22, 16-30)

Der Text setzt sich noch fort, doch sind von der nächsten Seite nur noch wenige Zeichen am Beginn jeder Zeile erhalten, die lediglich zeigen, daß die anaphorische Stilisierung mit jeweils einleitendem *ỉn mtw=k* weitergeht. Bereits der erhaltene Bereich zeigt jedoch die durchgängige

68 Oder „Mannweiber“? Vgl. DEPAUW, Gender Boundaries. Vgl. Urk. VI, 117.6 für *ḥw.t-sḥm.t* als protodemotische Übersetzung von altem *ḥm.tỉ*.

Stilisierung sehr klar. Es geht jeweils um eine Ritualhandlung, welche der angesprochene Hundsaffe durchgeführt hat. Abgesehen von Edfu, wo die Dominanz des männlichen Gottes wohl zu groß war, handelt es sich immer um Aktionen vor der wichtigsten weiblichen Gottheit des jeweiligen Ortes.

Der Hymnus ist geographisch strukturiert, d.h. er geht in der für Ägypten normalen Weise von Süden nach Norden vor. In einigen Fällen ist mehr als ein Zentrum für jeden Gau genannt. So ist Armant neben Theben im 4. Gau genannt; neben Koptos finden sich noch die „fernen Länder", wohl im Hinblick auf die von dort ausgehenden Routen durch das Wadi Hammamat. Die wesentlichste Intention des Textes ist offensichtlich. Das Thema des huldigenden Hundsaffen vor der Göttin wird zum zentralen rituellen Thema in sämtlichen Gauen Ägyptens aufgebaut.

Ganz eigenen Charakter hat ein noch unveröffentlichtes demotisches Fragment, das in Versform stichisch geschrieben scheint. Es gehört mutmaßlich in den größeren Zusammenhang des Gedichtes vom Fest der Trunkenheit.[69] Am Anfang jedes Verses steht „die Frau des Ortes X", und darauf immer gleichartig die Phrase *nḳ=f s* „Er hatte Sex mit ihr". Leider ist das Stück recht fragmentarisch, so daß die unmittelbare Einbettung nicht bekannt ist.

Erst vor kurzem veröffentlicht worden ist das Thotbuch, ein großes demotisches Werk, dessen Hauptinhalt die Initiation des schriftkundigen Gelehrten im Alten Ägypten sein dürfte.[70] Diese Komposition dürfte sich im Grenzbereich von Religion und weisheitlich-diskursivem Text einordnen lassen. Unter den hinteren Partien des Werkes befindet sich auch der sogenannte „Geiertext", bzw. nicht nur politisch korrekter, sondern einfach sachlich angemessen sollte man „Geierinnentext" sagen. Es wird nämlich überall und ausschließlich die weibliche Form *nry.t* gebraucht. Grundtendenz des Textes ist es, jeweils die Geierin, meist in Kombination mit ihren Jungen, in einer charakteristischen Situation zu beschreiben, die auf spezifisches religiöses Gut des relevanten Gaues rekurriert. Am Versende wird jeweils eine explizite Ausdeutung auf den betreffenden Ort gegeben. Leider ist selbst die vergleichsweise vollständigste Handschrift für diese Sektion so schlecht erhalten, daß viele Details kaum zu erkennen sind. Sprecher dieser Partie ist *mri-rḫ* „der Weisheitsliebende", also der zu initiierende Kandidat, der mutmaßlich sein Wissen demonstrieren will.

„Eine Geierin, die einen Bogen spannt, während ihr Junges [...] – das ist Elephantine.
Eine Geierin, [die] eine Waage [...], während ihr Junges aus Gold in ihrer Hand ist – [das ist Edfu].
Eine Geierin, die [...] See, indem sie Feuer wirft in der Umgebung ihres Jungen(?)[71] – [das ist Elkab/Esna].
Eine Geierin mit ihren Jungen, indem sie die Stützsäulen des Himmels tragen [– das ist Theben/Armant]
Eine Geierin, die [...] auf ihr Junges [... – das ist] Kop[tos].
Eine Geierin, die auf einem Krokodil [...], während ihr Junges vor(?)[72] ihr tanzt – [das ist] Dendara.[73]
Ein Junges [...] eine Geierin [indem] sie gut das Sistrum spielen(?)[74] – das ist Hut-Sechem.
Eine Geierin, deren [Hand(?) an] ihrem Mund ist,[75] indem sie wegen ihres Jungen schweigt(?) –

69 Dazu QUACK, Einführung, 85-88. Eine Edition soll in einer gemeinsamen Arbeit von Friedhelm Hoffmann und mir erfolgen.

70 JASNOW – ZAUZICH, Book of Thot; dazu QUACK, Initiation.

71 Lies *n p3 ḳṭy ⸢n p3y=s č̣⸣[w]*?

72 Die Reste scheinen mir eher zu *i͗:i͗r-ḥr=s* als zu *tp[=f]* zu passen.

73 Spuren von *i͗wn-t3-nčr.t* scheinen erkennbar.

74 Eventuell ist *[i͗w]=w s[šš]⸢y⸣ nfr.w* zu lesen.

75 Ob *r [č̣r].ṯ=s [n] rʾ=s* zu lesen ist.

das ist A[bydos].
Zwei Gebärmütter(?) gegenüber(?) einer Geierin, während ihr Junges ... – das ist Achmim.
Eine Geierin, [die] einen Stier frißt, während ihr Junges jauchzt über ihr [...] – das ist Per-Wadj.
Eine Geierin, die ihr Gefieder schmückt, [während ...] versammelt ist(?) für ihr Junges – das ist Scha[shotep].
Eine Geierin, deren Klaue ausgestreckt ist, während ihr Junges [...] – das ist Per[-nemti].
Eine Geierin, in deren Hand ihr Junges ist, während es das ausspeit, was es gegessen hat – das ist Assi[ut].
[x] Geierinnen, die [auf] einer Akazie [sind], während ihre Jungen im Fluß ihnen gegenüber sind[76] – das ist Kusae.
Acht(?)[77] Geierinnen und ihre neun Jungen; man ließ eine davon fliegen ... – das ist Hermopolis.
Eine Geierin und ihr Junges, die sich auf einer Antilope brüsten – das ist Hebenu.
Eine Geierin, die einen Hund beißt, während ihr Junges ihn [schlägt(?)] – das ist Saka.
Eine Geierin, welche die Schwingen mit ihrem Jungen ausbreitet, indem sie ihren Vater beschützen – das ist Hardai.
Eine Geierin und ein Pferd, während ihr Junges .[...] Schild(?) – das ist Wabab.
18 Geierinnen, die einen Esel zerfleischen, [während sie] ihr Junges [...] – das ist Herakleopolis.
Eine Geierin, die ein Junges gebiert, um zu befestigen [...]. – das ist Semen-Hor.
Eine Geierin, die von Krankheit bekümmert ist, während ihr [Junges ...] ihr Gesicht [...] – das ist Atfih.
Eine Geierin, die den Himmel erbaut, während ihr Junges die Erde ihr gegenüber [...] – das ist Memphis.
Eine Geierin, die einen Rest von Lobpreis macht ... ihr [Junges ...] – das ist Seschem.
Eine [Gei]er[in], die mit ihrem Jungen vereint ist, indem sie tragen [...] ... – das ist Per-[...].
[Eine Geierin ...] ... ihr Junges ... Wind – [das ist ...]
[Eine Geier]in mit dem Bogen, während ihr Junges nach ihr zieht – [das ist Sais]
Eine Geierin von 7000 Jahren, während ihre beiden Jungen an [ihr] saugen – [das ist Xois].
Eine Geierin auf einem Boot, während ihr Junges steuert – [das ist ...]
Eine Geierin mit ihrem Jungen, indem sie das Netz auswerfen [– das ist ...]
Eine Geierin, die Reinheit festsetzt [... – das] ist B[usiris.]
Eine Geierin, die ihren Schwanz [...] setzt nach draußen [...] ihr Junges – [das ist ...]
Eine Geierin, die Strafe zukommen läßt [...] wegen [...] ihr Junges [...] – das ist ...]
Eine Geierin, die in ihrem Nest aus Papyrus und Stroh(?) ist, während [sie ...] zu ihrem Jungen – [das ist ...]
Eine Geierin, die Fische fängt, die Speise gibt [...] für ihr Junges – [das ist ...]
Eine Geierin, die Wissen hinlegt[78] für ihr Junges in [... – das ist ...]
Eine Geierin, welche die ältesten Jungen ernährt,[79] indem sie gibt [... – das ist ...]
Eine Geierin, die einen Knaben[80] zerfleischt, indem ihr Mund [...] ihr Junges [– das ist ...]
Eine Geierin, die in ihrem Nest ist, indem sie [...] Ort – [das ist ...]
Eine Geierin, die eine Fackel mit ihrer Hand anzündet(?)[81] [...] ihr Junges, indem es ißt[82] [– das ist ...]
Eine Geierin, die sich in einem Schlafplatz zwischen den Schwingen des Gemehsu-Falken ausruht [– das ist ...]
Summe der Geierinnen und ihrer Jungen in ihrer Spezifikation auf der ... aus Gerste
Der König, der älteste Bruder der Schentait,

76 Lies wohl *r [nꜣ]y=w čw[.w] [n] p⸢pꜣ⸣ yr⸢w⸣bꜣ[=w]*; der Plural des Suffixes deutet darauf hin, daß am Anfang eine andere Zahl als 1 stand.

77 Oder eventuell 18, falls die 10 unter der 8 stand.

78 Lies versuchsweise *ỉw=s çi̯.t ⸢ḥ⸣[ms]⸢y⸣ rḫ*.

79 Lies versuchsweise *ỉw=s ⸢sʿnḫ nꜣ wr.w⸣ n çw*.

80 Oder „Syrer"? Lies *ḫ⸢l⸣*.

81 Ob *ỉw=s ⸢či̯.t⸣ mḥ wʿ.t bs* zu lesen ist?

82 Lies versuchsweise *ỉw=f ⸢wnm⸣*.

und(?) Seschat, das sind die Geierin und ihr Junges. Die Brust des Wissens, welche die Wissenden säugt, ist es, die bei ihnen als Amme ist."

Die Pose der Geierinnen und ihrer Jungen hängt oft sehr deutlich an der lokalen religiösen Konzeption, was Gottheiten oder auch das Aussehen der Gaustandarte betrifft.

Beispielsweise für Elephantine erkennt man die Bezüge auf die Bezeichnung *tꜣ-sty* sowie Satis mit Pfeil und Bogen recht deutlich. Für Antaiopolis ist das Hieroglyphenzeichen, das als Finger bzw. Klaue interpretiert wurde,[83] als Aufhänger benutzt. Besonders reizvoll ist der Eintrag zu Assiut, der durch das unlängst veröffentlichte Mythologische Handbuch PSI Inv. I 72, x+3, 8f. klar wird. Dort geht es im Zusammenhang der lokalen Osirismythen um einen Hund, der ausspeit und wieder neu verschlingt.[84]

Für diesen Text wird man auch die Frage stellen müssen, ob hier auf den ähnlichen Klang von *nr.t* „Geierin" und *nw.t* „Stadt" rekurriert wird – immerhin kann das Geierzeichen in der ptolemäischen Orthographie ja tatsächlich auch zur Schreibung des Wortes „Stadt" verwendet werden. Da in diesem Beitrag die Korrelierung von Zeit und Raum so oft angesprochen wurde, sei nur nebenbei darauf hingewiesen, daß in anderem Zusammenhang die Geierinnen auch Zeit repräsentieren können – ihr Bild in Hieroglyphen kann auch für *rnp.t* „Jahr" stehen; und auf dem Naos der Dekaden repräsentieren 37 Geierinnen die 36 Dekaden sowie die Epagomenenphase des ägyptischen Jahres.

Auch im Thotbuch ist eine Gesamtintention absehbar. Das eigentlich disparate Material der Gaue wird zu einer einheitlichen Konzeption umgeschmolzen, welche die Geierin beim Eingang des Lebenshauses als Zentralthema aufbaut und so ganz Ägypten unter dem Thema des esoterischen Wissens zusammenführt.

83 GRAEFE, Studien, 7-8; 13-16.

84 OSING – ROSATI, Papiri geroglifici, 145.

5. Schlußbemerkungen

Nachdem ich hier einige exemplarische Fälle dargelegt habe, sollte ich doch noch einige übergreifende Linien zum Abschluß ziehen. Ein wesentliches Phänomen war die Kombination von Entfaltung in Zeit und Raum, so etwa in der Beopferung von Kultformen und Königen oder in der Präsenz bei einem Festdatum am konkreten Ort. Zudem sollte man im Auge behalten, wie in den Osiriskapellen von Dendara die Entfaltung in den Spezifika der Geographie auch mit denen in der Zeit parallelisiert wird, wenn an der Decke einer stark geographisch entwickelten Kapelle die tägliche Komponente des Stundenrituals sowie die Zyklen des nächtlichen Sternenhimmels bewußt gesetzt sind.

Daneben sollte man auch Raum und Körper als wichtiges Thema im Auge behalten. Gerade beim Körper des Osiris, der ja selbst eine Funktion des Raumes, des Landes Ägyptens ist, sollte der Bezug evident sein. Andererseits sehe ich auch darüber hinausgehend eine tiefere strukturelle Gemeinsamkeit. Sowohl die geographische Entfaltung, von der ich hier so viele Beispiele gegeben habe, als auch die Entfaltung des Körpers in Einzelteile, wie sie am typischsten in der „Gliedervergottung" auftritt,[85] sind letztlich sehr verwandte Phänomene. Hier wie dort begnügt man sich nicht damit, einmal den Globalbegriff zu nennen und es dabei bewenden zu lassen. Vielmehr will man es bewußt eindringlich und im Gedächtnis fest haftend ausdrücken. Deshalb sagt man eben nicht nur einmal: „Der Kult des Osiris/des NN dauert in allen Gauen" oder „Die Götter schützen den ganzen Körper des NN", sondern man will es genauer in den Einzelheiten auflisten.

Hinsichtlich der Grundauffassung dieser Art von Listen ist m.E. gerade das Gegenteil von Brunner-Trauts Analyse zutreffend.[86] Es fehlt den Ägyp-

85 Dazu s. etwa QUACK, Dekane und Gliedervergottung; DUQUESNE, Déification .

86 BRUNNER-TRAUT, Der menschliche Körper; mit Nuan-

tern nicht etwa ein abstraktes Konzept vom „Körper" an sich – ebensowenig wie vom „Land Ägypten", so dass sie Dinge nicht als Einheit erkennen, sondern sukzessiv als Nebeneinander vergleichsweise selbständiger Teile erkennen würden. Vielmehr ziehen sie es vor, diese semantische Kategorie umso klarer zu evozieren, indem sie ihren Inhalt im Detail einzeln darlegen.[87]

Ebenso sind auch diese langen geographischen Folgen in religiösen Texten einfach eine um so nachhaltiger ausgedrückte Formulierung einer universalistischen Aussage, dass etwa der Tempelherr recht eigentlich der wesentliche Gott ist, um den es in ganz Ägypten geht, oder dass ganz Ägypten in der Sorge um den Osirisleib vereint ist. Man muß sich eben klar machen, dass diese Listen ja keineswegs intendieren, dass Konzept „Körper" bzw. „Land" um seiner selbst willen zu thematisieren, sondern stets ein gut definiertes Ziel haben, dem die Ausdrucksweise untergeordnet ist. Bezeichnend ist dabei, dass eben die Gliedervergottungstexte typischerweise den Schutz des gesamten Körpers abschließend feststellen, und auch in den geographischen Folgen, wie ich zeigen konnte, normalerweise das übergeordnete Prinzip klar ausgesprochen ist, indem es, sei es einleitend, sei es abschließend, ganz explizit zur Sprache kommt. Aber erst die hoch intensive Auffächerung bringt die Dinge dann in einer Wucht und Nachhaltigkeit, die kein Hörer mehr vergessen kann, sondern welche die Gesamtaussage unverrückbar festschreibt.

cierungen übernommen auch bei ASSMANN, Tod und Jenseits, 34-39. An der von Assmann im Gefolge von Bardinet postulierten zusammenfassenden Funktion des Blutkreislaufs würde ich zweifeln, da dieser außerhalb des speziellen Korpus des „Gefäßbuches" in den Texten kaum thematisiert wird.

87 Vgl. hier GORDON, 'What's in a List?', dessen Schlussfolgerungen wenigstens teilweise ein dieselbe Richtung wie meine gehen und dessen Material zudem zeigt, dass es sich keineswegs um ein spezifisch ägyptisches Phänomen handelt.

Bibliographie

ALTENMÜLLER, Feste
Altenmüller, H., Feste, in: Helck, W., Westendorf, W. (Hg.), LÄ II, Wiesbaden 1977, 171-191.

ASSMANN, Ewigkeit
Assmann, J., Ewigkeit, Buch vom Durchwandeln der, in: Helck, W., Westendorf, W. (Hg.), LÄ II, Wiesbaden 1977, 54-55.

ASSMANN, Grabungen
Assmann, J., Grabung im Asasif 1963-1970, Bd. 2, Das Grab des Basa (Nr. 389) in der thebanischen Nekropole, AV 6, Mainz 1973.

ASSMANN, Tod und Jenseits
Assmann, J., Tod und Jenseits im Alten Ägypten, München 2001.

ASSMANN, Totenliturgien I
Assmann, J., Altägyptische Totenliturgien, Bd. 1. Totenliturgien in den Sargtexten des Mittleren Reiches, Supplemente zu den Schriften der Heidelberger Akademie der Wissenschaften, Philosophisch-Historische Klasse 14, Heidelberg 2002.

ASSMANN, Totenliturgien II
Assmann, J., Altägyptische Totenliturgien, Bd. 2. Totenliturgien und Totensprüche in Grabinschriften des Neuen Reiches, Supplemente zu den Schriften der Heidelberger Akademie der Wissenschaften, Philosophisch-Historische Klasse 17, Heidelberg 2005.

BARTEL - HALLOF, Gaulisten
Bartel, H.-G., Hallof, J., Informationstheoretische und begriffsanalytische Untersuchungen zu den Gaulisten der Tempel der griechisch-römischen Zeit, in: Gundlach, R. (Hg.), Ägyptische Tempel Struktur, Funktion und Programm, Akten der Ägyptologischen Tempeltagungen in Gosen 1990 und in Mainz 1992, HÄB 37, Hildesheim 1994, 115-129.

BEINLICH, Geographische Inschriften
Beinlich, H., Studien zu den „Geographischen Inschriften" (10.-14. o. äg. Gau), TÄB 2, Bonn 1976.

BEINLICH, Buch vom Fayum
Beinlich, H., Das Buch vom Fayum: Zum religiösen Eigenverständnis einer ägyptischen Landschaft, ÄA 51, Wiesbaden 1991.

BEINLICH, Fragment
Beinlich, H., Ein Fragment des Buches vom Fayum (W/P) in Berlin, in: ZÄS 123 (1996), 10-18.

BEINLICH, Nachtrag
Beinlich, H., Hieratische Fragmente des „Buches vom Fayum" und ein Nachtrag zu BF Carlsberg, in: ZÄS 124 (1997), 1-22.

BEINLICH, Meßbarkeit der Unterwelt
Beinlich, H., Drei weitere hieratische Fragmente des „Buches vom Fayum" und Überlegungen zur Meßbarkeit der Unterwelt, in: ZÄS 126 (1999), 1-18.

BERGMAN, Isis-Seele
Bergman, J., Isis-Seele und Osiris-Ei. Zwei ägyptologische Studien zu Diodorus Siculus I 27, 4-5, Uppsala 1970.

BOMMAS, Mythisierung der Zeit
Bommas, M., Die Mythisierung der Zeit. Die beiden Bücher über die altägyptischen Schalttage des magischen pLeiden I 346, GOF IV/37, Wiesbaden 1999.

BRUNNER, Raum und Zeit
Brunner, H., Die Grenzen von Raum und Zeit bei den Ägyptern, in: AfO 17 (1956), 141-145.

BRUNNER, Osiris in Byblos
Brunner, H., Osiris in Byblos, in: RdÉ 27 (1975), 37-40.

BRUNNER, Das hörende Herz
Brunner, H., Das hörende Herz. Kleine Schriften zur Religions- und Geistesgeschichte Ägyptens, OBO 80, Freiburg – Göttingen 1988.

BRUNNER-TRAUT, Der menschliche Körper
Brunner-Traut, E., Der menschliche Körper – eine Gliederpuppe, in: ZÄS 115 (1988), 8-14.

BUTZER, Geographie
Butzer, K.W., Geographie, in: Helck, W., Westendorf, W. (Hg.), LÄ II, Wiesbaden 1977, 525-530.

CAMINOS, Tale of Woe
Caminos, R.A., A Tale of Woe: From A Hieratic Papyrus in the A. S. Pushkin Museum of Fine Arts in Moscow, Oxford 1977.

CAUVILLE, Commentaire
Cauville, S., Le temple de Dendara: les chapelles osiriennes; commentaire, BdÉ 118, Kairo 1997.

DE WIT, Temple d'Opet
de Wit, C., Les inscriptions du temple d'Opet, à Karnak. III: Traduction intégrale des textes rituels - Essai d'interprétation, Bibliotheca Aegyptiaca 13, Bruxelles 1968.

DEPAUW, Gender Boundaries
Depauw, M., Notes on Transgressing Gender Boundaries in Ancient Egypt, in: ZÄS 130 (2003), 49-59.

DERCHAIN, Géographie liturgique
Derchain, Ph., Un manuel de géographie liturgique à Edfou, in: CdÉ 37 (1962), 31-65.

DUQUESNE, Déification
DuQuesne, T., La déification des parties du corps. Correspondances magiques et identification avec les dieux dans l'Égypte ancienne, in: Koenig, Y. (Hg.), La magie en Égypte: À la recherche d'une définition. Actes du colloque organisé par le musée Louvre les 29 et 30 Septembre 2000, Paris 2002, 237-271.

FEUCHT, Kind
Feucht, E., Das Kind im Alten Ägypten, Frankfurt – New York 1995.

FISCHER-ELFERT, Hero
Fischer-Elfert, H.-W., The Hero of Retjenu – an Execration Figure, in: JEA 82 (1996), 198-199.

FISCHER-ELFERT, Abseits von Ma'at
Fischer-Elfert, H.-W., Abseits von Ma'at. Fallstudien zu Außenseitern im Alten Ägypten, Würzburg 2005.

GORDON, 'What's in a List?'
Gordon, R., 'What's in a List?' Listing in Greek and Graeco-Roman Malign Magical Texts, in: Jodan, D., Montgomery, H., Thomassen, E. (Hg.), The World of Ancient Magic. Papers from the First International Samson Eitrem Seminar at the Norwegian Institute at Athens 4-8 May 1997, Bergen 1999, 239-277.

GÖRGEMANNS, Plutarch
Görgemanns, H., Plutarch, Drei religionsphilosophische Schriften. Über den Aberglauben, Über die späte Strafe der Gottheit, Über Isis und Osiris, Düsseldorf – Zürich 2003.

GOYON, pLouvre 3279
Goyon, J.-C., Le papyrus du Louvre N. 3279, BdÉ 42, Kairo 1966.

GOYON, Confirmation
Goyon, J.-C., Confirmation du pouvoir royal au nouvel an, BdÉ 52, Kairo 1972.

GRAEFE, Studien
Graefe, E., Studien zu den Göttern und Kulten im 12. und 10. oberägyptischen Gau (insbesondere

in der Spät- und Griechisch-römischen Zeit), Freiburg 1980.

GRIFFITHS, Plutarch
Griffiths, J.G., Plutarch De Iside, Swansea 1970.

GUTBUB, Textes fondamentaux
Gutbub, A., Textes fondamentaux de la théologie de Kom Ombo, BdÉ 47, Kairo 1973.

HAIKAL, Funerary Papyri
Haikal, F.M.H., Two Hieratic Funerary Papyri of Nesmin, 2 vols., Bibliotheca Aegyptiaca 14+15, Bruxelles 1970-72.

HELCK, Ritualszenen
Helck, W., Die Ritualszenen auf der Umfassungsmauer Ramses' II. in Karnak, ÄA 18, Wiesbaden 1968.

HERBIN, Parcourir l'éternité
Herbin, F.-R., Le livre de parcourir l'éternité, OLA 58, Leuven 1994.

HOLLIS, Tale of Two Brothers
Hollis, S.T., The Ancient Egyptian "Tale of Two Brothers": The Oldest Fairy Tale in the World, Norman 1990.

JASNOW – ZAUZICH, Book of Thot
Jasnow, R., Zauzich, K.-TH., The Ancient Egyptian Book of Thot: A Demotic Discourse on Knowledge and Pendant to the Classical Hermetica, Wiesbaden 2005.

JUNKER, Pylon
Junker, H., Der große Pylon des Tempels der Isis in Philä, Wien 1958.

KEES, Totenbuchstudien
Kees, H., Göttinger Totenbuchstudien. Ein Mythus vom Königtum des Osiris in Herakleopolis aus dem Totenbuch Kap. 175, in: ZÄS 65 (1930), 65-83.

KURTH, Horusmythos
Kurth, D., Der kosmische Hintergrund des großen Horusmythos von Edfu, in: RdÉ 34 (1982-83), 71-75.

KURTH, Dekoration
Kurth, D., Die Dekoration der Säulen im Pronaos des Tempels von Edfu, GOF IV/11, Wiesbaden 1983.

KURTH, Edfou VII
Kurth, D., Edfou VII, Wiesbaden 2004.

KURTH, Edfou VIII
Kurth, D., Edfou VIII, Wiesbaden 1998.

LEITZ, Quellentexte
Leitz, Chr., Quellentexte zur altägyptischen Religion I. Die Tempelinschriften der griechisch-römischen Zeit, Münster 2004.

LOPRIENO, Travel and Space
Loprieno, A., Travel and Space in Egyptian Literature, in: Loprieno, A. (Hg.), Mensch und Raum von der Antike bis zur Gegenwart, Colloquium Rauricum 9, Leipzig 2006, 1-22.

MARIETTE-BEY, Abydos
Mariette-Bey, A., Abydos. Description des fouilles exécutées sur l'emplacement de cette ville, Paris 1869.

MAUL, Opferritual
Maul, St., Die politische Dimension des Opferrituals, in: Ambos, K., Stavrianopouli, E. (Hg.), Ritual Sacrifices, Sacrificial Rituals: International Symposium of the Collaborative Research Center 619 of Heidelberg University, Heidelberg, 12. July - 14. July 2006 (im Druck).

MOERS, Fingierte Welten
Moers, G., Fingierte Welten in der ägyptischen Literatur des 2. Jahrtausends v. Chr. Grenzüberschreitung, Reisemotiv und Fiktionalität, PÄ 19, Leiden – Boston – Köln 2001.

OSING – ROSATI, Papiri geroglifici
Osing, J., Rosati, G., Papiri geroglifici e ieratici da Tebtynis, Firenze 1998.

QUACK, Dekane und Gliedervergottung
Quack, J.F., Dekane und Gliedervergottung: Altägyptische Traditionen im Apokryphon Johannis, in: Jahrbuch für Antike und Christentum 38 (1995), 97-122.

QUACK, Parcourir l´éternité
Quack, J.-F., Buchbesprechung: Fr.-R. Herbin, Le livre de parcourir l´éternité, OLA 58, Leuven 1994, in: OLZ 91 (1996), 151-158.

QUACK, Miszellen
Quack, J.F., Philologische Miszellen 3, in: LingAeg 5 (1997), 237-40.

QUACK, pHohenzollern-Sigmaringen II
Quack, J.F., Ein neuer funerärer Text der Spätzeit. Papyrus Hohenzollern-Sigmaringen II, in: ZÄS 127 (2000), 74-87.

QUACK, Moskauer literarischer Brief
Quack, J.F., Ein neuer Versuch zum Moskauer literarischen Brief, in: ZÄS 128 (2001), 167-181.

QUACK, Einführung
Quack, J.F., Einführung in die altägyptische Literaturgeschichte III. Die demotische und gräkoägyptische Literatur, EQL 3, Münster 2005.

QUACK, Mundöffnungsritual
Quack, J.F., Fragmente des Mundöffnungsrituals aus Tebtynis, in: Ryholt, K. (Hg.), The Carlsberg Papyri 7. Hieratic Texts from the Collection, Kopenhagen 2006, 69-150.

QUACK, Initiation
Quack, J.F., Die Initiation zum Schreiberberuf im Alten Ägypten, in: SAK 36 (2007), 249 - 295.

REDFORD, King-Lists
Redford, D.B., Pharaonic King-Lists, Annals and Day-Books: A Contribution to the Egyptian Sense of History, Mississauga 1986.

SCHENKEL, Kultmythos
Schenkel, W., Kultmythos und Märtyrerlegende: Zur Kontinuität des ägyptischen Denkens, GOF IV/5, Wiesbaden 1977.

SCHLOTT-SCHWAB, Ausmaße Ägyptens
Schlott-Schwab, A., Die Ausmaße Ägyptens nach altägyptischen Texten, ÄAT 3, Wiesbaden 1981.

SCHOTT, Litaneien
Schott, S., Eine ägyptische Bezeichnung für Litaneien, in: Firchow, O. (Hg.), Ägyptologische Studien Herrmann Grapow zum 70. Geburtstag gewidmet, Berlin 1955, 289-295.

SMITH, Liturgy
Smith, M., The Liturgy of Opening the Mouth for Breathing, Oxford 1993.

SMITH, pHarkness
Smith, M., Papyrus Harkness (MMA 31.9.7), Oxford 2005.

SOYEZ, Byblos
Soyez, B., Byblos et la fête des Adonies, EPRO 60, Leiden 1977.

TRAUNECKER, Coptos
Traunecker, C., Coptos: Hommes et dieux sur le parvis de Geb, OLA 43, Leuven 1992.

VANDIER, pJumilhac
Vandier, J., Le papyrus Jumilhac, Paris 1962.

VERHOEVEN – DERCHAIN, Voyage
Verhoeven, U., Derchain, Ph., Le voyage de la déesse libyque: Ein Text aus dem « Mutritual » des Pap. Berlin 3053, Rites égyptiens 5, Bruxelles 1985.

VERNUS, Athribis
Vernus, P., Athribis. Textes et documents relatifs à la géographie, aux cultes, et à l'histoire d'une ville du Delta égyptien à l'époque pharaonique, BdÉ 74, Kairo 1978.

YOYOTTE, Processions géographiques
Yoyotte, J., Processions géographiques mentionnant le Fayoum et ses localités, in: BIFAO 61 (1962), 79-138.

ZIVIE, Hermopolis
Zivie, A.-P., Hermopolis et le nome de l'Ibis. Recherches sur la province du dieu Thot en Basse Égypte I. Introduction et inventaire chronologique des sources, BdÉ 66/1, Kairo 1975.

Toponyme und Lagebeschreibungen von Immobilien in demotischen Texten aus Soknopaiu Nesos

MAREN SCHENTULEIT

Die Toponyme und Lagebeschreibungen von Bauwerken, die ich Ihnen im folgenden vorstellen möchte, entstammen dem Quellenkorpus der römerzeitlichen[1] demotischen dokumentarischen Texte aus Soknopaiu Nesos.[2] Besondere Berücksichtigung innerhalb dieses Materials finden dabei Quittungen, Urkunden, hier v.a. solche über Immobilienverkäufe, und zu einem kleineren Teil die Abmachungen. Letztere sind schriftlich niedergelegte Vereinbarungen zwischen den Priestern des Soknopaios-Tempels, des Hauptheiligtums von Soknopaiu Nesos, und verschiedenen Handwerkergruppen und einzelnen Priestern wie dem Lesonis, dem Tempelvorsteher, über Rechte und Pflichten sowie die Konsequenzen bei Zuwiderhandlung.

Neben diesen drei Textgattungen werden auch die gleichzeitigen griechischen dokumentarischen Quellen dieses Ortes in Betracht gezogen, da es nur auf diese Weise möglich ist, fundierte Aussagen über die Lebenswelt im griechisch-römischen Ägypten zu treffen.

1 Der zeitliche Horizont erstreckt sich von 30 v. Chr. bis ins späte 2. nachchristliche Jahrhundert.

2 Eine Auswahl der Texte werden durch das Würzburger DFG-Projekt „Soknopaiu Nesos nach den demotischen Quellen römischer Zeit" unter der Leitung von Prof. Dr. K.-Th. Zauzich publiziert: DDD I-IV.

A. Bekannte und unbekannte Toponyme und ihre Identifizierung anhand bilinguer Texte

Im Besonderen helfen zweisprachige Texte, um Schlüsse auf die realweltliche Topographik zu ziehen. Im angesprochenen Textkorpus sind eine Reihe bekannter, aber auch einige bisher nicht belegte Toponyme genannt. In einer Quittung[3] ist die Zahlung einer Steuer von *T3-m3y.t-n-p3-whr*, „der Insel des Hundes", belegt. Die Identifikation mit °Ἀλεξάνδρου Νῆσος „Insel des Alexander" basiert auf dem bilinguen Dokument pLille dem. 50[4]. Dieser Papyrus beinhaltet auf dem Recto eine Bürgschaftsurkunde[5], auf dem Verso findet sich deren griechische Zusammenfassung, die die Identifizierung des demotischen Ortsnamens mit der griechischen Bezeichnung möglich macht.

Die Bearbeiter der Leuvener Topographischen Datenbank[6] gehen davon aus, dass es sich bei

3 pWien D 6158 = DDD II, 31.

4 DE CENIVAL, Cautionnements, 50–53, 126, 223. CLARYSSE, Sureties, 280.

5 In diesen Bürgschaftsurkunden tritt eine Person als Bürge gegenüber der lokalen Verwaltung, dem Oikonomos und dem Basilikogrammateus, ein. Die Schuldner, häufig Kollegen des Bürgen, üben zumeist einen Beruf aus, der im Zusammenhang mit einem Staatsmonopol steht (Brau-, Wäscher- und Ölgewerbe). Die Urkunde sichert der ptolemäischen Verwaltung, dass z.B. Steuern oder Rohstoffe, die der Schuldner für die Ausübung seines Berufes benötigte auch tatsächlich bezahlt wurden: DE CENIVAL, Cautionnements, 9.

6 Das *Fayum Villages Project* unter der Leitung von W.

dem Namensgeber „Alexander" um einen Landbesitzer dieses Ortes gehandelt habe. Die demotische Bezeichnung *T3-m3y.t-n-p3-whr* könnte darauf hinweisen, dass diese Person einen Doppel- oder Aliasnamen getragen hat: °Αλέξανδρος alias *P3-whr*, Pueris.[7]

Auch zur Lokalisierung können griechische Texte zur Hilfe genommen werden. Diese geben an, dass Alexandru Nesos im Themistos-Bezirk (Θεμίστου μερίς) des arsinoitischen Gaues in der Toparchie des Tesenuphis[8] liegt, welche jedoch eine große Fläche dieses Bezirkes ausmachte. Dementsprechend gibt es verschiedene Theorien zur genaueren Lage dieses Ortes, von denen die Datenbank folgende aufführt:

L. C. Youtie lokalisiert Alexandru Nesos zwischen Dionysias und Theadelphia[9], D. Rathbone hingegen östlich von Euhemeria[10]. Dagegen führt Clarysse die vergleichsweise seltenen Erwähnungen des Ortes im Quellenmaterial aus Theadelphia und Euhemeria an. A. Jördens zieht als Lage die Umgebung der Gauhauptstadt Krokodilopolis in Erwägung[11], während J. Banaji Alexandru Nesos mit dem mittelalterlichen Babig Anshu, nahe dem modernen Ort Abu Ginshu identifiziert[12].

Nach einer neuen Studie von K. Müller aus dem Jahr 2003, in der sie die papyrologischen Quellen nach der *multidimensional scaling* genannten Methode neu ausgewertet hat, wird seine Lage nun nördlich von Apias angesetzt.[13]

Ein weiterer Ort, der in einer Quittung[14] aus Soknopaiu Nesos vorkommt, findet sich ebenfalls im bilinguen Material der Sammlung der Sorbonne. pLille dem. 51, links an pLille dem. 50 einem τόμος συγκολλήσιμος gleich angeklebt, erwähnt auf dem Recto den Ort *P3-ḥ3.ṯ-rsy*, auf dem Verso ist nur noch die Genitivendung –αιδο<υ> des Ortsnamens zu erkennen. Da die eine Partei der Bürgschaftsurkunde, zwei Ölhändler, ebenfalls in einer griechischen Liste über Zahlungen[15] belegt sind, ist bekannt, dass sie ihren Beruf in Ptolemais Drymu ausgeübt haben. Die erhaltene Dativendung wird dementsprechend zu Πτολεμαίδου gehören, eine Kurzform für Ptolemais Drymu.[16]

Über das Toponym *T3-jwe*[17] in einer Quittung über die Zahlung von Weizen und Wein für die Steuer der Fähre dieses Ortes hingegen lässt sich bisher wenig zur geographischen Situierung sagen. Empfänger der Naturalzahlung sind die Lesonen der Kapelle der Isis Nephremmis, die sich vermutlich nicht in Soknopaiu Nesos selbst, sondern in *T3-jwe* befunden hat. Angesichts der Tatsache, dass sich die weiteren in diesem Material belegten Orte in der näheren oder weiteren Umgebung, in jedem Fall im arsinoitischen Gau befinden, wird dies auch für *T3-jwe* anzunehmen sein.

Erwähnt und lokalisiert sind *P3y-Śy* – Pisais[18], die Gauhauptstadt *Ḥw.t-Sbk* – Krokodilopolis[19] und *Pr-Ḥᶜpy* – Neilupolis[20].

Die Ortschaft *Pr-ḥḏ*[21] „Schatzhaus" hat Zau-

Clarysse ist im Internet unter http://fayum.arts.kuleuven.ac.be/ abrufbar.

7 http://fayum.arts.kuleuven.ac.be/ s.v. „Alexandrou Nesos".

8 pEnteuxis 10. Toparchien sind die verwaltungstechnischen Untereinheiten einer μερίς, die jeweils von einem Toparchen und einem Topogrammateus verwaltet wurden: Rupprecht, Einführung, 44, 46.

9 Youtie, pFay. 243, 51-55.

10 Rathbone, Economic Rationalism, xix.

11 Jördens, Sozialstrukturen, 50; 89.

12 Banaji, Change, 246.

13 http://fayum.arts.kuleuven.ac.be/introduction.html

14 pWien D 6824 = DDD II, 30.

15 pPetrie III 66.

16 http://fayum.arts.kuleuven.ac.be/ s.v. „Alexandrou Nesos". Clarysse, Sureties, 280.

17 Die Lesung dieses Toponyms ist nicht vollkommen sicher; vgl. den Kommentar zu Z. 6 dieser Quittung pBerlin P 15505 = DDD III, 54.

18 pWien D 6837 = DDD II, 38 Z. 7; pWien D 6843 = DDD II, 65 Z. 7; pWien D 6041 = DDD II, 66 Z. 7 bis; pWien D 6842 = DDD II, 67 Z. 5, 6.

19 pBerlin P 23520 = DDD II, 15.

20 pWien D 6041 = DDD II, 66 Z. 6.

21 pBerlin P 9518+15571+23712 = DDD II, 16 Z. 9, 13.

zich mit Pelusium identifizieren wollen[22], jedoch spricht außer der Tatsache, dass in beiden Orten und darüber hinaus in Gynaikon Nesos ein Kult der Isis Nephremmis bezeugt ist, bisher nichts Weiteres dafür, so dass die Lokalisation von *Pr-ḥḏ* noch offen bleiben muss.

Bezüglich der im Korpus belegten Orte *P3-sy-Ḥr*[23] und *Pḥ-n-Ỉs.t* „Ende der Isis"[24] lässt sich weder etwas zu den griechischen Äquivalenten noch zur Lokalisierung sagen. Im Falle von *P3(?)-ḥ3.ṯ(?)-n-Ỉs.t-N3.w-nfr-jr-s.t* „das Herz(?) der Isis Nepherses"[25] und *T3(?)-ḥ3.t(?)-n-Ỉs.t*[26] kommen Schwierigkeiten bei der Lesung hinzu.

B. wirtschaftliche Relation zwischen Soknopaiu Nesos und den im Textkorpus genannten Ortschaften[27]

Wirtschaftsgeographisch betrachtet kann man von Soknopaiu Nesos als einem Mittelzentrum sprechen, dem mit der Gauhauptstadt Krokodilopolis als Sitz der Gauverwaltung und Mittelpunkt des lokalen Kultes sowie des Wirtschaftslebens ein Oberzentrum übergeordnet ist[28]. Mittelzentren wiederum sind von Unterzentren umgeben, und als solche kann man die meisten der in den Quittungen erwähnten Ortschaften bezeichnen. Sie stehen in wirtschaftlicher Abhängigkeit zu Soknopaiu Nesos und sind kulttechnisch mit dem Ort bzw. seinem Tempel, dem Soknopaios geweiht, verbunden. Beide Aspekte werden am Fall der Filialheiligtümer deutlich. Diese Zweigstellen des Haupttempels in Soknopaiu Nesos wurden an zumeist aus dem Tempelmilieu stammende Personen zur Bewirtschaftung verpachtet. Im demotischen Material finden sich ein Altar in *Pr-ḥḏ*, ohne Angabe, welcher Gottheit dieser Altar zugeordnet ist[29], eine Kapelle oder ein vergleichbares sakrales Bauwerk der Isis Nephremmis an einem nicht genannten Ort[30] und ein Tempel in *Ḥw.t-Sbk*/Krokodilopolis, der Gauhauptstadt[31], wobei der Gott dieses Filialheiligtums nicht genannt ist. Interessant ist, dass im letzteren Fall die Beziehung zwischen Ober- und Mittelzentrum umgekehrt ist, was sicherlich auf die große wirtschaftliche und religiöse Bedeutsamkeit des Soknopaios-Tempels hinweist.

Dass es eine ganze Anzahl von Filialheiligtümern in Neilupolis gegeben hat, belegen griechische Tempelabrechnungsbücher. Belegt sind die Altäre der Isis Nephremmis und der Isis Nepherses sowie ein Heiligtum des Soknopaios und des Anubis.[32]

In *P3(?)-ḥ3.ṯ(?)-n-Ỉs.t-N3.w-nfr-jr-s.t* befand sich ein Heiligtum der Isis Nepherses, eine Quittung belegt die Auszahlung von Opferweizen des Lesonis an die diensthabende Phyle des Soknopaios-Tempels.[33] In *T3(?)-ḥ3.t(?)-n-Ỉs.t* war ein vom Soknopaios-Tempel abhängiges Isisheiligtum, deren Lesonen Geld an die Priesterschaft des Haupttempels zahlten.[34] Welcher Gottheit das Filialheiligtum in *Pḥ-n-Ỉs.t* gewidmet war, wird hingegen nicht deutlich.[35]

22 Zauzich, SP IV, 171-172. Zauzichs Entscheidung für Pelusium und gegen Gynaikon Polis macht er daran fest, dass letzteres in der demotischen Wiedergabe das Element *m3y(.t)* „Insel" als Äquivalent für νῆσος zeigen sollte.

23 pWien D 6837 = DDD II, 38 Z. 7.

24 pBerlin P 23503 = DDD II, 7 A Z. 6, B Z. 5, C Z. 3.

25 pBerlin P 15594 = DDD II, 44 Z. 2.

26 pBerlin P 23719 = DDD II, 40 B Z. 9.

27 Das System der Tempelwirtschaft wird hier nur bezüglich der für das Symposion interessanten Aspekte erläutert, eine vollständige Auswertung findet sich in DDD II, 9-14 „Die Tempelwirtschaft nach den Quittungen".

28 Rupprecht, Einführung, 44.

29 pBerlin P 9518+15571+23712 = DDD II, 16. Die Einzahler der Steuer werden als „die Lesonen des großen Altars" bezeichnet und lassen ebenfalls keinen Rückschluß auf die verehrte Gottheit zu.

30 pBerlin P 15567+15570 = DDD II, 17.

31 pBerlin P 23520 = DDD II, 15. In griechischen Papyri ist ein Soknopaios-Tempel in Krokodilopolis belegt: Rübsam, Götter und Kulte, 35-36.

32 pLouvre I 4 Z. 3-7, 13-15.

33 pBerlin P 15594 = DDD II, 44.

34 pBerlin 23719 = DDD II, 40.

35 pBerlin P 23503 = DDD II, 7.

Die hier behandelten Textgattungen bringen es mit sich, dass nicht zu sehr die religiöse, sondern vor allem die ökonomische Relation zum Ausdruck kommt. Das heißt die Filialheiligtümer werden in den Quittungen vornehmlich als Wirtschaftsbetriebe behandelt, zu religiösen und kultischen Aspekten finden sich kaum Hinweise, eher noch ist es möglich, Aussagen zur Verwaltungsstruktur zu treffen.

Neben den Filialheiligtümern verfügte der Soknopaios-Tempel über von ihm abhängige Gewerbebetriebe, durch die er weitere Einkünfte erzielte. Diese befanden sich in der Ortschaft selbst, zu einem großen Teil jedoch im Umland. Neben den Ölmühlen in Soknopaiu Nesos[36] finden sich solche auch in Pisais[37]. Ölherstellung war in römischer Zeit Staatsmonopol, doch hatten die Tempel das Privileg, Öl für den Eigenbedarf zu pressen. Die tempeleigenen Ölmühlen wurden, da sie vom Haupttempel aus schwierig zu leiten waren, verpachtet, wobei die fälligen Steuern von den Betreibern zunächst an den Soknopaios-Tempel und aus der Tempelkasse später an den Staat gezahlt wurden. Die Zahlung der Steuer für diesen Betrieb an die Tempelkasse ist in den Entlastungsquittungen des Schreibers der Priester belegt, die Steuerzahlung auf die zur Ölerzeugung benötigten Mörser, τέλος θυιῶν, ist in den griechischen Quellen belegt, da mit der römischen Verwaltung nicht auf Demotisch korrespondiert wurde.

Bei der Verpachtung von Gewerbebetrieben bestand übrigens üblicherweise zumindest ein Teil der Pachtzahlung aus den im Betrieb hergestellten Naturalien. So geht aus einer Abmachung über das Lesonenamt des Harpsenesis, einer Vereinbarung eines Oberpriesters des Harpsenesis mit der Priesterschaft, hervor, dass Ölhändler und Ölmühlenbetreiber ein gewisses Quantum an Öl als Abgabe an den Lesonis abzuliefern hatten, das jedoch letztlich für den Soknopaios-Tempel bestimmt war.[38] Leider wird nicht deutlich, wo sich das Heiligtum des Harpsenesis befand, vermutlich aber in der Umgebung der Ölmühlen.

Die bereits erwähnten Ortschaften Ptolemais Drymu (*P3-ḥ3.ṯ-rsy*) und Alexandru Nesos (*T3-m3y.t-n-p3-whr*) waren möglicherweise Produktionsstätten für Salböl, die ebenfalls an die Priesterschaft des Soknopaios-Tempels Abgaben zu leisten hatten.[39]

Auch das Betreiben von Fähren wurde, so geht aus den Quittungen hervor, vom Tempel in Soknopaiu Nesos verpachtet. Die Betreiber, die Schiffsmeister, zahlen die entsprechenden Steuern nicht direkt an den Staat, sondern an den Tempel - zumindest die Schiffsmeister des Soknopaios-Tempels[40], während die Schiffsmeister des bereits erwähnten genannten und nicht lokalisierten Ortes *T3-jwe* ihre Abgabe zunächst an die Lesonen der dortigen Kapelle der Isis Nephremmis entrichteten[41]. Vermutlich war dieses Filialheiligtum aufgrund seiner räumlichen Nähe zu dem Fährbetrieb für die Entgegennahme der Steuern zuständig und leitete sie anschließend an den Haupttempel weiter, wie es bezüglich der Ölabgaben belegt ist.

In Abhängigkeit zum Soknopaios-Tempel standen auch verschiedene Handwerkergruppen, die

36 pLouvre I 4 Z. 11-12.

37 pWien D 6842 = DDD II, 67. Möglicherweise ist in pWien D 6041 = DDD II, 66 ebenfalls eine Ölmühle in Pisais erwähnt.

38 pWien D 4854+4855+4861+4864+4866+4867+6011 +6110 (Publikation geplant für DDD IV).

39 pWien D 6824 = DDD II, 30 bzw. pWien D 6158 = DDD II, 31.

40 pWien D 6157 = DDD II, 55. Die Lesung von *ḥw.t-nṯr* (Z. 10) vor *Sbk-nb-Pay p3 nṯr ʿ3* ist nicht absolut sicher, jedoch sehr wahrscheinlich.

41 pBerlin P 15505 = DDD II, 54. Wie oben bereits erwähnt, ist die Lesung des Ortsnamens unsicher.

für die Ausübung ihres Berufes eine Art Lizenz vom Tempel gegen Bezahlung erwerben mussten. Darüber hinaus mussten sie eine von ihrem Gewinn abhängige Ertragssteuer zahlen.[42] Nicht alle Handwerkergruppen, die das betraf, lassen sich in den Quellen identifizieren; eine Entlastungsquittung führt beispielsweise ganz pauschal „alle Berufssteuern" als Eintrag auf.[43]

Explizit erwähnt finden sich u.a. die Wäscher von Soknopaiu Nesos[44] und von Neilupolis[45] als Lizenznehmer, in griechischen Tempelabrechnungsbüchern auch Pökler und Gemüsehändler[46]. Ähnlich wie bei den besprochenen Gewerbebetrieben war der Tempel dem Staat gegenüber für die Steuern der ihm unterstehenden Berufe haftbar, doch bezahlte er sie nicht aus eigener Kasse, sondern trieb die Gelder dafür von den Handwerkern wieder ein.[47] Die Weiterleitung der Wäschersteuer (γναφική) und der Steuern für Pökler und Gemüsehändler an die römische Verwaltung ist im griechischen dokumentarischen Material belegt.[48]

Während die Wäscher ihre Abgaben selbständig an die Tempelkasse zahlten, fungierten bei den Webern, deren Berufsausübung ebenfalls an den Tempel gebunden war, spezielle Steuererheber als Mittler. Diese gehörten wohl selbst der Gruppe der Weber an, vielleicht waren sie sogar die Vorsteher der Weberzunft, und bekleideten ihr Amt für ein Regierungsjahr. Von ihnen wurde das Geld an die staatlichen Steuererheber der Priester weitergeleitet, die dann einen Teil in die Tempelkasse, einen anderen Teil in die staatliche Bank in der Gauhauptstadt Krokodilopolis einzahlten.[49] Zur Kontrolle mußte der Staatsbank eine Abrechnung, im demotischen Text findet sich hier die alphabetische Wiedergabe des griechischen Wortes ἀριθμός als *ȝjtms.t*, vorgelegt werden.

Die staatliche Bank überwies im Gegenzug dem Tempel auch in römischer Zeit noch die Unterstützung für den Unterhalt für die Lohnzahlungen der Priester. Eine Entlastungsquittung erwähnt eine Summe von 408 Deben, das sind umgerechnet 8160 Drachmen[50], bei der es sich um diese Syntaxis handeln wird. Allerdings wird nicht deutlich, für welchen Zeitraum diese Summe bezahlt wurde und welchen Anteil am priesterlichen Lohn sie ausmachte. Zum Vergleich sei der Bedarf eines sechsköpfigen Haushaltes angeführt, der sich im 1. Jhd. n. Chr. auf ca. 759 Drachmen, im 2. Jhd. n. Chr. auf ca. 1100 Drachmen pro Jahr belief.[51] Aus den auf Ostraka belegten Phylenzählungen wird ersichtlich, dass der Tempel über eine Priesterschaft von ca. 130 Personen verfügte.[52]

Die im Textkorpus belegten Toponyme in Verbindung mit den dort ansässigen Filialheiligtümern, Gewerbebetrieben des Haupttempels und das Recht, Lizenzen für die Ausübung von Berufen gegen Bezahlung zu vergeben zeigen die immense wirtschaftliche Bedeutung des Soknopaios-Tempels, die sich nicht auf den Ort Soknopaiu Nesos alleine beschränkte, sondern auf einen großen Teil der Themistos Meris und zum Teil wohl auch auf die anderen Bezirke ausdehnte und sich bis in die Gauhauptstadt erstreckte.

42 Wallace, Taxation, 191ff; 214ff. Otto, Priester und Tempel II, 56.
43 pBerlin P 15686 = DDD II, 69 Z. 7.
44 pLouvre I 4 Z. 23.
45 pOx. Griffith S4 Recto (publ. von Bresciani, Archivio, 72–75, Nr. 55).
46 P.Louvre I 4 Z. 21-22.
47 Entlastungsquittung pWien D 6041 = DDD II, 66.
48 pLouvre I 4 Z. 18, 23; SPP XXII 183 Z. 25f.
49 pWien D 6871+6872 Z. 13-19 (Publikation geplant für DDD IV).
50 pBerlin P 15686 = DDD II, 69 Z. 8.
51 Drexhage, Preise, 453.
52 DDD I, 21-23.

C. Das Siedlungsgebiet von Soknopaiu Nesos und die Lagebeschreibungen von Immobilien

Ergänzend zu den Aspekten der Lokalisierung von demotisch überlieferten Orten und der Relation zwischen Soknopaiu Nesos und den im Textkorpus belegten Toponymen können bezüglich der Geographie des Siedlungsgebietes von Soknopaiu Nesos die Immobilienverkaufsurkunden herangezogen werden. Ein Teil der römerzeitlichen Belege werden im 3. Band der Reihe Demotische Dokumente aus Dime erscheinen. Besondere Aufmerksamkeit verdienen die in den Texten mitgeteilten Lagebeschreibungen der veräußerten Immobilien. Solche Beschreibungen gibt es auch in den Texten der gleichen Gattung aus Theben und anderen Ortschaften, doch ist die Dichte und die zeitliche Verteilung der Dokumente aus Soknopaiu Nesos besonders geeignet, um sie für Untersuchungen zu verschiedenen Aspekten heranzuziehen.

Der Aufbau einer solchen Urkunde sieht folgendermaßen aus:

Datierung, Partei A (Verkäufer), Partei B (Käufer), Objekt (Objektbeschreibung: gegebenenfalls Angabe über die Größe des veräußerten Teiles, Beschaffenheit, Ausstattung, Anzahl der Stockwerke, weitere zugehörige Gebäude/Höfe/Baugrundstücke) mit Lagebeschreibung (Stadtteil, Ort, Lage im Bezirk, Bezirk, Gau), Maße (meist ohne Zahlenangabe), Nachbarn (Art des Anrainers und gegebenenfalls Name und Filiation, in der Reihenfolge Süd – Nord – West - Ost), Urkundenklauseln. In ptolemäischer Zeit wird der Text häufig durch eine Schreiberunterschrift beendet, die in römischer Zeit praktisch immer fehlt.

Seit 145 v. Chr. gehört ein griechischer Registrierungsvermerk und eine Hypographe, eine Zusammenfassung des demotischen Textes mit den wichtigsten Daten, zu einer auch vor Gericht rechtsgültigen Urkunde.[53] In römischer Zeit werden diese Zusammenfassungen im Vergleich zu denen der Ptolemäerzeit ausführlicher.

Das Hauptaugenmerk soll nun auf die Lageschreibungen und die Angaben über die Nachbarn gelegt werden. Sie zeigen, dass das Siedlungsgebiet von Soknopaiu Nesos in Bezirke eingeteilt wurde. Mit dem Dromos bzw. dem Tempelareal als Bezugspunkt gliedert sich der Bereich in einen östlichen, südöstlichen, südlichen, westlichen und nordwestlichen Stadtteil. Dass bisher keine Objekte im südwestlichen Viertel belegt sind, könnte zum einen mit der Quellenlage zusammenhängen, zum anderen könnten siedlungsstrukturelle oder geographische Gründe eine Rolle spielen. Denkbar wäre es, dass dieses Gebiet nicht bebaut werden konnte.

53 Depauw, Companion, 124 (mit Literaturhinweisen).

Eine genauere Lagebeschreibung folgt mit der Nennung der Nachbarn, hier visualisiert anhand eines Planes:[54]

pRyl. 44 (14. 5. 29 n.Chr.)	pKöln 21127 (17. 9. 55 n.Chr.)
Verkäuferin: Herieus, Tochter des Lausis und der Tapetesuchos	Verkäufer: Stothoetis, Sohn des Paopis und der Tanephremmis
Käuferin: Heisarus, Tochter des Onnophris und der Herieus	Käuferin: Stothoetis die Jüngere, Tochter des Stothoetis und der Segathes

Lage im westlichen Stadtteil:

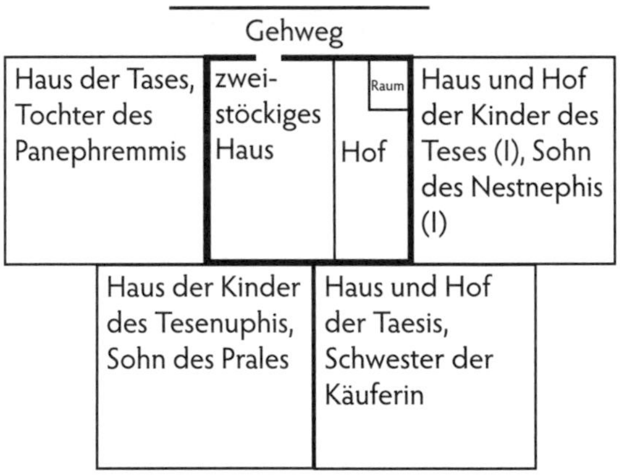

Lage im westlichen Stadtteil

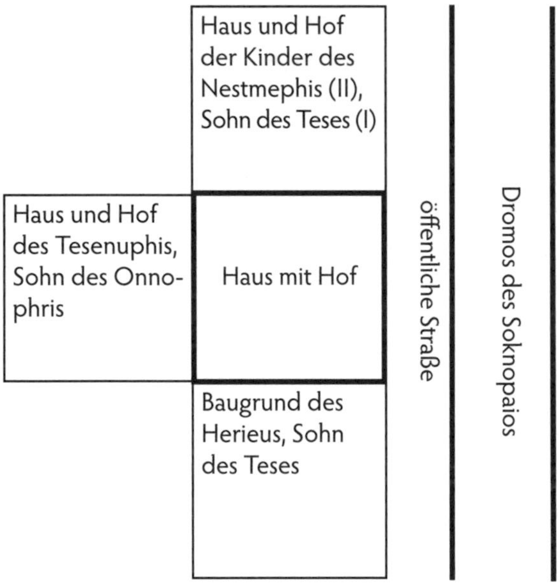

Auf diese Weise erhält man aus den einzelnen Immobilienverkaufsurkunden eine Vielzahl von Einzelplänen. Bei den beiden obigen Beispielen ist zu beobachten, dass der östliche Nachbar des einen Hauses (pRylands 44) mit dem nördlichen Nachbarn des anderen Hauses (pKöln 21127) identisch ist.[55] Zwischen diesen beiden Dokumenten liegt ein Zeitraum von 26 Jahren, in denen die Immobilie auf die Enkel des Teses (I) wohl durch Vererbung übergegangen ist. Der Stammbaum lässt sich dementsprechend darstellen:

54 Die römischen Ziffern hinter den Namen Teses und Nestnephis verdeutlichen die Abfolge der Generationen. Siehe auch den Stammbaum auf der folgenden Seite.

55 Die beiden zugehörigen Verkaufsurkunden werden in DDD III publiziert. Der demotische Teil von pRylands 44 wurde zuletzt von REYMOND, Studies, 466–480 vorgelegt, die letzte Bearbeitung des griechischen Textes findet sich in SB I 5108.

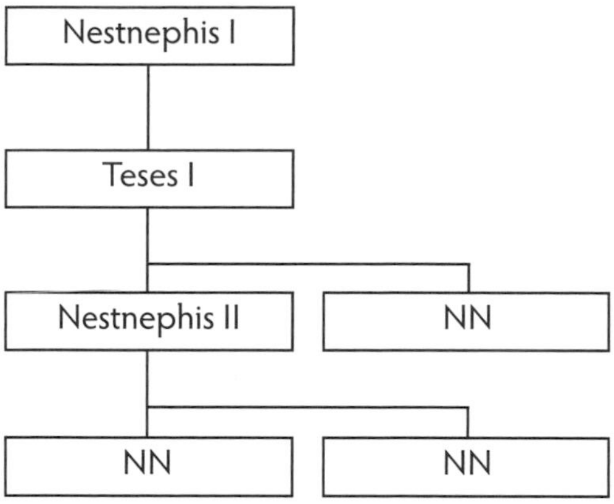

Fügt man die beiden Grundrisse zusammen, ergibt sich ein größerer Plan:[56]

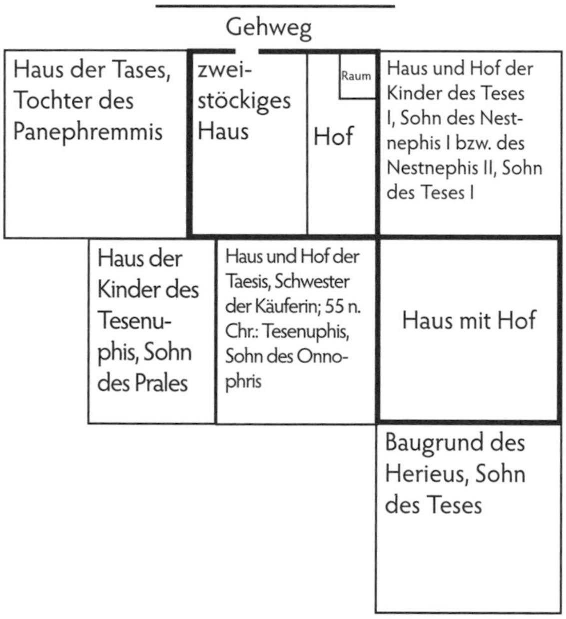

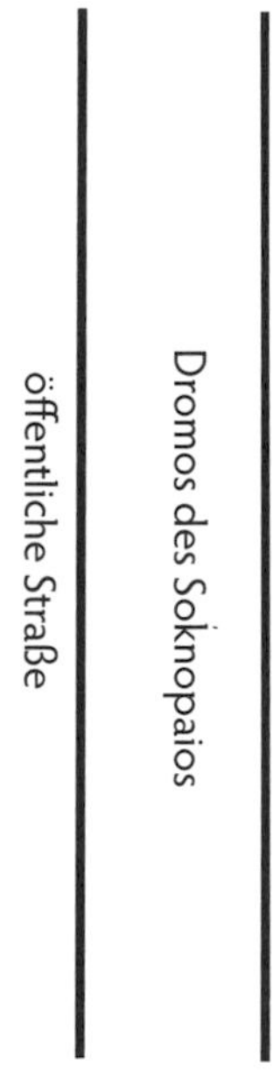

Besonders interessant sind die Immobilien, die als Nachbar eine Struktur nennen, die sich in Soknopaiu Nesos noch identifizieren lässt, wie das Haus in pKöln 21127, das als östlichen Anrainer den Dromos des Soknopaios-Tempels hat. Der Tempelaufweg ist zwar 370 m lang, doch bietet sein Verlauf zumindest einen Anhaltspunkt für eine Lokalisierung des Objektes. Da Soknopaiu Nesos in der ersten Hälfte des 3. Jhd. n. Chr. verlassen und nicht wieder besiedelt wurde[57], werden sich zumindest einige der Strukturen und markanten Punkte über die Umfassungsmauer des Tempels und der Stadt hinaus wie der Müllplatz, der in pVindob. Tandem 25[58] als Nachbar genannt ist, oder die Brauerei des Soknopaios, die in pWien D 6049+6936[59] Erwähnung findet, vor Ort identifizieren lassen.

Langfristig, nach Auswertung des demotischen und griechischen dokumentarischen Materials, wird es möglich sein, Teile des Stadtplanes von Soknopaiu Nesos zu rekonstruieren. Die Sammlung der Informationen ist eine der Aufgaben der in der Entstehung befindlichen prosopographischen Datenbank zu Soknopaiu Nesos.[60] Diese Datenbank wird von der Gerda Henkel Stiftung finanziert und technisch von Clemens Liedtke, M.A. betreut. Zusammen mit der studentischen Hilfskraft Christoffer Theis werden wir alle personenbezogenen Daten der demotischen und griechischen Texte aus Soknopaiu Nesos eingeben. Unter anderem werden auf einem Datenblatt Informationen zum Besitz der Person mit Lageplan eingetragen, um Aussagen zur Struktur des Siedlungsgebietes machen zu können.

Unsere Hoffnung ist es, dass es später möglich sein wird, diese Er-

56 Zu verschiedenen Möglichkeiten der Anordnung von angrenzenden Häusern siehe Depauw, Archive, 24-30.

57 Jördens, Griechische Papyri, 54.

58 Der demotische Teil der Urkunde ist von Pestman nur als Paraphrase übersetzt worden. Eine Edition des Textes erscheint in DDD III.

59 Der demotische Urkundentext ist noch nicht publiziert (erscheint in DDD III), den griechischen Teil haben Messeri – Pintaudi, Sottoscrizione greche, 75–80 ediert.

60 www.dime-online.de

gebnisse auch archäologisch zu überprüfen. Seit 2001 ist eine italienische Mission unter der Leitung von S. Pernigotti und M. Capasso nach 70 Jahren wieder vor Ort archäologisch tätig, bisher allerdings im Tempelareal.[61]

Die demotischen dokumentarischen Quellen römischer Zeit aus Soknopaiu Nesos bieten auf verschiedene Weise Material zur Toponymie und Topographie des Fajum. Insbesondere die Quittungen aber auch die Abmachungen geben einen Einblick in die ökonomischen und verwaltungstechnischen Strukturen und Abhängigkeiten, die zwischen dem Haupttempel in Soknopaiu Nesos und seinen Filialheiligtümern in den verschiedenen Ortschaften des Arsinoites bestehen. Für die Rekonstruktion des Siedlungsgebietes von Soknopaiu Nesos sind die Immobilienverkaufsurkunden von größter Relevanz. Anhand dieser Texte wird es möglich sein, die Struktur des Stadtgebietes darzustellen, Archäologen bei ihrer Arbeit als zu Anhaltspunkt dienen und einzelne Bauwerke ihrer Bestimmung bzw. ihren früheren Besitzern zuzuweisen.

Bisher ist nur ein kleiner Teil des Materials entziffert und bearbeitet, jedoch ist heute schon deutlich, dass Soknopaiu Nesos und seine Quellen eine entscheidende Rolle bei der Rekonstruktion der sozialen, religiösen, ökonomischen und topographischen Verhältnisse im römerzeitlichen Fajum spielen werden.

61 DAVOLI, Excavations, 29-39.

Bibliographie

Die Publikationen der griechischen Papyri sind nach der Internet-Fassung der Checklist of Editions of Greek, Latin, Demotic and Coptic Papyri, Ostraca and Tablets zitiert und nicht gesondert aufgeführt.

BANAJI, Change
Banaji, J., Agrarian Change in Late Antiquity, Gold, Labour and Aristocratic Dominance, Oxford Classical Monographs, Oxford u.a. 2001.

BRESCIANI, Archivio
Bresciani, E., L'archivio demotico del tempio di Soknopaiu Nesos nel Griffith Institute di Oxford, vol. I, Mailand 1975.

CLARYSSE, Sureties
Clarysse, W., Sureties in Fayum villages, in: Harrauer, H., Pintaudi, R. (Hg.), Gedenkschrift Ulrike Horak (P.Horak), Papyrologica Florentina XXXIV, Firenze 2004, 2792-81.

DAVOLI, Excavations
Davoli, P., New Excavations at Soknopaiou Nesos: the 2003 Season, in: Lippert, S.L., Schentuleit, M. (Hg.), Tebtynis und Soknopaiu Nesos. Leben im römerzeitlichen Fajum. Akten des Internationalen Symposions vom 11.-13. Dezember 2003 in Sommerhausen bei Würzburg, Wiesbaden 2005, 29-39.

DDD I
Lippert, S.L., Schentuleit, M., Demotische Dokumente aus Dime I: Ostraka, Wiesbaden 2006.

DDD II
Lippert, S.L., Schentuleit, M., Demotische Dokumente aus Dime II: Quittungen, Wiesbaden 2006.

DDD III
Lippert, S.L., Schentuleit, M., Demotische Dokumente aus Dime III: Urkunden (in Vorbereitung).

DDD IV
Lippert, S.L., Schentuleit, M., Demotische Dokumente aus Dime IV: Abmachungen (in Vorbereitung).

DE CENIVAL, Cautionnements
de Cenival, F., Cautionnements démotiques du début de l'époque ptolemaique (P. dém. Lille 34 à 96), Société d'Histoire du Droit, Collection d'Histoire Institutionelle et Sociale 5, Paris 1973.

DEPAUW, Archive
Depauw, M., The Archive of Teos and Thabis from Early Ptolemaic Thebes. P. Brux. Dem. Inv. E. 8252-8256. MRÉ 8, Turnhout 2000.

DEPAUW, Companion
Depauw, M., A Companion to Demotic Studies. Papyrologica Bruxellensia 28, Bruxelles 1997.

DREXHAGE, Preise
Drexhage, H.-J., Preise, Mieten/Pachten, Kosten und Löhne im römischen Ägypten bis zum Regierungsantritt Diokletians. Vorarbeiten zu einer Wirtschaftsgeschichte des römischen Ägypten I, St. Katharinen 1991.

JÖRDENS, Griechische Papyri
Jördens, A., Griechische Papyri in Soknopaiu Nesos, in: Lippert, S.L., Schentuleit, M. (Hg.), Tebtynis und Soknopaiu Nesos. Leben im römerzeitlichen Fajum. Akten des Internationalen Symposions vom 11.-13. Dezember 2003 in Sommerhausen bei Würzburg, Wiesbaden 2005, 41-56.

JÖRDENS, Sozialstrukturen
Jördens, A., Sozialstrukturen im Arbeitstierhandel des kaiserzeitlichen Ägypten, Tyche 10 (1995), 37-100.

Leuvener Topographische Datenbank
http://fayum.arts.kuleuven.ac.be/

MESSERI - PINTAUDI, Sottoscrizione greche
Messeri, G., Pintaudi, R. Sottoscrizione greche a contratto di compravendita demotico, in: Palme, B. (Hg.), Wiener Papyri als Festgabe zum 60. Geburtstag von Herrmann Harrauer (P. Harrauer), Holzhausen 2001, 75–80.

OTTO, Priester und Tempel II
Otto, W., Priester und Tempel im hellenistischen Ägypten. Ein Beitrag zur Kulturgeschichte des Hellenismus, Bd. 2, Leipzig – Berlin 1908.

Prosopographische Datenbank zum Fajumort Soknopaiu Nesos
www.dime-online.de

RATHBONE, Economic Rationalism
Rathbone, D., Economic Rationalism and Rural society in Third- Century A.D. Egypt. The Heroninos Archive and the Appianus Estate. Cambridge Classical Studies, Cambridge u.a. 1991.

REYMOND, Studies
Reymond, E.A.E., Studies in the Late Egyptian Documents Preserved in the John Rylands Library III. Dimê and its Papyri: Demotic Contracts of the 1st Century A.D., in: BJRL 49 (1969–70), 464–496.

RÜBSAM, Götter und Kulte
Rübsam, W.J.R., Götter und Kulte im Faijum während der griechisch-römisch-byzantinischen Zeit, Marburg/Lahn 1974.

RUPPRECHT, Einführung
Rupprecht, H.-A., Kleine Einführung in die Papyruskunde, Darmstadt 1994.

WALLACE, Taxation
Wallace, S., Taxation in Egypt from Augustus to Diocletian, Princeton 1938.

YOUTIE, pFay.243
Youtie, L. C., P. Fay. 243 verso: Topography in the Themistes Meris, in: ZPE 50 (1983), 51-55.

ZAUZICH, SP IV
Zauzich, K.-Th., Spätdemotische Papyrusurkunden IV, in: Enchoria 7 (1977), 151-180.

Letztes Update vom Dezember 2005: http://scriptorium.lib.duke.edu/papyrus/texts/clist.html

Original und Kopie – ein Aspekt in den Untersuchungen zu den Fremdvölkerlisten

Dagmar Stockfisch

Die folgenden Überlegungen haben ihren Ausgangspunkt in einer Untersuchung zum geographischen Horizont Ägyptens anhand der Fremdvölkerlisten, die ein Arbeitsbereich in Teilprojekt A.2 des Mainzer Sonderforschungsbereiches 295 „Kulturelle und sprachliche Kontakte" war. Das Teilprojekt hatte die diplomatischen Beziehungen und Bündnissysteme im 2. Jahrtausend v. Chr. zum Thema und ist ebenso wie sein Nachfolgeprojekt zu innerägyptischen Wandlungsprozessen im ägyptisch-vorderasiatischen Kontaktrahmen mittlerweile abgeschlossen. Die Forschungen zu den Fremdvölkerlisten können im Rahmen des SFB 295 noch fortgesetzt und bis Ende 2008 abgeschlossen werden.

Bisher wurden, ausgehend von den grundlegenden Werken von Simons[1] und Jirku[2], die sich auf Listen nördlicher Fremdvölker beschränken, insgesamt rund 65 Auflistungen[3] unterschiedlicher Länge und Zusammensetzung erfasst und darüber hinaus auch die Exemplare mit aufgenommen, die die südlichen Fremdvölker aufzählen. Die Zusammenstellung erhebt keinen Anspruch auf Vollständigkeit.

Die Listen nehmen bekanntermaßen ihren Anfang unter Thutmosis III. und enden m.W. mit den römerzeitlichen Listen von Esna und Kom Ombo. Die Mehrzahl mit insgesamt 17 Ausfertigungen stammt allerdings aus der Zeit Ramses' II. Bereits im Tempel der Hatschepsut in Deir el-Bahari findet sich eine kurze Aufzählung von südlichen Ortsnamen, die vielleicht ursprünglich auch eine nördliche Entsprechung hatte[4]. Weitere Vorläufer sind südliche Gebiets- und Ortsnamen in Namensringen auf einer Stele Sesostris' I. aus Buhen[5] und eine Türinschrift möglicherweise aus der Zeit Amenophis' I., die in Rahmen gesetzte Ortsnamen (Tunip, Qedem und *Dꜣwnj*) aufweist[6]. Fragmente aus einem Gebäude Thutmosis' I. belegen eine Auflistung südlicher Gebiets- und Ortsnamen[7].

In der Regel sind die Listen auf Pylonen, an Tempelaußen-, aber auch Innenwänden, in Durchgängen, ferner in Höfen und an Statuensockeln angebracht, in wenigen Fällen finden sie sich auf Säulen oder anderen Monumenten, z.B. Stelen[8] oder Streitwagen.[9] In einem Gebäudekomplex können mehrere Exemplare vorkommen; so sind allein in Karnak mindestens 16 Listen anzutreffen, in Luxor

1 Simons, Handbook.

2 Jirku, Listen.

3 Die Sammlung beschränkt sich auf die königlichen Listen; die privaten Exemplare, z.B. der thebanischen Privatgräber, wurden nicht berücksichtigt.

4 Naville, DeB VI, 29, pl. CLII. In der nördlichen Ecke der unteren Kolonnade zertritt die Königin als Sphinx möglicherweise nördliche Feinde; die Dekoration ist insgesamt schlecht erhalten (pl. CLX). Der beigeschriebene Text erwähnt verschiedene nördliche, aber auch südliche *Jwnw*- bzw. *Jwntjw*-Völker, nämlich *Jwntjw-Stj*, *Jwnw-Mnṯw*, *Mnṯw-nw-Sṯt*, *[Fn]ẖw* und *wnw-Ṯḥnw*.

5 PM VII, 130 (9), heute Museum Florenz 2540.

6 Redford, Gate Inscription, 270–287 sowie Redford, Egypt, Israel and Canaan, 149, pl. 16.

7 Jacquet-Gordon, Fragments, 41–46.

8 PM VII, 106 (Stele zwischen Pfeiler III und IV).

9 Carter – Newberry, Tomb of Thoutmôsis IV, pls. ix–xii.

und Medinet Habu sind es jeweils fünf. Die längsten Listen auf Pylonen und äußeren Tempelwänden umfassen bis zu 400 Toponyme, kurze Listen beschränken sich auf eine Auswahl von unter 10 Namen oder Stereotypen, wie die Nennung der Neunbogen. In den Listen werden Namen von Siedlungen, Gebieten, Gebirgen, Gewässern, Ländern und ethnischen Einheiten aufgeführt. Diese werden in Kartuschen geschrieben, aus denen die nackten Oberkörper von Gefangenen herauswachsen, deren Arme im Rücken gefesselt sind. Durch ihre unterschiedliche Physiognomie, Frisur und teilweise auch Schmuckangaben sind sie in der Regel bestimmten Regionen zuzuweisen, die Zuordnungen stimmen aber nicht immer mit den Toponymen überein.[10]

Mit Ausnahme der Listen[11] von Thutmosis III. am 6. und 7. Pylon in Karnak[12] (Listen 1a–c und 1Sa–Sc) sowie der Auflistungen auf den Statuensockeln Amenophis' III. vom Kom el-Hettan[13] (Liste 35) und auf den Säulenbasen vom inneren Hypostyl des Soleb-Tempels[14] (Liste 9), sind die meisten Exemplare offensichtlich ganz oder teilweise von älteren Auflistungen kopiert worden. Auf diese Kopien, auf das, was man daraus ableiten kann, und wo die Grenzen der Interpretation sind, soll der Fokus dieses Aufsatzes gerichtet sein.

Die Listen 1a–c und 1Sa–Sc wurden zunächst als „Hauptvorlage" für die weitere Untersuchung jüngerer Listen zugrunde gelegt, unabhängig davon, auf welchem Objektträger sie angebracht sind. Die Namen wurden durchnummeriert, wobei teilweise die Nummerierung aus der Literatur übernommen und teilweise eine eigene Zählung vorgenommen wurde. Im Verlauf der Arbeit hat sich diese Vorgehensweise dann nicht immer als Vorteil erwiesen, musste aber wegen der Masse des Materials beibehalten werden. Stellt man nun die Listen zusammen, werden gleiche Überlieferungsstränge unterschiedlicher Längen sichtbar; manchmal sind es nur drei Namen in gleicher Folge, die immer wieder vorkommen, manchmal sind es ganze Ketten.

Im Folgenden sollen zunächst an einigen Beispielen die Möglichkeiten aufgezeigt werden, die ein Listenvergleich[15] bietet (vgl. Tab. 3). Teile der Thutmosis III. -Listen 1a–c (1a 52–63; 1b 46–57; 1c 322–333) sind in anderen Listen wiederzufinden, nämlich in der Liste an der Südecke der zeitgleichen Festhalle[16] (Liste 2, Nr. 16–24), auf Blöcken in Luxor, die vermutlich von einem Bau Amenophis' II.[17] stammen (Liste 41, Nr. 4–13), auf der Statuenbasis eines Sphinx Sethos' I.[18] (Liste 63, Nr. 32–41) und auf der ptolemäerzeitlichen Fußmauer der linken nördlichsten Säule im Taharqa-Hof[19] (Liste 5, Nr. 7–16). Mit aller gebotenen Vorsicht ermöglichen solche Ketten die Rekonstruktion zerstörter Namen (z.B. bei Liste 2, Nr. 16–19 und 24–25).

An gleicher Stelle fällt eine weitere Eigenheit mancher Listen auf, und zwar dass Namen auf einem Monument doppelt aufgeführt sind (Liste 2, Nr. 25–28). Listen 1a–c, 41, 63 und 5 weisen eine weitere Kette auf (1a 75–87, 1b 73–85, 1c 345–357, Liste 41 Nr. 23–35, Liste 63 Nr. 75–82 und Liste

10 Listen Sethos' I. in Karnak, Amuntempel, südliche und nördliche Außenwand der hypostylen Halle = PM II², 57 (168) (170); auf dem 6. Pylon nördliche Gefangene bei der südlichen Liste (1Sa) = PM II², 88 (238) und bei den südlichen Listen auf dem 7. Pylon, Liste 1Sb = PM II², 167 (497), Liste 1Sc = PM II², 170 (500).

11 Die in der Folge besprochenen Listen sind am Ende in den Tabellen 1 und 2 zusammengestellt.

12 Liste 1a = PM II² 88 (235); Liste 1b = PM II² 170 (499); Liste 1c = PM II² 167 (496); zu den südlichen Listen s. o. Anm. 10.

13 PM II², 451, 453 und zuletzt Edel (†) – Görg, Ortsnamenlisten.

14 PM VII, 171 und zuletzt Schiff-Giorgini, Soleb V, pls. 211–253.

15 Alle Listen, die zu Vergleichen herangezogen werden, sind in einem Anhang zusammengestellt. Die Nummerierung wurde in der Projektarbeit im Rahmen der Datenaufnahme sukzessive vergeben und erlaubt keine chronologischen oder anderen Rückschlüsse.

16 PM II², 112 (345).

17 PM II², 338.

18 PM VII, 406; heute in Split, Kroatien.

19 PM II², 24 (14) – (15).

5 Nr. 23–32). Es gibt jeweils zwei weitere Ergänzungsmöglichkeiten: einmal in Liste 1b Nr. 78 und 83 und in Liste 5 Nr. 26 und 27. Ferner fällt auf, dass die Namen der Nr. 1a 82 *Nmn* und 1a 83 *Nʿmn* offenbar missverstanden oder verlesen wurden und in den Listen 41 (Nr. 30 und 31) und 5 (Nr. 30 und 31) zweimal als aufgeführt werden. *Nmn* fehlt in der Liste 63 (Nr. 83) ganz und war auch „feldertechnisch" nicht vorgesehen.

Bei der Übernahme haben sich weitere Fehler eingeschlichen. So steht in Liste 1a 6 der Name . In Liste 41 (19) wird aus dem von oben gesehenen Korb ein -*nw*-Topf: und das wird so in Liste 5 (6) übernommen: . Die enge Verwandtschaft der Listen 41, 63 und 5 verdeutlicht ihre direkte Gegenüberstellung (Tab. 4): die Folgen stimmen in großen Teilen überein. Es ist verlockend, die drei zerstörten Namen der Liste 63 (Nr. 72–74) entsprechend den beiden anderen Listen und mit Liste 1a zu den Namen *Krmym*, *Br* und *Šmšjtm* zu ergänzen.

Die beiden nahezu identischen Listenfolgen mit Teilen der Thutmosis III. -Listen 1a–c und der Liste 41 von Amenophis II. unterstützen darüber hinaus die Datierung Jéquiers[20], der den später von Sethos I. usurpierten Sphinx mit Liste 63 typologisch in die frühe 18. Dynastie einordnet. Der Vergleich ermöglicht ferner die Bruchstücke der Liste 41 sinnvoll aneinander anzuschließen.

Betrachten wir eine weitere Hauptvorlage (Tab. 5) und vergleichen die Namen auf Statuensockeln Amenophis' III. aus Theben-West (Liste 35)[21] mit denen auf den Statuensockeln Haremhabs[22] in Karnak (Liste 11) und des Taharqa (ehemals Karnak, heute Kairo[23] = Liste 34). Es zeigen sich gleiche Folgen bei Liste 35 (Nr. 28–34), Liste 11 (Nr. 2–8, respektive Nr. 35–41) und Liste 34 (Nr. 21–28) und darüber hinausgehende lange gleichlautende Ketten bei Liste 11 (Nr. 29–42) und 34 (Nr. 15–28). Bei der westlichen Statue Haremhabs lassen sich möglicherweise die Namen Nr. 29–31 ergänzen. Liste 11 zeigt unter der Nr. 33 folgende Zeichen , während bei Liste 34 (19) an dieser Stelle deutlich zu lesen ist – eine nicht korrekte Schreibung von *Tꜣ-mḥw*, das damit möglicherweise auch in Liste 11 anzusetzen ist. Eine Überprüfung am Original könnte hier Klärung bringen.

Die Südlisten zeigen ein noch deutlicheres Bild (Tab. 6). Vergleicht man die Listen Thutmosis' III. in Karnak (1Sa–Sc) mit weiteren Listen vor Ort, so zeigen sich gleiche Ketten bei der zeitgleichen Liste 3 an der Ummauerung der Hatschepsut-Obelisken:[24] Nr. 6–21 der Listen 1Sa/Sb decken sich mit Nr. 19–34 der Liste 3, wobei die Nr. 19–21 in der Reihenfolge vertauscht sind. Listen 12[25] und 13[26] von Sethos I. übernehmen die ersten 13 Namen der Thutmosis III.-Listen a und b und fügen zu Beginn noch ein einleitendes *Tꜣ-šmʿw* ein. In Liste 12 wird ein Ortsname (*Mjw*) ausgelassen.

Weitere Übereinstimmungen zeigen die Nr. 47–70 und 72–77 mit der schon genannten Liste 41 (Nr. 36, 37 und 44–61 und 62–67) sowie mit 13 (Tab. 7). Wie schon bei den nördlichen Exemplaren lassen sich aufgrund der Hauptvorlage 1Sb die Bruchstücke der Liste 41 sinnvoll gruppieren bzw. anschließen.

Bei drei weiteren Listen aus der Zeit Ramses' II.[27] (Liste 37) und Ramses' III.[28] (Listen 31 und 38) stimmen die ersten neun Namen mit der Hauptvorlage überein (Tab. 8). Die jeweils auftretenden Lücken lassen sich wie folgt erklären: In Liste 37 ist der Ort

20 Jéquier, sfinge, 174–179, pl. xxii–xxiv.

21 S. o. Anm. 13.

22 PM II², 187 (582) – (583).

23 PM II², 269; heute Museum Kairo 770.

24 PM II², 83 (213) – (214). Görg, Namenstudien II.

25 PM II², 57 (170).

26 PM II², 57 (168).

27 PM II², 181 (542). KRI 169.

28 Liste 31 = PM II², 28 (45). KRI V, 109. Liste 38 = PM II², 28 (44). KRI V, 110.

Srnyk ausgelassen, in Liste 31 fehlt wie in Liste 12 der Name *Mjw*, in Liste 38 fehlt *Jrkk*.

Ergänzungen erlauben bzw. Verschreibungen erkennen lassen sich bei zwei Namen der Liste 27: Nr. 49  und Nr. 50  finden sich in Liste 1Sa Nr. 52 und 53 wie folgt geschrieben:  und .

An Stelle der Nr. 64 findet sich in Liste 27 , während in der Hauptvorlage der Ortsname  geschrieben ist. Der Schreiber der Liste 27 hat auch an anderer Stelle anstelle des Zeichens V13 ein F46 geschrieben, nämlich statt  in Liste 1Sa (98)  in Liste 27 (36).

Folglich haben die Gegenüberstellungen lange und kurze folgengleiche Ketten erkennbar gemacht; sie haben gezeigt, dass Ortsnamen in Folge doppelt vorkommen. Sie haben es ermöglicht, Rekonstruktionen und Ergänzungen vorzunehmen, haben Verschreibungen und Missverständnisse aufgezeigt und schließlich eine Datierung unterstützt.

Man kann davon ausgehen, dass zeitgleiche oder –nahe und vor allem ortsnahe und objektgleiche Listen eher und näher miteinander verwandt sind als zeitlich, räumlich und sachlich weiter auseinander liegende. Außer den Thutmosis III. –Listen 1a und b und 1Sa und 1Sb zeigen folgende Listen große Übereinstimmungen (vgl. Tab. 1 und 2):

- Listen 12 und 13 Sethos' I. an der nördlichen Außenwand des Hypostyls vom Karnaktempel,
- Liste 24 an der südlichen und nördlichen Innenwand des Säulenhofs[29] und Liste 49 an der Südhälfte des 2. Pylons[30] im Ramses II.-Tempel in Abydos,
- Listen 19 und 20 Ramses' II. an der westlichen Außenwand des Hofs im Luxortempel[31]
- Listen 36 und 42 Ramses' II. in den Tempeln von Akscha[32] und Amara[33]
- Listen 31 und 38 Ramses' III. in Karnak am 1. Pylon Nordfassade, West- und Ostflügel.[34]

Die Listen Thutmosis' III. können sicherlich als Originale betrachtet werden, von denen andere Listen in Teilen abgeleitet sind. Dazwischen gibt es einige Neuschöpfungen, z.B. die Listen Amenophis' III. (9 und 35), die ihrerseits wieder als Vorlagen für andere Versionen in Akscha und Amara dienten. Von Kopien wurden weitere Kopien erstellt. So bildet die Liste (22) Ramses' II. an der südlichen Außenwand des Hypostyls von Karnak[35] die Vorlage für eine Liste (26) Ramses' III. am Westflügel des Pylons von Medinet Habu,[36] die wiederum in großen Teilen mit der Liste (27) auf dem Ostflügel[37] übereinstimmt (vgl. Tab. 1 und 2).

Auftretende Verschiebungen resultieren in der Regel aus unbeabsichtigten Auslassungen und Übertragungsfehlern von Wand oder Säule auf andere Monumente. Eine andere Fehlerquelle bildete die Übernahme von Namen aus unterschiedlich langen und anders ausgerichteten Registern. Für die meisten anderen Listen gilt, dass zwar Ortsnamenketten unterschiedlicher Länge und gleicher Folge übernommen werden und in der Regel viele bereits anderenorts erwähnte Ortsnamen aufgelistet werden, diese aber scheinbar ungeordnet und willkürlich aufgereiht sind. Noch nicht einmal die Neunbogen werden immer gleich angeordnet. Die Ketten spiegeln in einigen wenigen Fällen auch tatsächliche Ab-

29 PM VI, 35 (16) und (21). KRI II, 192.

30 PM VI, 33-34 (1) – (2).

31 Liste 19 = PM II^{2}, 333 (203). KRI II, 178. Liste 20 = PM II^{2}, 333 (202). KRI II, 176-177.

32 PM VII, 127 (11) und (12) (Wandsockel). KRI II, 211-212. FUSCALDO, Aksha, fig. I–II.

33 PM VII, 160-161 (23) – (33). KRI II, 215–220.

34 S. o. Anm. 28.

35 PM II^{2}, 58 (172). KRI II, 160–1. KUSCHKE, Syrienliste Ramses' II.

36 PM II^{2}, 489 (46). KRI V, 94–96. KUSCHKE, Syrienliste Ramses' II.

37 PM II^{2}, 489 (48).

folgen von Orten und anderen geographischen Einheiten wider, meistens aber nicht. Eine geographisch korrekte Reihung war also der für die Anbringung zuständigen Institution nicht wichtig und dem ausführenden Handwerker sicherlich in der Regel nicht bekannt.

Darüber hinaus ist die Objektgruppe zu berücksichtigen, auf der die Liste angebracht ist. Der Platz auf einem Statuensockel ist gegenüber einem Pylon oder einer großen Tempelwand naturgemäß recht begrenzt, und es musste eine Auswahl getroffen werden. Es zeigt sich aber auch hier ganz deutlich, dass der gewählte geographische Raum zwar möglichst umfassend bezeichnet wurde, es aber offensichtlich nicht auf eine genaue Abfolge ankam. Man beschränkte sich bewusst pars pro toto auf die Aufzählung bekannter Orte oder Gebiete. Waren große Flächen verfügbar, war es möglich, die Welt detailreicher darzustellen, auf Denkmälern mit geringerer Fläche, z.B. Säulen oder Statuensockeln, beschränkte man sich auf wichtige Eckpunkte und allgemein besser bekannte Orte und bildete die Welt in größeren Umrissen ab[38]. Die Auswahl der einzelnen Orte mag willkürlich oder zufällig erscheinen, die Intention, die hinter der Auflistung steht, ist explizit und deutlich.

Damit kommen wir zu der Frage nach der Bedeutung der Fremdvölkerlisten. Auch die ausführlicheren großen Listen sind keine Itinerare und die genannten Orte und geographischen Einheiten lassen sich nicht in ähnlicher Reihung oder einem anderen sinnvollen Zusammenhang in den Feldzugsberichten wiederentdecken. Sie sind vielmehr Abbilder der den Ägyptern bekannten und von ihnen unterworfenen Welt. Dabei spielt es keine Rolle, ob das Aussehen dieser Welt im Einzelnen selbst erfahren wurde (d.h. wohl in seltenen Fällen vom ägyptischen Herrscher selbst) oder auf Berichten und Erzählungen von hochrangigen Beamten (z. B. Diplomaten), Händlern oder Soldaten sowie Ausländern basierte. Und es spielt auch keine Rolle, ob Orte oder genannte Staatsgebiete in dieser Form noch existierten oder mittlerweile einen anderen Namen trugen, denn die geographische und politische Landkarte hatte sich in der Zeitspanne, die beispielsweise zwischen den Exemplaren Thutmosis' III. (Liste 1b) und der ptolemäischen Liste (5) liegt, wesentlich verändert. Da sich das ägyptische Kernland geographisch gesehen in seiner Ausdehnung über diese Zeitspanne hin nicht verändert hatte, konnte man auf ägyptischer Seite ideologisch die Ansicht vertreten, dass sich das fremde Ausland auch nicht wesentlich verändert hatte. Es war immer noch gleich bleibend chaotisch, bedrohlich und musste unterworfen werden. Die tatsächlichen Gegebenheiten, Strukturen und auch politischen Handlungen spielten in diesem Zusammenhang keine wesentliche Rolle, was dennoch nicht bedeutet, dass die Listen nicht von Zeit zu Zeit den tatsächlichen Gegebenheiten angepasst und durch „neue" geographische Einheiten ergänzt wurden (Eckpunkte sind hier die Hauptvorlagen aus der Zeit Amenophis' III. (9 und 35), die Liste Scheschonks I. in Karnak[39] (33) und eine spätzeitliche Liste aus Esna[40] (61).

Die Fremdvölkerlisten sind in ihrer typischen Ausprägung sicherlich eine Entwicklung bzw. Innovation der Zeit Thutmosis' III., aber als Abbild der unterworfenen Welt und des bewältigten außerägyptischen Chaos, dem durch die geographische Ordnung eine Struktur gegeben wurde, sind sie mit den Ächtungstexten[41] des Alten und Mittleren Reiches und den Gefangenenfiguren[42] der Totentempel dieser Zeit in direkte Verbindung zu setzen.

38 Grimal, Listes de peuples.

39 Zuletzt Wilson, Campaign, 101–133.

40 Sauneron, Dégagement, 29–39, pl. II A, III.

41 Posener, Princes et Pays. Posener, Figurines d'envoûtement. Quack, Aleppo. Bresciani, Der Fremde (bes. 261). Assmann, Spruch 23.

42 Verner, Les statuettes de Prisonniers. Verner, Les sculptures de Reneferef.

Dieser Aufsatz hat nur einen kleinen Ausschnitt der Untersuchungsfelder und Probleme im Zusammenhang mit den Fremdvölkerlisten beleuchtet. Viele wichtige Bereiche, die beachtet werden müssen und ihrerseits Lösungen und Ergebnisse beitragen können, sind außen vor geblieben. Zu nennen ist hier der sprachwissenschaftliche Bereich zur Lesung[43], Entwicklung und möglichen Identifizierung[44] der geographischen Einheiten im Vergleich mit außerägyptischen Quellen[45], der archäologische Bereich zur Identifizierung von Orten der Listen mit solchen, die bei Ausgrabungen[46] entdeckt wurden, und nicht zuletzt die Berücksichtigung von und der Vergleich mit anderen innerägyptischen Quellen, z. B. Ächtungstexten[47], Annalen[48], Feldzugs-[49] oder Reiseberichten[50].

Am Ende soll noch einmal der Bogen zum Mainzer Sonderforschungsbereich geschlagen und an sein Thema angeschlossen werden. Die Fremdvölkerlisten setzen in der für sie charakteristischen Form erst im Neuen Reich ein, und zwar konkret unter Thutmosis III. Gemessen an der „weltpolitischen" Situation, mit der sich der ägyptische Herrscher in dieser Zeit konfrontiert sah, verwundert das nicht. Im Alten und im Mittleren Reich spielte das Ausland in der Wahrnehmung Ägyptens eine untergeordnete Rolle. Im Neuen Reich hatte sich mit dem Aufkommen anderer und aggressiv expandierender Großmächte die Lage dramatisch geändert und Ägypten konnte sich nicht mehr auf die Position der einzig existierenden Großmacht zurückziehen, sondern musste sich mit dem Ausland auseinandersetzen. So gesehen kann man die Fremdvölkerlisten bereits als Ergebnis oder Folge eines Kontaktes bezeichnen, der so vorher nicht stattgefunden hatte. In der Nomenklatur des Sonderforschungsbereiches[51], der drei grundlegende Elemente des Kontaktes untersucht, nämlich Kontaktträger (Akteure), Kontakttypen (Bereiche menschlichen Handelns) und Kontaktmedien (Artefakte, Sprache und Texte), zählen sie zur letztgenannten Gruppe[52]. Ein Ziel des Sonderforschungsbereiches ist es festzustellen, wie sich gesellschaftliche Strukturen in Kontaktmedien manifestieren. Die Fremdvölkerlisten sind eine Reaktion auf das weltpolitische Geschehen in der Mitte des 2 Jahrtausends, der politische und identitätsstiftende Motive zugrunde liegen.

43 Grundlegend EDEL, Ortsnamenlisten, Kapitel II. RAINEY, LXX Toponomy.

44 Z. B. GÖRG, Identifikation von Fremdnamen. GÖRG, Gruppenschreibung und Morphologie.

45 Keilschriftquellen (KUB), Altes Testament (AT) etc.

46 Z. B. AHITUV, Canaanite Toponyms. NEAEHL V. OEANE V.

47 S. o. Anm. 41.

48 REDFORD, Bronze Age Itinerary. REDFORD, Pharaonic King-Lists. REDFORD, Wars in Syria.

49 Z.B. D. Redford, op.cit., LUNDH, Actor and Event. WILSON, Campaign.

50 Z. B. Papyrus Anastasi I, 20,7ff., DE FIDANZA, Beth Shean.

51 BISANG, Kultur und Sprache.

52 BISANG, Kultur und Sprache, 5.

Nördliche Vergleiche				
Listen-nummer	Ort	Räumlichkeit, Objekt	Datierung	Verwandtschaften
1a	Karnak	6. Pylon, nördliche Westfassade	Thutmosis III.	Hauptvorlage
1b	Karnak	7. Pylon, Südfassade, Westflügel	Thutmosis III.	Hauptvorlage
1c	Karnak	7. Pylon, Nordfassade, Ostflügel	Thutmosis III.	Hauptvorlage
2	Karnak	Südecke Festhalle Thutmosis III.	Thutmosis III.	1a/c, 5, 41, 63
5	Karnak	Taharqa-Hof, Fußmauer an linker nördlichster Säule	Ptolemäisch	Listen 1a–c; 41, 63
11	Karnak	10. Pylon, Statuensockel rechts und links des Durchgangs, Nordfassade	Haremhab	Listen 34, 35
34	Karnak	Statuensockel (heute Museum)	Taharqa	Listen 11, 35
35	Kom el-Hettan	Amenophis III., Totentempel, Statuensockel	Amenophis III.	Hauptvorlage
41	Luxor	Bruchstücke einer Wandliste	Amenophis II.	Listen 1a–c, 5, 63
63	?	heute Palast des Diokletian, Split, Kroatien	Sethos I.	Listen 1a–c, 5, 41

Südliche Vergleiche				
Listen-nummer	Ort	Räumlichkeit, Objekt	Datierung	Verwandtschaften
1Sa	Karnak	6. Pylon, südliche Westfassade	Thutmosis III.	Hauptvorlage
1Sb	Karnak	7. Pylon, Südfassade, Ostflügel	Thutmosis III.	Hauptvorlage
1Sc	Karnak	7. Pylon, Nordfassade, Westflügel	Thutmosis III.	Hauptvorlage
3	Karnak	Ummauerung der Hatschepsut Obelisken, zwischen 4. +5. Pylon	Thutmosis III.	1Sa/b, 12, 13
12	Karnak	Säulenhalle, äußere Nordwand rechts	Sethos I.	Listen 1Sa–c, 13, 31, 38, 41
13	Karnak	Säulenhalle, äußere Nordwand links	Sethos I.	Listen 1Sa–c, 12, 31, 38, 41
31	Karnak	Ramses III-Tempel, 1. Pylon, Nordfassade, Westflügel	Ramses III.	Listen 1Sa/b, 37, 38
37	Karnak	9. Pylon, Südfassade, Ost- und Wesflügel	Ramses II.	Listen1Sa–c, 3, 31, 38
38	Karnak	Ramses III.-Tempel, 1. Pylon, Nordfassade, Ostflügel	Ramses II.	Listen 1Sa/b, 31, 37
41	Luxor	Bruchstücke einer Wandliste	Amenophis II.	Listen 1Sa–c, 3, 12, 13

Tabelle 1: Zusammenstellung im Text erwähnter Listen

nördliche und südliche Hauptvorlagen			
Listen-nummer	**Ort**	**Räumlichkeit, Objekt**	**Datierung**
1a	Karnak	6. Pylon, nördliche Westfassade	Thutmosis III.
1b	Karnak	7. Pylon, Südfassade, Westflügel	Thutmosis III.
1c	Karnak	7. Pylon, Nordfassade, Ostflügel	Thutmosis III.
1Sa	Karnak	6. Pylon, südliche Westfassade	Thutmosis III.
1Sb	Karnak	7. Pylon, Südfassade, Ostflügel	Thutmosis III.
1Sc	Karnak	7. Pylon, Nordfassade, Westflügel	Thutmosis III.
9	Soleb	Amuntempel, inneres Hypostyl, Säulenbasen	Amenophis III.
35	Theben-West	Amenophis III., Totentempel, Statuensockel	Amenophis III.

Eng verwandte Listen (ohne Hauptvorlagen)				
Listen-nummer	**Ort**	**Räumlichkeit, Objekt**	**Datierung**	**Verwandt mit**
12	Karnak	Säulenhalle, äußere Nordwand rechts	Sethos I.	13
13	Karnak	Säulenhalle, äußere Nordwand links	Sethos I.	12
19	Luxor	Hof, westliche Außenwand südlich des Tors	Ramses II.	20
20	Luxor	Luxor, Hof, westliche Außenwand nördlich des Tors	Ramses II	19
22	Karnak	südliche Außenwand des Hypostyls (westlicher Teil)	Ramses II.	26
26	Medinet Habu	großer Tempel, 1. Pylon, Ostfassade, Südflügel	Ramses III.	22 und 27
27	Medinet Habu	großer Tempel, 1. Pylon, Ostfassade, Nordflügel	Ramses III.	26
24	Abydos	Ramses II.-Tempel, Pfeilerhof, Nord- und Südwand	Ramses II.	49
49	Abydos	Ramses II.-Tempel, 2 Pylon, Südhälfte	Ramses II.	24
31	Karnak	Ramses III-Tempel, 1. Pylon, Nordfassade, Westflügel	Ramses III.	38
38	Karnak	Ramses III.-Tempel, 1. Pylon, Nordfassade, Ostflügel	Ramses II.	31
36	Askha	West- und Nordwand der peristylen Halle	Ramses II.	42
42	Amara	hypostyle Halle, sämtliche Wände	Ramses II.	36

Tabelle 2: Zusammenstellung im Text erwähnter Listen

Karnak	Karnak	Karnak	Karnak	Karnak	Karnak	Luxor	?	Karnak
Pylon	Pylon	Pylon	Pylon	Tempelwand	Tempelwand	Tempelwand	Statue	Pylon
T.III	**T.III**	**T.III**	**T.III**	**T.III**	**T.III**	**A.II**	**S.I**	**Ptol.**
1a	**1b**	**1c**	**1c**	**2**	**2**	41	63	5
51	72		294				31	
52	46	322				4	32	7
53	47	323				5	33	8
54	48	324				6	34	9
55	49	325		16	25	7	35	10
56	50	326		17	26	8	36	11
57	51	327		18	27	9	37	12
58	52	328		19	28	10	38	13
59	53	329		20		11	39	14
60	54	330		21		12	40	15
61	55	331		22		13	41	16
62	56	332		23				
63	57	333		24		15		
64	58	334						18
65	59	335				16		19
66	60	336					19	
67	61	337						
68	62	338						
69	63	339				14 sic		17
70	64	340						
71	65	341						
72	66	342						
73	67	343						
74	68	344						
75	73	345				23	16+75	23
76	74	346				24	76	24
77	75	347				25	77	25
78	76	348				26	78	26
79	77	349				27	79	27
80	78	350				28	80	28
81	79	351				29	81	29
82	80	352				sic	sic	sic
83	81	353				30 und 31	82	30 und 31
84	82	354				32		32
85	83	355				33		
86	84	356				34		
87	85	357				35		
88	86	358						
89	87	359						
90	88	360						
91	89	361						

Abb. 3: Vergleich von Listen mit nördlichen Ortsnamen (Hauptvorlage Listen 1a–c) Ausschnitt

Karnak	Luxor	?	Karnak
Pylon	Tempelwand	Statue	Pylon
1b	**41**	**63**	**5**
T.III	**A.II**	**S.I**	**Ptol.**
11	1		1
12	2		2
13	3		3
	zerstört 17		zerstört 4
20	18		5
	19		6
46	4	32	7
47	5	33	8
48	6	34	9
49	7	35	10
50	8	36	11
51	9	37	12
52	10	38	13
53	11	39	14
54	12	40	15
55	13	41	16
56	14	42	17
57	15		18
59	16		19
69	20	zerstört 72	20
70	21	zerstört 73	21
71	22	zerstört 74	22
73	23	75	23
74	24	76	24
75	25	77	25
76	26	78	26
77	27	79	27
78	28	80	28
79	29	81	29
	30	82	30
81	31		31
82	32		32
83	33		
84	34		
85	35		

Abb. 4: Größere Folgen in Listen mit nördlichen Ortsnamen

Theben-W.	Karnak	Karnak	Karnak
Statuen	Statue Ost	Statue West	Statue
A.III	**Haremhab**	**Haremhab**	**Taharqa**
35	**11**	**11**	**34**
1	1		
2			
3			
4			
5			
6			
7			
8		29	15
9		30	16
10		31	17
11		32	18
12		33	19
13		34	20
14 und (28)	(2)	35	21
29	3	36	22
30	4	37	23
31	5	38	24
32	6	39	25
33	7	40	26
34	8	41	27
	9	42	28

Abb. 5: Vergleich von Listen mit südlichen Ortsnamen (Hauptvorlage Liste 35)

Karnak	Karnak	Karnak	Karnak	Karnak	Karnak	Karnak
Pylon	Pylon	Pylon	Pylon	Pylon	Tempelwand	Tempelwand
1Sa	**1Sb**	**1Sc**	**1Sc**	**3**	**12**	**13**
T.III	**T.III**	**T.III**	**T.II**	**T.III**	**S.I**	**S.I**
					1	1
1	1				2	2
2	2				3	3
3	3				4	4
4	4					5
5	5				5	6
6	6			21	6	7
7	7			20	7	8
8	8			19	8	9
9	9			22	9	10
10	10			23	10	11
11	11			24	11	12
12	12			25	12	13
13	13			26	13	14
14	14			27		
15	15	195		28		
16	16	196		30		
17	17	197		29		
18	18	198		31		
19	19	199		32		
20	20	200		33		
21	21	201		34		
22	22	202				
23	23	203				
24	24	204				
25	25	205	231			
26	26		232			
27	27		233			
28	28		234		65	65
29	29	278	235			
30	30	277	236			
31	31		237			

Abb. 6: Vergleich von Listen mit südlichen Ortsnamen (Hauptvorlage Listen 1Sa–c)
Ausschnitt

Karnak	Karnak	Karnak	Karnak	Luxor	Karnak	Karnak
Pylon	Pylon	Pylon	Pylon	Tempelwand	Tempelwand	Tempelwand
1Sa	**1Sb**	**1Sc**	**1Sc**	**41**	**12**	**13**
T.III	**T.III**	**T.III**	**T.III**	**A.II**	**S.I**	**S.I**
					1	1
46	91		304			
47	47			36	44	40
48	48			37	45	41
49	49			44	50	42
50	50	274		45	49	43
51	51	329		46		44
52	52			47	40	45
53	53	227		48	41	46
54	54	225		49	37	47
55	55		339	50	38	48
56	56		340	51	39	49
57	57		341	52	46	50
58	58		342	53		51
59	59	24+222	343	54	47	52
60	60		344	55	48	53
61	61		345	56	51	54
62	62		345	57	52	55
63	63	193	347	58	53	56
64	64		348	59	55	57
65	65		349	60	54	58
66	66	152	350	61	58	59
67	67		351			60
68	68		352		57	61
69			353			62
70	69		354	43		63
71	70	85	355			
72	71		356	62	63	
73	72		357	63	62	
74	73		358	64	64	64
75	74		359	65	61	
76	75		360	66	60	
77	76		361	67	56	
78	77		362			
79	78	192	363			

Abb 7: Vergleich von Listen mit südlichen Ortsnamen (Hauptvorlage Listen 1Sa–c) Ausschnitt

Karnak	Karnak	Karnak	Karnak	Karnak	Karnak
Pylon	Pylon	Pylon	Pylon	Pylon	Pylon
1Sa	**1Sb**	**37**	**37**	**31**	**38**
T.III	**T.III**	**R.II**	**R.II**	**R.III**	**R.III**
1	1		17	2	2
2	2	3	18	3	3
3	3		19	4	4
4	4		20		5
5	5	5	21	5	
6	6		22	6	6
7	7			7	7
8	8	6	23	8	8
9	9		24	9	9
10	10	1		10	10
11	11	2			
12	12				
13	13				
14	14				
15	15				
16	16				
17	17				
18	18				
19	19				
20	20				
21	21				

Abb. 8: Vergleich von Listen mit südlichen Ortsnamen (Hauptvorlage Listen 1Sa–b) Ausschnitt

Bibliographie

AHITUV, Canaanite Toponyms
Ahituv, S., Canaanite Toponyms in Ancient Egyptian Documents, Jerusalem – Leiden 1984.

ASSMANN, Spruch 23
Assmann, J., Spruch 23 der Pyramidentexte und die Ächtung der Feinde Pharaos, in: Berger-El Naggar, C. (Hg.), Études pharaoniques. Hommages à Jean Leclant, T. 1, BdÉ 106, Kairo 1994, 45-59.

BISANG, Kultur und Sprache
Bisang, B., Kultur und Sprache aus der Perspektive des Kontaktes, in: Bisang, W., Bierschenk, T., Kreikenbom, D. et al. (Hg.), Kultur, Sprache, Kontakt. Kulturelle und sprachliche Kontakte, Bd. 1, Würzburg 2004, 1–52.

BRESCIANI, Der Fremde
Bresciani, E., Der Fremde, in: Donadoni, S. (Hg.), Der Mensch des Alten Ägypten, Frankfurt – New York 1992, 260–295.

CARTER – NEWBERRY, Tomb of Thoutmôsis IV
Carter, H., Newberry, P.E., The tomb of Thoutmôsis IV, Warminster 1904.

DE FIDANZA, Beth Shean
de Fidanza, M.V.P., A Mention of Beth Shean in a Literary Text of the New Kingdom, in: REE 5 (1994), 51–59.

EDEL (†) – GÖRG, Ortsnamenlisten
Edel, E. (†), Görg, M., Die Ortsnamenlisten im nördlichen Säulenhof des Totentempels Amenophis' III., ÄAT 50, Wiesbaden 2005.

EDEL, Ortsnamenlisten
Edel, E., Die Ortsnamenlisten aus dem Totentempel Amenophis' III., Bonner Biblische Beiträge 25, 1966.

FUSCALDO, Aksha
Fuscaldo, P., Aksha (Serra West): El templo de Ramsés II: I. La lista topografica del atrio, in: REE 1 (1990), 17-46.

GÖRG, Gruppenschreibung und Morphologie
Görg, M., Gruppenschreibung und Morphologie. Zur Bedeutung außerbiblischer Ortsnamen am Beispiel von „Scharuhen", in: BN 71 (1994), 65–77.

GÖRG, Identifikation von Fremdnamen
Görg, M., Identifikation von Fremdnamen. Das methodische Problem am Beispiel einer Palimpsestschreibung aus dem Totentempel Amenophis III., in: Görg, M., Pusch, E. (Hg.), Festschrift Elmar Edel (12. März 1979), Bamberg 1979, 152-173.

GÖRG, Namenstudien II
Görg, M., Namenstudien II: Syrisch-Mesopotamische Toponyme, in: BN 7 (1978), 15-21.

GRIMAL, Les listes de peuples
Grimal, N., Les listes de peuples dans l'Égypte du deuxième millénaire av. J.-C. et la géopolitique du Proche-Orient, in: Czerny, E., Hein, I., Hunger, H. et al. (Hg.), Timelines: Studies in Honour of Manfred Bietak, Bd. I, Louvain – Paris – Dudley 2006, 107-119.

JACQUET-GORDON, Fragments
Jacquet-Gordon, H., Fragments of a Topographical List Dating to the Reign of Tuthmosis I, in: BIFAO 81 Suppl. (1981), 41-46.

JÉQUIER, sfinge
Jéquier, G., La sfinge nel Peristilio del Palazzo di Diocleziano a Spalato, in: Bulletino di archaeologia e storia Dalmata 33 (1910), 174-179.

JIRKU, Listen
Jirku, A., Die ägyptischen Listen palästinensischer und syrischer Ortsnamen, Leipzig 1937.

KRI
Kitchen, K.A., Ramesside Inscriptions. Historical and Biographical, 7 Bde., Oxford 1975-1989.

KUSCHKE, Syrienliste Ramses' II.
Kuschke, A., Bemerkungen zu einer Syrienliste Ramses' II., in: Görg, M. (Hg.), Fontes Atque Pontes. Eine Festgabe für Hellmut Brunner, ÄAT 5, Wiesbaden 1983, 254–270.

LUNDH, Actor and Event
Lundh, P., Actor and Event. Military Activity in Ancient Egyptian Texts from Thutmosis II to Merenptah, Uppsala 2002.

NAVILLE, DeB VI
Naville, É., The Temple of Deir el-Bahari VI, London 1908.

NEAEHL V
Stern, E. (Hg.), The New Encyclopedia of Archaeological Excavations in the Holy Land, Bd. 5, Jerusalem 1993.

OEANE V
Meyers, E.M. et al. (Hg.), The Oxford Encyclopedia of Archaeology in the Near East, Bd. 5, New York – London 1997.

POSENER, Figurines d'envoûtement
Posener, G., Cinq figurines d'envoûtement, Kairo 1987.

POSENER, Princes et Pays
Posener, G., Princes et Pays d'Asie et Nubie. Textes hiératiques sur des figurines d'envoûtement du Moyen Empire, suivis de Remarques paléographique sur les textes similaires de Berlin, Bruxelles 1940.

QUACK, Aleppo
Quack, J.F., Eine Erwähnung des Reiches von Aleppo in den Ächtungstexten, in: GM 130 (1992), 75-78.

RAINEY, LXX Toponomy
Rainey, A.F., LXX Toponomy as a Contribution to Linguistic Research, in: LingAeg 9 (2001), 179-192.

REDFORD, Bronze Age Itinerary
Redford, D.B., A Bronze Age Itinerary in Transjordan (Nos. 89-101 of Thutmose III's List of Asiatic Toponyms), in: JSSEA 12 (1982), 55-74.

REDFORD, Egypt, Israel and Canaan
Redford, D.B., Egypt, Canaan and Israel in Ancient Times, Princeton 1992.

REDFORD, Gate Inscription
Redford, D.B., A Gate Inscription from Karnak and Egyptian Involvement in Western Asia During the Early 18th Dynasty, in: JAOS 99 (1979), 270-287.

REDFORD, Pharaonic King-Lists
Redford, D.B., Pharaonic King-Lists, Annals and Day-Books, Mississauga 1986.

REDFORD, Wars in Syria
Redford, D.B., The Wars in Syria and Palestine of Thutmose III, Leiden – Boston 2003.

SAUNERON, Dégagement
Sauneron, S., Le Dégagement du Temple d'Esné: Mur Nord, in: ASAE 52 (1952-54), 29-39.

SCHIFF-GIORGINI, Soleb V
Schiff-Giorgini, M., Soleb V: Le Temple. Bas-reliefs et Inscirptions, Kairo 1998.

SIMONS, Handbook
Simons, J., Handbook for the Study of Egyptian Topographical Lists relating to Western Asia, Leiden 1937.

VERNER, Les sculptures de Reneferef
Verner, M., Les sculptures de Reneferef découvertes à Abousir, in: BIFAO 85 (1985), 267–280.

VERNER, Les statuettes de Prisonniers
Verner, M., Les statuettes de Prisonniers en bois d'Abousir, in: RdÉ 36 (1985), 146-153.

WILSON, Campaign
Wilson, K.A., The Campaign of Pharaoh Shoshenq I into Palestine, Tübingen 2005.

Der Weg von Pelusium bis Gaza: nördlich oder südlich vom Sirbonis-See

Claude Vandersleyen

Zwischen Pelusium und Gaza befindet sich am Mittelmeer eine Lagune von ungefähr 100 km Länge: der Bardaouil-See; er hieß früher, bis zum Jahr 1118, Sirbonis-See. Das Nordufer dieser Lagune ist eine schmale Nehrung, die diesen See vom Meer trennt. Seit Menschengedenken haben Völker, Armeen, Reisende die Wüste im Süden des Sees durchquert.

Seit Beginn der historischen Erforschung dieser Region[1], zumindest seit dem 18. Jahrhundert, hat sich die Idee entwickelt, dass auch die schmale Nehrung als Alternativ-Route zur traditionellen Route gedient haben könnte. Diese Idee ist wahrscheinlich im Anschluss an die Forschungen über den Exodus entstanden. Darin liest man (XIII, 17-18): „Als der Pharao das Volk ziehen ließ, führte Gott sie nicht über den Weg des Landes der Philister, obwohl der kürzeste ...[2]. Sondern Gott ließ das Volk einen Umweg über den Weg durch die Wüste zum Roten Meer machen".

Ich steige nicht in die immer noch kursierenden Spekulationen über die „Durchquerung des Roten Meeres" ein; man weiß, dass die Bibel „yam souph" und nicht Rotes Meer sagt. Der Weg vom Land der Philister – das heißt „von Palästina" – ist die traditionelle Route im Süden des Sees. Wenn man das Rote Meer ausschließen würde, gibt es verschiedene Anhaltspunkte dafür, zu denken, dass das hebräische Volk den Weg nahe am Mittelmeer genommen hatte und somit auf der Nehrung entlang gezogen wäre, was einige Vorteile für die biblische Exegese hätte: das wäre tatsächlich eine gefährliche Strecke, ständig bedroht vom Meer, dessen Wellen regelmäßig das Riff des Küstenstreifens überfluteten; das könnte die Falle sein, in die der Pharao unglücklicherweise hineingeraten ist.

Auf der Karte von Brugsch aus dem Jahr 1877 ist über dem Küstenstreifen „ägyptisches Heer" geschrieben und im Atlas Antiquus von Kiepert aus dem Jahr 1895 zeigt eine punktierte Linie die Route über den Küstenstreifen an. Es wäre kaum nützlich, die zahlreichen Karten aufzuzählen, auf denen dieser Weg deutlich dargestellt ist.[3]

Eine andere, weniger mythische Begründung um die Nutzung des Küstenstreifens nachzuweisen, wurde von Stark schon 1852 vorgebracht[4] und von Pater F.-M. Abel 1939 wieder aufgenommen[5]. Der Ausgangspunkt dabei ist die Interpretation einer Aussage von Herodot (III, 5): „Das Land zwischen der Stadt Ienysos einerseits, dem Berg Kasion und dem Sirbonis See andererseits, ein Landstrich, der von nicht geringer Ausdehnung ist, sondern ungefähr drei Tagesreisen ausmacht, ist von einer schrecklichen Ausgedörrtheit".

1 Der Bibeltext wird seit der Antike kommentiert. Ich habe mich auf den Forschungsstand seit der Neuzeit beschränkt.

2 Clédat, Notes I, 232.

3 Zum Beispiel, Oren, Monde de la Bible, 2; über dem Küstenstreifen liest man: «Meerweg oder Küstenweg»; auch Sodini, Routes de pèlerinage, 120.

4 Stark, Gaza.

5 Abel, Confins I.

Drei Tagesreisen entsprechen ungefähr 80 Kilometern. Ienysos ist eine Stadt, die nur durch Herodot bekannt ist; er nennt sie dreimal in Paragraph fünf des dritten Buches. Nach alter Tradition wird Ienysos mit Khan-Younis identifiziert, weil diese Stadt auch südlich von Gaza liegt und weil der Name Ienysos an Younis denken lässt. Abel, der diese Gleichsetzung überprüfen wollte, hat 80 Kilometer von Khan-Younis aus gemessen; er ist nicht bei Kasion angekommen; bis dahin wären es 47 Kilometer! Er war also der Ansicht, dass Khan-Younis nichts mit Ienysos zu tun haben könnte. Von Kasion ausgehend, stieß er nach 80 Kilometern 7 Kilometer östlich auf el-Arish, wo man, seiner Meinung nach, Ienysos zu suchen hätte.

Aber um von der Umgebung el-Arishs aus nach Kasion zu gelangen, müsste man sich auf der Nehrung bewegen; also – so folgerte man – schon zu Herodots Zeiten verkehrte man regelmäßig auf der Nehrung.

Tatsächlich hatte Herodot zwei Anhaltspunkte gegeben: den Kasion *und* den Sirbonis-See; letzteren lässt Pater Abel gänzlich unbeachtet[6]. Nun, 80 Kilometer von Khan-Younis führen zum äußersten Osten des Sees, also auch zum äußersten Osten der Nehrung, da sie das Nordufer dieses Sees bildet. Die zweifachen Anhaltspunkte von Herodot sind korrekt; es ist unsere Auffassung von Kasion, die unvollkommen ist.

Den Zusammenhängen zufolge bezeichnet „Kasion" nicht nur einen Hügel, also einen Punkt auf der Karte, sondern auch die ungefähr hundert Kilometer lange Nehrung. Herodot schreibt weiter: „der Sirbonis-See, an dem entlang sich der Kasion hinzieht". Wenn man eine Karte des Sees zu Rate zieht, wird diese geographische Realität eindeutig; es handelt sich hier um einen Küstenstreifen, der das Nordufer des Sees bildet. Dass es einen noch deutlicher bezeichneten Ort Kasion – wie einen Berg – gegeben hatte, ist nicht zu leugnen[7], und dass sich dieser Ort so nahe bei Pelusium befunden hatte, dass er manchmal damit hätte verwechselt werden können, ist ebenso unleugbar. Herodot (II, 158) sagt weiter, dass die kürzeste Entfernung zwischen dem Mittelmeer und dem Roten Meer von Kasion ausgeht; in der Tat, wenn man eine Karte studiert, ist Pelusium der Punkt, der dem Roten Meer am nächsten liegt; das heißt, Pelusium und Kasion liegen nahe beieinander, was übrigens zahlreiche antike Autoren besagen[8].

Der Irrtum ist, Kasion oder den Berg Kasion bei el-Guels sprich Ras Qasroun, in der Mitte des Bogens, der die Nehrung bildet, anzusiedeln. Der Hauptschuldige ist hier Strabon, der ausdrücklich sagt, dass es von Kasion nach Pelusium 300 Stadien, also ungefähr 55 Kilometer sind[9]. Er ist der Einzige, der diese Angaben macht, und dies wird von der gesamten Dokumentation widerlegt[10]. Hieronymus sagt, dass die Schlacht zwischen Antiochus IV. und Ptolemäus VI. zwischen Pelusium und dem Berg Kasion stattgefunden hat[11], also im Flachland zwischen der Stadt Pelusium und dem westlichen Ende der Nehrung, woraufhin einige diese Schlacht missbräuchlich „Schlacht des Berges Kasion"[12] nennen, und sich vorstellen, dass die Armee von Antiochus über die Nehrung gezogen wäre[13].

6 Abel, Confins I, 537; 539.

7 Stephanos von Byzantion, Ethnica (nach Meineke, Stephani), s.v. Kasion: „Kasion, Berg und Stadt bei Pelusium".

8 Strabon, Geographie, XVII, 1, 11: „Pompeius kam in Pelusium und am Berg Kasion an".

9 Strabon, Geographie, XVI 2, 28 (C759).

10 Man findet noch weitere Irrtümer bei Strabon: Nach Artemidoros von Ephesos gibt er die Entfernung der Nilmündung bei Pelusium bis Orthosia mit 3.900 Stadien an (XIV 5, 3 (c 670) (3); derselbe Strabon, nach dem selben Artemidoros, gibt die Entfernung von Orthosia nach Pelusium mit 3.650 Stadien an (XVI, 2, 33 (C 760) (4)). 250 Stadien entsprechen ungefähr 50 Kilometern. Siehe auch Sartre, Syrie creuse.

11 Hieronymus, Commentaires sur Daniel, 11; 21 (nach Glorie, CCSL 75A).

12 Bouché-Leclercq, Histoire des Lagides, 184. Anm. 4.

13 Carrez-Maratray, Péluse, 373.

Der Gedanke, große Armeen über diese Route ziehen zu lassen, ist absurd. Das extreme Beispiel wäre der Durchzug der Armee von Antigonus im Jahre 306 v. Chr. gewesen: 80.000 Infanteristen, 8.000 Reiter, 83 Elefanten, Wagen für den Transport des militärischen Materials als auch für die Wasserversorgung, ohne die Kamele zu zählen, die die Araber bereitstellten, um die Getreidevorräte zu transportieren[14]. Denken Sie an die Staus, die bei solch einem Massenaufkommen auf einem so schmalen Weg entstehen würden! Und die Lebensmittelversorgung hätte während des Durchzuges auf der Nehrung zugänglich bleiben müssen, denn es gibt nur einen Brunnen in der Mitte. Um diesen zu erreichen, hätte man von jeder Seite aus 50 Kilometer zu Fuß zurücklegen müssen[15]. Weiterhin gab es irgendwo in der Nehrung – man weiß nicht genau wo – eine Unterbrechung des Weges, so dass der See mit dem Mittelmeer direkt in Verbindung war. Solch ein Durchzug ist mehr als unwahrscheinlich – er ist schlichtweg unmöglich.

Diese halsstarrige Ansicht, dass man die Nehrung dieser maßen nutzen konnte, ist umso unverständlicher, als die neueren Autoren, die sich mit dieser Möglichkeit befasst haben, auf die Unmöglichkeit geschlossen haben, aber ohne zu wagen, diese gänzlich auszuschließen: Ich kann mir vorstellen, dass diese Scheu vor dem Zurückweisen der Nutzung der Nehrung mit deren Einbeziehung in die biblische Darstellung zusammenhängt.

Jean Clédat, der die Nehrung von einem Ende zum anderen zu Beginn des 20. Jahrhunderts begangen hat, schreibt: „aus strategischen und wirtschaftlichen Gründen haben die Griechen und die Römer diesen alten Weg aufgegeben (das heißt, jenen, der im Süden des Sees entlang führte) und ihn durch einen anderen Weg ersetzt, der entlang der Mittelmeerküste führte. Die römischen Reisenden kennen nur diesen Weg und den alten überhaupt nicht. Im Grunde wurden die Horus-Wege niemals aufgegeben[16] und aus geografischen Gründen war es technisch unmöglich, dass es hätte anders sein können. Durch seine geringe Breite konnte der Küstenweg nicht als freier Durchgangsweg für ein Armeekorps oder eine umfangreiche Karawane dienen. Außerdem scheint das Studium der Expeditionen gegen Ägypten diese Behauptung zu bestätigen"[17].

Ein merkwürdiger Satz, bei dem die zweite Hälfte ab „im Grunde" unmittelbar und ganz und gar die erste Satzhälfte widerlegt.

Der Ägyptologe Gardiner bringt denselben Widerspruch: Er räumt ein, dass der nördliche Weg „im Laufe der Geschichte zeitweise ein Durchgangsweg für Expeditionskorps hätte gewesen sein können", aber er widerlegt diesen Satz praktisch dadurch, dass er danach sogleich die Gründe aufzählt, diesen Weg nicht zu benutzen: „das doppelte Risiko durch den Treibsand und den Nordwind vom Wasser überschwemmt zu werden (...) macht ihn zu unsicher und heimtückisch um jemals ein normaler oder gewöhnlicher Weg werden zu können, sei es für militärische oder wirtschaftliche Zwecke. Der Landweg, der im Süden von Sirbonis verläuft, ist natürlich derjenige, der zu allen Zeiten bevorzugt gewesen war und er ist sicherlich derjenige, der auf den Reliefs von Karnak beschrieben ist"[18].

Es ist bedauerlich genug, dass heute noch zahlreiche Wissenschaftler mit Überzeugung die absurde Information verbreiten, der zufolge große Armeen über diese Nehrung gezogen sind[19].

14 Diodorus Siculus, Geschichte, XX, 73-74.

15 Seibert, Untersuchungen, 223, hat eine Karte veröffentlicht, auf der die Expedition von Antigonus und seiner kolossalen Armee genau auf der Nehrung angegeben ist!

16 Auf den „Horus-Wegen", die nicht die traditionelle Route von Tjarou nach Gaza bezeichnen, sondern nur das Grenzgebiet in der Umgebung des pelusischen Nilarmes, siehe Valbelle, Route(s) d'Horus, 379-386.

17 Clédat, Notes II, 138-139.

18 Gardiner, Military Roard, 114.

19 Abel, Confins I, 227; Abel, Confins II, 60. Carrez-Ma-

„Überzeugungen sind gefährlichere Feinde der Wahrheit als Lügen" (Nietzsche)

Hätte es nicht genügt, den Ort el-Guels, wo man gewöhnlich den Berg Kasion vermutet hat, auszugraben, um den Standort dieses Berges Kasion zu klären?

Unter der Leitung von Eliézer Oren wurden zwischen 1973 und 1982 Ausgrabungen durchgeführt. Ein Bericht über diese Arbeiten wurde in Le Monde de la Bible 24 (1982) veröffentlicht. M.W. gab es bis heute keine anderen Veröffentlichungen hierzu, und es ist nicht möglich, diese Ergebnisse heutzutage zu überprüfen, da diese Orte aus militärischen Gründen nicht zugänglich sind. In seinem Bericht stützt sich Oren im Wesentlichen nicht auf seine Grabungen, sondern auf die schriftlichen Quellen, die antiken Autoren, die offensichtlich von Pelusium und seiner Umgebung, und nicht vom Küstenstreifen sprechen:

„Nach den schriftlichen Quellen der Römerzeit besaß die Stadt Cassion Schiffswerften: die dort gebauten Schiffe waren berühmt – man nannte sie „Cassioten"; nicht weniger bekannt war das herausragende Können von Cassions Bewohnern auf dem Gebiet der Holz- und Metallverarbeitung. Die Spitze des Ktiv el-Guels (Qatib el-Guels, das heisst der Berg Cassion) bildete einen wertvollen Orientierungspunkt für die Wasserfahrzeuge, die nach Ägypten segelten. Auch die Seeleute verehrten in ihm den berühmten Zeustempel. An Ort und Stelle wurde auch das aufwändige Grab des Pompeius errichtet, der durch Anstiftung von Ptolemäus ermordet worden war. Lange danach gab Kaiser Hadrian, als er sich von Israel nach Ägypten begab, den Befehl, das vom Sand verschüttete Grab freizulegen, „damit es in seiner ganzen Pracht bewundert werden könne" und er weihte es den Göttern"[20].

Alles was vorausgeht, ist den „schriftlichen Quellen der Römerzeit"[21] entnommen und betrifft nicht notwendigerweise den Kasion.

Das was im selben Bericht folgt, verneint das, was man gelesen hat:

„Obwohl man eine bemerkenswerte Anzahl Ruinen, Marmorsäulen, ans Tageslicht gebracht hat, können all diese Zeugnisse der Vergangenheit nur einen recht schwachen Eindruck der Pracht des Ortes geben, die in den Dokumenten der Römerzeit gerühmt wird. Wenn man bedenkt, dass der Steilhang Ktiv el-Guels, der das Mittelmeer überragt, durch den unaufhörlichen Angriff des Meeres verwittert, ist es glaubhaft, vorzubringen, dass die von den Historikern gerühmten Gebäude durch das Zusammenwirken von Wasser- und Sandfluten vernichtet worden sind, und dass ihre Überreste zuerst überschwemmt und anschließend durch den tonhaltigen Schlamm vom nahen Suez-Kanal und der Nilmündung zugedeckt worden sind".

Die Grabungsergebnisse gestehen ein, dass sie nichts erbracht haben, was den antiken Texten entspricht; es ist übrigens in Pelusium, wo man beeindruckende Ruinen gefunden hat; und als Kaiser Hadrian seinen religiösen Pflichten am Zeustempel nachgekommen war und die Restaurierung des Pompeius-Grabes in Auftrag gegeben hatte, war er in Pelusium: Der Text von Spartianus in Historia Augusta[22] sagt dies unmissverständlich. Die antiken Autoren sprechen von Pelusium oder assoziieren den Kasion direkt mit Pelusium. „Die Madaba-Karte, im neunzehnten Jahrhundert in Jordanien gefunden, ist das einzige antike Dokument, auf dem to kasion bildlich dargestellt ist. Sie bringt nichts zugunsten von el-Guels. Die Stadt scheint auf derselben Linie zu liegen wie die anderen Städte südlich vom Sirbonis-See."

RATRAY, Péluse, 372; 373; SEIBERT, Untersuchungen, 223: Karte.

20 OREN, Monde de la Bible, 24. Man findet einen fast identischen Bericht desselben Autors in The New Encyclopedia of Archeologgy Excavations in the Holy Land, Jerusalem, 1993, vol. IV, 1393 (Katib el-Gals).

21 OREN, Monde de la Bible, 18.

22 Historia Augusta, Hadrian, 14, 4.

Erste Schlussfolgerung: der Berg Kasion ist nicht bei el-Guels; der Begriff Kasion bezeichnet manchmal die Nehrung in ihrer ganzen Länge; am häufigsten ist es ein Ort nahe am äußersten Westende des Sirbonis Sees, ähnlich wie bei Genf und dem Genfer See. In einem oder zwei Texten bezeichnet Kasion wahrscheinlich den See selbst[23]. Die Analyse der Zeugnisse, die den Tod des Pompeius und den Zeus-Casios-Tempel betreffen, zeigt mit aller Sicherheit, dass wir uns in Pelusium befinden[24]; nicht im Ortszentrum, sondern genauer noch zwischen Pelusium und dem Westende des Sirbonis Sees. Der tatsächliche Ort Kasion ist noch nicht entdeckt oder wiedererkannt worden. Jean Clédat hatte Kasion zuerst in Mohemdia vermutet[25]; er war nicht weit von der Wahrheit entfernt.

Letzte Schlussfolgerung: Zu allen Zeiten sind die Völker und die Armeen südlich vom See und nicht im Norden durchgezogen.

Mein herzlicher Dank gilt Hubert Fiasse von dem Institut d'archéologie et histoire de l'art der Universität, der mir bei den Recherchen der Karten und geografischen Aufnahmen im Internet erheblich geholfen hat, sowie meiner ehemaligen Studentin an der Universität Louvain (la-Neuve) Renate Beck-Hartmann M.A., die den Text meines Referates aus dem Französischen ins Deutsche übersetzt hat.

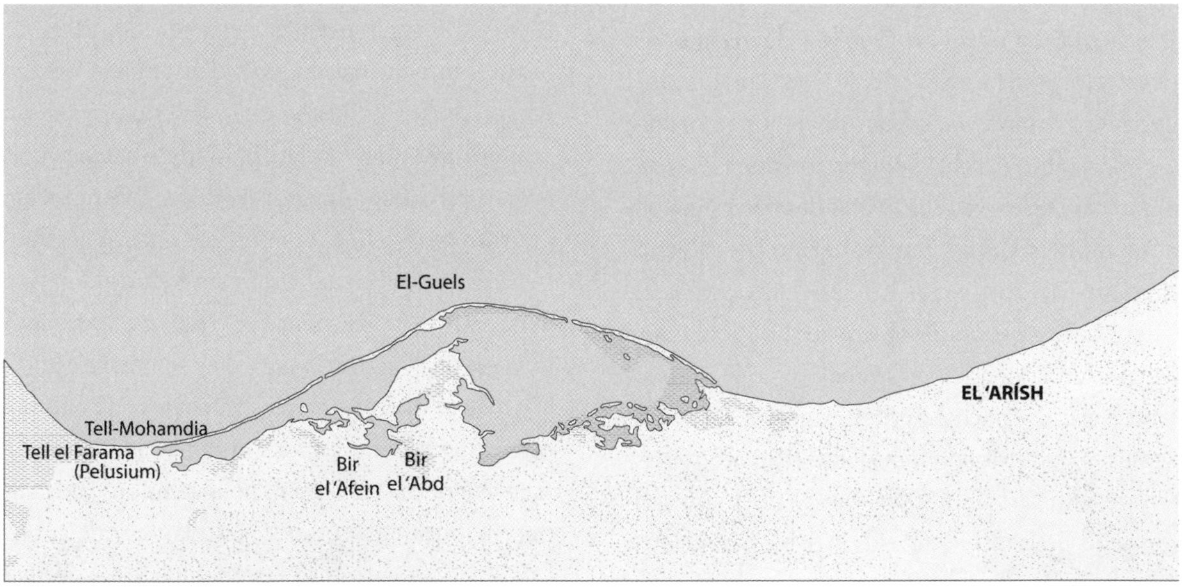

Abbildung gemäß Vandersleyen, Mort.

23 „Ptolemaios IV. rückte vor, indem er dem Weg, der den Kasion entlang führte, folgte", Polybios, Geschichte, V, 80. 1; „Im Umkreis von Pelusium und vom Berg Kasion stieg das Meer an und überschwemmte die Landschaft, machte eine Insel aus dem Hügel und machte den Weg von Phönizien, die den Kasion entlangführte, schiffbar", Strabon I, 3, 17 (C58).

24 Cf. Vandersleyen, Mort.

25 Clédat, Notes I, 212; 219.

Bibliographie

ABEL, Confins I
Abel, F.-M., Les confins de la Palestine et de l'Egypte sous les Ptolémées (1), in: Revue Biblique 48 (1939), 207-36; 530-48.

ABEL, Confins II
Abel, F.-M., Les confins de la Palestine et de l'Egypte sous les Ptolémées (2), in: Revue Biblique 49 (1940), 55-75; 224-39.

BOUCHÉ-LECLERCQ, Histoire des Lagides
Bouché-Leclercq, A., Histoire des Lagides, II. Décadence et fin de la dynastie, 181-30 av. J.C., Paris 1904.

CARREZ-MARATRAY, Péluse
Carrez-Maratray, J.-Y., Péluse et l'angle oriental du delta égyptien aux époques grecque, romaine et byzantine, BdÉ 124, Kairo 1999.

CLEDAT, Notes I
Clédat, J., Notes sur l'Isthme de Suez. Autour du lac Baudouin, in: ASAE 10 (1910), 209-37.

CLEDAT, Notes II
Clédat, J., Notes sur l'Isthme de Suez. XIX, Les voies de communication, in: BIFAO 22 (1923), 135-89.

GARDINER, Military Road
Gardiner, A., The Ancient Military Road between Egypt and Palestine, in: JEA 6 (1920), 99-116.

GLORIE, CCSL 75A
Glorie, F., Commentarii in Danielem (Commentaires sur Daniel), Corpus Scriptorum Christianorum, series latina, 75A, Turnhout 1964.

MEINEKE, Stephani
Meineke, A., Stephani Byzantii ethnicorum quae supersunt, Berlin 1849.

OREN, Les voies d'Horus
Oren, E., L'époque des pharaons. Les voies d'Horus in Le Nord-Sinai, in: Le Monde de la Bible 24 (1982), 8-10.

SARTRE, Syrie creuse
Sartre, M., La Syrie creuse n'existe pas, in: Gatier, P.-L. et al. (Hg.), Géographie historique au Proche-Orient: Syrie, Phénicie, Arabie grecques, romaines, byzantines: Actes de la table ronde de Valbonne, 16-18 septembre 1985, Notes et monographies techniques no. 23, Editions du CNRS, Paris 1988, 15-40.

SEIBERT, Untersuchungen
Seibert, J., Untersuchungen zur Geschichte Ptolemaios I., Münchener Beiträge zur Papyrusforschung und antiken Rechtsgeschichte 56, München 1969.

SODINI, Routes de pèlerinage
Sodini, J.-P., Les routes de pèlerinage au Nord Sinaï et au Neguev, in: Valbelle, D., Bonnet, C. (Hg.), Le Sinaï. 4000 ans d'histoire pour un désert. Actes du colloque „Sinaï" qui s'est tenu à l'UNESCO du 19 au 21 septembre 1997, Paris 1998, 119-26.

STARK, Gaza
Stark, K.B., Gaza und die philistäische Küste, Jena 1852.

VALBELLE, Route(s) d'Horus
Valbelle, D., La (les) route(s) d'Horus, in: Berger-el Naggar, C. (Hg.), Varia. Hommages à Jean Leclant, 4, BdÉ 106, Kairo 1993.

VANDERSLEYEN, Mort
Vandersleyen, C., Où est mort le grand Pompée, l'adversaire malheureux de Jules César?, in: Res Antiquae 3 (2006), 139-50.

Von Nubien bis Syrien: zur ramessidischen Stele von Tell eš-Šihâb

STEFAN JAKOB WIMMER

In der Levanteregion wurden bisher zwanzig königliche, ägyptische Stelen identifiziert. Abb. 1 zeigt ihre Verteilung: Die Stadt Bet Schean im Norden des heutigen Israel, in der Ramessidenzeit Standort einer ägyptischen Garnison, weist vier Stelen auf (zwei vollständig, eine dritte schlecht erhalten, plus ein kleines Fragment einer vierten), und markiert gleichzeitig den bisher südlichsten Standort solcher Monumente. Aus Megiddo und Tel Kinnereth (Tell el-'Ureime) stammen die einzigen königlichen Stelen außerhalb der Ramessidenzeit.[1] Entlang der libanesischen Küste konzentrieren sich neun Stelen. Die nördlichste Stele wurde im syrischen Qadesch (Tell Nebi Mond) gefunden.[2]

Vier weitere Stelen schließlich reihen sich in auffälliger Weise entlang einer Route, die von Damaskus südlich bis in die Jarmukregion führt und dort über das Jordantal den Anschluss nach Bet Schean knüpft. In al-Kiswa, heute einem südlichen Vorort von Damaskus, wurde erst 1994 ein großes Fragment einer Basaltstele Ramses' II., in einer römerzeitlichen Grabanlage verbaut, entdeckt und 1999 publiziert[3]. Ebenfalls 1999 wurde in der Kleinstadt at-Turra, unmittelbar südlich des heutigen Grenzverlaufs zwischen Syrien und Jordanien, bei einem Survey der Jordanischen Altertümerverwaltung, eine fragmentarische Basaltstele, wieder mit Kartuschen Ramses' II., im Innenraum einer kleinen Moschee identifiziert. Sie ist dort in einem Wandpfeiler verbaut[4]. Zentral in einem Moscheeraum aufgestellt, und von der lokalen Bevölkerung als „Hiobstein" verehrt, wurde schon Ende des 19. Jh.s eine Stele Ramses' II. in Scheich Sa'ad identifiziert[5]; der Ort liegt ca. 70 km südlich von Damaskus und 20 km nördlich von at-Turra.

Nur wenige Kilometer nördlich von at-Turra, auf der syrischen Seite der Schlucht des Wadi el-Meddân, die den modernen Grenzverlauf markiert, liegt der kleine Ort Tell eš-Šihâb („Sternschnuppenhügel"). Während einer Forschungsreise von Galiläa durch Hauran nach Damaskus im Jahr 1900 wurde der schottische Theologe George Adam Smith (1856-1942) dort auf eine weitere Stele aufmerksam, die im Innenhof eines Anwesens in die lehmverputzte Wand eingelassen war.

* Für wertvolle und ergiebige Gespräche zur Sache bin ich besonders PD. Dr. habil Martina Ullmann und Prof. Manfred Görg zu Dank verpflichtet.

1 jeweils nur ein Fragment; in Megiddo sind darauf Kartuschen Scheschonks I. erhalten (FISHER, Armageddon). Das Kinneret-Fragment wurde aufgrund der Nennung von Mitanni mit Vorbehalten entweder Thutmosis III. oder Amenophis II. zugeschrieben (ALBRIGHT und ROWE, Royal Stele; HÜBNER, Aegyptiaca); eine Neuedition des Fragments ist durch den Autor in Arbeit.

2 Für eine Übersicht über das gesamte Material, mit Lit., s. WIMMER, New Stela.

3 TARAQJI, Nouvelles découvertes; YOYOTTE, Stèle; KITCHEN, Notes.

4 WIMMER, New Stela.

5 SCHUMACHER, Der Hiobstein; KRI II, 223.

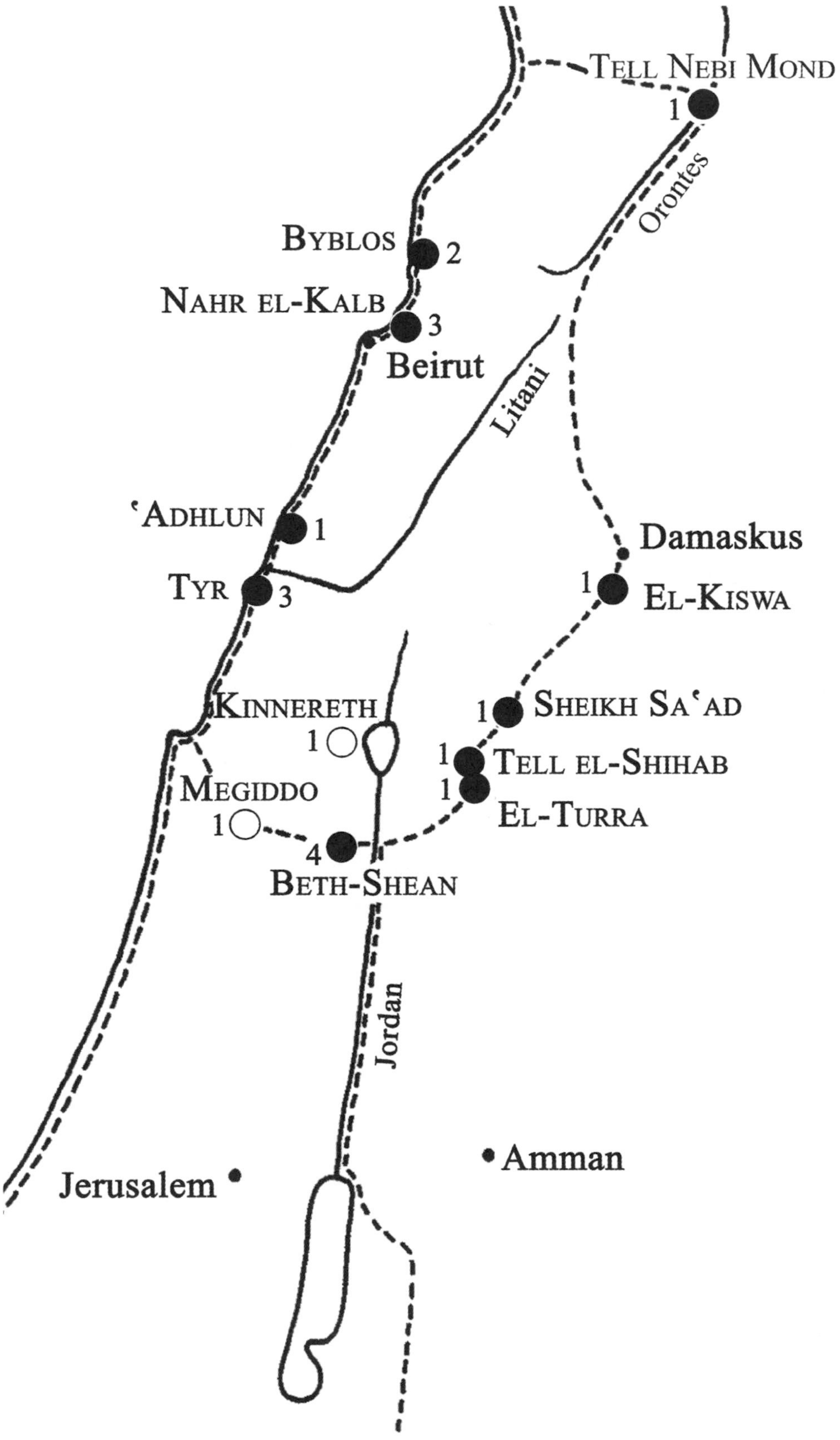

Abb. 1: Standorte ägyptischer königlicher Stelen in der Levante (● ramessidisch, ○ nicht-ramessidisch) und wichtige Straßenverbindungen der Spätbronzezeit (SJW)

Im *Quarterly* der Palestine Exploration Society des nächsten Jahres veröffentlichte Smith die epigraphische Ausbeute der Reise und dazu eine Fotografie des Steins[6]. Sie zeigt die obere Hälfte einer Stele, aus dem schwarzgrauen Basalt der Region gehauen, mit Flügelsonne im abgerundeten oberen Abschluss, darunter den opfernden Pharao Sethos I. vor dem Götterpaar Amun und Mut. Der untere Teil der Stele, der sicherlich eine Inschrift enthalten hat, ist nicht erhalten.[7] Smith zitiert in seinem Beitrag eine Auswertung des Fotos durch den Ägyptologen Herbert Thompson (London), der die Kartuschen (*Mn-M3ʿ.t Rʿ*)/ und (*Stj mr n Ptḥ*)/, mit den Titeln *nb t3.wj* und *nb ḫʿ.w*, liest, gefolgt von der üblichen Formel *dj ʿnḫ mj Rʿ*. Zur weiteren Darstellung heißt es nur knapp: „The king (on the right) is holding up two libation vessels before Amen, whose name with some titles is inscribed before him. Behind stands the goddess Mut, with her name."[8]

Nach seiner historischen Bedeutung wurde der Fund zunächst von W. Max Müller befragt[9], und von Louis-Hugues Vincent in seiner Monografie Canaan verwertet[10], der dazu die Fotografie von Smith nachdruckt. Erstmals Kitchen befasste sich für seine Ramesside Inscriptions eingehender mit den Beischriften zu König und Göttern, auf Grundlage des einzigen publizierten Fotos, dessen Qualität zeitbedingt zu wünschen übrig lässt; die meisten Hieroglyphen lassen sich auf Grundlage ihrer formelhaften Wendungen mehr erschließen als tatsächlich erkennen. Sie stimmen mit den oben angegebenen Lesungen von Thompson überein. In der kleinen Kolumne vor Amun steht, mit Kitchen: „*Jmn-Rʿ nb p.t nb t3.wj*"[11]. Bei Mut steht eine etwas längere Kolumne, die Kitchen wie folgt wiedergibt:

Im Kommentar-Band schreibt Kitchen dazu[12]: „Mut's title is obscure. ... Mut's title, *nbt s3b.s*, 'Lady of her (?) course (??)'. Just possibly cf. *s3b*, 'flow', in Wb., III, 420: 3-4; or 'jackal', signifying swiftness (ibid., III, 420: 7,13). The animal could be *ṯsm*, 'hound'. The epithet is unlikely to be a placename." Das Zeichen, wie von Kitchen wiedergegeben, würde tatsächlich eher einem "Hund" (*ṯsm*), als einem „Schakal" (*s3b*) gleichen, und das Epitheton demnach „Herrin ihres Hundes" zu lesen sein.[13]

Bei einem Besuch in Istanbul hatte ich im Oktober 2005 die Gelegenheit, die Stele im Altorientalischen Museum (Eski Şark Müzesi) zu begutachten, das Teil des Archäologischen Museums (Arkeoloji Müzesi) im Topkapi-Komplex ist. Nach ihrer Entdeckung war die Stele dorthin, in die seinerzeitige Hauptstadt, verbracht worden. Zu meiner Überraschung gleicht das fragliche Zeichen im Epitheton der Mut am Original weder einem Schakal- noch einem Hundezeichen, sondern ganz fraglos einem Vogel, näherhin wohl einem  (alef); das horizontale Zeichen darunter ist nicht 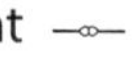, sondern recht eindeutig (vgl. Taf. 1 und Abb. 2). Damit ergäbe sich zunächst die Lesung: *Mw.t wr.t nb.t 3š*. Ein Toponym, oder ein sonst für ein Epitheton sinnvoller Begriff *3š* freilich ist so nicht in Sicht. Bestens zu Mut passen würde zwar *nb.t 3šrw* (als alternative Schreibung zu *Jšrw*) – ein Titel, der die Göttin bekannt-

6 Smith, Notes, 347.

7 Da die Stele von Tell eš-Šihâb die Kartuschen Sethos' I., das Textfragment von at-Turra aber diejenigen Ramses' II. aufweist, können die beiden Teile nicht zusammen gehören, wie man sonst angesichts ihrer räumlichen Nähe vielleicht mutmaßen wollte.

8 Smith, Notes, 348-349.

9 Müller, Egyptian Monument.

10 Vincent, Canaan, 452.

11 KRI I, 17.

12 RITANC I, 22.

13 So wurde die Stelle von mir als Beispiel für einen möglichen Bezug altorientalischer Göttinnen zu Hunden zitiert: Wimmer, Nachgedanken, 85.

lich mit ihrem Haupttempel in Karnak assoziiert[14]. Will man eine solchermaßen trunkierte Schreibung akzeptieren, dann wäre eine einleuchtende Lesung für die Stelle gefunden.[15] Selbst bei einer provinziellen Arbeit, wie sie die lokal gefertigte Basaltstele zweifellos darstellt, bliebe aber doch die Reduzierung von  o.ä. auf nur  schwer hinnehmbar. Die Kolumne endet hier – darunter folgt nach wenigen Zentimetern die erhobene Hand der Göttin – ohne dass der Schreiber irgendwelche Versuche unternommen hätte, die Zeichen aus Platzmangel kleiner oder gedrängter zu schreiben. Wenigstens ein *r* () oder *rw* (), das in den unterschiedlichen Schreibungen von *Jšrw* oder *ꜣšrw* sonst nie fehlt, hätte sich noch unterbringen lassen. Auch wäre vorstellbar, dass essentielle Zeichen, wie Determinative, notfalls noch neben der Kolumne hinzugefügt worden wären. Daher erscheint es geraten, noch nach weiteren Optionen für eine sinnvolle Lesung Ausschau zu halten.

Genaueres Hinsehen am Original liefert einen weiteren Hinweis: Das bisher *nb* gelesene Zeichen fällt durch seine asymmetrische Form auf; die Rundung steigt rechts sehr viel steiler auf, als links. Dadurch ergibt sich rechts oben Platz für eine leichte Vertiefung, mit der sich ohne große Mühe ein kleiner Henkel ausmachen lässt, sodass offenbar nicht , sondern dastehen dürfte.[16]

Wir erhalten damit die überraschende, aber eindeutige Lesung:

Mw.t wr(.t) Kꜣš
– Mut, die Große von Kusch.

Gegen diese, m.E. zwingende Lesung lässt sich einwenden, dass dieses Epitheton so nicht belegt ist, auch nicht in Inschriften in Nubien selbst. *Mw.t wr.t* ist gängig (auch *Mw.t wr.t nb.t Jšrw* kommt vor[17]). Kein Problem stellt dabei aber eine Assoziierung der Göttin Mut mit dem südlichen Fremdland an sich dar, und einem Stelenschreiber im fernen Syrien wird man eine solche, im Grunde doch „stimmige" Wortwahl (oder Wortschöpfung) zutrauen dürfen.[18]

14 LÄ I, 460-61; LGG II, 22, III, 251-253.

15 Prof. Quack, dem ich ebenso wie Prof. Bietak und Prof. Grimal für ihre Stellungnahmen auf den Vortrag hin herzlich danke, hat im persönlichen Gespräch für diese Option als nahe liegendste Lösung votiert.

16 Der lokale Basalt der meisten levantinischen Stelen weist eine äußerst poröse Oberflächenstruktur auf, die die Lesung einzelner Zeichen im heutigen Zustand oft schwer beeinträchtigt. Mit der ursprünglich anzunehmenden Bemalung sind für den Originalzustand zweifellos erheblich bessere Resultate zu unterstellen. Alternative Lesungen einzelner Zeichen, wie sie in der Diskussion angesprochen wurden, etwa  (anstelle von ), halten einer eingehenden Überprüfung nicht stand. Auch sind Zweifel an der präzisen Identifizierung des *ꜣ*-Vogels nicht stichhaltig; die Stele weicht insgesamt mehr oder weniger weit von den standardisierteren Zeichenformen ab, die man auf königlichen Monumenten derselben Zeit etwa in Theben erwarten würde. Dass das Zeichen *k* eigentlich entgegen der korrekteren Ausrichtung () orientiert ist, kommt bekanntlich im Neuen Reich häufig vor und stellt sicherlich kein Problem dar. Ernst zu nehmender ist der Einwand, dass die Schreibung mit *ꜣ* für „Kusch" zwar insgesamt gut belegbar, für das Neue Reich jedoch unüblich ist.

17 LGG III, 253-254.

18 Als Gefährtin des Amun wird Mut sozusagen zwangsläufig auch in den im NR besonders groß geschriebenen Amunkult in Nubien einbezogen. Ein eigener Felstempel der Mut ist in der Kuschitenzeit am Gebel Barkal nachweisbar. ROBISEK, Bildprogramm, 8 vermutet einen Vorgängerbau Thutmosis' III. oder IV.

Abb. 2: Nachzeichnung der Stele von Tell eš-Šihâb (SJW)

Nun mag vielleicht verwundern, dass eine in Syrien hergestellte und aufgestellte Stele eine Reminiszenz ausgerechnet an das ferne Nubien aufweisen soll. Ägyptische Weltsicht, wie wir sie uns gerade für das Neue Reich gut vorstellen können, steht dazu in keinerlei Widerspruch – im Gegenteil: aus pharaonischer Sicht leuchtet ein, dass man in den nördlichen Randzonen des Reiches dessen südliche Ausdehnung zur Sprache bringt. Umgekehrt tat genau dies Thutmosis III., wenn er auf seiner Stele am Gebel Barkal, tief in Nubien, in betonter Ausführlichkeit seine Erfolge in Asien und die Ausdehnung der Nordgrenze bis an den Euphrat feierte[19]. Dabei muss daran erinnert werden, dass derartige Inschriften, an Tempelwänden wie auf Stelen, ja nicht in erster Linie als – modern, und damit unzulässig gedacht – politische Propaganda an unterworfene Bevölkerung adressiert war. Diese hatte ja, noch weniger als dies ebenfalls für die ägyptischen Massen gilt, keinerlei direkten Zugang zu den Hieroglyphentexten. Vielmehr ging es darum, bleibende Wirklichkeit in einem spirituell tieferen Sinn zu schaffen, als es die wechselhafte, vordergründig diesseitige Realität oft zuließ. An die Götterwelt selbst gerichtet, schrieb die Stele fest, dass Amun

19 REISNER, Inscribed monuments.

und Mut dem Pharao ewige Herrschaft garantierten: Amun als Herr des Himmels und Beider Länder, und Mut als Große von Nubien; dies in Kanaan, sodass die Herrschaft über Ägypten eingebunden wird in die über die umgebenden Fremdländer von Nord bis Süd, bzw. von einem Ende der Welt bis zum anderen.

Tafel 1: Die Stele von Tell eš-Šihâb im Eski Şark Müzesi, Istanbul (SJW, 2005)